《行政复议法教程》

编委会

主　编：胡建淼

副主编：韩春晖　张效羽

作　者：（按姓氏笔画排列）

王　静　石翰朋　田勇军　华　燕　刘　威

刘馨蔓　张　苹　张莹莹　张效羽　张湘莹

陈　秀　陈吉利　林　卉　金成波　周　婧

庞圣浩　胡建淼　段传龙　袁　勇　黄　娟

韩春晖　樊　裕

新《行政复议法》学习培训权威读物

行政复议法教程

主　编／胡建淼
副主编／韩春晖　张效羽

人民出版社

本书所涉法规使用凡例

【法律】所有法规的总称,泛指法律、行政法规、地方性法规和规章等所有的法律形式。当特指由全国人民代表大会及其常务委员会制定的法规时,同时在“法律”后面用括号标注“狭义”两字,即“法律(狭义)”。在“法律和行政法规”或者“法律、法规和规章”的表达中,“法律”就是指“狭义”,不用作特别标注。

【法规】是行政法规、地方性法规(含自治条例和单行条例、经济特区法规)的统称。

【法律年份标注】具体引用法律时,在法律名称后面用括号标注年份。括号内所标注的“年份”,是指该法律制定的年份;经过修改的,是指最后一次修改的年份,如“《行政处罚法》(2021)”。抽象引用法律时,可以不标明法律的年份。2023 年修订的《行政复议法》不作“年份”标注。

【法律简称】凡法律名称上有“中华人民共和国”字样者,一律省略。如:“《中华人民共和国行政处罚法》”,就省略为“《行政处罚法》”。

序　言

行政复议系指公民、法人或其他组织认为行政机关的行政行为侵犯其人身权、财产权和受教育权等合法权益，向行政复议机关提出复议申请，行政复议机关对行政行为的合法性和合理性进行审查并作出处理的法律制度。对公民、法人或其他组织而言，它是一种权利救济制度；对行政机关本身而言，是行政机关的自我监督、自我纠错制度；对解决行政争议而言，是化解行政争议的主渠道。

行政复议制度由“行政复议法”创设并加以规制。我国第一个创设行政复议制度的法规是 1990 年国务院制定的《行政复议条例》（国务院令第 70 号）。这部行政法规于 1994 年作了修改。1999 年 4 月 29 日第九届全国人民代表大会常务委员会第九次会议通过了我国第一部《行政复议法》，从此，我国的“行政复议法”便从“行政法规”上升为国家“法律”。这一法律后经 2009 年和 2017 年两次修正。2023 年 9 月 1 日第十四届全国人民代表大会常务委员会第五次会议修订了《行政复议法》。这次修改与前两次不同，是“修订”而不是“修正”，而且修订幅度之大超出人们的预期和原先的想象。法律条文从原来的 41 条增加至 90 条，扩容一倍以上，其修改从内容到形式几乎覆盖到每一条。

正由于《行政复议法》本次修订范围之广、幅度之大，又鉴于新法于 2024 年 1 月 1 日起施行，所有行政执法人员、行政法官和行政法学界的师生都面临《行政复议法》方面的知识更新。《行政复议法教程》（以下简称《教程》）正为配合这一需要而编写。《教程》以 2023 年修订的《行政复议法》为蓝本，结合行政法学理论，按照培训教材的体例和逻辑进行撰写，体现了法律条文与行政法理论的高度融合。全书共十八章，附有法规和名词解释。《教程》由中央党校（国家行政学院）专家工作室组织有关单位的人员一起编写。

由于新《行政复议法》刚刚出台，有关部门的《解读》尚未出版，人们对新法的研究有待深入，如果本《教程》的内容与有关部门的《解读》不一致的，一律以《解读》为准。

胡建淼

2023 年 10 月 8 日

于中央党校（国家行政学院）专家工作室

目　　录

第一章　行政复议法

《行政复议法》是为了防止和纠正违法的或者不当的行政行为，保护公民、法人和其他组织的合法权益，监督和保障行政机关依法行使职权，发挥行政复议化解行政争议的主渠道作用，推进法治政府建设，根据宪法而制定的法律。新修订的《行政复议法》共7章90条，依次规定了行政复议立法目的、行政复议基本原则、行政复议机关、行政复议申请、行政复议受理、行政复议审理、行政复议决定和法律责任等，全过程全方位全要素地建构了我国行政复议制度，是我国行政复议活动的基本遵循。它是我国行政救济制度的重要组成部分，与《行政诉讼法》《国家赔偿法》共同构成行政救济的三部"基本法"。

第一节　行政复议概述

"概述"旨在总体大略地把握某一事物的属性，即把握其内涵。所谓内涵，是指某一概念所反映的事物的内在属性的总和。由表及里，它一般包括概念、特征和本质三个层次，是认知不断深化的过程，共同构成了某一事物的本体论。行政复议概述，也是旨在建构行政复议的本体。

一、行政复议的概念

"复议"一词，原意指"对已做决定的事再做一次讨论"，"法律上是指做出裁决的机关或其上级机关根据有关机关或人员的申请，重新审查已做出的裁决。"①可见，法律上的"复议"与其原意有一定差异。原意的"复议"主

① 中国社会科学院院语言研究所词典编辑室编：《现代汉语词典》第7版，商务印书馆2016年版，第411页。

体意味着程序主体的同一性，而法律上的“复议”主体并不必然是同一的程序主体；原意的“复议”方式为“讨论”，而法律上的“复议”方式并非“讨论”，实为“审查”；原意的“复议”是原本程序的延续，法律上的“复议”是全新程序的启动。

作为法律规范用语的“行政复议”，其基本含义的生成，则是理论界与实务界携手并进、知行互鉴、良性互动，历史形成的阶段性共识。理论界普遍认为，“行政复议”肇始于新中国成立之初。1950 年 1 月 15 日，政务院批准财政部公布的《中央人民政府财政部设置财政检查机构办法》第 6 条规定：“被检查的部门对监察机构之措施认为不当时，得具备理由，向其上级检查机构申请复核处理。”此处“申请复核处理”，是指实质上已具有行政复议的性质，被认为是行政复议制度的雏形。① 1950 年 12 月 19 日，政务院公布并于同日实施的《税务复议委员会组织通则》旨在政府系统内部建立一套专门解决行政争议的法律救济机制。它不仅创设了“复议”这一法律概念，而且还对行政复议的宗旨、解决争议的性质、行政复议的体制、行政复议机构的组成、运作要求等作出了既简要又明晰的规定，其中的很多制度理念至今仍未过时。② 由此往后，行政复议制度却发展缓慢，在某些历史时期还出现停滞甚至倒退。直到改革开放之后，行政复议概念才得到有关立法广泛确认。“据统计，1979 年以后到 1990 年国务院制定《行政复议条例》前的十余年间，共有 100 多部法律、行政法规规定了行政复议。”③1990 年，随着《行政复议条例》正式颁布，“行政复议”从学术研究到制度层面得以全面确立。④《行政复议条例（草案）》的说明中明确界定：“行政复议（也称诉愿）是指公民、法人或其他组织（相对人），不服行政机关的具体行政行为提出申诉，上一级行政机关或者法律、法规规定的其他机关，根据相对人的申请，

① 参见许安标：《行政复议法实施二十周年回顾与展望》，《中国法律评论》2019 年第5 期。
② 参见郜风涛主编：《行政复议法教程》，中国法制出版社 2011 年版，第 1—2 页。
③ 郜风涛主编：《行政复议法教程》，中国法制出版社 2011 年版，第 3 页。
④ 参见应松年主编：《行政法学与行政诉讼法学》，法律出版社 2005 年版，第 416 页。

依法对原具体行政行为进行复查并作出决定的一种具体行政行为。”此时，行政复议被视为一种具体行政行为，更多凸显其作为层级监督的行政特性，其权利救济的司法特性并未得到重视。

20 世纪 80 年代中期以后，行政复议才作为与行政诉讼相关联的制度被纳入行政法学界的研究范围。这一时期，最主流的研究路径是在“行政司法”的概念之下来研究行政复议。代表性的著作是罗豪才教授主编的《行政法学》一书，该书采取了行政立法、行政执法、行政司法和行政诉讼相并列的结构体例，在“行政司法”一章中专门讨论了行政复议，并对行政复议进行了学术界定。即，“所谓行政复议是指个人、组织不服行政机关作出的影响其本身权益的决定，依法在规定的时限内向作出决定的行政机关的上级行政机关或法律规定的其他行政机关申请审查。作出决定的上级行政机关或法律规定的其他行政机关接受个人、组织的申请，对被指控的行政决定加以审查并作出裁决的活动”①。该界定已然淡化了行政复议的行政特性，从程序的描述对其司法特性予以展示，从活动的角度对其制度内涵予以概括。1999 年 4 月《行政复议法》颁布后，行政法学界开始更多关注该法中的救济性规范和准司法性程序，对行政复议的认识也更加深化，行政复议司法化成为行政法学研究的一个热点问题。②

此后，行政法学界对行政复议概念逐渐形成三种基本的界定路径，可大体归纳为“活动说”、“机制说”和“制度说”。一是“活动说”。该说认为行政复议是国家行政机关的一种活动。比如，罗豪才教授于 1996 年主编出版的《行政法学》沿袭了之前的界定路径，但表述更加凝练简洁。该书指出：“行政复议，它是指国家行政机关在行使其行政管理职权时，与作为被管理对象的相对方发生争议，根据行政相对人的申请，由上一级国家行政机关或法律、法规规定的其他机关依法对引起争议的具体行政行为进行复查并作

---

① 罗豪才主编：《行政法学》，中国政法大学出版社 1989 年版，第 191 页。

② 参见周汉华主编：《行政复议司法化：理论、实践与改革》，北京大学出版社 2005 年版，第 2—3 页。

出决定的一种活动。"① 2006 年，他主编出版的《行政法学》再次重申了这一界定，并指出行政复议具有行政性、职权性、监督性、程序性和救济性五个方面的特点。② 同样，应松年教授也将"活动"这一界定路径贯彻始终，他于 1993 年主编出版的《行政行为法》将行政复议视为行政司法的一个分支研究，认为"行政复议是指特定行政机关根据关系人的申请，适用准司法程序依法对引起争议的行政行为进行审查并作出裁决的活动"③；2005 年，他主编出版的《当代中国行政法》也认为："行政复议是指行政复议机关根据申请人的申请，依照法定程序对引起争议的被申请人的具体行政行为的合法性和适当性依法进行审查，并作出行政复议决定的活动。"④二是"机制说"。该说实际上是"活动说"的升级版，认为行政复议活动是服务于特定功能、具有内在要求、运行机理和价值导向的法律机制。比如，姜明安教授于 2019 年主编出版的《行政法与行政诉讼法》主张，行政复议是"具有司法性因素的特殊行政行为"、"行政机关内部监督和纠错机制"和"国家行政救济机制"。⑤ 三是"制度说"。该说认为，行政复议是对行政复议活动进行调整的一种规范体系。比如，姜明安教授于 2005 年主编出版的《行政法与行政诉讼法》认为："行政复议，是指行政相对人认为行政主体的具体行政行为侵犯其合法权益，依法向行政复议机关提出复查该具体行政行为的申请，行政复议机关依照法定程序对被申请的具体行政行为合法性、适当性审查，并作出行政复议决定的一种法律制度。"⑥胡建淼教授也认为："所谓行政复议，系指行政相对人（公民、法人或者其他组织）不服行政主体的行政行为，

---

① 罗豪才主编：《行政法学》，北京大学出版社 1996 年版，第 354 页。

② 参见罗豪才、湛中乐主编：《行政法学》（第二版），北京大学出版社 2006 年版，第 453—455 页。

③ 应松年主编：《行政行为法》，人民出版社 1993 年版，第 684 页。

④ 应松年主编：《当代中国行政法》（下卷），中国方正出版社 2005 年版，第 1677 页。

⑤ 参见姜明安主编：《行政法与行政诉讼法》（第七版），北京大学出版社 2019 年版，第 365—366 页。

⑥ 姜明安主编：《行政法与行政诉讼法》（第二版），北京大学出版社、高等教育出版社 2005 年版，第 412 页。

依法向行政复议机关提出申请，请求重新审查并纠正原行政行为，行政复议机关据此对原行为是否合法、适当进行审查并作出决定的法律制度。”①他指出，行政复议具有六个方面的特征：(1)行政复议以行政争议和部分民事争议为处理对象；(2)行政复议以行政行为为审查对象；(3)行政复议以合法性和合理性(适当性)为审查标准；(4)行政复议以书面审理为主要方式；(5)行政复议由行政相对人主动申请；(6)行政复议以行政机关为处理机关。②

笔者认为，这三种界定路径中，“机制说”最为周延可取。“活动说”更多地予以直观描述，但未能表达行政复议的内在机理和价值追求。而且，该说一般采取行政机关的视角，将行政复议描述为行政复议机关这一公权力主体应行政相对人申请而“自上而下”行使审查权力的活动，可能遮掩了行政相对方等“自下而上”行使救济权利的活动，还可能忽略了第三人、代理人等其他复议参加人的参与活动，没有展现出“活动”主体的多元性。“制度说”更多地抓住了行政复议的核心要素——复议依据，但在一定意义上也混同了应然的“规范”和实然的“行为”。从直观感受来说，行政复议实际上是多种行为的“集合体”，包括行政相对人的申请行为和提供证据行为、复议代理人的代理行为、法律援助机构的援助行为、行政复议机关的调查行为、行政复议机关的审理行为和行政复议机关的裁决行为。在实践中，这些行为可能符合《行政复议法》的相关规范，也可能违反了相关规范。也就是说，实然中的“行为”可能达到了应然中的“规范”要求，更多情形往往是达不到。但这些实然的“行为”仍然是行政复议活动。道理很简单，哪怕是不完全符合设计图的车，只要它能开，它还是一辆车。“机制说”则克服了二者之短，兼具二者之长。根据系统论的观点，“所谓机制，是指系统内各子系统、各要素之间相互作用、相互联系、相互制约的形式和运动原理以及内

---

① 胡建淼：《行政法学》(第五版)，法律出版社 2023 年版，第 1062 页。

② 参见胡建淼：《行政法学》(第五版)，法律出版社 2023 年版，第 1062—1063 页。

在的、本质的工作方式”①。一方面，把行政复议理解为一种机制，就是从系统论的视角出发，来观察行政复议系统内各方主体、各种要素之间相互作用、相互联系、相互制约的形式和原理以及内在的、本质的工作方式。相较于“活动说”，它凸显了行政复议的多方主体、内在机理和精神品格。另一方面，将行政复议理解为一种“机制”，与将它理解为一种“制度”两者之间并不冲突。行政复议具备“制度”和“机制”两种属性，其中“制度”是“机制”的核心内容，但“机制”可以包容“制度”，是其本质属性。因为，《行政复议法》及其相关配套规范都是“正式性的外在制度”②，必须通过其机制、融入其机制，且调整其机制才能实现其制度功能，实现从“应然”到“实然”的有效转化。

有鉴于此，且仔细考量新修订《行政复议法》的有关规定③，笔者认为，行政复议是公民、法人或者其他组织认为行政机关的行政行为侵犯其合法权益，向行政复议机关提出申请重新审查并纠正该行政行为，行政复议机关依照法律、法规和规章办理行政案件，对该行政行为是否合法、适当进行审查并作出决定的行政救济机制、行政内部监督和纠错机制和行政争议化解机制。

二、行政复议的特征

特征是一个事物区别于另一个事物的外在表现。行政复议的特征与行

---

① 袁曙宏、宋功德：《统一公法学原论——公法学总论的一种模式》（下卷），中国人民大学出版社2005年版，第439页。

② 制度经济学所理解的“制度”，是由人创立的、用以禁止不可预见和机会主义行为的规则，以维护一种能够建立信任的秩序。根据制度起源的不同，制度可以被区分为“内在制度”和“外在制度”；根据实施惩罚方式的不同，可以被区分为“正式性制度”和“非正式性制度”。行政复议作为法律制度来理解，由于都是人有意识制定的，自然属于“外在制度”；由于具有正式效力的惩罚措施，自然属于“正式性制度”，所以是“正式性的外在制度”，其实“外在制度”一般都是“正式性制度”。参见［德］柯武刚、史漫飞：《制度经济学——社会秩序与公共政策》，韩朝华译，商务印书馆2000年版，第3、119—127页。

③ 参见《行政复议法》第1条、第2条、第4条、第37条。

政复议的概念相关联，相互印证成为行政复议区别于行政监督、行政调解和行政诉讼的判断标准。

行政复议兼具行政救济机制、行政监督机制和争议化解机制三种属性，其中行政救济是其价值追求，这也必然展现在其特征之中。学者研究表明，公法救济一般包含四个基本特征：1.公法救济的主体是公权力主体，它是救济程序的引导者或主导者；2.公法救济的前提是存在一个具体的公法争议，其解决的实体法依据为公法；3.公法救济的对象是公权利，公法争议的内容实际上体现为以权力/权利为内容的公法关系；4.公法救济一般是事后的救济。① 遵循公法救济基本特征的体系，结合行政监督和争议化解的一些特性，我们认为行政复议具有如下五个基本特征。

第一，行政复议的办理机关是行政机关。救济主体的不同，是行政复议与司法救济和立法救济的重要区别所在。行政复议的救济主体是行政机关，而行政诉讼的救济主体是人民法院，合宪性审查的救济主体则可能是司法机关，也可能是其他类型的公权力主体。新修订的《行政复议法》第 2 条规定："……行政复议机关办理行政复议案件，适用本法。"该法第 4 条进一步明确规定："县级以上各级人民政府以及其他依照本法履行行政复议职责的行政机关是行政复议机关。行政复议机关办理行政复议事项的机构是行政复议机构。"

第二，行政复议的前提条件是存在具体行政争议，其法律依据为法律、法规和规章中的行政法规范。前提条件的不同，是行政复议与民事诉讼、行政裁决的区别所在；法律依据的不同，也是行政复议与行政诉讼的区别所在。行政复议是一种公法救济，其前提是公民、法人或其他组织认为行政行为"侵犯其合法权益"或者对行政行为"不服"，是不平等主体之间的行政争议，对纠纷的解决以行政法律、法规和规章为实体法依据。而民事诉讼是一种私法救济，其产生以平等主体之间的私法争议为前提，对纠纷的解决以民

① 参见韩春晖：《现代公法救济机制的整合——以统一公法学为研究进路》，北京大学出版社 2009 年版，第 26—27 页。

事法律为实体法依据。行政裁决虽然其救济主体是行政机关，但其争议是平等主体之间的民事争议，行政机关适用的实体法依据也属于民事法律。①当然，“需要说明的是，并非全部的行政争议都可以通过行政复议来解决。不同国家和地区的行政复议范围都取决于自身法律规范的具体规定”②。我国新修订的《行政复议法》第 2 条、第 11 条、第 20 条规定了行政复议的前提条件。

尽管行政复议与行政诉讼的前提条件相同，是源于一个具体的行政争议，但其适用的法律依据并不完全一致。新修订的《行政复议法》第 37 条则规定了行政复议的法律依据。该法第 37 条规定：“行政复议机关依照法律、法规、规章审理行政复议案件。行政复议机关审理民族自治地方的行政复议案件，同时依照该民族自治地方的自治条例和单行条例。”需要指出的是，即便是依照“自治条例”和“单行条例”，也基本上是适用其中的行政法规范和条文。因为不论行政复议机构审查行政行为的合法性还是适当性，其合法与合理的判断标准都是行政法规范。比如，审查该行政行为是否“违反法定程序”，其依据是行政程序法规范；审查是否“适用的依据不合法”，其依据是行政行为法规范；审查是否“超越职权或者滥用职权”，其依据是行政组织法规范。③ 与之相区别，行政诉讼的法律依据不包括“规章”。人民法院审理行政案件，只能“参照”规章，并不能直接适用。④

第三，行政复议的启动要件是行政相对人主动提出申请。这一点展现了行政复议的救济性特征，具有类似“不告不理”的司法意蕴。因为，“从其

---

① 关于行政裁决的界定有广义和狭义之分。广义的行政裁决是指行政机关解决民事、行政争议的活动，它与行政立法、行政执法一起构成行政行为这一整体。狭义的行政裁决仅指行政机关解决民事纠纷的活动。狭义说是我国法学界的主流观点。笔者在此也采用狭义说的观点，认为行政机关解决民事争议的行政裁决还是属于公法救济。参见张树义主编：《纠纷的行政解决机制研究——以行政裁决为中心》，中国政法大学出版社 2006 年版，第29 页。

② 郜风涛主编：《行政复议法教程》，中国法制出版社 2011 年版，第 10 页。

③ 关于行政复议机关对行政行为的审查内容，可参见《行政复议法》第 64 条、第 68 条。

④ 参见《行政诉讼法》第 63 条。

本源的意义而言,救济是补救的意思,一般是指事后的救济”[①]。这一特征包含两层含义:其一,行政复议是行政复议机关依相对人的申请启动的职权活动,未经相对人申请,它不得主动作为。新修订的《行政复议法》第 20 条规定:“公民、法人或者其他组织认为行政行为侵犯其合法权益的,可以自知道或者应当知道该行政行为之日起六十日内提出行政复议申请。”这一点使得行政复议与其他一般性的行政层级监督相区别。其二,行政复议当事人之间角色定位与法律关系固定,行政复议申请人与被申请人不能相互转换。[②] 行政复议的申请人只能是作为行政相对人的“公民、法人或者其他组织”,行政复议的被申请人只能是“作出行政行为的行政机关或者法律、法规、规章授权的组织”,[③]不能像民事诉讼的当事人一样通过反诉实现被告与原告之间法律关系的转换。

第四,行政复议的救济对象是公民的主观公权利,其监督对象是被申请人及其他下级行政机关行政权的行使。救济是一种派生的权利,而监督是一种派生的权力,两种属性所指向的对象存在不同。而行政复议兼具这两种属性,这是行政复议与申诉、复核、控告、检举的区别所在。申诉和复核具有较强救济属性,但其监督功能比较微弱;控告、检举具有较强监督属性,但其救济功能比较微弱。新修订的《行政复议法》第 2 条、第 20 条都规定,公民、法人或者其他组织“认为”行政行为侵犯其合法权益。这表明,该法的救济对象是公民的主观意义上的诉愿权。“所谓‘主观意义之诉愿’,系从诉愿人之立场观察,亦即指人民之诉愿权。”[④]特别需要注意的是,行政复议的监督对象以被申请人为主,但不限于被申请人,还包括其他下级行政机关。新修订的《行政复议法》第 76 条规定:“行政复议机关在办理行政

---

① 韩春晖:《现代公法救济机制的整合——以统一公法学为研究进路》,北京大学出版社 2009 年版,第 27 页。

② 参见胡建淼:《行政法学》(第五版),法律出版社 2023 年版,第 1063 页。

③ 《行政复议法》第 14 条、第 19 条。

④ 蔡志方:《行政救济法新论》,元照出版社 2001 年版,第 26 页。

复议案件过程中,发现被申请人或者其他下级行政机关的有关行政行为违法或者不当的,可以向其制发行政复议意见书。有关机关应当自收到行政复议意见书之日起六十日内,将纠正相关违法或者不当行政行为的情况报送行政复议机关。”行政复议机关向“被申请人”制发行政复议意见书,兼具了救济和监督两种属性,而向“其他下级行政机关”制发行政复议书,则具有监督属性。在同一个行政复议案件中兼具两种属性,正是行政复议的一个重要特征。与之相区别,行政诉讼对行政机关的监督对象一般仅限于作为被告的行政机关,而不能扩展到其他行政机关。

第五,行政复议的审查对象是行政行为的合法性和适当性。审查对象和审查密度的差异,是行政复议与行政诉讼的一个重要区别。其一,行政复议的审查对象是行政行为,包括具体行政行为和规章以下的抽象行政行为。新修订的《行政复议法》第 13 条规定:“公民、法人或者其他组织认为行政机关的行政行为所依据的下列规范性文件不合法,在对行政行为申请行政复议时,可以一并向行政复议机关提出对该规范性文件的附带审查申请……”而行政诉讼的审查对象仅限于具体行政行为,不包括抽象行政行为。《行政诉讼法》第 13 条明确规定,人民法院对公民、法人或者其他组织对行政法规、规章或者行政机关制定、发布的具有普遍约束力的决定、命令的事项提起的诉讼不予受理。其二,行政复议的审查密度包括合法性和适当性。新修订的《行政复议法》第 44 条、第 46 条规定了被申请人对其作出的行政行为的合法性和适当性负有举证责任。第 63 条、第 68 条则直接规定了行政复议机关以被申请人作出的行政行为是否“内容适当”作为其审查内容。而行政诉讼的审查密度仅限于行政行为的合法性,而不包括适当性。《行政诉讼法》第 6 条明确规定:“人民法院审理行政案件,对行政行为是否合法进行审查。”

表1　行政复议的基本特征

机制要素	行政复议的基本特征	区别对象
机制主体	行政机关(行政复议机关、行政复议机构)	司法救济、立法救济
前提条件	具体行政争议	民事诉讼、行政裁决
法律依据	法律、法规和规章中的行政法规范	行政诉讼
启动要件	行政相对人主动提出申请	一般行政层级监督
救济对象	行政相对人的主观公权利	民事诉讼、控告、检举
监督对象	被申请人及其他下级行政机关	行政诉讼
审查对象	行政行为的合法性和适当性	行政诉讼

三、行政复议的性质

性质是事物固有的根本属性。在行政法学界,关于行政复议性质的研究主要有两种思路:一种思路是从制度功能出发,形成三种观点:(1)行政复议是行政活动的一种;(2)行政复议是一种救济制度,即行政救济;(3)行政复议本质上属于准司法行为,它属于行政监督。① 另一种思路则从基本特征出发,形成了另外三种观点:(1)行政说,认为行政复议是一种具体行政行为;(2)司法说,认为行政复议就其内容而言是司法互动;(3)行政司法说,认为行政复议兼有行政和司法的双重色彩。②

笔者认为,从制度功能角度的探讨并不能揭示行政复议的根本属性。所谓"功能",是指有特定结构的事物或系统在内部和外部的联系和关系中表现出来的特性和能力。③ 在自然辩证法中,功能与结构组成相互作用的一对范畴。物质系统的稳定结构决定并制约着物质系统功能的性质、水平、

① 参见应松年、刘莘主编:《中华人民共和国行政复议法讲话》,中国方正出版社1999年版,第4页。

② 参见应松年主编:《当代中国行政法》(下卷),中国方正出版社2005年版,第1677—1678页。

③ 《辞海》(彩图本),上海辞书出版社2020年版,第1384页。

范围和大小。某一事物的概念、特征、性质都植根于事物的结构之中，由表及里构成了某一事物的内涵。也就是说，属于事物本体的范畴，而功能则属于事物外延的范畴。理所当然，行政复议的性质只能从其结构中的基本特征去观察提炼。所以，笔者更加认同从行政复议的基本特征出发的研究思路。从这一思路出发，行政法学界大体形成了“行政说”、“司法说”和“行政司法说”三种观点，逐一阐述如下。

1.行政说。该观点认为，行政复议是行政机关的行为，行政复议决定仍然属于行政决定，因此，行政复议权本质上还是一种行政权。① “其基本依据是行政复议表现为国家行政机关按照行政职权或者行政上下等级的监督关系，直接地、单方面地行使权力的行为。”②例如，罗豪才、湛中乐教授于2006年主编出版的《行政法学》（第二版）中指出：“行政复议是监督行政的一种重要形式，是上级国家机关对下级国家行政机关的行政活动进行层级监督的一种制度化、规范化的行政行为，也是国家行政机关系统内部为依法行政而进行自我约束的重要机制。”③杨海坤、朱恒顺教授也认为：“行政复议既然被定位为行政机关在行政系统内裁决纠纷的活动，根本上属于行政行为范畴。”④

2. 司法说。该观点认为，行政复议不同于一般执法程序，其本质上是一种居中裁判的司法程序。“行政复议权从实质内容角度讲是司法裁决权”⑤。“这种观点的基本出发点是建立在行政复议和行政诉讼应当构成对最为相对人的公民、法人或者其他组织合法权益提供救济和保障的认知的基础上。”⑥

---

① 参见韦宗、阿江：《行政诉讼立法要论》，《中国法学》1988年第6期。

② 姜明安主编：《行政法与行政诉讼法》（第二版），北京大学出版社、高等教育出版社2005年版，第413页。

③ 罗豪才、湛中乐主编：《行政法学》（第二版），北京大学出版社2006年版，第453页。

④ 杨海坤、朱恒顺：《行政复议的理念调整与制度完善——事关我国〈行政复议法〉及相关法律的重要修改》，《法学评论》2014年第4期。

⑤ 贺奇兵：《论行政复议机构设置的模式选择——以行政复议有限司法化为逻辑起点》，《政治与法律》2013年第9期。

⑥ 姜明安主编：《行政法与行政诉讼法》（第二版），北京大学出版社、高等教育出版社2005年版，第413页。

比如，章剑生教授认为，行政复议与行政诉讼、行政赔偿合称为行政救济，是行政相对人通过公法保护自身合法权益的基本法律制度。[①] 因而，“行政复议程序的设计也要体现行政复议居中裁决行政争议的要求，保障双方当事人在行政复议中的平等地位，为他们对等配置程序权利”[②]。

3. 行政司法说。该观点认为，作为行政机关通过行政监督权化解行政争议的行政活动，行政复议本质上构成一种行政司法行为，兼具“行政”和“司法”的双重属性。[③] “此种观点又有‘偏行政’和‘偏司法’两说，其中‘偏行政’说，称行政复议为有一定司法性的行政活动；‘偏司法’说，则称行政复议为‘准司法’活动。”[④]比如，姜明安教授认为，行政复议的性质可以从三个方面来认识：(1)行政复议是具有一定司法性的行政行为；(2)行政复议是行政机关内部监督和纠错机制的环节；(3)行政复议是国家行政救济机制的重要环节。[⑤] 胡建淼教授认为，行政复议的性质有四：(1)行政复议是一种行政监督行为；(2)行政复议是一种行政司法行为；(3)行政复议是一种行政行为；(4)行政复议是一种行政补救行为。[⑥] “行政补救行为系指，当行政主体作出第一个(次)行政行为并发生效力后，有关行政主体为补救前一个行为，而作出的替代性的第二个(次)及以上的行政行为。”[⑦]周佑勇教授也认为：“行政复议在本质上具有‘准司法’性质，兼具‘化解争议’、‘权利救济’和‘监督行政’功能。这三者之间在逻辑上，既相互独立，又相互依

---

① 参见章剑生：《论作为权利救济制度的行政复议》，《法学》2021 年第 5 期。

② 部风涛主编：《行政复议法教程》，中国法制出版社 2011 年版，第 12 页。

③ 参见曹鎏：《化解行政争议主渠道的行政复议：功能反思及路径优化》，《中国法学》2020 年第 2 期。

④ 姜明安主编：《行政法与行政诉讼法》(第二版)，北京大学出版社、高等教育出版社 2005 年版，第 413 页。

⑤ 参见姜明安主编：《行政法与行政诉讼法》(第二版)，北京大学出版社、高等教育出版社 2005 年版，第 413 页。

⑥ 参见胡建淼：《行政法学》(第五版)，法律出版社 2023 年版，第 1063 页。

⑦ 胡建淼：《行政法学》(第五版)，法律出版社 2023 年版，第 1063 页。

托和支撑。”①这些阐述实际上都试图兼顾并凸显行政复议的“行政”和“司法”双重属性。相较而言，刘飞教授的表达更为直接。他认为：“从性质上而言，行政复议具有行政与准司法的双重属性。”②

立足当下，笔者基本赞同“行政司法说”。简而言之，行政复议的性质就是一种行政司法机制。行政复议具有特殊的二元属性，这已经成为行政法学界的普遍共识。因为，“一方面，行政复议的实施主体仍是行政机关，外在形式上表现为行政机关行使职权，发生法律效力的复议文书上的落款也是行政机关，其不可避免具有行政性。另一方面，行政复议无论在法定职责上，抑或制度功能上，还是活动内容方面，都与一般行政执法行为截然不同，却与裁判纠纷的行政诉讼高度相似，司法性的特征极为明显”③。

然而，问题的关键是，在行政复议机制中，行政与司法的二元属性各自到底应占据多大比例或权重？这决非一个固定值，而是一个与时代法治需求同频共振的变量。“从我国行政复议制度发展的历程来看，在法治建设发展的不同阶段，行政复议性质功能定位随之嬗变。虽然学界对此的争论从未停止过，与其说法释义学的探讨重在追求逻辑的自洽性，不如说演进历程本质上构成法治发展不同阶段行政复议所承载使命的与时俱进回应。”④这种“与时俱进回应”的精准性，就是“度”。但凡一切“进退有度”的制度变迁，无不因其“审时度势”。新修订的《行政复议法》亦是如此。

第二节　行政复议法的制定与修改

从社会学角度来看，立法是一种规则的输出活动，它是社会需求发射出

① 周佑勇：《行政复议的主渠道作用及其制度选择》，《法学》2021 年第 6 期。
② 刘飞：《德国公法权利救济制度》，北京大学出版社 2009 年版，第 22 页。
③ 陈碧文：《新时代行政复议的制度定位》，《中国司法》2022 年第 1 期。
④ 曹鎏：《行政复议制度革新的价值立场与核心问题》，《当代法学》2022 年第 2 期。

来的“冲击波”。更形象地说，“它把法律规则视为一本指令，包括如果不是全部，至少是大部分需要法律处理的场合”①。我国行政复议法的制定与修改的过程就是不断回应社会需求的冲击波，并且形成处理具体法律情境的规则和指令的过程。

一、我国行政复议制度的产生和发展

现代意义上的行政复议制度在我国始于辛亥革命后。1912 年《中华民国临时约法》第 10 条规定：“人民对于官吏违章侵害权利之行为，有陈述于平政院之权。”1914 年 5 月 1 日，北洋政府公布的《中华民国约法》第 8 条也规定了这一制度。同年 5 月 18 日，北洋政府又公布了《诉愿条例》，正式确立了人民因不服中央或地方机构的违法或不当的处分，可以请求行政救济的制度，标志着文本意义上行政复议制度的产生。1930 年，南京国民政府颁布的《诉愿法》，确立了行政诉愿制度。根据该法规定，行政相对人因行政官署违法或不当处分致其权利受到损害时，可以向原官署或其上级官署请求撤销或变更原处分。这种诉愿分为诉愿和再诉愿两级，不服再诉愿的可以向行政法院提起行政诉讼。这种制度的产生是由于资产阶级革命的要求，其确立是由于南京国民政府政治欺骗的需要。但这种制度还仅仅停留在纸上，在实际生活中并没得到认真贯彻，并没有对公民权利起到保护作用。

新中国成立以后，我国行政复议制度产生于 20 世纪 50 年代。1950 年 1 月 15 日，政务院批准财政部公布的《中央人民政府财政部设置财政检查机构办法》第 6 条规定的“申请复核处理”，是新中国行政复议制度的雏形。1950 年 12 月 19 日，政务院公布并于同日实施的《税务复议委员会组织通则》明确规定了税务复议委员会的性质、任务以及受案范围。与此同时，政务院还通过了另一个有关行政复议的法规，即《印花税暂行条例》。该条例

① ［美］劳伦斯·M.弗里德曼：《法律制度——从社会科学角度观察》，李琼英、林欣译，中国政法大学出版社 2004 年版，第 14 页。

明确规定：被处罚人不服税务机关之处罚，得于5日内提请复议，或向上级税务机关申诉。到此，行政复议制度已经明确地建立起来了。[①]

到20世纪50年代中后期，行政复议制度得到初步发展，规定行政复议的法律、法规越来越多。1954年的《国营企业内部劳动规则纲要》、1955年的《农村粮食统购统销暂行办法》、1957年的《国境卫生检疫条例》、1958年的《农业税条例》都对行政复议制度的完善起了很大的推动作用，这也与新中国建立后的民主政治密切相关。[②] 但是，由于新政权统治经验的缺乏、法律技术的欠缺，行政复议制度本身并不完善，导致行政复议作为一种机制对社会生活的作用非常有限。[③]

20世纪60年代和70年代中后期，行政复议制度停滞不前甚至不存在。改革开放后，我国行政复议制度进入恢复和发展时期。1982年《宪法》的颁布，对于加强、发展和完善我国的行政复议制度起了极大推动作用。《宪法》第41条规定："中华人民共和国公民对于任何国家机关和国家工作人员，有提出批评和建议的权利；对于任何国家机关和国家工作人员的违法失职行为，有向有关国家机关提出申诉、控告或者检举的权利，但是不得捏造或者歪曲事实进行诬告陷害。对于公民的申诉、控告或者检举，有关国家机关必须查清事实，负责处理。任何人不得压制和打击报复。"这些宪法性条文不仅确认了已经存在的行政复议制度，也为行政复议制度的进一步发展提供了最高法律依据。到1990年止，我国已经有100多个法律、法规规定了行政复议。

总体而言，这些规定不仅立法技术日趋成熟，而且还注意了有关法律、法规之间的衔接和协调，对有效地解决行政争议、加强行政系统自我约束，发挥了积极作用，行政复议作为一种"机制"的功能开始凸显。但由于缺乏

---

① 参见胡建淼：《行政法学》（第五版），法律出版社2023年版，第1061页。

② 参见胡建淼：《行政法学》（第五版），法律出版社2023年版，第1061页。

③ 如袁曙宏教授认为："这一时期的行政复议制度的突出特点是行政复议分散、没有统一的法典；复议程序和机构设置混乱；复议决定为终局决定，当事人对复议决定不服，不能提起行政诉。"参见姜明安主编：《行政法与行政诉讼法》，法律出版社2003年版，第279页。

统一的法律规范，关于复议范围、管辖、程序等方面的“制度缺位”，限制了这一机制作用的充分发挥。1989 年 4 月 4 日通过的《行政诉讼法》有 4 个条文涉及行政复议，统一了行政复议期限，明确了行政复议与行政诉讼关系，扩大了对公民、法人或者其他组织合法权益的保护范围，该法的出台及有关规定直接有力地推动了行政复议法的立法进程。① 为了与《行政诉讼法》相配套，国务院于 1990 年颁布了《行政复议条例》，标志着我国行政复议立法和实践进入一个崭新阶段。1994 年 10 月 9 日，在总结该条例实施 4 年来的实践基础上，国务院对照《行政诉讼法》和《国家赔偿法》等法律、法规，对该条例进行了修改。“《行政复议条例》实施后，行政复议案件随之大量增加，据统计，从 1991 年初至 1997 年底，全国共发生行政复议案件 22 万件，平均每年 3 万件。”②

但是，在条例的实施过程中也反映出不少问题，有人将其归纳为“三不”：“申请不便，行政复议条例规定的申请复议的条条框框较多，公民、法人和其他组织申请复议不方便；受理不多，在行政复议条例实施过程中，有的行政机关怕当被告或者怕麻烦，对复议申请应当受理而不受理；违法不究，有的行政机关‘官官相护’，对违法的具体行政行为该撤销的不撤销，对不当的具体行政行为该变更的不变更。”③这些问题对紧接着的《行政复议法》的起草有很强的导向作用。1999 年 4 月 29 日，第九届全国人大常委会第九次会议制定通过了《行政复议法》，进一步提升了行政复议制度的法律位阶，标志着我国行政复议制度进入逐步完善的新时期。2007 年 5 月 23 日，国务院通过了《行政复议法实施条例》，为发挥行政复议法的实效性对行政复议程序制度进一步完善。此时，行政复议作为一种机制的功能得到极大彰显，对我国公民权利保障起到重要作用。我国行政复议的历史演进

---

① 比如，1989 年颁布的《行政诉讼法》第 38 条第 1 款规定：“公民、法人或者其他组织向行政机关申请复议的，复议机关应当在收到申请之日起两个月内作出决定。法律、法规另有规定的除外。”

② 应松年主编：《当代中国行政法》下卷，中国方正出版社 2005 年版，第 1713 页。

③ 曹康泰：《中华人民共和国行政复议法释义》，中国法制出版社 1999 年版，第 2 页。

表明,行政复议立法不断完善、功能不断扩大的过程与我国改革开放民主政治的发展历程有一种相伴而行、共同前进的关联。

二、2023年行政复议法的修订

2023年9月1日,十四届全国人民代表大会常务委员会第五次会议表决通过新修订的《行政复议法》,自2024年1月1日起施行。此前,2009年8月27日第十一届全国人民代表大会常务委员会第十次会议通过的《关于修改部分法律的决定》和2017年9月1日第十二届全国人民代表大会常务委员会第二十九次会议通过《关于修改〈中华人民共和国法官法〉等八部法律的决定》先后两次对现行《行政复议法》进行了修正,但对复议制度定位、管辖体制、审理程序和复议证据等重要方面的调整变化不大,属于"小改"。

此次修订是落实2020年2月中央全面依法治国委员会第三次会议审议通过的《行政复议体制改革方案》、2021年1月中共中央印发的《法治中国建设规划(2020—2025年)》和2021年8月中共中央、国务院印发的《法治政府建设实施纲要(2021—2025年)》对推进行政复议体制改革、整合行政复议职责等要求,调整内容重大,增加条文数多达49条,修订之处涉及所有条文,是一次"大改"。现阶段出台新修订的行政复议法,可谓正当其时,意义重大。主要体现为四个方面:其一,此次修订是贯彻落实习近平法治思想和党中央决策部署的重要举措;其二,此次修订是践行以人民为中心的发展思想、增强人民群众的获得感、安全感和幸福感的重要举措;其三,此次修订是完善多元化纠纷解决机制、提升社会治理效能的重要举措;其四,此次修订是推进国家治理体系和治理能力现代化的有力法治保障。①

每次法治变革都不完全是法律逻辑的发展结果,而是基于破解社会难题的时代需要。"20多年来,行政复议作为有效解决行政争议的法定机制,利用其方便群众、快捷高效、方式灵活等优势,成为化解行政争议和维护人

① 参见《全国人大常委会法工委行政法室主任梁鹰解读〈行政复议法〉修订》,https://baijiahao.baidu.com/s? id=1775969865566015247&wfr=spider&for=pc,2023年9月11日访问。

民群众合法权益的重要渠道。当前，随着我国经济社会发展，需要加强和改进行政复议工作，解决制约行政复议发挥监督、救济作用的突出问题，满足人民群众对实质性化解行政争议的新要求、新期待。”①从统计数据来看，2011—2020 年全国各级地方政府受理行政复议案件年度数量，总体变化呈上升趋势，从 2011 年的 101060 件增加到 2018 年的 203113 件，并达到峰值。行政争议主要集中在与行政相对人切身利益密切相关的公安、自然资源（土地、林业）、市场监管（工商、质检、食品药品）、房屋征补（拆迁）、社会保障五个领域，这些领域的复议数量约占总数量的 74%—82%。②

但是，行政复议机关作出维持判决的案件占比一直很高，而直接纠错率却一直很低。自 2011 年至 2021 年，复议机关维持决定类案件占比总体略呈下降之势，但仍然维持在 59. 18%—49. 99%的高位之间。③“有报道指出，复议机关在作决定时，往往会更多考虑行政机关的权威和利益，直接纠错比例很低。如 2008—2012 年，江苏省全省平均直接纠错率只有 3. 46%。”④与此同时，行政复议绩效低下问题也比较严重。“国务院及下属各部门的行政复议的绩效也不高。立案当年办结率仅在 24. 95%—42. 2%之间。”⑤

全国人大常委会法工委行政法室主任梁鹰指出，此次修订正是坚持了问题导向，“着力提升行政复议公正性和公信力，针对制约行政复议发展的主要矛盾，实施‘靶向治理’……努力让人民群众在每一个行政复议案件中

---

① 《全国人大常委会法工委行政法室主任梁鹰解读〈行政复议法〉修订》，https://baijiahao.baidu.com/s? id=1775969865566015247&wfr=spider&for=pc，2023 年 9 月 11 日访问。

② 参见李月军：《当代中国地方政府与社会之间的行政争议关系——基于 2011—2020 年全国行政复议数据的分析》，《政治学研究》2022 年第 4 期。

③ 参见李月军：《当代中国地方政府与社会之间的行政争议关系——基于 2011—2020 年全国行政复议数据的分析》，《政治学研究》2022 年第 4 期。

④ 李月军：《当代中国地方政府与社会之间的行政争议关系——基于 2011—2020 年全国行政复议数据的分析》，《政治学研究》2022 年第 4 期。

⑤ 李月军：《当代中国地方政府与社会之间的行政争议关系——基于 2011—2020 年全国行政复议数据的分析》，《政治学研究》2022 年第 4 期。

都感受到公平正义”。修订的重点内容有如下六个方面。①

1. 明确了行政复议有关原则和要求。该法第 3 条明确了行政复议机关应当遵循合法、公正、公开、高效、便民、为民的原则；第 4 条要求行政复议机关支持和保障行政复议机构依法履行职责，对行政复议指导性案例发布作出规定；第 5 条规定办理行政复议案件可以进行调解；第 6 条提出国家建立专业化、职业化行政复议人员队伍。

2. 优化了行政复议管辖体制。该法第 24 条取消了地方人民政府工作部门的行政复议职责，由县级以上地方人民政府统一行使。同时保留实行垂直领导的行政机关、税务和国家安全机关的特殊情形，相应调整国务院部门的管辖权限，并对有关派出机构作出灵活规定。

3. 加强了行政复议吸纳行政争议的能力。该法第 11 条扩大了行政复议范围，明确对行政赔偿、工伤认定、行政协议、政府信息公开等行为不服的，可以申请行政复议；第 23 条优化行政复议前置范围，明确对当场作出的行政处罚决定、未履行法定职责、不予公开政府信息等行为不服的，应当先申请行政复议，将行政复议前置其他情形的设定权限明确为法律和行政法规。

4. 健全了行政复议申请和受理程序。该法第 22 条增加了申请复议便民举措；第 23 条提出了复议前置情形告知要求；第 30 条明确了行政复议受理条件；第 31 条增设申请材料补正制度。

5. 完善了行政复议审理程序。该法第 38 条建立了提级审理制度；第 53 条增加了简易程序及其适用情形；第 43 条至第 47 条健全了行政复议证据规则；第 49 条规定实行普通程序听取意见原则；第 50 条、第 51 条新增了听证制度；第 52 条规定了行政复议委员会制度；第 56 条完善了行政复议附带审查规范性文件程序。

---

① 参见《全国人大常委会法工委行政法室主任梁鹰解读〈行政复议法〉修订》，https://baijiahao.baidu.com/s? id=1775969865566015247&wfr=spider&for=pc，2023 年 9 月 11 日访问。

6. 强化了行政复议决定及其监督体系。该法第 63 条、第 65 条细化了变更、撤销、确认违法等决定的适用情形；第 66 条、第 67 条、第 71 条调整了决定顺序，增加了确认无效、责令履行行政协议等决定类型；第 76 条、第 77 条增设了行政复议意见书、约谈和通报批评；第 79 条规定了行政复议决定书、意见书抄告的监督制度。

显而易见，新修订的《行政复议法》积极回应了社会关切，将更好发挥行政复议公正高效、便民为民的制度优势和化解行政争议的主渠道作用，有利于保护人民群众合法权益、推进法治政府建设、促进社会公平正义。

第三节　行政复议法的目的与依据

“目的”就是预期的“功能”，是某一事物或机制的外在效能。从社会学来看，法治就是社会关系的“调节器”。任何一种治理机制都必然试图调整或变革已然存在的某种内在结构，并且努力构建治理者所追求的某种社会效果。同理，新修订的《行政复议法》也清晰地表达了它所追求的社会效果及其合法性源头，也就是其立法目的和立法依据。

一、行政复议法的目的

我国新修订的《行政复议法》第 1 条明确规定了其立法目的。该法第 1 条规定：“为了防止和纠正违法的或者不当的行政行为，保护公民、法人和其他组织的合法权益，监督和保障行政机关依法行使职权，发挥行政复议化解行政争议的主渠道作用，推进法治政府建设，根据宪法，制定本法。”与 2017 年修正的《行政复议法》第 1 条①相比，调整变化之处有三：1.将“具体行政行为”修订为“行政行为”；2.“保障和监督行政机关依法行使职权”修

① 《行政复议法》（2017 年修正）第 1 条规定：“为了防止和纠正违法的或者不当的具体行政行为，保护公民、法人和其他组织的合法权益，保障和监督行政机关依法行使职权，根据宪法，制定本法。”

订为"监督和保障行政机关依法行使职权";3.增加了"发挥行政复议化解行政争议的主渠道作用"的功能定位。这表明,我国行政复议制度的功能定位从"二元目的"转向多层次的"三元目的"。

（一）行政复议立法目的的演进

从1990年的《行政复议条例》到1999年的《行政复议法》,再到2007年的《行政复议法实施条例》,我国行政复议制度的立法目的条款亦随之发生了两次较大的变化和调整。简单来说,经历了从"单一目的"到"多元目的",再到"多层次目的"的演变过程。① 1990年《行政复议条例》第1条:"为了维护和监督行政机关依法行使职权,防止和纠正违法或者不当的具体行政行为,保护公民、法人和其他组织的合法权益,根据宪法和有关法律,制定本条例。"与1989年《行政诉讼法》第1条规定②的制度功能基本一致,都是"保护公民、法人和其他组织合法权益"和"维护和监督行政机关依法行使职权",只不过两种制度功能排序不一样。行政诉讼将"权益保护"置于"监督行政"之前,而行政复议则相反。这一表述说明,该条例将行政复议的制度定位为行政的、内部的、层级的监督形式,这一定位在其程序规范上也有鲜明体现。

1999年的《行政复议法》第1条规定:"为了防止和纠正违法的或者不当的具体行政行为,保护公民、法人和其他组织的合法权益,保障和监督行政机关依法行使职权,根据宪法,制定本法。"该条对立法目的作了次序上的调整,将"监督行政"放在了最后一位,提升了"权益保护"的排名。③ 但是,这种语词次序的调整并不意味着立法目的的实质性调整。时任国务院法制办公室主任杨景宇在《关于〈中华人民共和国行政复议法(草案)〉的说

① 参见周佑勇:《行政复议的主渠道作用及其制度选择》,《法学》2021年第6期。

② 1989年《行政诉讼法》第1条:"为保证人民法院正确、及时审理行政案件,保护公民、法人和其他组织的合法权益,维护和监督行政机关依法行使行政职权,根据宪法制定本法。"

③ 参见马超:《行政复议的政治功能阐释——基于立法史的考察》,《交大法学》2013年第4期。

明》中指出,“行政复议是行政机关内部自我纠正错误的一种监督制度。完善行政复议制度,充分发挥行政复议制度的作用,对于加强行政机关内部监督,促进行政机关合法、正确地行使职权,维护社会经济秩序,维护公民、法人和其他组织的合法权益,维护社会稳定,具有重要意义。”①由此可见,《行政复议法》的立法目的还是延续了《行政复议条例》的制度定位。

2007 年《行政复议法实施条例》在立法目的的调整则更具颠覆性。该条例第 1 条规定:“为了进一步发挥行政复议制度在解决行政争议、建设法治政府、构建社会主义和谐社会中的作用,根据《中华人民共和国行政复议法》,制定本条例。”其中,“解决行政争议”被首次纳入立法目的之中,并被置于首位。这在很大程度上重塑了《行政复议条例》和《行政复议法》对行政复议立法目的的设定。② 这一调整本身也是贯彻中央有关法治部署的重要举措。2006 年,中共中央办公厅、国务院办公厅印发《关于预防和化解行政争议健全行政争议解决机制的意见》,首次以文件形式指出,“行政复议是解决行政争议的重要渠道”,要求将行政争议“化解在基层、化解在初发阶段、化解在行政程序中”。由此可见,影响行政复议立法目的条款变迁的外部因素,主要源自政府推动和政治决断。

(二) 行政复议的三元目的

2023 年修订的《行政复议法》第 1 条将其立法目的依次规定为“权益保护”、“监督行政”和“化解纠纷”三元目的。但关于上述三种功能如何排序,学界素有争议。主要有“并重说”、“主导说”和“阶梯说”三种学说,本质上体现为每一种功能在整个功能体系中的地位及作用认识上的分歧。③ 在此次修订之前,“主导说”成为理论界共识,但对于三元目的中何为主导目的,

① 杨景宇:《关于〈中华人民共和国行政复议法(草案)〉的说明》,载应松年等:《行政复议法例解与适用》,中国民主法制出版社 1999 年版,第 451 页。

② 参见周佑勇:《我国行政复议立法目的条款之检视与重塑》,《行政法学研究》2019 年第 6 期。

③ 参见曹鎏:《行政复议制度革新的价值立场与核心问题》,《当代法学》2022 年第2 期。

主导目的是否随时代发展变化仍存分歧。①

最终，新修订的《行政复议法》第 1 条更多地从立法技术出发，采取了有些学者提出的按照从直接到间接、由具体到抽象、由微观到宏观的顺序排列。② 因为，“维护权益”属于行政复议立法的直接目的，“监督行政”属于其间接目的，二者也属于具体的立法目的，而“解决行政争议”本身便是行政复议制度所具有的特性，可以将其归为抽象的立法目的。③ 其实，单单从“解决行政争议”这几个字来看，并不能得到它是抽象目的的结论。因为，每一个行政复议案件都是在逐个解决具体的行政争议。但是，新修订的《行政复议法》第 1 条采取的是“发挥行政复议化解行政争议的主渠道作用”的表述，这是将行政复议置于整个纠纷化解制度体系（包括行政裁决、行政调解、行政诉讼、国家赔偿等）中去评判考量，是从国家治理层面来进行制度定位，必定是一种抽象目的。下面，我们依次简述新修订《行政复议法》所规定的三元目的。

1. 权益保护功能。权益保护功能，是指行政复议机制对公民个人的被侵犯的权利或受损害的利益的弥补或恢复的功能。权利保护功能是所有救济机制的根本的价值追求，是公民个人基本需要的满足。自《行政复议法》实施以来，全国各级复议机关已办理案件 247.8 万件。其中，立案并审结 204.9 万件，纠正违法或不当行政行为 29.6 万件，纠错率达 14.4%，约 70% 的审结案件实现案结事了、定分止争，维护了相对人合法权益。④ 新修订的《行政复议法》进一步扩大了公民权利的保护范围，加大了公民权利的保护

---

① 参见徐运凯：《论新时代行政复议的功能定位及其评价体系》，《行政法学研究》2019 年第 6 期。

② 参见全国人大法工委制订的《立法技术规范（试行）（一）》（法工委发〔2009〕62 号）第 5 条。

③ 参见周佑勇：《我国行政复议立法目的条款之检视与重塑》，《行政法学研究》2019 年第 6 期。

④ 参见《关于〈中华人民共和国行政复议法（修订）（征求意见稿）〉的说明》，司法部网，http://www.moj.gov.cn/news/content/2020-11/24/zlk_3260478.htm。

力度。它扩大了行政复议范围和附带审查的规范性文件的范围，规定了行政复议申请人的法律援助制度、行政复议听证制度、复议决定公开制度等，对公民申请复议的权利从实体到程序予以全方面保护。①

2. 监督行政功能。监督行政功能，是指行政复议机制通过基本法律理念和正当程序对行政机关行使权力的行为进行制约，防止行政权力滥用的功能。监督行政是依法行政原则对行政机关的基本要求。新修订的《行政复议法》通过强化行政复议决定的执行监督力度进一步凸显了其监督行政的制度功能。比如，该法第 77 条规定被申请人不履行或者无正当理由拖延履行行政复议决定书、调解书、意见书的，行政复议机关或者有关上级行政机关应当责令其限期履行，并可以约谈被申请人的有关负责人或者予以通报批评。第 78 条规定申请人、第三人逾期不起诉又不履行行政复议决定书、调解书，或者不履行最终裁决的行政复议决定的，根据不同的决定类型，分别由有关机关强制执行。第 83 条针对被申请人不履行或者无正当理由拖延履行行政复议决定书、调解书、意见书的行为，规定相应法律责任。

3. 化解纠纷功能。化解纠纷功能，是指纠纷得到最终的解决，其争议的问题得到了确定，并且不会因同一事实和理由重新引发法律上的争议并重新寻求法律的救济机制。化解解决是争议双方当事人的共同要求。本质上来说，“行政复议与行政诉讼都是解决行政争议的制度”。② 但是，新修订的《行政复议法》将其明确规定于立法目的条款之中，其中却有着很强的政策性考量，是一种政治决断的立法体现。2011 年，中央首次正式提出充分发挥行政复议作为解决行政争议主渠道的作用。2020 年 2 月 5 日，在中央全面依法治国委员会第三次会议上，行政复议主渠道定位再次得到明确。

当然，这种政治决断有着广泛而普遍的法治经验为支撑。“据了解，目

① 参见《行政复议法》第 11 条、第 13 条、第 18 条、第 50 条、第 51 条、第 79 条。

② 应松年：《行政救济制度之完善》，《行政法学研究》2012 年第 2 期。

前世界上许多国家解决行政争议不是主要靠行政诉讼,而是靠行政复议。行政复议案件数量和行政诉讼案件数量之比,有的国家是 7∶1,有的国家是 8∶1,甚至有的国家是 24∶1,绝大部分行政争议是靠行政复议来解决的。"①在法国,"每年只有 6.6%的征税决定被起诉至法院,其他行政争议则通过行政复议得到化解"②。在德国,"行政复议程序中,10 件案件中有 9 件没有被提起后续的诉讼"③。在美国,"听证审查官、行政法法官几乎可以化解 90%以上的行政纠纷"④。在英国,即便是在司法审查"大量适用"的领域中,与行政决定的数量相比也是微小的。早在 1993 年,社会保障裁判所接收了 161208 个案件,移民裁判所接收了 25244 个案件,而移民上诉裁判所接收了 6559 个案件。当和各自相关领域的司法审查案件数相比时,这些数字也凸显了寻求司法审查的特殊性;⑤早期的"行政裁判所也以每年几十万件的数量裁决行政争议,比如 2010 年至 2011 年,全国行政裁判所受理案件达 831000 件"⑥。

与域外经验相比,我国行政复议化解纠纷的制度功能显然偏弱。"从数据上看,行政争议的数量每年数以亿计,信访数量每年也有千万,然而行政复议年均办案数量仅为 20 万件左右,可见其在吸纳、化解行政争议数量、力度上明显不足。"⑦因此,新修订的《行政复议法》围绕强化行政复议吸纳行政争议能力作了很多规定。比如,该法第 11 条扩大行政复议范围,增加

---

① 朱宁宁:《扩大范围发挥行政复议化解行政争议主渠道作用》,《法治日报》2023 年 7 月 4 日。

② 曹鎏:《作为化解行政争议主渠道的行政复议:功能反思及路径优化》,《中国法学》2020 年第 2 期。

③ 刘飞:《德国公法权利救济制度》,北京大学出版社 2009 年版,第 29 页。

④ 梁凤云、朱晓宇:《关于行政复议法修改若干重大问题的思考》,《浙江工商大学学报》2021 年第 6 期。

⑤ See Lee Bridges and George Meszaros, Maurice Sunkin, *Judicial Review in Perspective*, Second edition, Cavendish Publishing Limited, 1995, p. 11.

⑥ 梁凤云、朱晓宇:《关于行政复议法修改若干重大问题的思考》,《浙江工商大学学报》2021 年第 6 期。

⑦ 梁凤云、朱晓宇:《关于行政复议法修改若干重大问题的思考》,《浙江工商大学学报》2021 年第 6 期。

了以下情形:(1)对行政机关作出的赔偿决定或者不予赔偿决定不服;(2)对行政机关作出的不予受理工伤认定申请的决定或者工伤认定结论不服;(3)认为行政机关不依法订立、不依法履行、未按照约定履行或者违法变更、解除政府特许经营协议、土地房屋征收补偿协议等行政协议;(4)认为行政机关在政府信息公开工作中侵犯其合法权益。再如,第23条完善了行政复议前置范围:将对当场作出的行政处罚决定不服、认为行政机关未依法履行法定职责、申请政府信息公开但行政机关不予公开的情形纳入行政复议前置范围。

二、行政复议法的依据

新修订的《行政复议法》第1条规定:"……根据宪法,制定本法。"这一表述指明了行政复议法的依据是"宪法"。宪法是国家的根本大法,具有最高法律地位、法律权威和法律效力。一切国家机关包括行政机关都必须以宪法为根本活动准则,并且负有维护宪法尊严、保障宪法实施的职责。因此,不论是作为行政复议机关还是行政复议被申请人的行政机关,都必须以宪法为最高法律依据,这是理所当然。但是,"我国立法表达宪法依据,并非基于法律渊源意义,而是基于立法技术,即通过'根据宪法'的表达,以表明本法与宪法之间的特别关系"①。直白地说,宪法依据表达是指本法是为直接执行宪法规定而制定,是直接对宪法内容的细化。从这种关联)性来看,笔者认为《宪法》中有三处规定可以作为《行政复议法》的依据。

第一,《宪法》序言是行政复议法的总体依据。《宪法》序言明确规定:"坚持人民民主专政,坚持社会主义道路,坚持改革开放,不断完善社会主义的各项制度,发展社会主义市场经济,发展社会主义民主,健全社会主义法治。"行政复议制度的产生和发展过程就是不断健全社会主义法治的过

① 胡建淼:《如何理解"根据宪法,制定本法"》,《学习时报》2022年3月2日。

程，此次新修订的《行政复议法》更是健全社会主义法治的应有之义和重大贡献。

第二，《宪法》第 5 条是行政复议法的法理依据。《宪法》第 5 条规定："中华人民共和国实行依法治国，建设社会主义法治国家。国家维护社会主义法制的统一和尊严。一切法律、行政法规和地方性法规都不得同宪法相抵触。一切国家机关和武装力量、各政党和各社会团体、各企业事业组织都必须遵守宪法和法律。一切违反宪法和法律的行为，必须予以追究。任何组织或者个人都不得有超越宪法和法律的特权。"行政复议就是对行政机关违反法律行为予以追究的机制，此次新修订的《行政复议法》就是贯彻社会主义法治国家原则的立法革新。

第三，《宪法》第 41 条是行政复议法的直接依据。该条规定："中华人民共和国公民对于任何国家机关和国家工作人员，有提出批评和建议的权利；对于任何国家机关和国家工作人员的违法失职行为，有向有关国家机关提出申诉、控告或者检举的权利，但是不得捏造或者歪曲事实进行诬告陷害。对于公民的申诉、控告或者检举，有关国家机关必须查清事实，负责处理。任何人不得压制和打击报复。由于国家机关和国家工作人员侵犯公民权利而受到损失的人，有依照法律规定取得赔偿的权利。"显然，这些规定为我国行政复议制度的不断发展完善提供了直接法律依据。

第四节　行政复议法的基本原则

"法的基本原则是法的灵魂，任何国家的法，任何国家的行政法都不可能没有灵魂，从而不可能没有基本原则。"①"行政法的基本原则是指指导和规范行政法的立法、执法以及指导、规范行政行为的实施和行政争议的处理

---

① 姜明安主编：《行政法与行政诉讼法》（第二版），北京大学出版社、高等教育出版社 2005 年版，第 62 页。

的基础性规范。它贯穿于行政法具体规范之中,同时又高于行政法具体规范,体现行政法的基本价值观念。”[①]由此出发,行政复议法的基本原则,是指贯穿于行政复议法及行政复议全过程,体现并反映行政复议的基本规律、基本特点和基本精神,对行政复议具有指导意义的法律规范,是行政复议制度的精神品格之所在。行政复议的基本原则具有如下四个特征:(1)法律性。即行政复议的基本原则应以宪法为依据,并由《行政复议法》予以规定。它不仅可以在行政复议实践中直接引用作为判案根据,而且可以用来统领和解释《行政复议法》分则部分的条文。(2)客观性。即行政复议的基本原则是在行政复议实践中发挥作用,符合行政复议规律和要求的基础性导向。它不包括学者根据法学理论归纳出来的内容。(3)指导性。即行政复议的基本原则能够普遍地指导行政复议活动。(4)稳定性。即行政复议的基本原则相较于行政复议分则部分的条文更具稳定性,是行政复议制度健康、稳定、可持续发展的必要前提。[②]

任何一个法律部门都有自己的基本原则,没有基本原则的部门法,就像没有中枢神经系统的生物一样。《行政复议法》总则中有 2 个条文明暗结合规定了基本原则。该法第 3 条明确规定:“行政复议工作坚持中国共产党的领导。行政复议机关履行行政复议职责,应当遵循合法、公正、公开、高效、便民、为民的原则,坚持有错必纠,保障法律、法规的正确实施。”该法第 1 条则规定:“为了防止和纠正违法的或者不当的行政行为”。将这一立法表达与该法第 48 条、第 68 条和第 76 条规定相结合,我们从中可以推导出“全面审查原则(即合法性与适当性审查)”。从行政复议法基本原则的概

① 姜明安主编:《行政法与行政诉讼法》(第二版),北京大学出版社、高等教育出版社 2005 年版,第 62 页。

② 参见郜风涛主编:《行政复议法教程》,中国法制出版社 2011 年版,第 79—80 页。

念和特征出发，结合《行政复议法》的相关规定[①]，笔者认为，我国行政复议制度包括如下基本原则：坚持中国共产党的领导原则、合法原则、公正原则、公开原则、高效原则、便民原则、为民原则、全面审查原则。以下我们逐一简述这些基本原则。

一、坚持中国共产党的领导原则

坚持中国共产党的领导是我国政法工作的一个基本原则。《政法工作条例》第 6 条规定："政法工作应当遵循以下原则：（一）坚持党的绝对领导，把党的领导贯彻到政法工作各方面和全过程。"该原则是走中国特色社会主义法治道路的应有之义。因为，"党的领导是中国特色社会主义最本质的特征，是社会主义法治最根本的保证"[②]。中国特色社会主义法治道路的核心，就是坚持党的领导、人民当家作主、依法治国三者有机统一。党的领导是核心，人民当家作主是目的，依法治国是方式。

行政复议坚持中国共产党的领导原则，是指县级以上各级政府、立法机关和有关部门都要把党的领导贯彻到行政复议工作的各方面和全过程。《行政复议法》第 3 条第 1 款规定："行政复议工作坚持中国共产党的领导。"这是该原则在行政复议工作中最直接的立法体现。它要求县级以上各级政府和有关部门要在党的领导下切实履行行政复议法赋予的职责和任务，严格按照新的法律规定，落实新法关于行政复议申请、受理、管辖、审理、决定等各个环节的要求。县级以上各级政府和有关部门应当要在党的领导下抓紧修改本法实施条例，确保法律各项规定落地生根、有效实施。新修订

① 有的学者认为，行政复议原则是行政复议的精神实质。因此，对行政复议基本原则的确定不限于《行政复议法》的规定，而是可以从行政复议制度要求出发，人为划定某些行政复议活动必须遵循的原则。笔者认为，学者在法定原则之外去寻找基本原则存在很大风险。由于对行政复议制度价值追求的理解存在个体差异，很可能确定的原则已经偏离了该法律所明确规定的制度定位。因此，笔者立足于《行政复议法》的具体法条去发掘基本原则，但不限于总则中的法条。参见应松年主编：《当代中国行政法》下卷，中国方正出版社 2005 年版，第 1721 页。

② 《习近平著作选读》第一卷，人民出版社 2023 年版，第 298 页。

的《行政复议法》实施后，各级立法部门要在党的领导下及时制定、修改行政复议有关法规、规章及有关规范性文件等配套规定，特别是行政复议前置、行政复议委员会等方面的规定。

需要说明的是，坚持中国共产党的领导是行政复议工作的基本原则，并不意味着党组织或领导干部可以对具体行政复议个案的办理过程进行直接插手、干预。《行政复议法》第 3 条将这一原则规定于第 1 款，而将合法原则、公正原则、公开原则、高效原则、便民原则、为民原则规定于第 2 款，就在于前者是用以整体上引领和规范行政复议工作的开展、充分发挥行政复议化解纠纷主渠道作用的原则，其遵循主体主要是县级以上政府、立法部门、行政部门；而后者这些原则是用以引领和规范行政复议案件办理过程，即申请、受理、管辖、审理、决定等环节，这些原则的遵循主体非常特定，就是“行政复议机关”。

二、合法原则

行政复议合法原则，是指复议机关在办理行政复议事项、履行行政复议职责时必须依据法律、符合法律、不得与法律相抵触。行政复议合法原则是行政法领域具有普遍指导意义的依法行政原则在行政复议领域中的具体贯彻和落实。

“依法行政的基本含义是指政府的一切行政行为应依法而为，受法之拘束。”①关于依法行政的内涵，学者观点并不完全相同，但基本精神大体一致。有的学者认为，依法行政原则作为行政法的基本原则，要求行政权力主体必须依据法律、法规取得和行使权力，并对行使权力行为承担法律责任。这种观点将依法行政原则的基本内涵概括为四点：（1）职权法定；（2）权责统一；（3）依程序行政；（4）违法行政必须承担法律责任。② 有的学者认为，依法行政原则包括以下几方面内涵：（1）职权法定；（2）法律优先或法律优

① 姜明安主编：《行政法与行政诉讼法》（第二版），北京大学出版社、高等教育出版社 2005 年版，第 64 页。

② 参见王连昌主编：《行政法学》，中国政法大学出版社 1997 年版，第 21—23 页。

位；(3)法律保留；(4)依据法律；(5)职权与职责统一。[1] 关于依法行政原则适用的具体要求，有的学者分解为如下四个方面：(1)依法行政的“法”，包括宪法、法律、法规、规章；(2)依法行政要求政府依法的明文规定行政；(3)依法行政要求政府依法律规定行政，而依法律规定行政又首先要求依行政管理法的规定行政；(4)依法行政要求政府对行政相对人依法实施管理。[2]

行政复议合法原则要求行政复议机关必须严格依据《行政复议法》的有关规定履行职责，做到主体合法、权限合法、依据合法、程序合法、决定合法且依法承担相应法律责任。(1)主体合法。比如，该法第 4 条规定了“县级以上各级人民政府以及其他依照本法履行行政复议职责的行政机关”是行政复议机关，赋予它们行政复议的合法主体地位。(2)权限合法。该法第 24 条、第 25 条、第 27 条、第 28 条分别规定的县级以上地方各级人民政府、国务院部门、垂直领导行政机关的上一级主管部门、税务和国家安全机关的上一级主管部门、上一级司法行政部门的行政复议管辖的合法权限；第 30 条规定了行政复议机关对复议申请是否受理的审查权限；第 36 条规定了行政复议机关对行政复议案件的审理权限。(3)依据合法。该法第 37 条明确规定了行政复议机关审理行政复议案件的依据是“法律、法规、规章”。(4)程序合法。该法第 45 条规定了行政复议机关调查取证的程序要求；第 50 条、第 51 条规定了审理重大、疑难、复杂的行政复议案件的听证程序；第 52 条规定了行政复议委员会的工作程序；第 53 条规定了行政复议机关审理事实清楚、权利义务关系明确、争议不大的行政复议案件适用的简易程序。(5)决定合法。该法第 63 条至第 69 条依次规定了变更决定、撤销决定、确认违法决定、限期履行决定、确认无效决定、维持决定和驳回请求决定的适用条件。(6)法律责任。该法第 80 条规定了行政复议机关不依法履

① 参见应松年主编：《行政法学新论》，中国方正出版社 1998 年版，第 43—50 页。

② 参见姜明安主编：《行政法与行政诉讼法》(第二版)，北京大学出版社、高等教育出版社 2005 年版，第 65—66 页。

行行政复议职责的法律责任;第 81 条规定了行政复议机关工作人员在行政复议活动中渎职、失职行为的法律责任。

三、公正原则

行政复议公正原则,是指行政复议机关在行使行政复议权时办事公道,客观适度,不徇私情,不考虑不相关因素,不滥用裁量权,其权利行使合乎理性。行政复议公正原则是行政公正原则在行政复议领域的具体贯彻和落实。"公正原则是对行政复议活动过程和结果的基本要求,是评价行政复议正当性的重要准则。"①

行政公正原则是行政法的基本原则,其理论源头包括大陆法系的比例原则和英美法系的合理性原则。比例原则,是指行政机关实施行政行为应当兼顾行政目标的实现和保护相对人的权益,如果社会管理行为可能对相对人权益造成某种不利影响时,应该使这种不利影响限制在尽可能小的范围和限度内,保持二者适度的比例。② 比例原则的关注点在于行政机关是否"合理"行使自由裁量权。而这种"合理"与否的判断标准需要进行目的、手段和结果之间的多重权衡和考量,包括必要性、适当性和狭义的比例性。其中,"必要性"强调"目的/手段"之间的考量,要求采取的社会管理手段必须能够实现社会管理的预定目的;"适当性"强调"手段/手段"之间的考量,要求在可供选择的多种同等有效的管理手段中,应当选择成本更低廉的手段;狭义的"比例性"则强调"手段/结果"之间的考量,如果行政行为的实施成本大于其收益结果,则不可取。因此,德国学者将该原则形象地比喻为"不得以大炮轰蚊子"③。合理性原则,是指行政行为内容要客观、适度,合乎理性,要求行政机关必须合理地行使自由裁量权。具体要求包括:(1)行

---

① 郜风涛主编:《行政复议法教程》,中国法制出版社 2011 年版,第 90 页。

② 参见姜明安主编:《行政法与行政诉讼法》(第二版),北京大学出版社、高等教育出版社 2005 年版,第 71 页。

③ 参见城仲模主编:《行政法之一般法律原则(一)》,三民书局 1999 年版,第 147 页。

政行为符合立法目的；(2)应当正当考虑，不得考虑不相关因素；(3)不得反复无常、不得对相同事实不同对待；(4)符合自然规律；(5)符合社会道德。①

行政公正原则包含实体公正和程序公正两个方面的要求。实体公正的要求主要包括：(1)依法办事，不偏私；(2)合理考虑，不专断。程序公正的要求主要包括：(1)自己不做自己的法官；(2)作出不利处分前通知相对人且听取其陈述、申辩。②《行政复议法》既规定了实体公正的要求，又规定了程序公正的要求。该法第81条规定："行政复议机关工作人员在行政复议活动中，徇私舞弊或者有其他渎职、失职行为的，依法给予警告、记过、记大过的处分；情节严重的，依法给予降级、撤职、开除的处分；构成犯罪的，依法追究刑事责任。"其中，"徇私舞弊"必然影响行政复议决定的实体公正性。该法第49条规定了听取意见制度，第50条、第51条规定了听证制度，第61条规定了行政复议案件审查与决定相分离制度，这些都是旨在维护行政复议活动的程序公正性。第52条规定的行政复议委员会，其组成中有专家和学者参与以提升专业性，而且要求对于案情重大、疑难、复杂、专业性强的案件等，行政复议机构应当提请行政复议委员会提出咨询意见。这一规定不仅有利于提高行政复议的实体公正性，也有利于提高其程序公正性。

四、公开原则

行政复议公开原则，是指行政复议活动应当公开进行，行政复议案件的受理、调查、审理、判决等一切活动，都应当尽可能地向当事人、公众及社会舆论公开，使社会各界了解行政复议活动的具体情况，避免因暗箱操作而可能导致的不公正现象。③ 行政复议公开是行政公开原则在行政复议活动中

① 参见罗豪才、湛中乐主编：《行政法学》(第二版)，北京大学出版社2006年版，第26—27页。

② 参见姜明安主编：《行政法与行政诉讼法》(第二版)，北京大学出版社、高等教育出版社2005年版，第75—77页。

③ 参见郜风涛主编：《行政复议法教程》，中国法制出版社2011年版，第87页。

的具体体现,也是政务公开对行政复议的要求。

行政公开原则是指政府行为除依法应保密的以外,应一律公开进行;行政法规、规章、行政政策以及行政机关作出影响行政相对人权利、义务的行为的标准、条件、程序应依法公布,方便相对人查阅、复制。① 我国已经制定了《政府信息公开条例》等一系列贯彻落实行政公开原则的法规、文件和制度。其中,《政府信息公开条例》是我国信息公开的基本法律,该法分六章共56条,依次规定了总则、公开的主体和范围、主动公开、依申请公开、监督和保障以及附则,有助于更好推进政府信息公开,切实保障人民群众依法获取政府信息。此外,有些关于法治建设的国家文件中也比较详细地规定了信息公开的具体要求。比如,国务院颁发的《行政执法公示制度》第5条规定,行政执法公示除涉及国家秘密、商业秘密和个人隐私的信息不予公开外,应当公示行政执法主体、人员;行政执法机关职责、权限;行政处罚的依据、种类、程序、结果。

《行政复议法》有许多具体规定来全面贯彻行政复议公开原则。该法第39条规定,行政复议机关中止、恢复行政复议案件的审理,应当书面告知当事人,这是对行政复议程序的公开。第47条规定,行政复议期间,申请人、第三人及其委托代理人可以按照规定查阅、复制被申请人提出的书面答复以及作出行政行为的证据、依据和其他有关材料,除涉及国家秘密、商业秘密、个人隐私或者可能危及国家安全、公共安全、社会稳定的情形外,行政复议机构应当同意,这是对行政复议参加人知情权的保障。第79条规定,行政复议机关根据被申请行政复议的行政行为的公开情况,按照国家有关规定将行政复议决定书向社会公开,这是对行政复议结果的公开。

五、高效原则

行政复议高效原则,是指行政复议机关在查明事实、分清是非的基础

① 参见姜明安主编:《行政法与行政诉讼法》(第二版),北京大学出版社、高等教育出版社2005年版,第74页。

上，在法律规定的期限内，完成行政复议案件的审理工作，这是实现行政复议制度目的的必然要求，也是行政救济效率原则在行政复议活动中的具体体现。

行政救济效率原则，是指行政机关对公民、法人或者其他组织合法权益的行政救济应当以迅速的方式和渠道予以完全实现，它追求的是救济机制的实效性。正如有的学者指出："基于'有救济，而无实效，即非救济'之法理，行政救济必须得以完全、迅速地实现。否则，空有权利存在之确认，亦仍属无济于事。因此，除应谋求行政机关之主动、积极、善意合作以外，仍必须设置各种确保裁判或救济措施之实现的制度。"①其中，"迅速"是行政救济制度的重要目标，包含依据明确、程序简化、人员协作、科技保障和时效制度等保障措施。"'迟来之正义，形同正义之拒绝'。行政救济常因诉讼案件之过量，诉愿机关与行政法院负担之过重，而结案迟缓。为改善此一情况，除应加强行政救济机关有关人员之素质以外，法规之明确及完备、程序之简化、程序参与人之协力、设备之科技化、先行程序之过滤、负担之减轻、集中审理、诉之合并、决定理由之简化与先行权利保护制度等等，均属可取之措施。"②当然，其中最直接的保障制度是时效制度。时效制度，是指国家机关及其工作人员在履行职务时应当严格遵守法律所规定的时间要求和时限规定，不得随意缩短或者不当拖延。如果法律明确规定的时间段是最长时间，不得拖延，那它就是国家机关或者相对方的一种程序性义务，旨在追求效率；如果法律明确规定的时间段是最短时间，不得缩减，那它就是一种程序性义务，旨在促进公平。

《行政复议法》中有大量关于行政复议活动时效的规定。该法第 20 条规定，公民、法人或者其他组织认为行政行为侵犯其合法权益的，可以自知道或者应当知道该行政行为之日起六十日内提出行政复议申请，这是行政相对人行使复议申请权的期限。第 32 条规定，行政机关收到行政复议申请后，应当及时处理；认为需要维持行政处罚决定的，应当自收到行政复议申

---

① 蔡志方：《行政救济法新论》，元照出版公司 2000 年版，第 10 页。

② 蔡志方：《行政救济法新论》，元照出版公司 2000 年版，第 13 页。

请之日起五日内转送行政复议机关。这是行政机关处理行政复议申请的期限。第62条规定，适用普通程序审理的行政复议案件，行政复议机关应当自受理申请之日起六十日内作出行政复议决定；适用简易程序审理的行政复议案件，行政复议机关应当自受理申请之日起三十日内作出行政复议决定。这是行政复议机关审理行政复议案件的期限。此外，《行政复议法》还规定了明确标准、简化程序、科技保障等措施来提高行政复议的效率。比如，该法第4条规定，国务院行政复议机构可以发布行政复议指导性案例，就是给各级行政复议机关提供更加具体明确的标准来提高效率。第四章第四节专门规定行政复议案件审理的简易程序，就是通过简化程序来节省时间成本。第8条规定，行政复议机关应当加强信息化建设，运用现代信息技术，方便公民、法人或者其他组织申请、参加行政复议，提高工作质量和效率。第22条规定，行政机关通过互联网渠道送达行政行为决定书的，应当同时提供提交行政复议申请书的互联网渠道。这些都是通过运用信息化技术提升行政复议效率的有力保障措施。

六、便民原则

行政复议便民原则，是指行政复议活动应当方便老百姓，保证公民、法人、其他组织充分行使行政复议申请权，不因行政复议活动付出不必要的成本，不给行政相对人增加不必要的诉累。具体讲，“行政复议工作应尽量考虑便于行政相对人申请行政复议，在行政复议过程中要尽量为行政相对人进行行政复议活动提供方便”①。这既是行政相对方权利保护的应有之义，又是行政救济经济性原则的基本要求。

行政救济经济性原则，是指行政救济的设计应当充分考虑行政相对人的成本负担，以最少的人力、物力和时间成本，实现最终并且最佳的权利救济方案。该原则旨在避免公民、法人或者其他组织因为寻求行政救济付出

① 郜风涛主编：《行政复议法教程》，中国法制出版社2011年版，第99页。

过于巨大的成本,导致不得不放弃寻求救济,反而助长了一些违法或不当的行政行为的发生和存在。特别需要注意的是,“经济”是指对于作为被救济者的公民而言“成本低廉”,而不是指救济者实施救济的成本低廉,更不是整个救济机制运行的社会成本。所以,该原则基本上是出于便民的考虑,但是便民原则又不仅仅体现为经济成本方面,还体现在有些事项公民意志优先等等,如提起复议与诉讼的当事人选择制度、口头申请与书面申请复议相结合制度等。[①]“基于此一原则,在行政救济制度上,乃有各种因应之措施或制度,如职权主义、集中审理原则、中间裁判、变更性裁判、程序之中止、独任制与小法庭、诉之合并与分离、参加、和解、共同诉讼、模范诉讼、依附诉讼与附带诉讼、裁判理由之减轻、越级诉讼等等。”[②]

《行政复议法》规定了很多提升行政复议便民性的措施制度。该法第17条规定,申请人、第三人可以委托一名至二名律师、基层法律服务工作者或者其他代理人代为参加行政复议,提升他们参与复议的专业能力。第18条规定,符合法律援助条件的行政复议申请人申请法律援助的,法律援助机构应当依法为其提供法律援助,切实保护复议申请人的合法权益。第22条规定了口头申请与书面申请相结合的复议申请制度,并且规定了书面申请可以采取当面提交、邮寄或者指定的互联网渠道来提交申请书。第24条第4款、第28条分别规定了对派出机构的行政行为不服案件、对地方司法行政部门的行政行为不服案件管辖主体的当事人选择主义,尊重相对人对复议机关的选择权。第49条规定了行政复议机构应当采取当面、互联网、电话等方式听取当事人意见,也是赋予当事人更多的选择权。第74条明确规定,当事人在行政复议决定作出前可以自愿达成和解,也是凸显了当事人意志优先,而且更利于发挥行政复议化解纠纷的功能。

---

① 笔者认为,行政救济便民原则的适用不能简单地运用成本收益分析技术(cost benefit analysis)去评价。成本收益分析指的是通过权衡成本和收益来评价某一项目的可行性或者在多个项目中择优的系统经济分析方法,作为一种经济决策方法,如今在私人部门和公共部门中都有着广泛的应用实践。如正文所述,公民对于便民性的感受远超出了经济上的考量。

② 蔡志方:《行政救济法新论》,元照出版公司2000年版,第12页。

七、为民原则

行政复议为民原则,是指行政复议机关在履行行政复议职责过程中,应当坚持法治为民,将保护人民合法权益、增加人民福祉落实到行政复议工作的全过程,使行政复议法的实施充分体现人民意志。这是“法治为民”思想在行政复议领域的立法贯彻和具体体现。

“治国有常,而利民为本。”[①]法治为民,是法治工作的根本属性,是我党领导法治工作的重要指导思想,是在法治领域坚持人民主体地位的必然要求。中共十八届四中全会通过的《决定》提出:“要恪守以民为本、立法为民理念,贯彻社会主义核心价值观,使每一项立法都符合宪法精神、反映人民意志、得到人民拥护。”[②]习近平总书记指出:“坚持人民主体地位,必须坚持法治为了人民、依靠人民、造福人民、保护人民。”[③]“要把体现人民利益、反映人民愿望、维护人民权益、增进人民福祉落实到依法治国全过程,使法律及其实施充分体现人民意志。”[④]

法治为民思想具有非常丰富的法治意蕴,大体有四:(1)人民是国家权力的产生主体。《中华人民共和国宪法》第2条规定:“中华人民共和国的一切权力属于人民。人民行使国家权力的机关是全国人民代表大会和地方各级人民代表大会。”(2)人民是法治建设的实践主体。要让群众的聪明才智成为法治创新的不竭源泉。(3)人民是法治产品的需求主体。法治既是人民日益增长的美好生活需要的重要构成要素,也是人民需要得以满足的最重要的条件保障。(4)人民是法治成效的评估主

---

① 《淮南子·汜论训》。

② 《中共中央关于全面推进依法治国若干重大问题的决定》,人民出版社2014年版,第8页。

③ 中共中央文献研究室编:《习近平总书记重要讲话文章选编》,党建读物出版社、中央文献出版社2016年版,第208页。

④ 中共中央文献研究室编:《习近平总书记重要讲话文章选编》,党建读物出版社、中央文献出版社2016年版,第208页。

体。一切政党、一切阶级、一切政府，其政治主张、价值取向、政策法律所产生的成效，都应由历史和实践来评判，而评判的唯一主体只可能是人民。①

此次《行政复议法》的修订，就是践行以人民为中心的发展思想，将人民是否得到实惠、人民权益是否得到保障，作为检验立法工作的标尺，努力提升人民群众的获得感、幸福感、安全感的一次富有成效的立法工作。比如，该法第 11 条的规定扩大了行政复议的范围，更加广泛地保护公民权利。第 14 条第 2 款、第 3 款规定，有权申请行政复议的公民死亡的，其近亲属可以申请行政复议；有权申请行政复议的法人或者其他组织终止的，其权利义务承受人可以申请行政复议；有权申请行政复议的公民为无民事行为能力人或者限制民事行为能力人的，其法定代理人可以代为申请行政复议。这些规定消除了公民权利保护的一些难点。第 42 条第(三)项规定，申请人、第三人申请停止执行，行政复议机关认为其要求合理，决定停止执行，是通过程序性处置措施来防止被申请人对公民权益造成不可补救和挽回的侵犯。第 72 条则规定了给予赔偿、责令采取补救措施、解除对财产的查封、扣押和冻结、责令被申请人返还财产等实体性处置措施来及时停止和弥补对公民权益已经造成的损害。

八、全面审查原则

行政复议全面审查原则，是指行政复议机关既要审查具体行政行为，又要附带审查作为具体行为依据规章以下的抽象行政行为；既要对具体行政行为的合法性进行审查，又要对具体行政行为的适当性进行审查；既要审查其中的依据、权限、程序等法律问题，又要审查其中的事实认定问题。② 它源于刑事司法中全面审查原则的扩展应用。全面审查原则是应用于我国刑

① 参见韩春晖：《坚持法治思维》，人民出版社 2022 年版，第 76—77 页。

② 参见郜风涛主编：《行政复议法教程》，中国法制出版社 2011 年版，第 83 页；应松年主编：《当代中国行政法》(下卷)，中国方正出版社 2005 年版，第 1729 页。

事诉讼二审审判对象和死刑复核程序的一项原则，其建立在司法能动主义、真实发现主义的基础上，有其历史的合理性。[①] 全面审查是我国死刑复核程序的基本要求，这源自死刑复核程序司法监督程序的定位。作为一种司法监督程序，上级法院当然可以全面审查死刑案件一、二审裁判。依据全面审查原则的要求，死刑复核程序要全面审查死刑案件的事实、证据、法律适用以及诉讼程序等问题。[②] 一般来说，全面审查原则在职权主义的诉讼结构中才具有其应用空间。

行政复议是一种行政司法机制，具有行政性和司法性双重特性，其职权主义特征更加明显，使得其适用全面审查原则具有正当性。一方面，从行政性来看，行政复议机关是被申请人的上级机关，是一种领导与被领导关系，是一种行政层级监督。相较于上级法院对下级法院的审级监督而言，行政复议机关对被申请人所作行政行为的全面审查更具正当性。具体而言，行政复议机关审查具体行政行为的合法性，目的是监督作出具体行政行为的行政机关是否依法行政，是否符合法律，不与法律相抵触；行政复议机关审查具体行政行为的适当性，目的是监督作出具体行政行为的行政机关是否滥用自由裁量权，是否客观适度，不违背理性的标准。

另一方面，从司法性来看，行政复议作为一种行政救济机制，行政复议机关也应当进行全面审查，来实现"正确"救济的目标。有学者指出："行政救济之提供，首须在正确之前提下为之，否则，不正确之行政救济，均非可取。"[③]因此，"为提升行政救济之正确性，在法律之解释方面，应加强行政法院法官、诉愿委员会及相关法制人员在行政法方面之素养与独立性之保障、行政法院应建立审级制度（至少二级二审）、诉愿机关之决定不得为终审、程序方面应力求心证之公开；在事实之掌握方面，除依举证责任之分配及适时之阐明以外，对于专门事实与事项，应善用鉴定制度，特别是选拔适任之

① 参见秦宗文：《刑事二审全面审查原则新探》，《现代法学》2007 年第 4 期。

② 参见高通：《最高人民法院死刑复核全面审查原则再检视》，《法学家》2017 年第3 期。

③ 蔡志方：《行政救济法新论》，元照出版公司 2000 年版，第 10 页。

专家及掌握其中立性与独立性，甚至法官等亦应具有最低限度之科技概念”①。可见，行政争议的解决者必须对“法律之解释”和“事实之掌握”都予以了然。

行政复议全面审查原则在《行政复议法》中有多处立法体现。该法第13条规定，公民、法人或者其他组织对行政机关的行政行为所依据的规范性文件可以一并提出附带性审查，说明行政复议的审查范围包括具体行政行为和抽象行政行为。第1条开宗明义指出，行政复议制度是“为了防止和纠正违法的或者不当的行政行为……”，精准描述了行政复议的审查对象。第43条则明确规定了行政复议机构对于复议证据的事实问题进行审查的职责，只有审查属实才能作为认定行政复议案件事实的根据。第44条、第46条规定更是明确表明，行政复议机关要对证据的合法性、适当性进行全面审查。第68条规定了行政复议机关作出维持决定的适用条件。其中，既包含了“适用依据正确”的合法性审查标准，又包含了“内容适当”的适当性审查标准；既包含了“证据”“依据”“程序”等合法性审查内容，又包含了“事实”认定的审查内容。可见，尽管“全面审查原则”从字面上看似乎是只适用于行政复议案件审理标准的原则，实质上该原则的具体要求已经贯穿于行政复议案件的立法目的、受理审查、证据提供、证据认定、审理决定等多个环节，是适用于行政复议机制运行全过程的一项基本原则。

【复习思考题】

1.什么是行政复议？它有什么法律特征？

2. 什么是行政复议法？它在我国法律体系中处于什么地位？

3.《行政复议法》2023年的修订有什么亮点？

4.《行政复议法》确立了哪些复议原则？

① 蔡志方：《行政救济法新论》，元照出版公司2000年版，第10—11页。

第二章　行政复议范围

行政复议范围系《行政复议法》的核心内容。《行政复议法》在第二章“行政复议申请”中专设第一节第 11—13 条对行政复议范围作出了专门规定。它所划定的行政复议范围，不仅包括行政行为，还包括作为行政行为依据的规范性文件。对行政行为的复议属于本体复议，对规范性文件的复议属于附带审查复议。

第一节　行政复议范围基础

一、行政复议范围及意义

行政复议范围，首先表现为公民、法人或者其他组织不服行政机关行政行为而申请行政复议的范围，其次表现为行政复议机关受理当事人复议申请并对行政行为合法性和适当性进行审查和处理的范围，最终表现为行政机关化解行政争议的范围。可以说，行政复议范围是行政复议申请范围、行政复议受理范围、行政复议审查和处理范围的高度统一。正确划定行政复议范围，具有多方面的意义。

第一，正确划定行政复议范围，有利于保护公民、法人和其他组织的合法权益。保护公民、法人和其他组织的合法权益，乃是《行政复议法》第 1 条所规定的立法目的之一。一般而言，复议范围越大，保护公民、法人和其他组织合法权益的范围就越大，反之亦然。

第二，正确划定行政复议范围，有助于监督和保障行政机关依法行使职权。中央要求到 2035 年法治国家、法治政府、法治社会基本建成，而要建成法治政府，行政机关就必须坚持依法行政和适当行政。正确划定行政复议范围,特别是扩大行政复议范围,无疑是扩大了纠正违法行政行为和不当行政行为的范围。

第三,正确划定行政复议范围,有助于发挥行政复议化解行政争议的主渠道作用。2021 年中共中央、国务院印发的《法治政府建设实施纲要(2021—2025 年)》明确要求"发挥行政复议化解行政争议主渠道作用",《行政复议法》第 1 条也将它确立为立法目的之一。所谓"主渠道作用",就是要求将大量的行政争议化解于行政复议阶段,以减轻行政诉讼和信访的压力。正确划定行政复议范围,特别是扩大行政复议范围,显然有助于发挥行政复议化解行政争议的主渠道作用。

第四,正确划定行政复议范围,是建立和完善公正、高效、统一、完整行政复议制度的基础。行政复议制度是一个完整的制度体系和理论体系,涉及主体、行为、程序、责任等诸多环节和具体制度,而行政复议的范围无疑是整个行政复议制度的基础,复议范围的大小和变动,乃直接影响行政复议制度的其他方面。

第五,正确划定行政复议范围,便于和行政诉讼无缝衔接。行政复议和行政诉讼是监督行政机关依法行政,保护公民、法人或者其他组织合法权益的两大权利救济制度。它们之间的关系存在几种模式:复议选择诉讼,复议前置诉讼,复议终局诉讼等。正确划定行政复议范围,有助于协调好行政复议与行政诉讼之间的关系。

二、行政行为的范围

行政复议以行政行为为对象。行政复议是对行政行为的复议。因此,在解读"行政复议范围"之前,就必须作一理论上的铺垫:什么是行政行为?哪些行为属于行政行为?

(一)行政行为的概念和特征

行政法上的"行政行为",其德文表达为"Verwaltungsakt",法文表达为"Acte Administratif",英文则表达为"Administrative act"或"Agency action"。

在我国，“行政行为”特指行政主体[①]基于行政职权，为实现国家行政目标而作出的，以作为或者不作为形式表现，能直接或间接影响行政相对人[②]权利与义务的行为。行政行为不同于其他行为，它具有下列法律特征：

第一，行政行为是具有行政性的国家活动。行政行为属于国家活动，但它是立法活动、监察活动、司法活动和其他国家活动以外的国家活动，即行政活动。行政行为的“行政性”表现在：一是在主体上，这种行为由国家行政机关进行，国家权力机关、监察机关、人民法院、人民检察院和军事指挥机关按照宪法的分工不同实施国家行政行为；二是在职权上，行政行为是行政主体基于行政职权所实施的管理行为，是国家行政权而不是立法权、监察权、司法权、军事指挥权的体现；三是在目标上，行政行为的目标是国家行政机关依法实施对国家和社会事务的管理，实现国家秩序和社会秩序的有序化，也就是说，它是为了实现行政目标而不是其他目标。

第二，行政行为是能够对外引起行政法律效果的行为。不会引起行政法律效果，或者引起的不是行政法律效果，而是其他法律效果的，就不是行政行为。所谓引起行政法律效果，是指能决定行政法律关系的产生、变更或消灭之结果，表现为行政权利与行政义务的设定或消灭、增加或减少。至于引起行政法律效果的方式，可以是“直接”的，也可以是“间接”的，这主要是针对行政决定与行政规定的划分。行政决定与行政规定是行政行为的两大基本形式。

第三，行政行为是受行政法规制的行为。在我国的法治体系中，不同的行为受不同的法律部门规制，宪法行为受宪法规制，民事行为受民法规制，刑事行为受刑法规制，行政行为便受行政法规制。不受行政法规制的行为就不是行政行为。所以，我们不应当将由宪法、民法和刑法规制的行为纳入行政行为的范围。行政行为受行政法规制性，是行政行为的法律部门属性。

---

① 这里的“行政主体”包括具有行政职权的行政机关以及得到法律法规规章授权的社会组织。

② 这里的“行政相对人”，是指与行政主体相对应的公民、法人或者其他组织。

第四，行政行为是可以行政复议和行政诉讼的行为。在我国，行政诉讼的受案范围与行政复议的受案范围基本上是一致的。作为行政行为，都应当受到法律监督，所以原则上，只要是行政行为都应当是可诉的，都应当适用行政复议和行政诉讼，除非法律有特别的例外规定。目前的制度是，公民、法人或者其他组织对行政决定不服的，原则上都可直接申请行政复议或提起行政诉讼；对于行政规定不服的，可以申请附带审查。因此，行政行为是适用行政复议和行政诉讼救济的行为，这一特征在理论上总体是成立的。

在行政行为中，直接影响相对人权利与义务的，被称为"具体行政行为"，如行政命令、行政许可、行政给付、行政处罚、行政强制、行政征收、行政征用、行政征缴、行政收费、行政确认、行政裁决等；间接影响相对人权利与义务的，被称为"抽象行政行为"，如行政机关制定、发布的具有普遍约束力的决定、命令等规范性文件。近十年来，前者被称为"行政决定"，后者被称为"行政规定"。

另外，行政行为包括"作为"形式，也包括"不作为"形式。所以，行政不作为也是一种行政行为。行政行为包括肯定意思，也包括否定意思。所以，否定意思的行为也是行政行为。如行政处罚机关对当事人作出"行政处罚决定"或"不予行政处罚的决定"都属于行政处罚行为，受《行政处罚法》规制。行政行为包括合法、适当的行政行为，也包括违法、不当的行政行为，违法的或者不当的行政行为也是行政行为。

（二）行政行为的排除

根据行政行为的概念与特征，一般不将下列行为作为"行政行为"对待：

1. 国防、外交等国家行为。这些行为虽然有的也是由行政机关（如外交部、国防部）作出的，如外交部的外交活动和国防部的国防行为，但都属于国家的高权行为，不作为行政行为对待。

2. 行政机关的立法行为。行政法规、规章是由有关行政机关制定的，但它们不属于行政行为，而属于由《立法法》调整的行政立法行为。需要补充说明的是：尽管制定行政法规、规章不属于行政行为，但是行政法规和规章本身依然属于行政法的法源，属于行政行为的规范依据。

3. 行政指导行为。所谓行政指导，是指国家行政机关依据其职权，或者依据法律、法规、规章和其他规定，在其所管理事务的范围内，以指导、劝告、提醒、建议等非强制性方式，引导公民、法人和其他组织作出或者不作出某种行为的活动。行政指导是行政机关管理社会的一种行政活动，但它因不会强制引起相对人的权利与义务关系而不属于行政行为。至于现实中出现的名为“指导”实为“强制”的行政活动，则按具体的行政行为认处。

4. 行政调解。行政法意义上的行政调解，系指行政机关在实施行政管理过程中，依法对与本机关行政职权有关的各类争议纠纷，以当事人自愿为原则，通过对争议当事人的说服和疏导，促使当事人平等协商、互谅互让，达成调解协议，解决争议纠纷的活动。行政调解主要指对民事纠纷的调解，但也包括针对行政争议的调解，复议调解便是一例。行政调解属于行政机关的行政活动，但不属于行政法意义上的行政行为。

5. 公安安全等机关的刑事司法行为。我国公安机关、国家安全机关、监狱管理部门和海关缉私等机关，其法律职能比较特殊。它们除了具有行政职权，还在刑事诉讼法和其他有关法律的授权下，具有刑事司法职能。例如：公安机关对刑事案件的侦查、拘留、执行逮捕、预审等；国家安全机关在国家安全工作中依法行使侦查、拘留、预审和执行逮捕以及法律规定的其他职权；监狱管理部门对罪犯的收监等行为和海关缉私部门对其管辖的走私犯罪案件的侦查、拘留、执行逮捕、预审等行为。它们行使刑事司法职能的行为，属于刑事司法行为，而不是行政行为。

6. 信访办理行为。根据中共中央、国务院印发的《信访工作条例》

(2022)的定位①,信访工作机构是各级党委和政府信访部门开展信访工作的专门机构,具体负责受理、交办、转送信访人提出的信访事项;协调处理和督促检查信访事项的处理等。它不是对公民、法人和其他组织权利义务的直接处理决定机关。信访工作机构针对信访事项作出的登记、受理、交办、转送、复查、复核意见等行为不是对公民、法人和其他组织权利义务的直接处分行为,而是一种程序上的协调和传递行为,因而不作为行政行为对待。

7. 政府对国有企业的投资行为。中国的企业有全民企业(国有)、集体企业、个体企业、私营合伙企业、联营企业、有限责任公司、股份有限公司、中外合作经营企业、中外合资经营企业、外资企业、外商投资股份有限公司等。政府机关如果对非国有企业经营及资产进行干预和处置,当然属于行政行为。但如果政府部门对国有企业及其资产进行监督管理和处置,是否属于行政行为,不能一概而论。一般而言,行政机关代表国家对国有企业进行投资和履行投资人义务的各类行为,不属于行政行为,但如果以管理者身份对国有企业的经营自主权进行干预的各类行为,属于行政行为。

8. 学校自治管理行为。学校是由国家设立或投资者依法登记成立的,有计划、有组织地对受教育者进行系统的教育活动的组织机构。它包括公立学校和私立学校。学校不同于政府机关,它一方面是得到法律法规授权作为授权主体从事国家教育行为的某些工作,如学籍学位等国家所设制度的管理,这些行为属于行政行为,但是,大量的管理表现为对本校的教育、教学、科研、后勤和师生员工等各项工作进行计划、组织、协调和控制的活动,这些活动属于学校自我管理的一种形式,不作为行政行为对待。

① 《信访工作条例》(2022)第14条第1款规定:"各级党委和政府信访部门是开展信访工作的专门机构,履行下列职责:(一)受理、转送、交办信访事项;(二)协调解决重要信访问题;(三)督促检查重要信访事项的处理和落实;(四)综合反映信访信息,分析研判信访形势,为党委和政府提供决策参考;(五)指导本级其他机关、单位和下级的信访工作;(六)提出改进工作、完善政策和追究责任的建议;(七)承担本级党委和政府交办的其他事项。"

三、 行政行为与行政决定

《行政复议法》第 11 条在表达行政复议范围时，有的表达为“行为”（如“行政强制措施”“拒绝履行法定职责”等），但更多地表达为“决定”（如行政强制执行决定、行政许可方面的决定、行政确权决定、行政征收决定、行政征用决定、行政赔偿决定、行政补偿决定等），那么，行政行为与行政决定到底是个什么关系呢？

目前在行政法学理论上，关于行政行为与行政决定之间的关系，主要有两种观点：区别论与等同论。

区别论认为，行政行为与行政决定有联系，但有区别。行政决定属于行政行为，但行政行为并不只限于行政决定。行政行为应当包括行为的过程与行为的结果，行政决定只是行政行为的结果而已。行政决定可以是肯定性决定（如给予行政给付的决定），也可以是否定性决定（如拒绝给予行政给付的决定）。无论是肯定性决定还是否定性决定，它们只是行政行为的一部分，准确地说，是行政行为的结论部分。还有，在实际中，并非所有行政行为都有行政决定，有的行政行为必然有行政决定（如行政处罚决定），但有的行政行为没有行政决定（如拒不履行法定职责）或者不作出行政决定，两者绝对不能等同起来。所以严格说，当事人不服行政决定与不服行政行为是有区别的。

而等同论认为，任何行政行为的核心都是行政决定。行政许可行为其实就是行政许可决定，行政处罚行为其实就是行政处罚决定。当事人对行政处罚不服的，实质上是对行政处罚“决定”不服。再说，对行政决定可以作广义理解：行政决定虽然主要是一个行政结论，是一种行政行为的结果，但当我们审查其合法性时，就要审查：1.作出该决定的主体是否够格？它是否具有这一权限？2.作出这一决定的事实依据是否存在？3.作出这一决定的法律依据是否具备？4.作出这一决定的程序是否合法？可见，对行政决定的合法性审查与对行政行为的合法性审查完全是相同的、覆盖的。再说，即使没有行政决定或者没有作出行政决定的行政行为,也不能说不存在行政决定,因为行政决定无非是一种意思表示,它虽然没有形成书面,但只要已通过实际行为表达出来的,就应当视同作出了行政决定。行政机关没有制作"扣押决定书"但扣押了当事人的财物,就诉权而言,应当视作存在"扣押决定书"。就行政复议和行政诉讼而言,即使没有作出行政决定,但只要行政决定的意思已通过行为表达出来了,当事人就有权申请行政复议或者提起行政诉讼(当然须有证据证明该行政行为的实际存在)。从这一角度看,对行政行为与行政决定其实可以打通使用,没有区分的必要。当然,如果我们沿用传统的"具体行政行为与抽象行政行为"这一范畴,那么,"行政决定"仅仅是指"具体行政行为",不包括"抽象行政行为"。

但是,我们理解《行政复议法》第 11 条时,可以将"行政决定"与"行政行为"打通使用:不论法律表达的是"行为"还是"决定",它们应当相互覆盖;可能对"决定"复议的,也必然可以对"行为"复议,反之亦然。甚至没有作出"决定"的,只要有"行为"的存在,就可视作"决定"的存在。

四、 行政复议范围的表达方式

从立法技术上说,法律用以确定法律的调整范围有多种方法。

(一) 肯定式、否定式和并用式

肯定式是采用以规定肯定事项来排除否定事项。比如规定:"以下事项属于中央事权:1.……;2.……;3.……;4.……。不属于中央事权的,属于地方事权。"

否定式是采用以规定否定事项来确定肯定事项。比如规定:"除了以下事项不可诉,一切行政行为都是可诉的。不可诉事项包括:1.……;2.……;3.……;4.……。"

肯定与否定的并用式,是指法律既规定了肯定事项范围,也规定了否定事项范围。比如:"当事人可以对下列事项提起诉讼……;当事人不得对下列事项提起诉讼……"。

一般而言，规定了肯定范围不用同时规定否定范围，规定了否定范围不用同时规定肯定范围，否则容易出现肯定范围与否定范围的交叉。所以，肯定式与否定式都是划定范围的可行方法，并用式容易导致肯定范围与否定范围的交叉，不宜采用。但是并用式有一个优点：法律表达比较清晰和全面，便于适法者和守法者了解和掌握所规定的范围。所以，如果能够做到将“肯定事项”与“否定事项”的界限划分得很清晰，并用式是一种最好的表达方式。

我国的行政复议法和行政诉讼法都采取了肯定与否定的并用式。

（二）概括式、列举式和并用式

无论是对肯定范围的表达还是对否定范围的表达，又有概括式与列举式之分。

概括式是指通过界定行为的特征和条件来表达行为的范围，比如规定：“公民、法人或者其他组织认为具体行政行为侵害其合法权益的，可以依法提起行政诉讼。”而列举式则是通过列举具体行为的类型来表达行为的范围，比如规定：“公民、法人或者其他组织认为下列行政行为侵害其合法权益的，可以依法提起行政诉讼：一、行政处罚；二、行政强制措施；三、行政强制执行；四、行政征收；五、行政征用；六、行政裁决……。”如果采取概括式与列举式相结合的模式，这就是并用式。

概括式表达行为的范围比例完整，缺点是不够清晰；列举式表达行为的范围比例清晰，但容易挂一漏万。采取列举加上一个兜底条款，这是一种并用式的好方法。我国行政复议法和行政诉讼法都采取了这一方法。

（三）新旧复议法的比较

就肯定式与否定式而言，原行政复议法对于行政复议范围只规定了肯定范围，没有规定否定范围，采用的是单纯的“肯定式”模式，新《行政复议法》第 11 条规定了行政复议的肯定范围，接着第 12 条规定了行政复议的否定范围，采取的是肯定与否定的并用式。

就概括式与列举式而言，这一点新旧行政复议法的表达方式没有变化，无论是旧法第 6 条还是新法第 11 条，都采用了“列举+兜底”的方式，这是一种普遍采用的列举式与概括式的结合模式。

五、新旧行政复议法对复议范围规定的变化

新旧行政复议法对复议范围的规定有很大的变化，但这变化不在于是否增加了行政复议的附带审查，因为行政复议的附带审查旧法早有规定，并且这次新法与旧法的规定（旧法第 7 条，新法第 13 条），除了表达的变化，在范围上没有区别。

新行政复议法虽然增加了第 12 条行政复议的排除范围，但从理论上说，新法第 12 条所规定的排除事项，在旧法同样也是被排除的。并不是旧法当时这些事项具有可复议性，到了新法这些事项变成不可复议了。

新旧行政复议法对于复议范围的规定，最大的变化恰恰在于对行政复议肯定范围的表述上。《行政复议法》（2017）第 6 条规定：“有下列情形之一的，公民、法人或者其他组织可以依照本法申请行政复议：（一）对行政机关作出的警告、罚款、没收违法所得、没收非法财物、责令停产停业、暂扣或者吊销许可证、暂扣或者吊销执照、行政拘留等行政处罚决定不服的；（二）对行政机关作出的限制人身自由或者查封、扣押、冻结财产等行政强制措施决定不服的；（三）对行政机关作出的有关许可证、执照、资质证、资格证等证书变更、中止、撤销的决定不服的；（四）对行政机关作出的关于确认土地、矿藏、水流、森林、山岭、草原、荒地、滩涂、海域等自然资源的所有权或者使用权的决定不服的；（五）认为行政机关侵犯合法的经营自主权的；（六）认为行政机关变更或者废止农业承包合同，侵犯其合法权益的；（七）认为行政机关违法集资、征收财物、摊派费用或者违法要求履行其他义务的；（八）认为符合法定条件，申请行政机关颁发许可证、执照、资质证、资格证等证书，或者申请行政机关审批、登记有关事项，行政机关没有依法办理的；（九）申请行政机关履行保护人身权利、财产权利、受教育权利的法定职责，行政机关没有依法履行的；（十）申请行政机关依法发放抚恤金、社会保险

金或者最低生活保障费，行政机关没有依法发放的；（十一）认为行政机关的其他具体行政行为侵犯其合法权益的。”

而《行政复议法》（2023）第 11 条规定：“有下列情形之一的，公民、法人或者其他组织可以依照本法申请行政复议：（一）对行政机关作出的行政处罚决定不服；（二）对行政机关作出的行政强制措施、行政强制执行决定不服；（三）申请行政许可，行政机关拒绝或者在法定期限内不予答复，或者对行政机关作出的有关行政许可的其他决定不服；（四）对行政机关作出的确认自然资源的所有权或者使用权的决定不服；（五）对行政机关作出的征收征用决定及其补偿决定不服；（六）对行政机关作出的赔偿决定或者不予赔偿决定不服；（七）对行政机关作出的不予受理工伤认定申请的决定或者工伤认定结论不服；（八）认为行政机关侵犯其经营自主权或者农村土地承包经营权、农村土地经营权；（九）认为行政机关滥用行政权力排除或者限制竞争；（十）认为行政机关违法集资、摊派费用或者违法要求履行其他义务；（十一）申请行政机关履行保护人身权利、财产权利、受教育权利等合法权益的法定职责，行政机关拒绝履行、未依法履行或者不予答复；（十二）申请行政机关依法给付抚恤金、社会保险待遇或者最低生活保障等社会保障，行政机关没有依法给付；（十三）认为行政机关不依法订立、不依法履行、未按照约定履行或者违法变更、解除政府特许经营协议、土地房屋征收补偿协议等行政协议；（十四）认为行政机关在政府信息公开工作中侵犯其合法权益；（十五）认为行政机关的其他行政行为侵犯其合法权益。”

经旧法第 6 条与新法第 11 条的比较，新行政复议法第 11 条将行政复议受案范围从原法第 6 条中的 11 项扩展至 15 项，内容上增加和明确了以下可复议事项：1.行政强制执行决定；2.行政征收、征用和补偿决定；3.行政赔偿决定；4.工伤认定行为；5.滥用行政权力排除或者限制竞争；6.行政协议行为；7.政府信息公开行为。

当然严格说来，新复议法并没有扩大行政复议的范围，只是扩大了可复议的列举范围。在旧法中，有许多事项没有列举出来而被隐藏在“兜底条款”之中,新法是将原来被隐藏在“兜底条款”之中的本来就是可复议的事项明文列举了出来而已。

第二节 行政复议肯定范围

根据《行政复议法》第 11 条规定,公民、法人或者其他组织对下列行政行为不服的,都可依法申请行政复议。

一、不服行政处罚行为

《行政复议法》第 11 条第(一)项规定,公民、法人或者其他组织“对行政机关作出的行政处罚决定不服”的,可以依法申请行政复议。这里表达了行政处罚行为的可复议性。

(一)行政处罚的概念和特征

关于“行政处罚”,《行政处罚法》(2021)第 2 条下过一个法律定义。该条规定:“行政处罚是指行政机关依法对违反行政管理秩序的公民、法人或者其他组织,以减损权益或者增加义务的方式予以惩戒的行为。”从行政法学理论上说,所谓行政处罚,系指行政机关在行政法律关系中,对违反行政法律规范而尚不需追究刑事责任的公民、法人或者其他组织,作出惩罚性的不利决定。

行政处罚作为一种行政行为,具有诸多法律特征,如行政性、具体性、外部性、主动性、单方性、决意性、封闭性、基础性、不利性和制裁性等。其中最关键、最核心的就是制裁性。行政处罚是行政主体针对违反行政管理秩序的行为人所实施的法律制裁,具有很强的惩罚性和制裁性。行政处罚的制裁性具体表现在:

一是它以当事人违法为前提。行政处罚是一种行政制裁,而制裁是针对当事人的违法行为作出的。制裁的起因和目的都是针对当事人的违法行为。所以,如果不是因当事人违法并以制裁当事人的违法为目的就不是行政处罚。

二是它强制当事人承受一种不利后果。制裁的内容是强制当事人承受一种不利后果。由于处罚的种类包括人身罚、财产罚、行为罚、资格罚和申诫罚，其不利的后果所涉载体具有广泛性，包括权利与义务，有形的与无形的利益。

三是不利后果与当事人违法之间是“对价”而不是“等价”。当事人承受不利后果是为其违法行为付出的一种“代价”；违法行为越严重，承受的不利后果也就越大。这就是说，不利后果与当事人的违法行为是一种“对价”关系。而且，行政处罚作为一种制裁，必须让当事人承担“额外”的付出。如果是违法行为的“等价”付出，仅仅是一种利益上的“垫平”，那就谈不上制裁。

（二）行政处罚的手段和种类

行政处罚的具体措施就是行政处罚的手段。《行政处罚法》(2021)第9条设立了13种处罚手段，即：1.警告；2.通报批评；3.罚款；4.没收违法所得；5.没收非法财物；6.暂扣许可证件；7.吊销许可证件；8.降低资质等级；9.限制开展生产经营活动；10.责令停产停业；11.责令关闭；12.限制从业；13.行政拘留。

行政处罚种类是对行政处罚手段按功能划分的结果。从《行政处罚法》(2021)第9条规定看，我国行政处罚有五个种类，即申诫罚、财产罚、资格罚、行为罚和人身罚。

第一类是申诫罚。亦称声誉罚、名誉罚和精神罚，系指行政机关向违法当事人发出警戒，申明其有违法行为，通过对其名誉、荣誉、信誉等施加影响，引起其精神上的警惕，使其不再违法的处罚手段。警告和通报批评都是申诫罚的主要形式。

第二类是财产罚。系指行政机关剥夺违法当事人的财产或通过违法所获得的经济利益的经济制裁。罚款和没收违法所得、非法财物等便属于财产罚。

第三类是资格罚。系指行政机关剥夺或限制违法当事人某些特定行为能力和资格的处罚。暂扣许可证照、吊销许可证照、降低资质等级等便属于这类处罚。

第四类是行为罚。系指行政机关直接要求当事人进行一定的作为或不作为,由此承受不利后果的处罚。限制开展生产经营活动、责令停产停业、责令关闭、限制从业等就属于此类。

第五类是人身罚。亦称自由罚,系指行政机关在一定期限内剥夺违法当事人人身自由的行政处罚。行政拘留是一种最典型的人身罚。

行政处罚手段与行政处罚种类具有一定的对应关系,不同的处罚类型具有不同的处罚手段。我国行政处罚的手段与行政处罚的种类对应关系如下:

表 2　行政处罚手段种类对应表

处罚种类	处罚手段	《行政处罚法》依据
申诫罚	1.警告; 2.通报批评。	第 9 条第(一)项
财产罚	1.罚款; 2.没收违法所得; 3.没收非法财物。	第 9 条第(二)项
资格罚	1.暂扣许可证照; 2.降低资质等级; 3.吊销许可证照。	第 9 条第(三)项
行为罚	1.限制开展生产经营活动; 2.责令停产停业; 3.责令关闭; 4.限制从业。	第 9 条第(四)项
人身罚	行政拘留。	第 9 条第(五)项

(三) 关于"其他行政处罚"(其他罚)

其实无论从行政处罚手段上讲,还是从行政处罚种类上讲,在上述手段和种类之外还存在一种"其他行政处罚"。其依据是《行政处罚法》(2021)

第 9 条第(六)项的规定。该项将《行政处罚法》(2021)第 9 条第(一)项至第(五)项所规定的手段和种类以外的行政处罚,称为“其他行政处罚”(简称“其他罚”)。

这就是说,《行政处罚法》(2021)第 9 条所设立的从“警告”到“行政拘留”这 13 种处罚手段以外的处罚手段,属于“其他行政处罚”;而属于“其他行政处罚”的处罚手段,又归类于“其他罚”,而不是“人身罚、财产罚、资格罚、行为罚和申诫罚”中的一种。之所以作这样的逻辑安排,主要是为了体现“处罚法定”原则,所有行政处罚的手段必须限定于上述的 13 种,所有的处罚种类也必须限定于“人身罚、财产罚、资格罚、行为罚和申诫罚”这五类。凡是超越 13 种处罚手段的,不论它的功能是什么,都一律归入“其他罚”。作为“其他罚”,就必须由法律和行政法规设定,地方性法规和规章无权设定“其他罚”。

就现行制度而言,“其他罚”在现实中形式很多,如:禁闭,取消资格或除名,停止或取消抚恤和优待,规定期限内不得申领有关执照和证书,暂停其原产地证签发权,几年内不得申请许可,几年内不得再次参加资格考试,终身不予注册,不得从事药品生产、经营活动,取消批准文件,撤销学位、取消学籍,撤销登记,关闭营业场所,停止招生或办园,责令搬迁,责令补种盗伐株数 10 倍的树木,征收(超标)排污费,缴纳土地闲置费和收回土地使用权,收回海域使用权,征收滞报金、罚息,停止出售、销毁出版物,撤销出版社登记,加收费用、停止供电,禁止或限制进入市场,对未成年人的收容教养,对外国人的限期出境(离境)、驱逐出境、遣送出境,六个月以内不受理其出境、入境申请,缩短其停留期限等。

对于“其他罚”的性质认定,如果行政主体“发明”了上述 13 种处罚手段以外的处罚手段,只要具有处罚功能(即制裁性),不论其名称被叫作“处罚”还是“教育”,都按“其他行政处罚”对待。还有,这类处罚,不论它是否由法律和行政法规设定,是否有法律依据,是否合法,都不影响其作为“其他行政处罚”的定性。

对于“其他罚”的合法性认定，首先就是要看它是否由法律和行政法规直接设定，同时考察行政处罚的其他合法性要件。不是由法律和行政法规设定的“其他行政处罚”，不仅是违法的，而且是无效的。

（四）不服行政处罚的复议范围

行政处罚表现为对当事人合法权益的剥夺和限制，公民、法人或者其他组织对行政处罚不服的，有权依法申请行政复议。

在现实中，有的行政主体对相对人作出行政处罚是作出行政处罚决定的，但有的行政主体对相对人实施行政处罚而不作出或不送达行政处罚决定，无论哪种情形，都不影响相对人申请行政复议的权利。作出行政处罚决定的，相对人可以对行政处罚决定申请复议；没有作出行政处罚决定，但行政处罚行为已经发生的，相对人可以对行政处罚行为申请复议。

二、不服行政强制行为

《行政复议法》第 11 条第（二）项规定，公民、法人或者其他组织“对行政机关作出的行政强制措施、行政强制执行决定不服”的，可以依法申请行政复议。这就是说，行政强制行为属于行政复议的范围。而行政强制乃是行政强制措施与行政强制执行的合称。

（一）行政强制措施

关于行政强制措施，《行政强制法》（2011）第 2 条第 2 款作了明文解释：“行政强制措施，是指行政机关在行政管理过程中，为制止违法行为、防止证据损毁、避免危害发生、控制危险扩大等情形，依法对公民的人身自由实施暂时性限制，或者对公民、法人或者其他组织的财物实施暂时性控制的行为。”根据该法并结合行政法理论，我们拟对“行政强制措施”下这样一个定义，以作定位：行政强制措施，系指国家行政机关在行政管理过程中，为了维护和实施行政管理秩序，依法对当事人的人身自由或者财物实施暂时性限制或控制的行政行为。行政强制措施作为一种行政行为具有行政行为的一般特征之外，同时，作为一种行政强制行为具有行政强制的一般特征之外,还具有以下独特的法律特征。

第一,行政强制措施是一种“限权性”行为。这一特征首先表明:它是一种负担行政行为而不是授益行政行为。就当事人而言,它将承担一种不利后果。其次表明:它是一种限权性行政行为而不是处分性行政行为。它表现为对当事人权利的限制而不是剥夺。在行政强制措施中,无论表现为行政机关对公民人身自由的限制,抑或表现为行政机关对法人财产的查封,都表现为行政机关对当事人人身自由权或财产权的一种限制。

第二,行政强制措施是一种“暂时性”行为。暂时性也称临时性,相对于永恒性而言。行政强制措施是行政机关在行政管理过程中为维护和实施行政管理秩序而采取的暂时性手段,本身不是其管理的最终目标。采取行政强制措施并未达到也不可能达到管理上的封闭结果,它是为另一种处理结果的实现服务的。行政强制措施作为一种暂时性行为也同时可理解为一种中间性行为,显然与作为最终性行为的行政处罚、行政裁决和行政强制执行等行为有别。

第三,行政强制措施是一种“可复原性”行为。在行政强制措施实施前,被强制人的人身自由权与财产权处于“原状态”,强制机关对其实施强制措施后,被强制人的人身自由和财产权就处于“被限制状态”,强制措施被撤销或强制措施到期后,被强制人的人身自由和财产权又会回复到被强制前的状态即“原状态”。这就表明行政强制措施具有“可复原性”,行政处罚和行政执行等一般不具有“可复原性”。行政强制措施的“可复原性”显然与“暂时性”有关,但还是属于两个不同的特征,因为前者是个时间要素,后者是个状态要素。

第四,行政强制措施是一种“从属性”行为。所谓从属性行为,系指为另外一种行政行为服务的辅助性行为,具有预防性、保障性之特点。限制人身自由是为了防止该人继续危害社会,对财产的查封是为了防止该财产的转移,从而防止事后的处理决定得不到执行。《行政强制法》(2011)第2条第2款所表明的采取行政强制措施的目的,即“为制止违法行为、防止证据损毁、避免危害发生、控制危险扩大等情形”，本身就表明了这种“预防性、保障性”之特点。

根据《行政强制法》（2011）第9条规定，行政强制措施手段和种类包括以下几类。

1. 限制公民人身自由。限制公民人身自由系指行政机关为了实施行政管理的需要，依据法律对公民的人身自由进行短期内限制的行政强制措施。中国现行规定行政强制措施的法律主要有：《人民警察法》《治安管理处罚法》《集会游行示威法》《禁毒法》《海关法》《传染病防治法》《国境卫生检疫法》《出境入境管理法》《铁路法》《军事设施保护法》《渔业法》《海商法》等。它们所规定的限制公民人身自由的强制措施比较广泛，大致有：当场盘查；留置盘问（继续盘问）；拘留审查；强制扣留；强制戒毒；强制治疗；强制约束；强行驱散；等等。

2. 查封场所、设施或者财物。查封场所、设施或者财物是由《行政强制法》（2011）第9条第（二）项所设定的一种种类和手段。从理论上说，这种手段是指有关行政机关为了预防和制止违法，保证行政决定的有效作出和执行，通过“就地封存”的方法，在短时间内禁止对场所使用和限制对财物的使用、毁损、转移和处分的行政强制措施。查封是法律、法规规定得最多的行政强制措施之一，现行《行政处罚法》《邮政法》《食品安全法》《专利法》《商标法》《动物防疫法》《反垄断法》《治安管理处罚法》《道路交通安全法》《消防法》《安全生产法》《税收征收管理法》《药品管理法》《产品质量法》等都规定了一些查封措施。

3. 扣押财物。扣押财物是由《行政强制法》（2011）第9条第（三）项所设定的并与查封相并行的一种种类和手段。之所以说扣押是与查封并行的一项措施，是因为这两项措施的主体、功能、依据基本相同，法律法规往往对这两项措施同时作出规定，行政机关可以针对不同财物的特点选择不同措施。从理论上说，扣押措施是指有关行政机关为了预防和制止违法，保证行政决定的有效作出和执行，将涉嫌违法的财物移动至有关地点进行直接控制，在短时间内禁止当事人对扣押财物的使用、毁损、转移和处分的行政强制措施。在实施扣押期间，当事人对被扣押物的使用权和所有权受到限制，无法对扣押物进行使用、转移、销毁和处分。扣押财物是现行法律法规所规定的行政机关所实施的一种常用措施。我国有不少法律规定了扣押措施，如：《水土保持法》《食品卫生法》《专利法》《反垄断法》《动物防疫法》《农产品质量安全法》《治安管理处罚法》《渔业法》《农业法》《安全生产法》《药品管理法》《税收征收管理法》《道路交通安全法》《枪支管理法》《种子法》《海关法》《邮政法》等。另有《交通安全法实施条例》《知识产权海关保护条例》《内河交通安全管理条例》《公安机关督察条例》《禁止传销条例》《出版管理条例》《公司登记管理条例》等。

4. 冻结存款、汇款。冻结存款、汇款是由《行政强制法》(2011)第9条第(四)项所设定的一种行政强制措施，是指有关行政执法机关，为了防止当事人转移或者隐匿违法资金，损毁证据，或者为了保障行政决定得到有效执行，通过金融机构对当事人的账户采取的停止支付、禁止转移资金的行政强制措施。冻结期间，当事人对被冻结资金的使用权和所有权受到限制，无法对该资金使用、转移以及作其他支配。但是冻结本身并没有处分被冻结资金的所有权。在冻结期间，被冻结资金依然属于被冻结人所有。冻结存款、汇款的措施必须有全国人大及其常委会制定的法律作为直接法律依据。根据“法律保留”原则，目前，中国有下列几部法律直接设定了行政机关或者授权具有管理公共事务职能的组织拥有实施冻结存款、汇款这一行政强制措施的权力，如：《海关法》《税收征收管理法》《证券法》《证券投资基金法》《反洗钱法》《网络安全法》等。此外，有几部法律规定行政机关可以申请司法机关冻结有关当事人的资金，如《银行业监督管理法》《保险法》《审计法》等。

5. 其他行政强制措施。《行政强制法》(2011)第9条第(一)至(四)项所确立的行政强制措施，是实践中最为常见和典型的行政强制措施，但它无法列举完毕。在现实中还有许多行政强制措施尚未列入，如冻结价格、冻结产权、各类行政检查，特别是进入住宅，还有对违法用具和工具的收缴，等等。为了防止挂一漏万，《行政强制法》(2011)在第9条第(五)项设计了一个兜底性规定，即“其他行政强制措施”。“其他行政强制措施”并不是一种直接可行使的行为措施，它须经过有关法律和行政法规设定以后才形成可实施的措施。对于这种措施的设定和实施，我们要持更为谨慎的态度。

（二）行政强制执行

关于行政强制执行，《行政强制法》(2011)第2条第3款作了明文解释：“行政强制执行，是指行政机关或者行政机关申请人民法院，对不履行行政决定的公民、法人或者其他组织，依法强制履行义务的行为。”根据我国的行政强制执行体制，行政强制执行的主体有两类：一是行政机关；二是人民法院。但由于人民法院对行政行为的强制执行不属于行政行为，所以，行政复议法只将行政机关作出的强制执行决定纳入行政复议范围。

行政机关所实施的行政强制执行，是指国家行政机关对于在规定期限内拒不履行行政决定的当事人，依法采取有关强制手段，迫使其履行义务，或者达到与履行义务相同状态的行为。行政强制执行其实是用一种后面的行政行为去强制执行一个前面已生效的行政行为。被执行的行为与执行的行为都是行政行为，无非前者被称“基础行为”，后者被称“执行行为”。落实到“行政决定”也一样，前者是“基础决定”，后者是“执行决定”。“基础行为(决定)”本身是可复议的，它已分解于各行政行为之中了。这里是规定行政机关的“执行行为(决定)”也是行政复议的范围。

行政机关对行政行为的强制执行，具有多种执行方式，它由《行政强制法》(2011)第12条作出专门规定，共有“5+1”种方式，由五种方式和一种作为兜底条款的“其他方式”组成。

1. 加处罚款或者滞纳金。加处罚款和加收滞纳金是行政执行罚的两种基本方式。《行政强制法》(2011)第12条第(一)项①将“加处罚款或者滞

① 《行政强制法》(2011)第12条第(一)项规定：“行政强制执行的方式：(一)加处罚款或者滞纳金……。”

纳金”设定为一种普遍性的行政执行罚措施，而且还在第 45 条专门规定：“行政机关依法作出金钱给付义务的行政决定，当事人逾期不履行的，行政机关可以依法加处罚款或者滞纳金。加处罚款或者滞纳金的标准应当告知当事人。加处罚款或者滞纳金的数额不得超出金钱给付义务的数额。”根据《行政强制法》的上述规定，加处罚款，系指当事人逾期不交纳罚款的，行政处罚机关依法向当事人加收一定比例的罚款的行政强制执行行为；加处滞纳金，系指当事人逾期不交纳税款、规费的，行政征收机关依法向当事人征收一定的具有惩罚性的款项的行政强制执行行为。加处罚款的数额，是针对不交纳罚款的数额，每日按 3%加处，加处罚款的数额不得超出罚款的数额。加处滞纳金的数额，是针对滞纳的款项，每日按单行法规定的比例交纳（有规定万分之五的，也有规定千分之二的），加处滞纳金的数额不得超出金钱给付义务的数额。

2. 划拨存款、汇款。划拨存款、汇款，是《行政强制法》（2011）第 12 条为行政机关设定的第二种行政强制执行手段。它是指行政机关对当事人拒不履行行政决定所确定的金钱给付义务，依照法律规定，通过有关金融机构、邮政机构将义务人账户上的存款或者邮寄给其的汇款，直接划入国家账户的执行方式。对银行存款的扣划必须有法律的特别授权，《商业银行法》早有要求①。事后的《行政强制法》保留了这一原则。② 在现行制度中，行政机关实施划拨存款、汇款执行措施的，只适用于税收和征收社会保险费等少数领域，并有几部法律作出了规定。③

① 《商业银行法》（2015）第 29 条规定：“商业银行办理个人储蓄存款业务，应当遵循存款自愿、取款自由、存款有息、为存款人保密的原则。对个人储蓄存款，商业银行有权拒绝任何单位或者个人查询、冻结、扣划，但法律另有规定的除外。”第 30 条又规定：“对单位存款，商业银行有权拒绝任何单位或者个人查询，但法律、行政法规另有规定的除外；有权拒绝任何单位或者个人冻结、扣划，但法律另有规定的除外。”

② 《行政强制法》（2011）第 13 条第 1 款规定：“行政强制执行由法律设定。”第 47 条第 2 款规定：“法律规定以外的行政机关或者组织要求划拨当事人存款、汇款的，金融机构应当拒绝。”

③ 例如：《税收征收管理法》（2015）第 40 条，《海关法》（2021）第 60 条，《社会保险法》（2018）第 63 条，等等。

3. 拍卖或者依法处理查封、扣押的场所、设施或者财物。拍卖或者依法处理查封、扣押的场所、设施或者财物，系由《行政强制法》(2011)第12条为行政机关设定的第三种行政强制执行方式。它是指行政机关对当事人拒不履行行政决定所确定的金钱给付义务，依照法律规定，对当事人的已被依法查封、扣押的场所、设施或者财物，通过变现方式实现当事人的金钱给付义务的执行方式。它是一种以"变现"为特点的直接强制执行行为。"变现"是指通过拍卖或者变卖等其他方式使物品转化为货币。"变现"的目的是实现当事人的金钱给付义务之履行。在现行法律中，有几个法律规定了拍卖或者依法处理查封、扣押的场所、设施或者财物之执行方式。①

4. 排除妨碍、恢复原状。排除妨碍、恢复原状，系由《行政强制法》(2011)第12条为行政机关设定的第四种行政强制执行手段。这一执行手段，来源于《民法典》②所规定的一种民事责任形式。作为行政强制执行形式的排除妨碍，系指当事人的行为妨碍了社会管理秩序，行政机关责令其予以纠正，在当事人拒不纠正的情况下，行政机关依法直接排除妨碍的行政强制执行行为。作为行政强制执行形式的恢复原状，系指当事人的行为导致原物状态和功能变化，在行政机关责令其恢复原状而当事人拒不履行该义务时，所采取的直接恢复原状的行政强制执行行为。在中国现行制度中，已有不少法律规定了这一执行措施。③

5. 代履行。代履行系由《行政强制法》(2011)第12条为行政机关设定的第五种行政强制执行手段。它是指，在当事人拒不履行行政决定所确定义务时，由行政机关或者第三人代替当事人履行该义务，并向当事人收取履行费用的执行方式。《行政强制法》(2011)第50条规定："行政机关依法作

---

① 例如：《行政处罚法》(2021)第72条，《行政强制法》(2011)第46条，《税收征收管理法》(2015)第37条、第40条，《海关法》(2021)第60条，《道路交通安全法》(2021)第112条，等等。

② 《民法典》(2020)第179条第1款规定："承担民事责任的方式主要有：……(二)排除妨碍……(五)恢复原状……。"

③ 例如：《气象法》(2016)第35条，《道路交通安全法》(2021)第104条，《放射性污染防治法》(2003)第50条，《水法》(2016)第65条，等等。

出要求当事人履行排除妨碍、恢复原状等义务的行政决定，当事人逾期不履行，经催告仍不履行，其后果已经或者将危害交通安全、造成环境污染或者破坏自然资源的，行政机关可以代履行，或者委托没有利害关系的第三人代履行。”第51条第2款规定：“代履行的费用按照成本合理确定，由当事人承担。但是，法律另有规定的除外。”第52条又规定：“需要立即清除道路、河道、航道或者公共场所的遗洒物、障碍物或者污染物，当事人不能清除的，行政机关可以决定立即实施代履行；当事人不在场的，行政机关应当在事后立即通知当事人，并依法作出处理。”这说明：代履行的主体可以是行政机关，也可以是第三人；代履行是针对当事人的作为义务并且是可替代义务而选择的一种执行方式；代履行只允许适用于交通安全、环境污染防治和自然资源保护三个领域；代履行的费用由当事人承担。目前，我国有十几部法律法规规定了代履行，其中法律就有十几部。[①]《行政强制法》实施后，关于代履行，单行法律有特别规定的，适用特别规定；无特别规定的，统一适用《行政强制法》(2011)第50条和第52条。第50条和第52条属于普遍的直接授权。

6. 其他强制执行方式。其他强制执行方式，是指由法律所设定的，除加处罚款或者滞纳金，划拨存款、汇款，拍卖或者依法处理查封、扣押的场所、设施或者财物，排除妨碍、恢复原状，代履行这五种执行方式以外的强制执行方式。它同样必须由法律设定。从现行制度看，确实已有一些法律规定了一些其他执行方式。[②]

（三）不服行政强制的复议范围

行政强制行为，无论是行政强制措施还是行政强制执行，都会直接影响

---

① 它们包括但不限于：《道路交通安全法》《气象法》《森林法》《防洪法》《水法》《水土保持法》《水污染防治法》《固体废物污染环境防治法》《海上交通安全法》等。

② 例如：《治安管理处罚法》(2012)第103条规定：“对被决定给予行政拘留处罚的人，由作出决定的公安机关送达拘留所执行。”这里的“送达拘留所执行”便是。《兵役法》(2021)第57条规定：“有服兵役义务的公民有下列行为之一的，由县级人民政府责令限期改正；逾期不改的，由县级人民政府强制其履行兵役义务，并处以罚款：……。”这里的“强制其履行兵役义务”便是。将来的法律，可根据管理的需要，依照《行政强制法》的立法精神，设定新的“其他强制执行方式”。

当事人的权利与义务，公民、法人或者其他组织认为行政机关实施强制措施或者强制执行侵害其合法权益的，都有权依法申请行政复议。

行政机关作出行政强制措施决定或者行政强制执行决定的，行政相对人可以针对“决定”申请行政复议；如果行政机关没有作出行政强制措施决定或者行政强制执行决定，但实际实施了行政强制行为的，公民、法人或者其他组织同样有权申请行政复议。

三、不服行政许可行为

《行政复议法》第 11 条第（三）项规定，公民、法人或者其他组织“申请行政许可，行政机关拒绝或者在法定期限内不予答复，或者对行政机关作出的有关行政许可的其他决定不服”的，可以依法申请行政复议。这里表达了行政许可行为的可复议性。

（一）行政许可的概念和特征

根据《行政许可法》（2019）第 2 条规定，行政许可是指行政机关根据公民、法人或者其他组织的申请，经依法审查，准予其从事特定活动的行为。

行政许可具有事先性、授益性、依申请性、法定性等特点。其最大的特点就在于，不经行政许可机关的事先同意和批准，公民、法人或者其他组织就不得进行某种行为。这是一种典型的事先控制手段。

（二）行政许可的领域和形式

行政许可涉及广泛的领域，包括但不限于工商登记、社会团体登记、颁发机动车驾驶证、特许经营许可、建设工程规划许可、建筑工程施工许可、矿产资源许可、药品注册许可、医疗器械许可、执业资格许可等。

行政许可行为包括许可、认可、审批、审核、核准、登记等多种形式。许可行为的书证形式也多种多样，包括许可证、执照、资格证、资质证、合格证书、批文等各种证照。

（三）不属于行政许可的行为

这些行为不属于行政许可行为：1. 内部行政审批行为；2. 以出资人身份

处置财产权的行政审批;3.确认民事权利的登记行为;4.知识产权的授予和注册行为;5.作为日常性监督的检验、检测、检疫等行为。

(四) 不服行政许可的复议范围

根据《行政复议法》《行政许可法》《行政诉讼法》的有关规定,对于下列几种情形,公民、法人或者其他组织可以依法申请行政复议:

1. 当事人申请行政许可,行政机关拒绝的;

2. 当事人申请行政许可,行政机关逾期不予答复的;

3. 当事人申请行政许可的变更,行政机关拒绝的;

4. 当事人申请行政许可的续展,行政机关拒绝的;

5. 行政机关单方变更、撤销、注销、撤回、废止行政许可的;

6. 行政机关作出的有关行政许可的其他决定。

行政机关针对当事人的违法行为,暂扣或吊销当事人的许可证照,作为行政处罚行为对待,不作为行政许可行为对待。

四、 不服行政确权行为

《行政复议法》第 11 条第(四)项规定,公民、法人或者其他组织"对行政机关作出的确认自然资源的所有权或者使用权的决定不服"的,可以依法申请行政复议。这里表达了行政确权行为的可复议性。

《行政复议法》第 11 条第(四)项所规定的行政确权,特指行政机关在法律授权前提下,通过一定的法律程序,确认自然资源的所有权、使用权归属的行政行为。就行政行为而言,它是行政确认行为的一部分,还与行政登记和行政裁决相交叉。

这种确权以自然资源为对象。自然资源系指天然存在并有利用价值的自然物,如土地、矿藏、水利、生物、气候、海洋等资源,是生产的原料来源和布局场所。它是在一定的时间和技术条件下,能够产生经济价值,提高人类当前和未来福利的自然环境因素的总称。

公民、法人或者其他组织对行政机关的行政确权行为不服,可以依法申请行政复议的范围大致包括以下情形：

1. 对行政机关就自然资源所有权和使用权的登记行为不服的；

2. 对行政机关就自然资源所有权和使用权归属争议所作裁决不服的；

3. 对行政机关就自然资源所有权和使用权之权属作出的变更决定不服的；

4. 对行政机关就自然资源所有权和使用权作出的其他行政决定不服的。

五、不服行政征收行为

根据《行政复议法》第 11 条第(五)项规定，公民、法人或者其他组织对行政机关作出的征收决定不服的，可以依法申请行政复议。这里表达了行政征收行为的可复议性。

行政征收，是指行政机关依照法律规定，出于公共利益的需要，向公民、法人或者其他组织强制性地收取非国有财产，并给予补偿的行政行为。

行政征收具有独特的法律特征：1.处分性。行政征收是国家对公民、法人或者其他组织财产所有权的一种处分，征收的直接法律效果是导致公民、法人或者其他组织有关财产权的丧失。2.强制性。行政征收机关实施行政征收行为，实质上是履行国家赋予的征收权，这种权力具有强制他人服从的效力。3.补偿性。国家征收私人财产的，必须依法补偿。4.法定性。由于征收的法律效果是直接剥夺公民合法的私有财产权，而公民的私有财产是受宪法和法律保护的，因而，行政征收属于“法律保留”，①没有全国人大及其常委会的法律依据不得实施征收。

我国的行政征收，包括土地征收、房屋征收和其他财产征收，等等。它们都是可复议的行政行为，除非法律另有排除性规定。

---

① 我国《立法法》(2023)第 11 条在规定必须由法律规定的 11 项保留事项中，其中就将“对非国有财产的征收”纳入其中。

六、 不服行政征用行为

根据《行政复议法》第 11 条第(五)项规定,公民、法人或者其他组织对行政机关作出的征用决定不服的,可以依法申请行政复议。这里表达了行政征用行为的可复议性。

行政征用有着和行政征收相同的理论基础、基本原则和适用条件,所以我国宪法和法律常常对它们作一并规定。但是,行政征用毕竟是一种独立的行政行为,它与行政征收还是存在一定的区别。《民法典》(2020)第 245 条终于对行政征用作了单独的规定:"因抢险救灾、疫情防控等紧急需要,依照法律规定的权限和程序可以征用组织、个人的不动产或者动产。被征用的不动产或者动产使用后,应当返还被征用人。组织、个人的不动产或者动产被征用或者征用后毁损、灭失的,应当给予补偿。"这是确立行政征用概念和特征的法律依据。根据这一规定,行政征用是特指:政府出于抢险救灾、疫情防控等紧急需要,依照法律规定强制性地使用非国有单位和个人的财产(包括不动产和动产)并给予补偿的行政法制度。行政征用的核心形式是行政征用决定。它是一种独立的负担行政行为。

行政征用除了和行政征收所共有的财产性、私人性、负担性、强制性、公益性、法定性、补偿性之外,还具有为行政征用本身所特有的紧急性、使用性、返还性和短期性。行政征用出于公共利益需要还不够,还必须出于抢险救灾、疫情防控等紧急需要。行政征用不是政府处分私人财产所有权,而只是在短时间内强制性地使用私人财产。行政征用不是对私人财产所有权的剥夺,而仅仅是对其财产使用权短期内的转移。在征用期间,只有政府可以使用该财产,原财产所有人无法使用该财产。这些都是行政征用与行政征收的主要区别。

行政征用,发生在对交通工具与通信设备的征用对房屋、场地与设施的征用,对劳力的征用和对其他财产的征用,等等。当事人对征用行为或征用决定不服的,都有权申请行政复议。

七、不服行政补偿行为

根据《行政复议法》第 11 条第（五）项规定，公民、法人或者其他组织对行政机关作出的补偿决定不服的，可以依法申请行政复议。这里表达了行政补偿行为的可复议性。

行政补偿往往是作为一种行政征收征用的结果制度而存在。因为行政补偿往往由行政征收征用所引起。行政补偿是行政主体基于社会公共利益的需要，在管理国家和社会公共事务的过程中，合法行使公权力的行为以及该行为的附随效果而致使相对人的合法财产及合法权益遭受特别损害，以公平原则并通过正当程序对所遭受的损害给予补偿的法律制度。为此，行政补偿又可称行政损失补偿。

行政补偿必须以合法的行政行为为前提，违法行政行为所引起的是赔偿而不是补偿。行政补偿以无义务的特定人所受的特别损失为要件。行政补偿还以损害的实际存在为基础，并且损失的发生必须与合法的行政行为有因果关系。行政补偿是国家通过行政主体对行政相对人的补偿而不是后者对前者的补偿。

我国行政补偿具有广泛的适用性，包括对国有土地使用权征用的补偿，对国有土地上房屋征收的补偿，对集体土地所有权及附属物征收的补偿，对集体土地使用权收回的补偿，对其他不动产、动产征收征用的补偿，还有特殊项目的补偿。行政补偿既是一种责任制度，也是一种行政行为。行政补偿协议属于行政合同，行政主体作出的行政补偿决定是一种行政决定，它们都属于可复议的范围。

八、不服行政赔偿行为

根据《行政复议法》第 11 条第（六）项规定，公民、法人或者其他组织“对行政机关作出的赔偿决定或者不予赔偿决定不服”的，可以依法申请行政复议。这里表达了行政赔偿行为的可复议性。

行政赔偿与行政补偿，是行政主体弥补行政相对人财产权益的两种方式，是两种相互对应的行政法上的责任制度。行政赔偿以行政行为违法为前提，行政补偿以行政行为合法为前提。

行政赔偿系指行政机关及其工作人员违法行使行政职权，侵犯行政相对人的合法权益造成损害，而依法必须承担的赔偿责任。根据《国家赔偿法》（2012）第3条、第4条规定，行政机关及其工作人员在行使行政职权时侵犯公民人身权、财产权的，受害人有权取得赔偿。

就程序而言，《国家赔偿法》（2012）第9条规定，行政赔偿必须由当事人先向行政赔偿义务机关提出申请，或者在申请行政复议或提起行政诉讼时一并提出。但是，如果当事人向行政赔偿义务机关提出申请后，行政赔偿义务机关拒绝赔偿或者当事人对行政赔偿义务机关作出的赔偿决定不服的，当事人便可申请行政复议。

九、不服工伤认定行为

根据《行政复议法》第11条第（七）项规定，公民、法人或者其他组织“对行政机关作出的不予受理工伤认定申请的决定或者工伤认定结论不服”的，可以依法申请行政复议。这里表达了工伤认定行为的可复议性。

工伤认定是劳动行政部门依据法律的授权对职工因事故伤害（或者患职业病）是否属于工伤或者视同工伤给予定性的行政确认行为。工伤认定的法律依据是《劳动法》、《社会保险法》和《工伤保险条例》。工伤认定申请由职工所在单位提出；用人单位未按前款规定提出工伤认定申请的，工伤职工或者其近亲属、工会组织也可依法向用人单位所在地统筹地区社会保险行政部门提出工伤认定申请。被认定工伤或者视作工伤的，依照《工伤保险条例》的有关规定享受工伤保险待遇。劳动行政部门对工伤进行认定，属于可复议的行政确认行为。

在下列情形下，当事人可以劳动行政部门为被申请人，申请行政复议：1.当事人申请工伤认定，劳动行政部门不予受理的；2.当事人对劳动行政部门作出的工伤认定结论不服的；3.劳动行政部门对工伤认定作出相关其他的决定，当事人认定侵害其合法权益的。

十、认为侵犯其经营自主权、农村土地经营权

根据《行政复议法》第11条第（八）项规定，公民、法人或者其他组织“认为行政机关侵犯其经营自主权或者农村土地承包经营权、农村土地经营权”的，可以依法申请行政复议。这里表达了行政复议对经营自主权、农村土地承包经营权、农村土地经营权的特别保护。

（一）经营自主权

经营自主权，是企业、个体经营者等经济组织，依法享有的调配使用自己的人力、物力、财力，自主决定投资、组织生产经营、确定价格等经济活动的权利。根据《全民所有制工业企业法》（2009）、《城镇集体所有制企业条例》（2016）、《公司法》（2018）等规定，经营自主权通常包括三个方面：1.人事权；2.财产权；3.经营权。这三者缺一不可，三者的结合构成了完整的经营自主权。中国特色社会主义市场经济体制已经确立，各类市场主体依据公司法和企业法，享有广泛的经营自主权，除法律、法规对投资领域、商品价格等事项有明确规定外，行政机关不得干预其生产经营，如果干预，市场主体可以申请行政复议。

（二）农村土地承包经营权

农村土地承包经营权，是农村集体经济组织的成员或者其他承包经营人，依法对其承包的土地享有的自主经营、流转、收益的权利。这是对土地承包者本人的承包权（如不得提前收回承包权）和经营权（土地承包者有权经营他所承包的土地）的法律保护。农村土地承包经营一般采取承包合同的方式，由土地的发包方与承包方之间，约定双方的权利义务。作为农村集体经营组织的发包方与作为承包方的农户或者其他经营人之间的合同关系，政府机关及其工作人员不得干预，如有以行政权干涉农村土地承包、变更、解除承包合同，或者强迫、阻碍承包方进行土地承包经营权流转的，哪一

方都有权申请行政复议。

（三）农村土地经营权

农村土地经营权，是从农村土地承包经营权中分离出的一项权能，就是承包农户将其承包土地流转出去、由其他组织或者个人经营，其他组织或者个人可以在此土地上进行依法经营的权利。行政诉讼法对这一权利的规定，本质上是为了保护农村土地流转关系。所谓农村土地流转，是指农村家庭承包的土地通过合法的形式保留承包权，将经营权转让给其他农户或者其他经济组织的行为。根据《农村土地经营权流转管理办法》（2021）规定，承包方依法取得的农村土地承包经营权可以采取转包、出租、互换、转让或者其他符合有关法律和国家政策规定的方式流转，明确规定"任何组织和个人不得强迫或者阻碍承包方流转土地经营权"。公民、法人或者其他组织认为行政行为侵犯经营自主权的，有权申请行政复议。

十一、认为滥用行政权力排除、限制竞争

根据《行政复议法》第11条第（九）项规定，公民、法人或者其他组织"认为行政机关滥用行政权力排除或者限制竞争"的，可以依法申请行政复议。这里表达了行政复议对公平竞争权的特别保护。

规定对行政机关侵害公平竞争权的可诉性，在我国行政诉讼制度中早已有此规定，写进行政复议法还是第一次。这是对当事人在市场中公平竞争权的保护，是对行政机关滥用行政权力干预公平竞争权的阻却。公平竞争权，是指经营者在市场经营过程中，依据竞争法所享有的要求其他经营者及相关主体进行公平竞争，以保障和实现经营者合法竞争利益的权利。我国《反垄断法》（2022）第10条规定："行政机关和法律、法规授权的具有管理公共事务职能的组织不得滥用行政权力，排除、限制竞争。"该法还专设第五章"滥用行政权力排除、限制竞争"，明文禁止行政机关各类排除、限制竞争的行为。《反不正当竞争法》（2019）第3条规定："各级人民政府应当采取措施，制止不正当竞争行为，为公平竞争创造良好的环境和条件。国务

院建立反不正当竞争工作协调机制，研究决定反不正当竞争重大政策，协调处理维护市场竞争秩序的重大问题。”这次修订使得《行政复议法》与《反垄断法》《反不正当竞争法》实现了无缝对接。

十二、认为违法要求履行人力财力上的义务

根据《行政复议法》第 11 条第(十)项规定，公民、法人或者其他组织“认为行政机关违法集资、摊派费用或者违法要求履行其他义务”的，可以依法申请行政复议。这是对违法要求履行行为的阻却。

本项原行政复议法就有规定，是针对行政机关的“三乱”行为而设置。“三乱”，系指行政机关针对企业或者个人乱集资、乱摊派、乱收费。所谓乱集资、乱摊派、乱收费，系指行政机关无法律依据或者违反法律规定向企业或者个人实施集资、摊派和收费行为。这种行为从本质上说，属于违法要求公民、法人或者其他组织履行义务。

在一个法治国家，公民既享受权利，同时必须承担和履行义务。公民的义务也是依法设定的，如服兵役的义务、纳税的义务、遵守交通规则的义务等，都必须由法律、法规或者规章设定，并由政府和司法机关监督实施。

违法要求公民履行义务，要作广义理解，它应当包括两种情况：一是要求公民、法人或者其他组织承担一种无法律依据的义务。如行政机关向个人乱集资，公民本身就没有参加集资的义务。二是违法要求公民、法人或者其他组织履行义务。这是指公民从法律上讲是存在这种义务的，如纳税，但行政机关违反法律规定(包括标准、程序等)要求公民履行该义务，如要求企业预交三年的税。这里的“义务”，既可以指财产上的义务，如乱集资、乱摊派、乱收费；也可以指人身上的义务，如对公民摊工，即要求派人无偿参加行政机关指定的劳务。违法要求公民履行义务，直接侵害了公民的人身权、财产权等合法权益，当事人自然有权申请行政复议。

十三、认为不履行法定职责

根据《行政复议法》第 11 条第(十一)项规定,公民、法人或者其他组织“申请行政机关履行保护人身权利、财产权利、受教育权利等合法权益的法定职责,行政机关拒绝履行、未依法履行或者不予答复”的,可以依法申请行政复议。这是对行政机关不履行法定职责的有效监督。

行政机关不履行法定职责,是一种不作为的行政违法。《行政复议法》第 11 条第(十一)项所规定的行政违法,具有以下法律特征:1.作为义务。特定的行政机关及其工作人员具有特定的作为义务,这是行政不作为的前提。行政不作为是违反作为义务而不是不作为义务,所以无作为义务就不会构成行政不作为。2.不作为形态。行政不作为是一种“不作为”样态的行政违法。它表现为具有作为义务的行政机关及其工作人员拒绝履行或者拖延履行作为义务。如人民警察接到 110 报警拒不出警,行政许可机关超过期限仍不作许可决定,都属这类违法。3.权利保护。这种违法主要是针对相对人的人身权利、财产权利、受教育权利等合法权益的保护。旧法规定只是对人身权、财产权、受教育权三种权利的保护,2023 年的修订加了一个“等”字,将保护权利的范围大大扩展。4.限于依申请行为。行政行为有依申请行为与依职权行为之分。这两种行为中都可能发生行政机关的不作为。但《行政复议法》的本项规定,只指依申请行为。

公民、法人或者其他组织针对这类行为申请行政复议的,主要适用以下几种情形:1.当事人申请行政机关履行保护人身权利、财产权利、受教育权利等合法权益的法定职责,行政机关拒绝履行的。如公民遭受他人殴打,向 110 报警,但公安机关拒不出警的。2.当事人申请行政机关履行保护人身权利、财产权利、受教育权利等合法权益的法定职责,行政机关未按照法定标准和要求履行职责的。如教育行政部门安排小孩入学未遵循“就近原则”的。3.当事人申请行政机关履行保护人身权利、财产权利、受教育权利等合法权益的法定职责,行政机关拖延履行职责。就是说,虽然行政机关最终履行了职责，但远超过法定期限。4.当事人申请行政机关履行保护人身权利、财产权利、受教育权利等合法权益的法定职责，行政机关不予答复的。

十四、不服行政给付行为

根据《行政复议法》第11条第(十二)项规定，公民、法人或者其他组织“申请行政机关依法给付抚恤金、社会保险待遇或者最低生活保障等社会保障，行政机关没有依法给付”的，可以依法申请行政复议。这里表达了行政给付行为的可复议性。

行政给付行为，系指行政主体根据相对人的申请，依据有关法律，考虑相对人的具体条件，而决定无偿给予一定财产利益的行政行为。它是行政行为的一种形态。依法给付抚恤金、社会保险待遇或者最低生活保障等社会保障，都是行政给付行为的体现。

抚恤金，是指军人和其他公民因公致残或者死亡后，由民政部门发给其本人或者亲属的生活费用。抚恤金分为死亡抚恤金与残疾抚恤金。公民认为符合条件应当发给抚恤金，而行政机关拒不发给，或者没有按照法律规定标准或者程序发给的，有权申请行政复议。

社会保险待遇，是公民在年老、疾病、工伤、失业、生育等情况下，由国家和社会提供的物质帮助。根据《社会保险法》(2018)规定，国家建立基本养老保险、基本医疗保险、工伤保险、失业保险和生育保险制度，社会保险机构不支付社会保险待遇的，当事人可以申请行政复议。除此之外，按照社会保险法的规定，用人单位或者个人认为社会保险经办机构征收、核定社会保险费和不办理社会保险登记、社会保险转移接续手续等行为侵犯其社会保险权益的，也可以申请行政复议。

最低生活保障是由国务院《城市居民最低生活保障条例》(2018)和《社会救助暂行办法》(2019)所确立的社会保障待遇。该待遇是国家对共同生活的家庭成员人均收入低于当地生活保障标准的家庭给予社会救助，以满足低收入家庭维持其基本的生活需要。最低生活保障待遇主要是按照家庭成员人均收入低于当地最低生活保障标准的差额，按月发给。公民认为符合条件应当提供最低生活保障待遇，而行政机关拒绝提供，或者没有按规定标准或者程序提供的，同样有权申请行政复议。

十五、不服行政协议行为

根据《行政复议法》第11条第（十三）项规定，公民、法人或者其他组织“认为行政机关不依法订立、不依法履行、未按照约定履行或者违法变更、解除政府特许经营协议、土地房屋征收补偿协议等行政协议”的，可以依法申请行政复议。这次修订，行政复议法首次明确了行政协议行为的可复议性。

行政协议系指行政机关为了实现行政管理目的，与公民、法人或者其他组织经双方协商一致所达成的，能够形成、变更或消灭相对人行政法权利义务关系的合意。它包括政府特许经营协议，土地、房屋等征收补偿协议，土地、房屋等征用补偿协议，矿业权等国有自然资源使用权出让协议，政府投资的保障性住房的租赁、买卖等协议，政府与社会资本合作协议，等等。

对于行政协议的下列情形，公民、法人或者其他组织可以依法申请行政复议：1.认为行政机关不依法订立行政协议；2.认为行政机关不依法履行行政协议；3.认为行政机关未按照约定履行行政协议；4.行政机关单方变更或解除行政协议；等等。将行政机关的行政协议行为纳入行政复议范围，有力保护了行政相对人在行政协议中所享有的合法权益。

十六、不服政府信息公开行为

根据《行政复议法》第11条第（十四）项规定，公民、法人或者其他组织“认为行政机关在政府信息公开工作中侵犯其合法权益”的，可以依法申请行政复议。这体现了对公民知情权和信息权的特别保护。

政府信息是指行政机关在履行职责过程中制作或者获取的，以一定形式记录、保存的信息。行政机关负有依法公开政府信息的义务，这体现为对公民、法人或者其他组织知情权的保护。我国《政府信息公开条例》(2019)第5条规定:“行政机关公开政府信息,应当坚持以公开为常态、不公开为例外,遵循公正、公平、合法、便民的原则。”首次确立“以公开为常态、不公开为例外”原则,这在我国政府信息公开的立法史上具有宣示的意义。这次行政复议法的修订,首次规定公民、法人或者其他组织“认为行政机关在政府信息公开工作中侵犯其合法权益”,可以依法申请行政复议。这里的复议受理范围,既包括行政机关应当公开而不公开政府信息,也包括不应当公开而擅自公开政府信息从而侵犯第三人合法权益的行为。

十七、不服其他行政行为

《行政复议法》第11条第(十五)项规定,公民、法人或者其他组织“认为行政机关的其他行政行为侵犯其合法权益”的,可以依法申请行政复议。这是一个兜底条款。

《行政复议法》第11条所列举的从第(一)项到第(十四)项,都针对一类行政行为,但显然没有穷尽所有的行政行为,这一兜底条款表明,只要是行政行为并且相对人认为它侵害了其合法权益的,都有权申请行政复议,除非法律另有特别规定。可见,我国公民、法人或者其他组织受行政复议保护的权益具有广泛性。

第三节 行政复议否定范围

如果说《行政复议法》第11条是对行政复议肯定范围的规定,那么,第12条则是对行政复议否定范围的规定。根据第12条规则,下列行为和事项不属于行政复议的范围。

一、国防、外交等国家行为

对“国家行为”不能从字面上理解,认为是“国家机关作出的行为”。它在宪法和行政法上特指涉及重大国家利益，具有很强的政治性，因而是被排除在司法审查对象之外的统治行为。在我国是指全国人大及其常委会、国家主席、国务院、中央军事委员会、国防部、外交部等根据宪法和法律的授权，以国家机关的名义实施的有关国防、外交事务的行为，宣布紧急状态、实施戒严和总动员，驻军和军事等行为。国家行为包括：

1. 国防行为。国家为了防备和抵抗侵略、制止武装颠覆，保卫国家的主权、领土完整和安全所进行的军事活动。具体指国家主席、国务院、中央军事委员会、国防部、外交部等根据宪法和法律的授权，以国家的名义实施的有关宣战、应战、发布动员令、宣布战争状态，调动军队、驻军、设立军事禁区等军事行为。

2. 外交行为。外交行为是指国家之间或者国家与国际组织之间发生的政治交往行为。在我国是指国家主席、国务院、中央军事委员会、国防部、外交部等根据宪法和法律的授权，以国家的名义实施的有关外交的活动，主要指对外国国家和政府的承认、建交、断交、缔结条约、公约和协定等。

3. 宣布紧急状态和实施戒严。根据《宪法》和《突发事件应对法》的规定，当发生特别重大突发事件，对人民生命财产安全、国家安全、公共安全、环境安全或者社会秩序构成重大威胁，由全国人民代表大会常务委员会或者国务院依照宪法和其他有关法律规定的权限和程序决定进入的一种非常态。[①] 在紧急状态里，国家和政府可以依法采取非常措施。戒严，也称警戒，是指在发生严重危及国家的统一、安全或者社会公共安全的动乱、暴乱或者严重骚乱，不采取非常措施不足以维护社会秩序、保护人民的生命和财

① 《宪法》(2018)第67条规定，全国人大常委会“决定全国或者个别省、自治区、直辖市进入紧急状态”。第80条又规定，由国家主席根据全国人大和全国人大常委会的决定，“宣布进入紧急状态”。第89条还规定，国务院“依照法律规定决定省、自治区、直辖市的范围内部分地区进入紧急状态”。这说明，决定和宣布进入紧急状态是一项宪法权力。全国或者个别省、自治区、直辖市进入紧急状态的，得由全国人大及其常委会决定、国家主席宣布；省、自治区、直辖市的范围内部分地区进入紧急状态的，由国务院依照法律规定决定和宣布。

产安全的紧急状态时，国家依法所采取的一种紧急措施。[①] 它的法律依据是《戒严法》，由全国人大常委会于1996年制定。

4. 其他国家行为。国家行为涉及国家主权和利益，享受司法豁免乃是国际上的惯例。所以，国家行为不适用行政复议。

二、行政法规

行政法规是指国务院为领导和管理国家各项行政工作，根据宪法法律，或者依据全国人大及其常委会的授权，或者依职权所制定的有关政治、经济、教育、科技、文化、外事等各类法规的总称。

行政法规就立法事项而言，可分为职权立法与授权立法。职权立法是指国务院根据宪法和法律，基于它的职权而制定的行政法规。根据《立法法》(2023)第72条第2款规定，属于职权立法性质的行政法规可以就下列事项作出规定：1.为执行法律的规定需要制定行政法规的事项；2.《宪法》第89条规定的国务院行政管理职权的事项。

授权立法是指，对于本来属于应当由法律规定的事项，经全国人民代表大会及其常务委员会的授权，以国务院行政法规形式作出规定。[②] 根据《立

---

① 戒严的决定权和宣布权，法律有特别规定。《戒严法》(1996)第3条规定，全国或者个别省、自治区、直辖市的戒严，由国务院提请全国人大常委会决定，由国家主席根据全国人大常委会的决定发布戒严令；省、自治区、直辖市的范围内部分地区的戒严，由国务院决定，国务院总理发布戒严令。

② 自现行宪法实施以来，全国人大及其常委会对国务院已作过12次授权，分别是：《全国人民代表大会常务委员会关于授权国务院对职工退休退职办法进行部分修改和补充的决定》(1983年9月2日发布)、《全国人民代表大会常务委员会关于授权国务院改革工商税制发布有关税收条例草案试行的决定》(1984年9年18日发布，根据第十一届全国人大常委会第九次会议2009年6月27日通过的《全国人民代表大会常务委员会关于废止部分法律的决定》已经被废止)、《全国人大常委会关于授权国务院改革工商税制和发布试行有关税收条例(草案)的决定》(1984年9年18日发布)、《全国人民代表大会关于授权国务院在经济体制改革和对外开放方面可以制定暂行的规定或者条例的决定》(1985年4月10日发布)、《全国人大常委会关于授权国务院在广东省暂时调整部分法律规定的行政审批的决定》(2012年12月28日发布)、《全国人大常委会关于授权国务院在中国(上海)自由贸易试验区暂时调整有关法律规定的行政审批的决定》(2013年8月30日发布)、《全国人大常委会关于授权国务院在中国(广东)自由贸易试验区、中国(天津)自由贸易试验区、中国(福建)自由贸易试验区以及中国(上海)自由贸易试验区扩展区域暂时调整有

法法》(2023)第 12 条规定,属于《立法法》第 11 条所规定的“法律保留事项”尚未制定法律的,全国人民代表大会及其常务委员会有权作出决定,授权国务院可以根据实际需要,对其中的部分事项先制定行政法规,但是有关犯罪和刑罚、对公民政治权利的剥夺和限制人身自由的强制措施和处罚、司法制度等事项除外。《立法法》(2023)第 72 条第 3 款还规定:“应当由全国人民代表大会及其常务委员会制定法律的事项,国务院根据全国人民代表大会及其常务委员会的授权决定先制定的行政法规,经过实践检验,制定法律的条件成熟时,国务院应当及时提请全国人民代表大会及其常务委员会制定法律。”

行政法规由国务院制定并以国务院令发布,这是行政法规区别于其他法规或者规章的形式标志。根据《行政法规制定程序条例》(2017)第 5 条规定,行政法规的名称一般称“条例”,也可以称“规定”“办法”等。国务院根据全国人民代表大会及其常务委员会的授权决定制定的行政法规,称“暂行条例”或者“暂行规定”。国务院各部门和地方人民政府制定的规章不得称“条例”。

国务院是国家最高行政机关,是全国行政管理的最高指挥机关。制定行政法规是国务院领导全国行政工作的一种有效手段。行政法规是我国法律的重要形式和渊源,是国家治理和社会治理的重要依据,是行政行为的主要依据。它之所以不适用行政复议,乃是因为它是一种抽象的规则,不直接涉及特定相对人的权利与义务,公民、法人或者其他组织认为行政法规不符合宪法和法律的,可以通过合宪性审理和合法性审查予以解决。

关法律规定的行政审批的决定》(2014 年 12 月 28 日发布)、《全国人大常委会关于授权国务院在北京市大兴区等三十三个试点县(市、区)行政区域暂时调整实施有关法律规定的决定》(2015 年 2 月 27 日发布)、《全国人大常委会关于授权国务院在部分地方开展药品上市许可持有人制度试点和有关问题的决定》(2015 年 11 月 4 日发布)、《全国人大常委会关于授权国务院在广东省暂时调整部分法律规定的行政审批试行期届满后有关问题的决定》(2015 年 12 月 27 日发布)、《全国人大常委会关于授权国务院在实施股票发行注册制改革中调整适用〈中华人民共和国证券法〉有关规定的决定》(2015 年 12 月 27 日发布)、《全国人大常委会关于授权国务院在北京市大兴区等 232 个试点县(市、区)、天津市蓟县等 59 个试点县(市、区)行政区域分别暂时调整实施有关法律规定的决定》(2015 年 12 月 27 日发布)。

三、行政规章

行政规章也称政府规章，是有关国家行政机关依据法律、法规，在本职权范围内制定的具有普遍约束力的规范性文件。规章可以分为国务院部门规章和地方人民政府规章。

根据《宪法》(2018)第 90 条第 2 款①、《立法法》(2023)第 91 条第 1 款②规定，国务院各部、委员会、中国人民银行、审计署和具有行政管理职能的直属机构以及法律规定的机构，可以根据法律和国务院的行政法规、决定、命令，在本部门的权限范围内，制定规章。部门规章规定的事项应当属于执行法律或者国务院的行政法规、决定、命令的事项。没有法律或者国务院的行政法规、决定、命令的依据，部门规章不得设定减损公民、法人和其他组织权利或者增加其义务的规范，不得增加本部门的权力或者减少本部门的法定职责。涉及两个以上国务院部门职权范围的事项，应当提请国务院制定行政法规或者由国务院有关部门联合制定规章。部门规章应当经部务会议或者委员会会议决定，并由部门首长签署命令予以公布。

地方人民政府规章，是指根据《立法法》(2023)第 93 条第 1 款③，《地方各级人民代表大会和地方各级人民政府组织法》(2022)第 74 条④，以及全

---

① 《宪法》(2018)第 90 条第 2 款规定："各部、各委员会根据法律和国务院的行政法规、决定、命令，在本部门的权限内，发布命令、指示和规章。"

② 《立法法》(2023)第 91 条第 1 款规定："国务院各部、委员会、中国人民银行、审计署和具有行政管理职能的直属机构以及法律规定的机构，可以根据法律和国务院的行政法规、决定、命令，在本部门的权限范围内，制定规章。"

③ 《立法法》(2023)第 93 条第 1 款规定："省、自治区、直辖市和设区的市、自治州的人民政府，可以根据法律、行政法规和本省、自治区、直辖市的地方性法规，制定规章。"

④ 《地方各级人民代表大会和地方各级人民政府组织法》(2022)第 74 条规定："省、自治区、直辖市的人民政府可以根据法律、行政法规和本省、自治区、直辖市的地方性法规，制定规章，报国务院和本级人民代表大会常务委员会备案。设区的市、自治州的人民政府可以根据法律、行政法规和本省、自治区的地方性法规，依照法律规定的权限制定规章，报国务院和省、自治区的人民代表大会常务委员会、人民政府以及本级人民代表大会常务委员会备案。依照前款规定制定规章，须经各该级政府常务会议或者全体会议讨论决定。"

国人民代表大会常务委员会《关于授权深圳市人民代表大会及其常务委员会和深圳市人民政府分别制定法规和规章在深圳经济特区实施的决定》(1992),全国人民代表大会《关于授权厦门市人民代表大会及其常务委员会和厦门市人民政府分别制定法规和规章在厦门经济特区实施的决定》(1994),全国人民代表大会《关于授权汕头市和珠海市人民代表大会及其常务委员会、人民政府分别制定法规和规章在各自的经济特区实施的决定》(1996)等规定,有关地方人民政府依据法律、法规所制定的在地方适用的政府规章。地方人民政府规章包括:1.省、自治区、直辖市人民政府制定的规章;2.经济特区所在地的市人民政府制定的规章;3.设区的市人民政府制定的规章;4.自治州人民政府制定的规章。与部门规章类似,没有法律、行政法规、地方性法规的依据,地方政府规章不得设定减损公民、法人和其他组织权利或者增加其义务的规范。地方政府规章应当经政府常务会议或者全体会议决定,并由省长、自治区主席、市长或者自治州州长签署命令予以公布。

行政规章也是行政机关行政执法的依据,但它不属于行政复议的对象。公民、法人或者其他组织对政府规章有不同意见的,应当向制定机关提出,或者通过备案登记审查程序反映。

四、 行政规范性文件

行政规范性文件,也称行政规定,属于抽象行政行为。根据国务院办公厅《关于加强行政规范性文件制定和监督管理工作的通知》(国办发〔2018〕37 号)和《关于全面推行行政规范性文件合法性审核机制的指导意见》(国办发〔2018〕115 号)的规定和解释,“行政规范性文件是除国务院的行政法规、决定、命令以及部门规章和地方政府规章外,由行政机关或者经法律、法规授权的具有管理公共事务职能的组织依照法定权限、程序制定并公开发布,涉及公民、法人和其他组织权利义务,具有普遍约束力,在一定期限内反复适用的公文”。

公民、法人或者其他组织如果反对行政规范性文件，不得针对行政规范性文件申请复议，但可以向制定机关或者制定机关的上级机关提出意见和建议。还有，如果某一行政行为是依据行政规范性文件作出的，当公民、法人或者其他组织对行政行为申请复议时，可以附带提出对行政规范性文件进行合法性审查。

五、对行政机关工作人员奖惩、任免等行为

《行政复议法》第12条第（三）项规定“行政机关对行政机关工作人员的奖惩、任免等决定”不属于行政复议范围，与《行政诉讼法》（2017）第13条第（三）项规定“行政机关对行政机关工作人员的奖惩、任免等决定”不属于行政诉讼的范围是完全一致的。

“行政机关对行政机关工作人员的奖惩、任免等决定”，属于行政机关的人事管理行为，《最高人民法院关于适用〈中华人民共和国行政诉讼法〉的解释》（法释〔2018〕1号）第2条第3款将这一决定解释为，“行政机关作出的涉及行政机关工作人员公务员权利义务的决定”。

行政机关人事管理行为不属于行政复议范围，与不属于行政诉讼的范围的理论基础是相同的。一是因为行政机关与公务员之间是一种特别权力关系，而特别关系是不受一般程序调整的；二是因为行政机关人事管理行为属于内部行政行为，我国行政复议法和行政诉讼法均适用外部行政行为。

当下，行政机关对公务员人事管理行为，其权利救济适用《公务员法》（2018）的有关规定。

六、行政机关对民事纠纷的调解行为

“调解”的原意是指争议当事人之外的第三人对当事人之间的纠纷进行调停、斡旋等活动。我国有人民调解、司法调解和行政调解等多种调解制度。行政调解作为政府处理社会矛盾的一种手段，是指行政机关在实施行政管理过程中，依法对与本机关行政职权有关的各类争议纠纷，以当事人自

愿为原则，通过对争议当事人的说服和疏导，促使当事人平等协商、互谅互让，达成调解协议，解决争议纠纷的活动。它既包括对行政纠纷的调解，也包括对民事纠纷的调解。

行政机关对民事纠纷的调解不属于行政复议的范围。一是因为调解不具有强制性，它不属于行政行为；二是因为在权利的救济机制上，行政机关对民事关系的处理，当事人不服的原则上应当以另一当事人为被告，提起民事诉讼。我国《治安管理处罚法》(2012)第9条明文规定："对于因民间纠纷引起的打架斗殴或者损毁他人财物等违反治安管理行为，情节较轻的，公安机关可以调解处理。经公安机关调解，当事人达成协议的，不予处罚。经调解未达成协议或者达成协议后不履行的，公安机关应当依照本法的规定对违反治安管理行为人给予处罚，并告知当事人可以就民事争议依法向人民法院提起民事诉讼。"

第四节　行政复议附带审查范围

从一定角度说，我国行政复议包括本体复议与附带复议。前者是主体性的行政复议制度，后者是附带性的行政复议制度。《行政复议法》第13条第1款规定："公民、法人或者其他组织认为行政机关的行政行为所依据的下列规范性文件不合法，在对行政行为申请行政复议时，可以一并向行政复议机关提出对该规范性文件的附带审查申请：(一)国务院部门的规范性文件；(二)县级以上地方各级人民政府及其工作部门的规范性文件；(三)乡、镇人民政府的规范性文件；(四)法律、法规、规章授权的组织的规范性文件。"这些就是上述的行政规范性文件，或者称为与行政决定相对应的行政规定。

一、国务院部门的规范性文件

中华人民共和国国务院，即中央人民政府，是最高国家权力机关的执行机关,是最高国家行政机关。国务院由总理、副总理、国务委员、各部部长、各委员会主任、审计长、秘书长组成。国务院实行总理负责制。作为国务院的部门包括:外交部、国防部、国家发展和改革委员会、教育部、科学技术部、工业和信息化部、国家民族事务委员会、公安部、国家安全部、民政部、司法部、财政部、人力资源和社会保障部、自然资源部、生态环境部、住房和城乡建设部、交通运输部、水利部、农业农村部、商务部、文化和旅游部、国家卫生健康委员会、退伍军人事务部、应急管理部、中国人民银行、审计署。作为制定规范性文件的国务院部门,应当还包括具有行政管理职能的直属机构,如海关总署、国家市场监督管理总局、国家体育总局、国家国际发展合作署、国家税务总局、国家广播电视总局、国家统计局、国家医疗保障局等。

上述部门和机构都是代表国务院行使国家和社会管理职能的组织,它们既可以制定部门规章,也可以制定规章以外的其他规范性文件,这些文件常常以“决定”“通知”“规定”等形式出现。针对特定公民、法人或者其他组织所作出的具体决定,不属于规范性文件。

国务院部门所制定的部门规章不属于行政复议的范围,但是它们所制定的规章以外的其他规范性文件,属于行政复议附带审查的范围。

二、县级以上地方各级人民政府及其工作部门的规范性文件

可以提起行政复议附带审查的,除了国务院部门所制定的规范性文件,还包括县级以上地方人民政府及其工作部门制定的规范性文件。

县级以上的地方人民政府是地方同级人民代表大会的执行机关,是地方国家行政机关。地方各级人民政府对本级人民代表大会和它的常务委员会以及上一级国家行政机关负责并报告工作,受国务院统一领导,管理本行政区域内的各项行政工作。县级以上地方人民政府包括:省、自治区、直辖市人民政府;自治州、设区的市人民政府;县、自治县、不设区的市、市辖区人民政府。县级以上地方人民政府的工作部门,是指上述地方人民政府的工作机构,包括各厅局等。

省、自治区、直辖市人民政府，自治州、设区的市人民政府，有权制定地方政府规章；其他地方人民政府和各级地方人民政府的工作部门无权制定地方政府规章。

同理，地方政府规章不属于行政复议的范围，但是县级以上地方人民政府及其工作部门所制定的规范性文件，属于行政复议附带审查的范围。

三、乡、镇人民政府的规范性文件

乡、镇人民政府是我国基层国家行政机关，行使本行政区的行政职能。它包括乡、民族乡、镇人民政府。

乡、镇人民政府作为基层国家行政机关，它们虽然没有规章制定权，但也可在自己管辖范围内，在与法律、法规和规章不抵触的前提下，制定一些管理性的管理规则，这些规范性文件同样属于行政复议附带审查的范围。

四、法律、法规、规章授权的组织的规范性文件

行政主体，是指依法拥有行政职权，能代表国家以自己的名义行使行政职权，并能独立承受行政行为效果与行政诉讼效果的组织。行政主体肩负着实施行政管理和社会管理的行政职能。我国的行政主体包括行政机关，还包括得到法律、法规、规章授权的具有公共管理职能的社会组织，如中国证券监督管理委员会、中国银行保险监督管理委员会、中国气象局、中国银行、中国残疾人联合会、行业协会（律师协会）、学校、国家学位委员会等。

当这些社会组织以行政主体身份行使行政管理职能，制定一些社会管理性规则时，这些行政规范性文件同样属于行政复议附带审查的范围。

【复习思考题】

1. 新旧行政复议法对复议范围的规定有何变化?

2. 哪些情形属于行政复议的范围?

3. 哪些事项不属于行政复议的范围?

4. 哪些规范性文件属于行政复议附带审查的范围?

第三章　行政复议组织与人员

行政复议组织包括行政复议机关与行政复议机构，它们是行政复议的主体。行政复议人员乃是代表行政复议组织具体从事复议工作的执法人员。《行政复议法》在第一章“总则”部分对行政复议组织和复议人员作出了规定，提出了要求，有力地推进了行政复议组织和复议人员的专业化、职业化。

第一节　行政复议机关

一、行政复议机关的概念与特征

行政复议机关是指，依照法律的规定，有权受理复议申请，依法对被申请的行政行为进行审查并作出决定的行政机关。它是具有行政复议权限，依法履行行政复议职责的行政机关。依据《行政复议法》第 4 条第 1 款规定：“县级以上各级人民政府以及其他依照本法履行行政复议职责的行政机关是行政复议机关。”

行政复议机关的特征包括：第一，行政复议机关是行政机关；第二，行政复议机关是有权行使行政复议权的行政机关；第三，行政复议机关是能以自己的名义行使行政复议权，并对行为后果独立承担法律责任的行政机关。行政复议机关主要有两方面功能：第一，行政功能。行政复议机关与行政机关是两位一体的国家机关。作为复议机关的行政机关，它在担任组织、指挥、协调、监督等多种选择管理任务的同时，还必须以第三者的身份出面，对复议纠纷双方当事人的行政争议进行审查，并作出裁判。这一行为的性质虽与其他行政行为有较大区别，但它仍逃脱不了“行政”的本质属性。事实上，行政复议就是一种行政领导权，它是复议机关对被申请行政主体进行监督的权力。复议只是行政功能中监督行政的一种比较特殊的方式。第二，准司法功能。行政复议机关的行政功能并不能否定行政复议行为的特殊性，即这种行为与其他诸如组织、指挥、协商、调和、斡旋、调整等行政行为不同，它是复议机关运用类似司法程序的行政复议程序解决行政争议的活动。这一活动着眼于以第三者身份对被申请行政行为进行合法性、合理性审查，从而实现行政救济和行政监督目的。《行政复议法》第 4 条第 3 款规定："行政复议机关应当加强行政复议工作，支持和保障行政复议机构依法履行职责。"这正是复议机关准司法功能的体现。

二、行政复议机关的类别

2023 年《行政复议法》修改之前，行政复议主要采取的是"条块结合"的管辖体制，即对县级以上地方各级人民政府工作部门的具体行政行为不服的，由申请人选择，可以向该部门的本级人民政府或者上一级主管部门申请行政复议；对海关、金融、税务、外汇管理等实行垂直领导的行政机关和国家安全机关的具体行政行为不服的，向上一级主管部门申请行政复议；对地方各级人民政府的具体行政行为不服的，向上一级地方人民政府申请行政复议；对国务院部门或者省、自治区、直辖市人民政府的具体行政行为不服的，向作出该具体行政行为的国务院部门或者省、自治区、直辖市人民政府申请行政复议。

"条块结合"的管辖体制，主要的考虑是可以把"条条管辖"的专业性和"块块管辖"的便利性结合起来，但是这样的体制在实践运行中暴露出一些问题，新法调整为"块块管辖"为主的、"条条管辖"为补充的管辖体制，构成了一种相对集中的复议管辖体制。由此，行政复议机关则主要变成以下三类。

其一，县级以上地方各级人民政府。根据《行政复议法》第 4 条以及第 24 条的规定，县级以上地方各级人民政府统一行使行政复议职责，过去地方各级人民政府工作部门也履行行政复议职责，这一次修法对政府工作部门的相关职权予以取消。《行政复议法》第 24 条规定了县级以上地方各级人民政府管辖的四类行政复议案件，同时还规定了三种特殊情况：第一，除上述县级以上地方各级人民政府的管辖权外，省、自治区、直辖市人民政府同时管辖对本机关作出的行政行为不服的行政复议案件。第二，省、自治区人民政府依法设立的派出机关参照设区的市级人民政府的职责权限，管辖相关行政复议案件。第三，对县级以上地方各级人民政府工作部门依法设立的派出机构依照法律、法规、规章规定，以派出机构的名义作出的行政行为不服的行政复议案件，由本级人民政府管辖；其中，对直辖市、设区的市人民政府工作部门按照行政区划设立的派出机构作出的行政行为不服的，也可以由其所在地的人民政府管辖。

其二，国务院部门。国务院部门管辖本部门及其派出机构、授权组织作为被申请人的行政复议案件。《行政复议法》第 25 条规定了国务院部门管辖的三类行政复议案件。根据法律规定，国务院有权监督其下辖各部门，按照向上一级行政机关申请复议的原则，国务院本应受理对国务院部门进行申请的案件。然而，国务院事务繁忙，是最高国家行政机关，主要任务是制定方针政策，应当从全局上处理行政事务，不宜也难以处理大量的具体行政事务，故而相对人对国务院部门的行政行为不服的，由这些机关本身复议。① 但《行政复议法》第 26 条也规定，国务院对此类复议有最终裁决权，以作为相对人对复议决定不服提起行政诉讼之外的另一个选择。

其三，垂直领导部门。《行政复议法》第 27 条规定了垂直领导部门，向上一级主管部门申请行政复议，这是因为海关、金融、外汇管理、税务等实行垂直领导的行政机关与一般的行政机关不同，这些实行垂直领导的行政机关由其垂直领导的性质所决定，只受其上级主管部门的领导，不受地方人民政府的领导。而行政复议作为行政机关内部自我纠正错误的一种监督机

---

① 参见王周户主编：《行政法与行政诉讼法教程》，中国政法大学出版社 2013 年版，第 209 页。

制,只有有领导与被领导关系的行政机关,才会存在对具体行政行为进行行政复议的可能,上一级行政机关才有权撤销或者变更下一级行政机关的具体行政行为。此外,国家安全机关也不同于一般的国家行政机关,其行政职权的行使通常涉及国家秘密。[①] 综上,《行政复议法》对特殊行政机关或部门的行政复议机关规定为上一级主管部门。

三、行政复议机关的职责

《行政复议法》第 3 条第 2 款规定:"行政复议机关履行行政复议职责,应当遵循合法、公正、公开、高效、便民、为民的原则,坚持有错必纠,保障法律、法规的正确实施。"行政复议机关的职责,是行政机关在作为行政复议机关时所必须承担的法定义务,展开来讲,主要有以下几个方面。

第一,领导行政复议机构办理复议事项。行政复议机关履行行政复议法的法定职责,首先就要承担起对行政复议工作的领导责任,行政复议机构的工作具有事务性、程序性和操作性,行政复议机关应当按照职责权限对行政复议工作进行督促、指导。行政复议机关应当加强对其行政复议机构履行行政复议职责的监督。根据《行政复议法实施条例》第 57 条规定,行政复议期间行政复议机关发现被申请人或者其他下级行政机关的相关行政行为违法或者需要做好善后工作的,可以制作《行政复议意见书》。有关机关应当自收到行政复议意见书之日起 60 日内将纠正相关行政违法行为或者做好善后工作的情况通报行政复议机构。行政复议期间行政复议机构发现法律、法规、规章实施中带有普遍性的问题,可以制作《行政复议建议书》,向有关机关提出完善制度和改进行政执法的建议。总之,行政复议机构不是行政主体,它不能以自己的名义对外行使职权,上下级行政复议机关的行政复议机构之间没有领导和监督关系,它们各自对所属的行政复议机关负责。

---

① 参见姜明安、李洪雷主编:《行政法与行政诉讼法教学案例》,法律出版社 2004 年版,第 153 页。

第二，支持行政复议机构办理复议事项。支持行政复议机构办理复议案件要求行政复议机关配合、鼓励复议机构及其工作人员的工作，并为其排忧解难。具体体现在：行政复议机关的行政首长要经常听取行政复议机构的工作汇报，认真研究解决行政复议工作中遇到的困难和问题；排除有关方面对行政复议机构审理案件的非法干预，保证行政复议机构依法、公正审理案件；采取有效措施加强行政复议机构和队伍建设；为行政复议机构开展工作创造良好的工作条件和工作环境；等等。①

第三，保障行政复议机构的办案能力。《行政复议法》第 7 条规定："行政复议机关应当确保行政复议机构的人员配备与所承担的工作任务相适应，提高行政复议人员专业素质，根据工作需要保障办案场所、装备等设施。县级以上各级人民政府应当将行政复议工作经费列入本级预算。"行政复议机构的办案能力是行政复议质量和效率的重要保障，因此行政复议机关还必须确保其人员、物资等方面的到位。比如，根据工作需要保障办案场所、装备等设施，加强对复议人员的培训，依法进行表彰和奖励，推进行政复议人员的资格制度，加强信息化建设，等等。

四、行政复议机关与行政复议机构

与行政复议机关相关的是行政复议机构。按照《行政复议法》的规定，依法履行行政复议职责的行政机关为行政复议机关，具有行政主体资格。行政复议机构则是指行政复议机关内设的具体办理有关行政复议工作的机构。行政复议机关和行政复议机构，是整体与部分、领导与被领导的关系，二者按照各自的分工共同完成行政复议工作任务。

行政复议机关与行政复议机构，二者的区别如同行政机关与行政机构，差异主要体现在以下几个方面：首先，行政复议机关是一个独立的行政机关，具有行政主体资格，享有对外实施行政管理、作出行政行为的权力。行

① 参见郜风涛：《行政复议法教程》，中国法制出版社 2011 年版，第 149 页。

政复议机构则是行政复议机关内部的一个工作机构，替行政复议机关办理具体行政复议事项，不能以自己的名义对外独立作出行政行为。其次，行政复议过程中凡影响案件实体问题的决定，如不予受理决定、行政复议决定，都由行政复议机关作出；对于一些不影响案件实体问题的程序性决定和事务，如受理行政复议申请、向有关单位或者个人进行调查、审查被申请人的行政行为，则由行政复议机构负责。最后，行政复议申请人对不予受理的决定、行政复议决定以及行政复议机关不履行行政复议职责的行为提起行政诉讼，由行政复议机关作为被告，行政复议机构只是作为行政复议机关的代理人出庭应诉。

第二节　行政复议机构

一、行政复议机构的概念与特征

行政复议机构是指在行政复议机关内部设立的、专门负责办理有关复议事项的法制机构。1990 年，国务院颁布《行政复议条例》，其中第 24 条规定："县级以上的地方各级人民政府的复议机构，应当设在政府法制工作机构内或者与政府法制工作机构合署办公。"所谓设在政府法制工作机构内主要是指复议机构是法制工作机构的一个业务处（科、室），但为了工作方便，可以考虑对外挂某某政府复议机构的牌子，所谓与政府法制工作机构合署办公，是指复议机构与法制工作机构两块牌子一套人马。① 到了 1999 年，《行政复议法》通过，用"行政复议机关负责法制工作的机构"取代了"行政复议机构"的概念。到了 2007 年，国务院颁布《行政复议法实施条例》，第 2 条规定，"各级行政复议机关应当认真履行行政复议职责，领导并支持本机关负责法制工作的机构（以下简称"行政复议机构"）依法办理行政复议事项"，可见，这一规定又恢复了"行政复议机构"的称谓。2023 年《行政

① 参见国务院法制局编：《行政复议条例释义》，中国法制出版社 1991 年版，第 68 页。

复议法》修改，对行政复议机构予以进一步明确，第 4 条第 2 款规定："行政复议机关办理行政复议事项的机构是行政复议机构。行政复议机构同时组织办理行政复议机关的行政应诉事项。"

行政复议机构是设置在行政复议机关内部的机构，具体而言，复议机构的设置分为两种类型：其一，各级人民政府的复议机构设在政府的法制工作机构内或与政府法制工作机构合署办公，即由各级人民政府的司法行政部门作为复议机构。其二，地方各级政府职能部门和国务院的职能部门的复议机构并不统一，一般而言，设置了法制工作机构的职能部门作为复议机关时，由该法制工作机构作为复议机构；而没有设置法制工作机构的职能部门，则由其他机构承担复议工作。[①] 新修订的《行政复议法》取消了地方各级政府职能部门的复议职责，其法制机构则将不再履行复议的职能。

行政复议机构的特征主要有以下几个：第一，行政复议机构是行政机关内部设立的机构，它只能设在有行政复议权的行政机关内部，在办理具体行政复议事项时，不具备独立的主体资格。第二，行政复议机构的职责是专门解决行政争议和一定范围内的民事争议，与一般的政府工作部门不同，行政复议机构的工作范围与行政复议机关相同，往往涉及各个部门的行政工作，需要站在行政复议机关的角度通盘考虑问题。第三，除法律、法规另有规定外，行政复议机构一般不能以自己的名义独立行使复议权，它不是外部行政管理机关，一般都代表所从属的行政机关对外行为，由此引起的法律责任也由行政复议机关对外承受。第四，行政复议机构间存在业务上的指导关系，上级行政复议机构对下级行政复议机构的行政复议工作进行指导、监督。

二、行政复议机构的职责

根据《行政复议法》的规定，行政复议机构主要履行以下职责。

第一，受理行政复议申请，审查是否符合法定条件。相对人申请行政复

① 参见江利红：《行政法学》，中国政法大学出版社 2014 年版，第 384 页。

议，复议机构要对相对人的申请进行审查，审查的内容《行政复议法》第30条进行了详细规定：是否有明确的申请人和符合本法规定的被申请人；是否申请人与被申请行政复议的行政行为有利害关系；是否有具体的行政复议请求和理由；是否在法定申请期限内提出；是否属于本法规定的行政复议范围；是否属于本机关的管辖范围；行政复议机关是否受理过该申请人就同一行政行为提出的行政复议申请，并且人民法院是否受理过该申请人就同一行政行为提起的行政诉讼。对于不符合上述条件的行政复议申请，行政复议机关应当在审查期限内决定不予受理并说明理由；不属于本机关管辖的，还应当在不予受理决定中告知申请人有管辖权的行政复议机关。行政复议申请的审查期限届满，行政复议机关未作出不予受理决定的，审查期限届满之日起视为受理。

第二，向相关部门和人员调取证据材料。行政复议是对争议的行政行为的合法性和适当性进行审查的行政司法活动，因此在审查过程中，必须以事实为根据，以法律为准绳，只有在大量调取相关证据的基础上，才能够使得行政复议案件的审理切实做到公正、合法以及合理。由此，行政复议机构在审查过程中，发现证据不足，有权向争议双方当事人以及有关的单位和个人进行调查，就复议案件中的相关问题进行全方位查证，以保证行政复议活动顺利进行。

第三，作出行政复议决定。审查行政复议行政行为的合法性与合理性是整个行政复议活动的中心环节，也是行政复议机构的基本职责。行政复议机构根据查证属实的案件事实和相关材料，依据国家法律法规的规定，对行政行为认定事实和适用法律进行全面审查。在此基础上，对所审查的行政行为提出维持、变更、撤销或者确认违法、责令限期履行等结论性意见，并按照规范化的要求拟订《行政复议决定书》，一并报请行政复议机关审查批准。

第四，法律法规规定的其他职责。具体包括，接受复议机关行政首长的委托，组织办理行政复议机关的行政应诉事项；审理重大、疑难、复杂的行政复议案件，行政复议机构应当组织听证；对于案情重大、疑难、复杂，或者专业性、技术性较强等的行政复议案件，行政复议机构应当提请行政复议委员会提出咨询意见；等等。

三、行政复议委员会

为解决行政复议权威性不足、公正性存疑、效果不佳等问题，行政复议改革中比较早地推行了行政复议委员会制度的试点工作。2006 年 12 月，国务院召开全国行政复议工作会议，对“有条件的地方和部门可以开展行政复议委员会的试点”作了具体部署。2008 年 9 月，国务院法制办公室下发《关于在部分省、直辖市开展行政复议委员会试点工作的通知》（国发〔2008〕71 号），北京、黑龙江、江苏、山东、河南、广东、海南、贵州 8 个省、直辖市开展行政复议委员会试点工作。2010 年，国务院在《关于加强法治政府建设的意见》中提出：“探索开展相对集中行政复议审理工作，进行行政复议委员会试点。”自此以后，部分国务院部门和相当一部分的地方政府已经设置行政复议委员会。总体而言，围绕提升复议公正性、增强复议化解行政争议的能力，行政复议委员会试点工作呈现出以下几方面的特征：（1）在定位上，行政复议委员会分为咨询型和议决型，以咨询型为主。（2）在职权上，大多数复议委员会只审议重大疑难复杂案件。（3）在组成上，吸收专家学者等外部人员进入复议委员会，增强复议的中立性和专业性。不过在复议委员会的组成中，复议机关负责人仍然处于主导地位。① 经过这些年的实践，各地复议委员会的体制、地位、作用和具体制度不尽相同，未来是否保留行政复议委员会，复议委员会如何具体运作，大家都有所疑问。② 2020 年 2 月，中央全面依法治国委员会第三次会议通过的《行政复议体制改革方案》指出，“探索建立政府主导，相关政府部门、专家学者参与的行政复议咨询委员会，为重大、疑难、复杂的案件提供咨询意见”。2021 年 8 月，中共中

① 参见马怀德、李策：《行政复议委员会的检讨与改革》，《法学评论》2021 年第 4 期。

② 参见应松年：《对〈行政复议法〉修改的意见》，《行政法学研究》2019 年第 2 期。

央、国务院印发的《法治政府建设实施纲要（2021—2025 年）》规定："县级以上各级政府建立行政复议委员会，为重大、疑难、复杂的案件提供咨询意见。"2023 年《行政复议法》修改，对复议委员会的地位和作用作了明确的规定，《行政复议法》第 52 条规定："县级以上各级人民政府应当建立相关政府部门、专家、学者等参与的行政复议委员会，为办理行政复议案件提供咨询意见，并就行政复议工作中的重大事项和共性问题研究提出意见。行政复议委员会的组成和开展工作的具体办法，由国务院行政复议机构制定。"

从最新修法的内容可以清楚地看出，行政复议委员会被定义为只是一个咨询性质的组织，并不直接办理案件。《行政复议法》第 61 条第 3 款规定："提请行政复议委员会提出咨询意见的行政复议案件，行政复议机关应当将咨询意见作为作出行政复议决定的重要参考依据。"2020 年 11 月司法部在其官方网站上公布的《行政复议法（修订）（征求意见稿）》第 71 条还规定，行政复议机关"未采纳行政复议委员会咨询意见的，应当经行政复议机关负责人集体讨论通过"。从长远看，宜将行政复议委员会定位为行政复议程序中不可或缺的、其审理表决意见在案件审理中起决定性作用的复议机构。但考虑到我国行政体制的现实运行状况，行政复议委员会目前还不宜一步到位地成为政府的一个具有特殊性的机构，尚有待条件成熟后才能完全独立成为政府中专门性的行政纠纷解决机构。①

第三节 行政复议人员

一、行政复议人员的资格要求

行政复议制度实施 70 多年来，特别是《行政复议法》公布施行的 20 多年来，行政复议工作取得了明显成效，其中重要的一个方面就是行政复议工

① 参见黄学贤：《行政复议委员会机制新论》，《苏州大学学报（法学版）》2021 年第2 期。

作体系基本形成。从国务院到省市县三级地方政府及其工作部门，普遍设立了具体承担行政复议职能的内设机构，并配备了相应的人员、场地设施设备和经费保障。根据 2018 年机构改革前统计，全国共有行政复议人员约 6.4 万人，其中专职行政复议人员 1.8 万人、兼职行政复议人员 4.6 万人，很多行政复议机构还配备了一定数量的专业辅助人员。[①] 关于行政复议人员的资格要求，2023 年《行政复议法》修改之前，旧法只规定初次从事复议的人员“应当通过国家统一法律职业资格考试取得法律职业资格”。2023 年《行政复议法》修改之后，第 6 条第 2 款和第 3 款规定：“行政复议机构中初次从事行政复议工作的人员，应当通过国家统一法律职业资格考试取得法律职业资格，并参加统一职前培训。国务院行政复议机构应当会同有关部门制定行政复议人员工作规范，加强对行政复议人员的业务考核和管理。”可见，新修订的《行政复议法》对行政复议人员队伍整体专业要求、职业要求更高，一方面，对于初次从事行政复议工作的人员，必须通过国家统一法律职业资格考试，同时要参加统一职前培训；另一方面，对国务院行政复议机构提出要求，那就是应当会同有关部门制定行政复议人员工作规范，同时，加强对行政复议人员的业务考核和管理，这样的规定有利于更加公平地化解争议。

二、 行政复议人员队伍的专业化和职业化

行政复议人员作为发挥行政复议化解行政争议主渠道作用的实际操作人、管控人，需要具备一定的专业能力和水平才能在具体案件审查中做到合理合法。作为行政复议机构中工作人员的行政复议人员，这样的配备具有一定的制度优势，比如行政复议工作人员比较熟悉本地区、本部门或本领域相关工作的实际情况，并且掌握一定的专业知识，能够迅速、彻底地解决较为复杂的或具有较强专业性、技术性的行政纠纷。然而，由于现行法律规定

① 参见赵大程：《打造新时代中国特色社会主义行政复议制度体系》，《中国法律评论》2019 年第 5 期。

没有赋予行政复议工作人员特殊的身份保障，行政复议工作人员与行政机关之间是职务委托关系，其法律地位与行政机关工作人员一样并没有独立的法律地位，往往其行为就是行政主体的行为；同时，行政复议工作人员与作为被申请人的行政机关的工作人员属于同一行政系统，在实践中相互沟通、交流的机会也较多，实际上存在着一定程度共同的利益。由此，实践中行政复议人员的制度设计暴露出不少问题：一方面，行政复议人员配备不足，专职人员配备不合理。全国共有约 4 万个行政复议机关，但仅有专职行政复议人员 1.8 万人，平均每个行政复议机关不足 1 人。2018 年党和国家机构改革后，绝大多数地方将原法制办承担的政府行政复议职能划转到司法厅（局），但不少地方原有工作人员并未同时转隶，导致人员和工作出现断档。[①] 比如，有些省级行政复议机构仅有寥寥数人却要处理和指导全省的行政复议工作，还要同时办理以省政府作为被申请行政机关的行政复议案件，这样的人员配置显然不合理，甚至不合乎规定。[②] 另一方面，行政复议人员专业性不够。我国复议机构的人员多由行政机关内部人员担任，且这些人大多并不具备法律职业资格，日常的行政工作又使他们无法专心于法律知识的学习，这就导致行政复议队伍素质不高，多年来不敢监督、不愿监督、不善监督和重程序监督轻实体监督、重个案监督轻源头规范等问题普遍存在。为了解决实践中暴露出的上述这些问题，《行政复议法》第 6 条规定："国家建立专业化、职业化行政复议人员队伍。"

第一，行政复议人员队伍必须专业化。《行政复议法实施条例》第 2 条规定，"各级行政复议机关应当……配备、充实、调剂专职行政复议人员，保证行政复议机构的办案能力与工作任务相适应"；第 4 条规定，"专职行政复议人员应当具备与履行行政复议职责相适应的品行、专业知识和业务能

---

① 参见赵大程：《打造新时代中国特色社会主义行政复议制度体系》，《中国法律评论》2019 年第 5 期。

② 参见周忠学、何维维：《试论行政协议复议制度的构建》，《中共山西省委党校学报》2022 年第 6 期。

力，并取得相应资格”。通过这些规定可见，我们为提高行政复议的专业性作出不少努力，然而尽管如此，行政复议的专业性依然受到质疑。由此，必须建立起专职行政复议人员资格制度，并在各项制度层面提升行政复议人员的法律素质，使其能够独立承担起处理行政复议案件的能力并承担行政复议行为而产生的法律责任。对于专职行政复议人员，除享受公务员待遇外，可考虑实行与司法工作者接近的津贴制度，与此同时，对其提出严格的法律责任要求。①

第二，行政复议人员队伍必须职业化。完善的纠纷解决机制使其能够公正而有效地解决纠纷，纠纷解决机构必须具有独立性。作为行政机关内部监督的一种纠偏机制，它天生难逃“自己做自己法官”的嫌疑。行政复议是一种审判型的第三方纠纷解决机制，具有准司法性质，要公正而有效地解决行政纠纷，必须保证行政复议机构在行使审查裁决权时不受相关机构和个人的干扰。保障行政复议独立性的前提是保证行政复议人员的独立性，通过相关制度确立行政复议工作人员独立于其所在行政机关的法律地位。行政复议工作人员必须相对独立于其所服务的行政机关，否则行政复议工作人员的复议行为不仅会导致行政复议当事人对其缺少信任，而且行政复议工作人员也难免与行政机关之间存在共同利益，很难保障行政复议活动的公正性，致使行政复议活动成为形式，在客观上增加了信访或者行政诉讼案件的可能性。那么，怎么保证行政复议人员的独立性？行政复议人员队伍的职业化道路是绕不过的。要发挥行政复议在化解行政纠纷中的主渠道作用，就要加强行政复议人员的职业化建设。当前行政复议人员的准入制度基本已通过 2017 年修订的行政复议法建立，即初次从事行政复议的人员应当通过国家统一法律职业资格考试，取得法律职业资格，这可以确保行政复议队伍的整体专业水平。在该准入制度的基础上，应当依照新修订的《行政复议法》的规定，研究制定行政复议人员执业规范，不断加强对行政

① 参见杨海坤、朱恒顺：《行政复议的理念调整与制度完善——事关我国〈行政复议法〉及相关法律的重要修改》，《法学评论》2014 年第 4 期。

复议人员的管理、培训；对行政复议人员实行分类化管理，打造分工明确、办案高效的复议团队；设置专项经费和编制名额，提供人财物等相应保障。

三、行政复议委员会的组织形式

2023年《行政复议法》修订之前，已有多地探索试点行政复议委员会制度，积累了不少经验。行政复议委员会制度能够在一定程度上缓解行政复议专业性不足的问题，对于建设专业化的行政复议队伍、提高行政复议效率具有重要意义。新修订的《行政复议法》第52条规定："审理行政复议案件涉及下列情形之一的，行政复议机构应当提请行政复议委员会提出咨询意见：（一）案情重大、疑难、复杂；（二）专业性、技术性较强；（三）本法第二十四条第二款规定的行政复议案件；（四）行政复议机构认为有必要。"同时，《行政复议法》第61条规定："提请行政复议委员会提出咨询意见的行政复议案件，行政复议机关应当将咨询意见作为作出行政复议决定的重要参考依据。"具体到行政复议委员会的组织形式，需要在两个不同的层面来认识"行政复议委员会"的概念，一个是相当于专家库的行政复议委员会，另一个则是负责进行具体案件审理的行政复议委员会或者称之为案审会。对于前者，根据《行政复议法》第52条的规定，行政复议委员会应当由相关政府部门、专家、学者等组成，这里倒是不必刻意注意体制外和体制内委员的比例，但要注意委员的职业、专业，比如行政人员、法学专家、技术专家、律师以及社会公正人士等都要有足够的数量，如此才能保证在组成具体的案审会时有合理的人员配置。① 对于后者，涉及具体案件的审理，必须严格限定各类人员的比例。2008年9月，国务院法制办公室下发《关于部分省、直辖市开展行政复议委员会试点工作的通知》（国发〔2008〕71号），其中规定："行政复议委员会可以由主任委员、副主任委员和一般委员组成。主任委员原则上应当由本级政府领导担任，副主任委员由本级政府法制机构负责人担

① 参见黄学贤：《行政复议委员会机制新论》，《苏州大学学报（法学版）》2021年第2期。

任。”据此规定，也无法判断在具体案件审理中各类人员的比例，未来对此应该予以明确。各地试点进行了一些有益探索，可资借鉴。以 2022 年上海市普陀区人民政府第四届行政复议委员会组成人员为例，设一名主任委员，一名常务副主任委员，一名副主任委员，四名常任委员；非常任委员由四部分构成，分别是专家教授、专项业务及法制条线工作人员、人大代表与政协委员、律师与公职律师。其中，行政复议委员会主要领导与常任委员以及专项业务及法制条线工作人员属于行政复议机关内部人员，其他非常任委员属于行政复议机关外部人员，内外人员人数占比为 6∶7。外部人员多于内部人员，在一定程度上弥补了由行政复议机关内部人员主导委员会造成外部委员处于弱势的缺陷。

【复习思考题】

1. 行政复议机关与行政复议机构有什么联系和区别？
2. 行政复议机关如何更好地发挥对行政复议机构的保障作用？
3. 如何提升行政复议人员队伍的专业化？
4. 如何保证行政复议委员会更好地发挥咨询作用？

第四章　行政复议参加人

行政复议制度作为我国非诉讼型行政争议解决途径，其参加人的角色对行政复议程序的进行至关重要。《行政复议法》在第二章中设专节（第二节第 14—19 条）对行政复议参加人作了规定，同时，法律也允许第三人提出行政复议申请，以保障可能受行政行为影响的第三人权益。另外，被申请人作为作出行政行为的行政机关或法律、法规、规章授权的组织，其合法权益也应得到体现和保护。此外，为切实保护行政复议参加人的权益，允许申请人和第三人委托代理人参加行政复议。

第一节　行政复议参加人概述

一、行政复议参加人的概念、范围与类型

行政复议参加人，即行政复议活动的当事人及其代表人或代理人，是指同被申请行政复议的行政行为或者行政复议案件处理结果有利害关系，依照行政复议法的规定参加行政复议程序的个人或组织。行政复议参加人需要符合三项基本条件：其一，行政复议参加人能够以自己的名义参加行政复议程序；其二，行政复议参加人与行政复议案件有利害关系；其三，行政复议参加人受到行政复议机关复议决定的拘束。

行政复议参加人的范围有狭义和广义之分。狭义上的行政复议参加人是指行政复议的申请人、被申请人和第三人。其中，申请人是指依法提起行政复议申请的公民、法人或其他组织；被申请人是指作出被申请行政复议的行政行为的行政机关或法律、法规、规章授权的组织；第三人是指申请人以外的同被申请行政复议的行政行为或者行政复议案件处理结果有利害关系

的公民、法人或其他组织。从本质上看,被申请人与申请人一样,都与行政复议案件的处理结果有利害关系,不同的是,被申请人是作出该行政行为的行政主体,而申请人则是认为该行政行为侵犯其合法权益的公民、法人或其他组织。

广义上的行政复议参加人,除了包括上述三种当事人以外,还包括与之法律地位类似并在法定情形下取得行政复议参加资格的人,即:申请人的近亲属或权利义务继受人;申请人的法定代理人;申请人、第三人的委托代理人;由申请人推选参加行政复议的代表人;等等。本章中,除特别指明外,“行政复议参加人”均指广义范围。

根据行政复议参加人的组织状态,可以将其区分为个人或组织两种类型。个人主要指我国公民,以及在中国境内的外国人(含无国籍人)。个人类型的参加人并非仅指单个的行政复议参加人。例如,在申请人人数众多的行政复议案件中,个人类型的参加人就包含同一行政复议案件中的所有申请人。组织类型的参加人包括法人组织和非法人组织:法人组织一般是指在民法上具有与自然人同样的权利能力和行为能力,并能以自己的名义享有权利和承担义务的组织体,根据我国《民法典》(2021)第三章的规定,法人包括营利法人(企业法人)、非营利法人(事业法人、社团法人、捐助法人)和特别法人(机关法人)三大类,共五种;非法人组织则规定在《民法典》(2021)第四章中①,是指虽然不具有法人资格,但是能够以自己的名义从事民事活动的组织体。在我国行政复议制度中,组织类型的参加人则既有可能是行政复议的申请人、第三人,也有可能是行政复议的被申请人;而作为个人类型的参加人一般仅可能作为行政复议的申请人或第三人。

二、行政复议参加人与行政复议机关

行政复议机关,是指依照《行政复议法》的规定,有权受理行政复议申

---

① 《民法典》(2021)第102条规定:“非法人组织是不具有法人资格,但是能够依法以自己的名义从事民事活动的组织。”

请,依法对行政复议案件进行审理并作出处理决定的行政机关。根据《行政复议法》第 24 条第 1 款、第 3 款和第 25 条[①]规定,行政复议机关主要包括三类:一是国务院部门,二是县级以上地方各级人民政府;三是省、自治区人民政府依法设立的派出机关。

行政复议从本质上而言,仍是一种行政行为。因此,在行政复议中,行政复议参加人与行政复议机关之间存在的是一种行政法律关系,即行政复议参加人是行政相对方,而行政复议机关则是行政主体,行政复议参加人与行政复议机关在行政复议过程中的一切活动均有可能引起行政复议法律关系的产生、变更和消灭。

行政复议机关虽然与行政复议申请人、第三人、被申请人一样,都是行政复议活动的重要参加者,并且在行政复议程序中起主导作用,但它并不属于行政复议法中所指的行政复议参加人,而是一种行政复议参与人。行政复议参加人与行政复议参与人的区别在于,前者是行政复议的当事人,因与被申请复议的行政行为或行政复议案件处理结果有利害关系而参加行政复议程序,例如申请人、被申请人、第三人等;后者则是由于行政复议案件审理或行政复议程序需要而参加行政复议程序,其本身并非行政复议当事人,与行政复议案件处理结果并无法律上的利害关系,例如行政复议机关、鉴定人、证人等。换言之,行政复议参加人是行政复议中的权利性主体,其在行政复议程序中既享有实体性权利,也享有程序性权利;行政复议参与人则是行政复议中的程序性主体,在行政复议程序中通常仅具有程序性权利。

三、行政复议参加人与行政复议程序

行政复议参加人的行为能够引起行政复议法律关系的产生、变更和消

① 《行政复议法》第 24 条第 1 款规定:"县级以上地方各级人民政府管辖下列行政复议案件:……"第 24 条第 3 款规定:"省、自治区人民政府依法设立的派出机关参照设区的市级人民政府的职责权限,管辖相关行政复议案件。"第 25 条规定:"国务院部门管辖下列行政复议案件:……"

灭，具体可能表现为行政复议程序的启动、进行、中止、终结或与行政诉讼程序的衔接等。

首先，行政复议程序因行政复议申请人的申请而启动。根据《行政复议法》第 20 条第 1 款[①]和第 30 条第 1 款[②]的规定，行政复议申请人认为行政行为侵犯其合法权益的，可以在法定期限内提出行政复议申请，行政复议机关审查认为复议申请符合法定条件的，即予以受理。

其次，行政复议程序的进行需要有行政复议申请人和被申请人的参加。根据《行政复议法》第 49 条[③]的规定，行政复议普通程序需要听取或记录当事人意见，不能听取意见的可以进行书面审理；又据《行政复议法》第 50 条第 2 款[④]和第 51 条第 3 款[⑤]的规定，行政复议可以根据行政复议申请人的要求组织听证，被申请人的负责人应当参加听证或说明理由后委托相应工作人员参加听证。不过，根据《行政复议法》第 16 条第 2 款规定："第三人不参加行政复议，不影响行政复议案件的审理。"可见，行政复议第三人参加与否，并不影响行政复议程序的正常进行。

再次，行政复议程序可能因为行政复议参加人的主观行为或发生与之

---

① 《行政复议法》第 20 条第 1 款规定："公民、法人或者其他组织认为行政行为侵犯其合法权益的，可以自知道或者应当知道该行政行为之日起六十日内提出行政复议申请；但是法律规定的申请期限超过六十日的除外。"

② 《行政复议法》第 30 条第 1 款规定："行政复议机关收到行政复议申请后，应当在五日内进行审查。对符合下列规定的，行政复议机关应当予以受理：（一）有明确的申请人和符合本法规定的被申请人；（二）申请人与被申请行政复议的行政行为有利害关系；（三）有具体的行政复议请求和理由；（四）在法定申请期限内提出；（五）属于本法规定的行政复议范围；（六）属于本机关的管辖范围；（七）行政复议机关未受理过该申请人就同一行政行为提出的行政复议申请，并且人民法院未受理过该申请人就同一行政行为提起的行政诉讼。"

③ 《行政复议法》第 49 条规定："适用普通程序审理的行政复议案件，行政复议机构应当当面或者通过互联网、电话等方式听取当事人的意见，并将听取的意见记录在案。因当事人原因不能听取意见的，可以书面审理。"

④ 《行政复议法》第 50 条第 2 款规定："行政复议机构认为有必要听证，或者申请人请求听证的，行政复议机构可以组织听证。"

⑤ 《行政复议法》第 51 条第 3 款规定："被申请人的负责人应当参加听证。不能参加的，应当说明理由并委托相应的工作人员参加听证。"

相关的客观情况而中止。根据《行政复议法》第 39 条第 1 款①的规定，作为行政复议申请人的公民死亡、丧失参加复议的行为能力或下落不明，或因作为申请人的法人或组织终止，或复议申请人、被申请人因不可抗力或其他正常理由不能参加复议，或申请人或被申请人因进行调解、和解而同意中止复议的，上述情形均有可能引起行政复议程序的中止。

又次，行政复议程序在进行期间，亦有可能因行政复议参加人的主观行为或客观情况发生而终止，根据《行政复议法》第 41 条②的规定，这些情形主要包括：申请人（或代表人）撤回复议申请；申请人死亡或终止且无权利继受人或继受人放弃权利；复议申请人因同一违法行为涉嫌犯罪而被采取刑事强制措施；因法定原因行政复议中止满 60 日且中止原因仍未消除。

最后，行政复议与行政诉讼程序的衔接也与行政复议参加人中的申请人和第三人密不可分。根据《行政诉讼法》第 45 条③和《最高人民法院关于适用〈中华人民共和国行政诉讼法〉的解释》第 12 条第 1 款第（二）项④的规定，行政复议申请人不服复议决定或复议机关逾期不作决定，行政复议第

---

① 《行政复议法》第 39 条第 1 款规定："行政复议期间有下列情形之一的，行政复议中止：（一）作为申请人的公民死亡，其近亲属尚未确定是否参加行政复议；（二）作为申请人的公民丧失参加行政复议的行为能力，尚未确定法定代理人参加行政复议；（三）作为申请人的公民下落不明；（四）作为申请人的法人或者其他组织终止，尚未确定权利义务承受人；（五）申请人、被申请人因不可抗力或者其他正当理由，不能参加行政复议；（六）依照本法规定进行调解、和解，申请人和被申请人同意中止；……"

② 《行政复议法》第 41 条规定："行政复议期间有下列情形之一的，行政复议机关决定终止行政复议：（一）申请人撤回行政复议申请，行政复议机构准予撤回；（二）作为申请人的公民死亡，没有近亲属或者其近亲属放弃行政复议权利；（三）作为申请人的法人或者其他组织终止，没有权利义务承受人或者其权利义务承受人放弃行政复议权利；（四）申请人对行政拘留或者限制人身自由的行政强制措施不服申请行政复议后，因同一违法行为涉嫌犯罪，被采取刑事强制措施；（五）依照本法第三十九条第一款第（一）项、第（二）项、第四项的规定中止行政复议满六十日，行政复议中止的原因仍未消除。"

③ 《行政诉讼法》（2017）第 45 条规定："公民、法人或者其他组织不服复议决定的，可以在收到复议决定书之日起十五日内向人民法院提起诉讼。复议机关逾期不作决定的，申请人可以在复议期满之日起十五日内向人民法院提起诉讼。法律另有规定的除外。"

④ 《最高人民法院关于适用〈中华人民共和国行政诉讼法〉的解释》（法释〔2018〕1 号）第 12 条第 1 款第（二）项规定："有下列情形之一的，属于行政诉讼法第二十五条第一款规定的'与行政行为有利害关系'：……；（二）在行政复议等行政程序中被追加为第三人的；……"

三人不服复议决定，均可在法定期限内提起行政诉讼。

四、行政复议参加人与行政复议证据规则

作为行政复议参加人，行政复议的申请人、第三人和被申请人与行政复议中的证据及其运用规则也有着不同程度的紧密关联。

其一，根据《行政复议法》第 43 条的规定，“当事人的陈述”属于行政复议证据之一，这里的“当事人”即指行政复议参加人；这里的“陈述”应当包括在被申请复议的行政行为作出前行政复议申请人和第三人的陈述，以及在行政复议过程中行政复议参加人的陈述。

其二，行政复议审查被申请复议行政行为的合法性、适当性，因此，被申请人，即作出该行政行为的行政主体对此负有主要的举证责任。但是，根据《行政复议法》第 44 条第 2 款①的规定，在对行政不作为案件和行政赔偿案件的复议中，复议申请人可能分别需要对“曾经要求被申请人履行法定职责”和“受行政行为侵害而造成损害”提供证据。

其三，由于行政复议参加人各方在行政复议程序中的法律地位不对等，其收集和运用证据的规则也不同。根据《行政复议法》第 46 条第 1 款规定：“行政复议期间，被申请人不得自行向申请人和其他有关单位或者个人收集证据；自行收集的证据不作为认定行政行为合法性、适当性的依据。”这是因为行政复议被申请人即做出被申请复议行政行为的行政主体，收集并出示证据以证明其行为合法、适当是被申请人在做出行政行为之前就应当履行的义务，如果在行政复议期间再进行此项活动，实际上即表明其此前作

① 《行政复议法》第 44 条第 2 款规定：“有下列情形之一的，申请人应当提供证据：（一）认为被申请人不履行法定职责的，提供曾经要求被申请人履行法定职责的证据，但是被申请人应当依职权主动履行法定职责或者申请人因正当理由不能提供的除外；（二）提出行政赔偿请求的，提供受行政行为侵害而造成损害的证据，但是因被申请人原因导致申请人无法举证的，由被申请人承担举证责任；（三）法律、法规规定需要申请人提供证据的其他情形。”

出的行政行为因证据不足而无效。虽然第46条第2款[①]规定，在复议申请人或第三人提出被复议行政行为作出时证据不足或缺乏理由的前提下，经行政复议机构同意，被申请人可以补充证据，但仅指补充提交作出行政行为时已经收集的证据，而非在复议期间得以收集新的证据。

五、《行政复议法》有关行政复议参加人规定的发展

修订后的《行政复议法》在有关行政复议参加人的规定方面，较之修订前有了长足的发展，不仅通过修正条文内容进一步扩大行政复议申请人、被申请人的范围，更是通过建立健全行政复议证据规则、明确申请人与被申请人举证责任，完善了行政复议的受理和审理程序。

修订前的《行政复议法》(2017)第10条第2款规定："……有权申请行政复议的法人或者其他组织终止的，承受其权利的法人或者其他组织可以申请行政复议。"修订后，《行政复议法》第14条第2款[②]将原文中"承受其权利的法人或其他组织"修改为"其权利义务承受人"，有效地避免了旧法在规定复议申请人时，对"义务承受人"的忽略，显然，在行政复议实务中，"义务承受人"比"权利承受人"更具有提起行政复议申请的需求。

修订前的《行政复议法》(2017)第10条第4款规定："公民、法人或者其他组织对行政机关的具体行政行为不服申请行政复议的，作出具体行政行为的行政机关是被申请人。"修订后的《行政复议法》第19条第1款[③]将"作出具体行政行为的行政机关"拓展为"作出行政行为的行政机关或者法律、法规、规章授权的组织"，不仅删除了原条文中"具体行政行为"的限制，

---

① 《行政复议法》第46条第2款规定："行政复议期间，申请人或者第三人提出被申请行政复议的行政行为作出时没有提出的理由或者证据的，经行政复议机构同意，被申请人可以补充证据。"

② 《行政复议法》第14条第2款规定："……有权申请行政复议的法人或者其他组织终止的，其权利义务承受人可以申请行政复议。"

③ 《行政复议法》第19条第1款规定："公民、法人或者其他组织对行政行为不服申请行政复议的，作出行政行为的行政机关或者法律、法规、规章授权的组织是被申请人。"

更是将“被授权组织”加入条文，完整体现了行政主体概念。新法还在第2条新增第2款规定：“前款所称行政行为，包括法律、法规、规章授权的组织的行政行为。”上述条文修订，拓宽了复议被申请人的范围和可复议行政行为的认定依据，也扩大了行政复议的受案范围。

修订前的《行政复议法》（2017）中并未规定“代表人”制度，而仅在2007年制定实施的《行政复议法实施条例》①第8条中可见“同一行政复议案件申请人超过5人的，推选1至5名代表参加行政复议”的规定。修订后，《行政复议法》不仅新增条文②吸纳了复议申请人的“代表人”制度，还将原条文中“代表”的表述进一步完善为“代表人”，亦明确了代表人参加行政复议的行为对其所代表申请人发生效力的规则与例外。

此外，修订后的《行政复议法》还新增了大量条文，规定了行政复议参加人的举证责任分配、证据收集、证据查阅复制、证据运用规则，以及听取意见、听证等制度内容，不仅向纵深推进了对行政复议参加人的权利保障，更体现了“发挥行政复议公正高效、便民为民的制度优势和化解行政争议的主渠道作用”③。

第二节　行政复议申请人

一、行政复议申请人的概念和特征

《行政复议法》第14条第1款规定：“依照本法申请行政复议的公民、法人或者其他组织是申请人。”据此，行政复议申请人可分为公民、法人和

① 《行政复议法实施条例》于2007年5月23日国务院第177次常务会议通过，国务院令第499号颁布，自2007年8月1日起施行。

② 《行政复议法》第15条规定：“同一行政复议案件申请人人数众多的，可以由申请人推选代表人参加行政复议。代表人参加行政复议的行为对其所代表的申请人发生效力，但是代表人变更行政复议请求、撤回行政复议申请、承认第三人请求的，应当经被代表的申请人同意。”

③ 《关于〈中华人民共和国行政复议法（修订）（征求意见稿）〉的说明》，中国政府法制信息网，https://zqyj.chinalaw.gov.cn/draftExplain?DraftID=4060，2023年9月24日访问。

其他组织三种类型。一般认为，公民除了专指具有我国国籍的中国公民外，还包括具有外国国籍、但受我国法律管辖的外国公民，以及不具有任何国家国籍的无国籍人①；法人是指具有法律意义上的权利能力和行为能力，能以自己的名义享受权利和承担义务的组织，在我国，法人包括营利法人（企业法人）、非营利法人（事业法人、社团法人、捐助法人）和特别法人（机关法人）三大类，共五种；其他组织虽然不具有法人资格，但仍具有一定的组织形式，亦可能成为行政行为的作用对象。

在行政法意义上，无论是公民、法人或其他组织，作为行政复议申请人，均具有以下法律特征：第一，申请人往往即行政行为的相对人，是合法权益受到行政行为不利影响的一方，从这一角度而言，行政复议申请人亦有可能是某个行政机关，如税务局的公务车辆因交通违章被公安局扣留，税务局即可成为行政复议申请人；第二，申请人必须因自身合法权益受到行政行为的侵犯而以自己的名义提起行政复议申请，不能因他人利益或公共利益受到行政行为侵犯为由或以他人名义申请行政复议；第三，申请人提出复议申请，应当在法定期限内并符合法定事由。

二、行政复议申请人资格的转移

根据《行政复议法》第14条第2、3款②的规定，在特殊情形下，行政复议申请人资格发生转移。

（一）公民申请人资格的转移

当复议申请人是公民时，其申请人资格在两种情况下转移：

1. 有权申请行政复议的公民死亡的，其近亲属可以申请行政复议，其

① 成为无国籍人的原因可能包括：出生时未获得任何国家的国籍，如父母均为无国籍人；因犯罪或其他法定原因国籍被剥夺；国家消亡；选民登记错误；放弃国籍但未获得其他国籍。

② 《行政复议法》第14条第2、3款规定："有权申请行政复议的公民死亡的，其近亲属可以申请行政复议。有权申请行政复议的法人或者其他组织终止的，其权利义务承受人可以申请行政复议。有权申请行政复议的公民为无民事行为能力人或者限制民事行为能力人的，其法定代理人可以代为申请行政复议。"

中，近亲属一般是指配偶、父母、子女、兄弟姐妹、祖父母、外祖父母、孙子女、外孙子女等。

2. 有权申请行政复议的公民为无民事行为能力人或者限制民事行为能力人的，其法定代理人可以代为申请行政复议。

上述两种情况下，申请人资格转移的法律效果并非完全相同：前一种情况中，因原资格人死亡，其申请人的权能全部转移至其近亲属，则其近亲属成为具有完全资格的申请人，能够以自己的名义参加复议并独立承受行政复议案件处理结果；后一种情况中，原资格人仍然存在，只是失去了部分或全部的行为能力，因此，其法定代理人只是代为行使其复议申请的权利，但仍以原资格人的名义提出复议申请，且复议结果所产生的法律责任和效果仍由原资格人承担。

（二）法人或其他组织申请人资格的转移

当复议申请人是法人或其他组织时，其申请人资格在其终止时转移至其权利义务承受人。根据法人或其他组织的类型和组织形式不同，其法定终止情形分别依照相关法律、行政法规规定，在此不再赘述。需要注意的是，作为复议申请人的法人或其他组织终止，其权利义务承受人的确定也应当有明确的法律依据。

1. 机关法人终止，根据《民法典》(2021)第 98 条[①]的规定，其权利义务承受人是其继任机关或者作出撤销决定的机关。

2. 非营利法人（事业法人、社团法人、捐助法人）终止，根据《民法典》(2021)第 95 条[②]的规定，其权利义务承受人为主管机关指定的宗旨相同或者相近的法人。

---

① 《民法典》(2021)第 98 条规定："机关法人被撤销的，法人终止，其民事权利和义务由继任的机关法人享有和承担；没有继任的机关法人的，由作出撤销决定的机关法人享有和承担。"

② 《民法典》(2021)第 95 条规定："为公益目的成立的非营利法人终止时，不得向出资人、设立人或者会员分配剩余财产。剩余财产应当按照法人章程的规定或者权力机构的决议用于公益目的；无法按照法人章程的规定或者权力机构的决议处理的，由主管机关主持转给宗旨相同或者相近的法人，并向社会公告。"

3. 营利法人（企业法人）终止，参照《民法典》（2021）第72条第3款和第73条[①]的规定，“法人因解散（合并或分立除外）或被宣告破产而终止前，应当完成清算和注销登记”；并结合最高人民法院相关意见[②]以及北京市、上海市等地方关于企业法人终止后诉讼主体和责任承担问题的实践经验[③]，其权利义务承受人可以是依法成立的清算组织或其他清算责任人。

4. 非法人组织（包括个人独资企业、合伙企业、不具有法人资格的专业服务机构等）因解散终止，参照《民法典》（2021）第104条[④]的规定，由出资人或设立人承受其权利义务。

三、行政复议申请人的代表人

修订后的《行政复议法》新增了关于行政复议申请人的代表人制度。根据《行政复议法》第15条的规定，这一制度具体涉及代表人推选条件和代表人行为效力两个层次的内容，以下分别说明。

（一）代表人的推选条件

根据《行政复议法》第15条第1款的规定，“同一行政复议案件申请人人数众多的，可以由申请人推选代表人参加行政复议”。其中包括三个具体条件：一是必须在同一行政复议案件中推选代表人，同类案件或相似案件均不可作为推选代表人的条件；二是同一复议案件中的申请人人数众多，虽

---

① 《民法典》（2021）第72条第3款规定：“清算结束并完成法人注销登记时，法人终止；依法不需要办理法人登记的，清算结束时，法人终止。”第73条规定：“法人被宣告破产的，依法进行破产清算并完成法人注销登记时，法人终止。”

② 参见李国光：《当前民商事审判工作应当注意的主要问题——在全国法院民商事审判工作会议上的讲话（摘要）》，《最高人民法院公报》2001年第6期。

③ 参见《上海市高级人民法院关于在民事诉讼中企业法人终止后诉讼主体和责任承担的若干问题的处理意见》（2000）、《北京市高级人民法院关于企业下落不明、歇业、撤销、被吊销营业执照、注销后诉讼主体及民事责任承担若干问题的处理意见（试行）》（2001）。

④ 《民法典》（2021）第104条规定：“非法人组织的财产不足以清偿债务的，其出资人或者设立人承担无限责任。法律另有规定的，依照其规定。”

然该条文中未具体说明“人数众多”的具体标准和推选比例，但根据《行政复议法实施条例》（2007）第 8 条[①]的规定，申请人超过 5 人即可满足“人数众多”标准，推选的代表人人数为 1 至 5 人；三是代表人必须由申请人进行推选，而不能由其他当事人推选。

（二）代表人行为的效力

根据《行政复议法》第 15 条第 2 款的规定，一般情况下，代表人参加行政复议的行为对其所代表的所有申请人发生效力，但是在三种特殊情形下，需经过代表的申请人同意，方可发生效力：一是代表人变更行政复议请求；二是代表人撤回行政复议申请；三是代表人承认第三人请求。不难发现，行政复议申请人的代表人参加复议的行为一般情况下涉及的是申请人的程序性权利，而上述三种特殊情形下，代表人参加复议的行为涉及了申请人的实体性权利，可能对行政复议案件的处理结果产生实质性影响，因此，必须经过全体申请人的同意方可发生效力。

四、行政复议申请人的权利义务

在行政复议活动中，行政复议申请人除了享有提出复议申请的权利外，通常还享有变更或撤回行政复议申请、承认第三人请求、推选代表人、委托代理人、申请法律援助、向上级机关反映情况、申请停止被申请行政行为的执行、发表意见、查阅及复制有关证据和资料、请求听证、申请附带审查有关规范性文件、一并提出行政赔偿请求、参加行政复议调解并与被申请人达成和解、申请复议不承受更为不利决定等权利。同时，行政复议申请人也应当依照《行政复议法》的规定，承担相应举证责任、参加听证、执行行政复议决定等法定义务。

---

① 《行政复议法实施条例》（2007）第 8 条规定：“同一行政复议案件申请人超过 5 人的，推选 1 至 5 名代表参加行政复议。”

第三节 行政复议第三人

一、行政复议第三人的概念和特征

根据《行政复议法》第16条第1款的规定，行政复议第三人是指申请人以外的、同被申请行政复议的行政行为或者行政复议案件处理结果有利害关系的公民、法人或者其他组织。行政复议第三人具有以下三个层次的内涵与特征：其一，行政复议第三人不是行政复议申请人，而是行政复议申请人以外的行政复议当事人，其类型包括公民、法人和其他组织；其二，行政复议参加人与被申请复议的行政行为有利害关系，或者与行政复议案件的处理结果有利害关系，这里的“利害关系”是指其权利和义务可能受到法律上的实质性影响，包括直接利害关系和间接利害关系；其三，行政复议第三人可能通过两种方式参加到行政复议活动中，即自己申请参加或者由行政复议机构通知其作为第三人参加，第三人申请参加复议的，需要经过复议机构的审核同意，而由复议机构通知参加行政复议的，第三人有权利根据情况自行决定是否参加。

需要注意的是，根据《行政复议法》第16条第2款的规定，行政复议第三人不参加行政复议，并不影响行政复议案件的审理进行。因此，行政复议机构通知第三人参加复议的，第三人选择不参加的，复议机构应当尊重第三人的权利，不得强求。

二、行政复议第三人的范围

根据《行政复议法》第16条第1款的规定，行政复议第三人的范围主要涉及两种情形，即与被申请复议的行政行为有利害关系和与行政复议案件处理结果有利害关系。

（一）与被申请复议的行政行为有利害关系

在这一情形中，被申请复议的行政行为对公民、法人或其他组织的权利和义务产生了法律上的增加或减损。包括两种情况:其一,虽然不是行政行为的相对人,但其合法权益受到行政行为的不利影响,例如,甲违法取得的财物将被查封或扣押,但此前甲已将该物品抵押给乙,则查封或扣押的强制措施将对乙的权利产生减损,此时若甲提起行政复议,则乙就可以作为第三人参加复议;其二,同一行政行为的共同相对人之一,例如,行政处罚案件中的共同被处罚人,其中一部分被处罚人申请行政复议的,其他被处罚可作为第三人。

（二）与行政复议案件处理结果有利害关系

在这一情况中,行政复议案件的处理结果可能对公民、法人或其他组织的权利义务在法律上产生实质性影响。包括两种情况:一是同案中有两个以上行政主体作出相关或相反效果的行政行为,相对人对其中一个行政主体的行政行为提起复议申请,则其余的行政主体可作为第三人。二是虽然不是行政行为的相对人,但其权益可能受到行政复议处理结果的影响,例如,多人竞争申请同一行政许可,未获许可的相对人申请复议,已获许可的相对人可作为第三人;又如治安行政处罚案件中的相对人申请复议,受害方可作为第三人。

行政复议第三人可能具有与复议申请人一致或相反的利益诉求,也可能具有与申请人既非一致也不相反的独立的利益诉求;同时,行政复议第三人还有可能与申请人存在法律地位上的互相转换。例如,在治安管理处罚案件中,利益冲突的双方当事人因互殴或互责而分别受到拘留、罚款等治安行政处罚,双方均可能不服行政处罚而申请行政复议,则均可因与行政行为及复议结果有利害关系而互为第三人。

三、行政复议第三人的权利义务

行政复议第三人与行政复议申请人一样,与被申请复议的行政行为或行政复议案件的处理结果具有利害关系,因此,行政复议第三人享有与申请人基本相同的权利,如委托代理人、变更或解除代理人权限、发表意见、查阅复制证据及案件相关材料、申请停止行政行为的执行、参加调解并达成和解等;承担与申请人基本相同的义务,如执行行政复议决定等。

需要注意的是,行政复议第三人也具有某些特殊的权利:一是不参加行政复议的权利,即当接到行政复议机构通知参加行政复议时,行政复议第三人可以选择不参加,第三人不参加行政复议,不影响行政复议案件的审理;二是提出相反请求权,根据《行政复议法》第 63 条第 2 款①的规定,第三人可以提出相反请求,并有可能导致行政复议机关作出对复议申请人更为不利的变更决定;三是提供证据的权利,根据《行政复议法》第 70 条②的规定,复议第三人可以提供证据,对抗行政复议机关因行政行为证据不足、缺乏法律依据而作出的撤销(部分撤销)、确认无效、限期履行等决定,以维护自身合法权益。

第四节 行政复议代理人

一、行政复议代理人的概念和特征

行政复议代理人,是依法接受有关机构指派或者行政复议当事人的委托,为维护被代理人的合法权益,以被代理人的名义参加行政复议的人。行政复议代理人属于广义上的复议参加人,在行政复议中具有以下四项法律特征。

第一,行政复议代理人应当在代理权限内代理行政复议,其代理权限由法律规定或由被代理人委托授予。根据《行政复议法》第 14 条第 3 款③、第

① 《行政复议法》第 63 条第 2 款规定:"行政复议机关不得作出对申请人更为不利的变更决定,但是第三人提出相反请求的除外。"

② 《行政复议法》第 70 条规定:"被申请人不按照本法第四十八条、第五十四条的规定提出书面答复、提交作出行政行为的证据、依据和其他有关材料的,视为该行政行为没有证据、依据,行政复议机关决定撤销、部分撤销该行政行为,确认该行政行为违法、无效或者决定被申请人在一定期限内履行,但是行政行为涉及第三人合法权益,第三人提供证据的除外。"

③ 《行政复议法》第 14 条第 3 款规定:"有权申请行政复议的公民为无民事行为能力人或者限制民事行为能力人的,其法定代理人可以代为申请行政复议。"

17 条第 1 款[①]以及第 18 条(结合《法律援助法》第 43 条)[②]的规定,行政复议代理人包括法定代理人、指定代理人和委托代理人。法定代理人代理无民事行为能力人或者限制民事行为能力人参加复议,其代理权限由法律规定,无须被代理人授权便可代为行使其全部权利;指定代理人和委托代理人的代理权限则需获得被代理人的授权[③],如全权代理必须列明具体代理事项范围,否则为一般代理。需要说明的是,除了申请人、第三人本人外,其法定代理人也可以委托代理人参加行政复议,但委托代理人仍须以申请人、第三人本人的名义进行代理活动。

第二,行政复议代理人是以被代理人的名义参加行政复议,其在代理权限内代理所产生的法律后果由被代理人承担。复议代理人在行政复议中具有独立的人格,但其参加复议活动仍需以被代理人的名义,且代理行为所产生的法律后果也应由被代理人承担。但是,代理人超出代理权限的行为,又未经被代理人事后追认有效的,属无权代理,其法律后果由代理人自行承担。根据《行政复议法》第 17 条第 2 款的规定,"申请人、第三人变更或者解除代理人权限的,应当书面告知行政复议机构"。

第三,在行政复议中,只有复议申请人和第三人才有权利委托代理人。《行政复议法》第 17 条第 1 款规定了"申请人、第三人可以委托一至二名律师、基层法律服务工作者或者其他代理人代为参加行政复议",但并未规定复议被申请人也可以委托代理人参加复议。这是因为,行政复议的主要内容是对行政行为的合法性、适当性进行审查,被申请人作为作出行政行为的

---

① 《行政复议法》第 17 条第 1 款规定:"申请人、第三人可以委托一至二名律师、基层法律服务工作者或者其他代理人代为参加行政复议。"

② 《行政复议法》第 18 条规定:"符合法律援助条件的行政复议申请人申请法律援助的,法律援助机构应当依法为其提供法律援助。"《法律援助法》(2022)第 43 条规定:"法律援助机构……决定给予法律援助的,应当自作出决定之日起三日内指派法律援助人员为受援人提供法律援助;……"

③ 《行政复议法》第 17 条第 2 款规定:"申请人、第三人委托代理人的,应当向行政复议机构提交授权委托书、委托人及被委托人的身份证明文件。授权委托书应当载明委托事项、权限和期限。……"

行政主体，较之于申请人、第三人而言，不仅对行政行为所依据的事实、证据和法律依据应当完整掌握，参加行政复议证明行政行为的合法性、适当性也是其不可推卸的职责。行政复议法规定行政复议可通过互联网或电话等方式听取当事人意见，或采用书面审的方式，只有在听证程序中才需要双方当事人到场参加。根据《行政复议法》第 51 条第 3 款[①]的规定，被申请人参加听证程序，应当由负责人参加或在说明理由后委托相应的工作人员参加。

二、行政复议代理人的分类

根据行政复议代理人取得代理权限的依据，可将其分为法定代理人、委托代理人和指定代理人三种，对此前文已有阐述。另外，《行政复议法》第 17 条第 1 款[②]从专业性的角度进一步明确了行政复议代理人的三种类型，即律师、基层法律服务工作者和其他代理人。

（一）律师

律师是指依法取得律师执业证书，接受委托或者指定，为当事人提供法律服务的执业人员。根据我国《律师法》(2017)及相关法律、法规的规定，执业律师不仅应具备较好的职业素质和专业能力，还具有较为严格的组织管理和纪律约束，同时接受国家司法行政部门的监督和指导，委托执业律师作为申请人、第三人的代理人参加行政复议，不仅能够帮助被代理人全面分析案情、准备复议材料、辅助陈述、代言听证等，还能代为与被申请人沟通协调，争取最有利的案件处理结果，增加复议成功的可能性。申请人、第三人及其法定代理人可以委托 1—2 名律师作为行政复议代理人，但需要与律师所在的律师事务所签订书面的委托代理协议，并写明授权的权限范围。

---

① 《行政复议法》第 51 条第 3 款规定："被申请人的负责人应当参加听证。不能参加的，应当说明理由并委托相应的工作人员参加听证。"

② 《行政复议法》第 17 条第 1 款规定："申请人、第三人可以委托一至二名律师、基层法律服务工作者或者其他代理人代为参加行政复议。"

（二）基层法律服务工作者

根据司法部《基层法律服务工作者管理办法》（2018）第2条[①]的规定，基层法律服务工作者，是指符合法定执业条件，经核准执业登记，领取《法律服务工作者执业证》，在基层法律服务所中执业，为社会提供法律服务的人员。基层法律服务工作者是从高等学校法律专业本科毕业，参加省、自治区、直辖市司法行政机关组织的考试合格，在基层法律服务所实习满1年或具有2年以上其他法律职业经历的执业人员。基层法律服务工作者也具有较好的专业素养和丰富的实务经验，能够接受行政复议申请人、第三人及其法定代理人的委托参加行政复议，但应当遵守基层法律服务所统一收案、统一委派、统一收费的相关规定。

（三）其他代理人

《行政复议法》中没有对“其他代理人”作出具体说明，不过，由于行政复议属于非诉讼法律事务，我们可以参照较高标准，如诉讼代理人的标准，对行政复议中“其他代理人”进行解释。例如，参照《民事诉讼法》（2023）第61条[②]的规定可知，在民事诉讼中可以被委托为代理人的，除了律师和基层法律工作者以外，还包括当事人的近亲属或者工作人员，以及当事人所在社区、单位以及有关社会团体推荐的公民。我们认为，上述两类代理人可以接受行政复议申请人、第三人及其法定代理人的委托，作为“其他代理人”参加行政复议。

---

① 《基层法律服务工作者管理办法》（2018）第2条规定：“符合本办法规定的执业条件，经司法行政机关核准取得《基层法律服务工作者执业证》，在基层法律服务所执业，为社会提供法律服务的人员，是基层法律服务工作者。”

② 《民事诉讼法》（2023）第61条规定：“当事人、法定代理人可以委托一至二人作为诉讼代理人。下列人员可以被委托为诉讼代理人：（一）律师、基层法律服务工作者；（二）当事人的近亲属或者工作人员；（三）当事人所在社区、单位以及有关社会团体推荐的公民。”

第五节 行政复议被申请人

一、行政复议被申请人的概念和特征

行政复议被申请人，是指公民、法人或其他组织认为行政行为侵犯其合法权益而提出行政复议申请，作出被复议行政行为的行政机关或法律、法规、规章授权的组织。行政复议被申请人是在行政复议中与申请人利益诉求相对的一方，是行政复议中不可缺少的当事人。

行政复议被申请人具有以下法律特征：其一，复议被申请人是行政主体，包括行政机关和法律、法规、规章授权的组织两大类；其二，复议被申请人以自己的名义作出行政行为并独立承担其法律后果；其三，复议被申请人是由行政复议机关通知参加行政复议的，其本身并不具有启动行政复议程序的权力；其四，在行政复议中，复议被申请人的部分权利义务受到特殊限制。

在实践中，行政复议被申请人和行政复议机关常常容易混淆，尤其是《行政复议法》第 24 条第 2 款①、第 25 条第 1 款②分别规定了省、自治区、直辖市人民政府和国务院部门均可作为行政复议机关管辖对本机关或本部门作出的行政行为不服的行政复议案件，虽然具体办理行政复议事项的是行政机关内部的行政复议机构，并非作出被复议行政行为的同一机构，但从外部来看，仍属于同一机关或部门，因此极易产生两者混同的错觉，甚至在行政复议程序中也可能产生角色错位。

二、行政复议被申请人的确定标准与种类

（一）复议被申请人的确定标准

依据《行政复议法》第 2 条、第 19 条的规定，参照《行政复议法实施条

① 《行政复议法》第 24 条第 2 款规定："除前款规定外，省、自治区、直辖市人民政府同时管辖对本机关作出的行政行为不服的行政复议案件。"

② 《行政复议法》第 25 条第 1 款规定："国务院部门管辖下列行政复议案件：（一）对本部门作出的行政行为不服的；……"

例》(2007)第12—14条的规定,行政复议被申请人的确定标准如下。

1. 公民、法人或者其他组织对行政行为不服,直接提起行政复议申请的,作出行政行为的行政机关或者法律、法规、规章授权的组织是被申请人。

2. 两个以上行政机关以共同的名义作出同一行政行为的,共同作出行政行为的行政机关是共同被申请人。

3. 行政机关与法律、法规、规章授权的组织以共同的名义作出行政行为的,行政机关和法律、法规、规章授权的组织是共同被申请人。

4. 行政机关与其他组织以共同名义作出行政行为的,行政机关是被申请人。

5. 受行政机关委托的组织,以委托机关的名义作出行政行为的,委托的行政机关是被申请人。

6. 下级行政机关依照法律、法规、规章规定,经上级行政机关批准作出行政行为的,批准机关是被申请人。

7. 行政机关设立的派出机构或者其他组织,未经法律、法规、规章授权,对外以自己名义作出行政行为的,设立派出机构或其他组织的行政机关是被申请人。

8. 作出行政行为的行政机关依法被撤销①或者职权变更的,继续行使其职权的行政机关是被申请人。

(二) 复议被申请人的具体种类

根据《行政复议法》第11条有关行政复议范围的规定,可以发现,复议被申请人的具体种类包括但不限于:

1. 有权作出行政处罚决定、行政强制措施和行政强制执行决定的行政机关;

---

① 在实践中,因行政机关被撤销而使得被申请人变更的情况有:(1)行政机关被合并,则合并后的行政机关是被申请人;(2)行政机关被拆分,则分立后继受原行政机关权利义务的机关是被申请人;(3)行政机关被解散且不再以其他形式存续的,则被申请人可以是作出解散决定的上级机关或其指定的机关。参见胡建淼:《行政法学》(第五版),法律出版社2023年版,第1071页。

2. 有权作出行政许可决定或者相关决定的行政机关；

3. 有权作出确认自然资源的所有权或者使用权的决定的行政机关；

4. 有权作出征收征用决定及其补偿决定的行政机关；

5. 有权作出行政赔偿决定或者不予赔偿决定的行政机关；

6. 有权作出工伤认定结论或不予受理工伤认定申请的决定的行政机关；

7. 作出侵犯公民、法人或其他组织经营自主权或者农村土地承包经营权、农村土地经营权的行政行为的机关；

8. 滥用行政权力作出排除或者限制竞争的行政行为的机关；

9. 作出违法集资、摊派费用或者违法要求履行其他义务的行政行为的机关；

10. 拒绝履行、不依法履行保护相对人人身权利、财产权利、受教育权利等合法权益的法定职责或者不予答复的行政机关；

11. 没有依法给付抚恤金、社会保险待遇或者最低生活保障等社会保障的行政机关；

12. 不依法订立、不依法履行、未按照约定履行或者违法变更、解除政府特许经营协议、土地房屋征收补偿协议等行政协议的行政机关；

13. 在政府信息公开工作中侵犯公民、法人或其他组织合法权益的行政机关；

14. 作出其他行政行为侵犯公民、法人或其他组织合法权益的行政机关。

三、行政复议被申请人的权利义务

在行政复议中，行政复议被申请人享有与申请人、第三人相同的一般权利，承担相同的一般义务，例如，以自己的名义参加行政复议并承担相应法律后果。但是，由于被申请人是作出被申请复议行政行为的行政主体，还享有一些特殊的权力和职责，例如，根据《行政复议法》第 42 条的规定，被申请人认为行政复议期间行政行为需要停止执行的,行政行为应当停止执行。因此,在行政复议中,被申请人的部分权利义务也相应地受到特殊限制。

其一,被申请人不具有提起行政复议申请的权利。这是由于在行政行为作出的过程中,复议被申请人具有依职权管理、行政裁量、单方决定、强制执行等特殊权力,其行政目标不需要借助行政复议即可实现。

其二,被申请人在行政复议中对其作出的行政行为的合法性、适当性负有举证责任,但同时,被申请人不得自行向申请人和其他有关单位或者个人收集证据,其补充证据还须经行政复议机关同意。这是因为根据《行政复议法》第68条的规定,"事实清楚,证据确凿,适用依据正确,程序合法,内容适当"是被复议行政行为得以维持的重要依据,缺少其中任何一项,行政行为均有可能被确认违法、无效或撤销等,如果被申请人在复议阶段收集证据并加以运用、补正,则恰好说明其在作出行政行为时未满足上述条件。

其三,被申请人应当参加行政复议听证,且必须由负责人参加,如负责人不能参加,则需要说明理由,并委托相应的工作人员参加听证。参加听证是被申请人必须承担的义务,根据《行政复议法》第85条,行政机关违反听证规定的,还有可能受到监察机关或公职人员任免机关、单位的处理。相反,申请人无故不参加听证的,仅被视为放弃听证权利而无须承担任何义务;而第三人不参加行政复议中的任何程序,均不影响行政复议案件的审理。

第六节　行政复议中的法律援助

一、行政复议法律援助的概念和特点

法律援助是国家公共法律服务体系的重要组成部分,是一种由国家建立的、为经济困难公民和符合法定条件的其他当事人无偿提供法律咨询、代

理、刑事辩护等法律服务的制度的总称。2021年8月20日我国首部《法律援助法》通过，并于2022年1月1日起施行。该法第22条规定，法律援助机构可以组织法律援助人员依法提供多种形式的法律援助服务，其中包括法律咨询、代拟法律文书、辩护、诉讼代理以及非诉讼代理等。行政复议代理属于非诉讼代理的一种。

根据《行政复议法》第18条①的规定，行政复议申请人可以申请法律援助，对于符合法律援助条件的申请，法律援助机构应该为其提供援助。行政复议法律援助具有以下特点：

第一，行政复议中的法律援助仅复议申请人可以申请，第三人、被申请等其他复议参加人均无权申请法律援助；

第二，复议申请人申请法律援助应当符合法定条件，如因经济困难没有委托代理人等；

第三，复议申请人申请法律援助应在法定的援助事项内，如请求给予社会保险待遇或发放抚恤金等；

第四，行政复议法律援助申请应向复议机关所在地或行政行为发生地法律援助机构提出；

第五，行政复议法律援助具体由指派律师、基层法律服务工作者、法律援助志愿者等法律援助人员提供。

二、行政复议法律援助的申请范围

根据《行政复议法》第18条以及《法律援助法》(2021)第22条、第31条的规定，行政复议中可申请法律援助的事项包括但不限于：

（一）法律咨询和代拟法律文书

法律咨询可通过服务窗口、电话、网络等多种方式提供，内容包括

① 《行政复议法》第18条规定："符合法律援助条件的行政复议申请人申请法律援助的，法律援助机构应当依法为其提供法律援助。"

行政复议中复议申请人的权利、义务以及相关程序等;代拟的法律文书包括行政复议申请书及其补正材料,以及其他相关法律文书,如撤销复议申请等。

（二）请求行政赔偿

根据《行政复议法》第72条的规定,申请人在申请行政复议时,可以一并提出行政赔偿请求。

（三）请求给予社会保险待遇、社会救助或发放抚恤金

根据《行政复议法》第11条第1款第(十二)项,“申请行政机关依法给付抚恤金、社会保险待遇或者最低生活保障等社会保障,行政机关没有依法给付”,申请人可以提出行政复议申请。其中,申请给付最低生活保障属于请求给予社会救助的一种。

（四）请求确认劳动关系

根据《行政复议法》第11条第1款第(七)项,“对行政机关作出的不予受理工伤认定申请的决定或者工伤认定结论不服”,申请人可以提出行政复议申请。在工伤认定过程中,常常以劳动关系确认作为前提,因此,申请人可以就劳动关系的确认申请法律援助。

三、行政复议法律援助的申请程序

根据《法律援助法》(2021)相关条文规定,行政复议中的法律援助申请应遵循以下程序:

（一）告知权利

根据《法律援助法》(2021)第35条①的规定,行政复议机关在办理行政复议案件及相关事务中,应当及时告知行政复议当事人有权依法申请法律援助。

---

① 《法律援助法》(2021)第35条规定:“人民法院、人民检察院、公安机关和有关部门在办理案件或者相关事务中,应当及时告知有关当事人有权依法申请法律援助。”

（二）提出申请

根据《法律援助法》（2021）第 38 条[①]的规定，行政复议法律援助属于非诉讼事项的法律援助，其申请应当由复议申请人向行政复议处理机关所在地或者被申请复议的行政行为发生地的法律援助机构提出申请。

根据《法律援助法》（2021）第 40 条第 1 款[②]的规定，复议申请人为无民事行为能力人或限制民事行为能力人的，可以由其法定代理人或近亲属代为提出法律援助申请。

（三）审核批准

根据《法律援助法》（2021）第 41 条[③]的规定，行政复议申请人因经济困难申请法律援助的，应当如实说明经济困难状况，并由法律援助机构通过信息共享查询等方式对经济困难状况进行核查，也可由申请人进行个人诚信承诺。同时，有关部门、单位、村民委员会、居民委员会和个人应当对法律援助机构的核查工作进行配合。

根据《法律援助法》（2021）第 43 条[④]的规定，法律援助机构应当自收到法律援助申请之日起七日内审查并决定是否批准给予法律援助；批准给予法律援助的，应尽快指派法律援助人员为受援人提供法律援助；不予批准

① 《法律援助法》（2021）第 38 条规定："……；对非诉讼事项的法律援助，由申请人向争议处理机关所在地或者事由发生地的法律援助机构提出申请。"

② 《法律援助法》（2021）第 40 条第 1 款规定："无民事行为能力人或者限制民事行为能力人需要法律援助的，可以由其法定代理人代为提出申请。法定代理人侵犯无民事行为能力人、限制民事行为能力人合法权益的，其他法定代理人或者近亲属可以代为提出法律援助申请。"

③ 《法律援助法》（2021）第 41 条规定："因经济困难申请法律援助的，申请人应当如实说明经济困难状况。法律援助机构核查申请人的经济困难状况，可以通过信息共享查询，或者由申请人进行个人诚信承诺。法律援助机构开展核查工作，有关部门、单位、村民委员会、居民委员会和个人应当予以配合。"

④ 《法律援助法》（2021）第 43 条规定："法律援助机构应当自收到法律援助申请之日起七日内进行审查，作出是否给予法律援助的决定。决定给予法律援助的，应当自作出决定之日起三日内指派法律援助人员为受援人提供法律援助；决定不给予法律援助的，应当书面告知申请人，并说明理由。申请人提交的申请材料不齐全的，法律援助机构应当一次性告知申请人需要补充的材料或者要求申请人作出说明。申请人未按要求补充材料或者作出说明的，视为撤回申请。"

的,则应书面告知申请人并说明理由。需要申请人补充申请材料的,法律援助机构应该一次性告知需要补充的材料或要求申请人说明情况,否则将视为撤回申请。

(四)提供援助

根据《法律援助法》(2021)第44条第1款[①]的规定,法律援助机构收到复议申请人的法律援助申请后,发现距法定时效或者期限届满不足七日、需要及时提起行政复议的,可以决定先行提供法律援助。接受法律援助后的复议申请人应当及时补办有关手续并补充有关材料。

根据《法律援助法》(2021)第46条[②]的规定,法律援助人员接受指派为行政复议申请人提供法律援助,无正当理由不得拒绝、拖延或者终止服务;同时,法律援助人员应向受援人通报援助事项的办理情况,不得损害受援人合法权益。

(五)终止援助

当法律援助人员发现行政复议过程中出现《法律援助法》(2021)第48条第1款[③]规定的八种情形之一时,应及时向法律援助机构报告,法律援助机构应查实并终止援助。

行政复议申请人对法律援助机构不予援助或终止援助决定有异议的,可以向设立该援助机构的司法行政部门要求复查;司法行政部门维持法律

① 《法律援助法》(2021)第44条第1款规定:"法律援助机构收到法律援助申请后,发现有下列情形之一的,可以决定先行提供法律援助:(一)距法定时效或者期限届满不足七日,需要及时提起诉讼或者申请仲裁、行政复议;……"

② 《法律援助法》(2021)第46条规定:"法律援助人员接受指派后,无正当理由不得拒绝、拖延或者终止提供法律援助服务。法律援助人员应当按照规定向受援人通报法律援助事项办理情况,不得损害受援人合法权益。"

③ 《法律援助法》(2021)第48条第1款规定:"有下列情形之一的,法律援助机构应当作出终止法律援助的决定:(一)受援人以欺骗或者其他不正当手段获得法律援助;(二)受援人故意隐瞒与案件有关的重要事实或者提供虚假证据;(三)受援人利用法律援助从事违法活动;(四)受援人的经济状况发生变化,不再符合法律援助条件;(五)案件终止审理或者已经被撤销;(六)受援人自行委托律师或者其他代理人;(七)受援人有正当理由要求终止法律援助;(八)法律法规规定的其他情形。"

援助机构决定,复议申请人或受援人不服的,可以依法申请行政复议或者提起行政诉讼。

【复习思考题】

1. 如何区分行政复议申请人与行政复议第三人?

2. 如何区分行政复议被申请人与行政复议机关?

3. 如何区分行政复议代表人与行政复议代理人?

4. 新旧《行政复议法》对行政复议参加人规定有何发展?

第五章　行政复议管辖

行政复议管辖是行政复议制度的重要内容，它决定了不同行政机关之间受理行政复议案件的分工。《行政复议法》在第二章“行政复议申请”中专设第四节第24—29条对行政复议管辖作出了专门规定，确立了相对集中的行政复议管辖体制，分别确定了各级政府和特殊部门的管辖权限，为相对人通过行政复议化解行政争议提供了有效指引。

第一节　行政复议管辖及体制

一、行政复议管辖

行政复议管辖简称复议管辖，指不同层级、不同职能的行政机关之间受理复议案件的分工。[①] 复议管辖是确立行政机关管理行政复议案件权限和分工的制度，是行政复议制度的重要内容。

复议管辖意在解决具体某一行政复议案件由哪个行政机关行使行政复议权，复议管辖的主体即行政复议机关。因此，复议管辖的本质在于确定负责审理具体案件的行政复议机关。对于相对人而言，复议管辖决定了其认为行政机关的行政行为侵犯其合法权益时，应当向哪一个行政机关提出行政复议申请。对于行政复议机关而言，复议管辖是其复议活动发生的基础，也是其复议活动合法化的前提。[②] 与此同时，复议管辖还决定了行政复议机关的行政复议权的大小，即有权审理行政复议案件的范围。

行政复议管辖的确立，一般遵循和体现三项原则。

---

① 参见胡建淼：《行政法学》（第五版），法律出版社2023年版，第1069页。

② 参见张树义主编：《行政法学》（第二版），北京大学出版社2012年版，第342页。

一是符合行政机关内部的领导体制。行政机关对有关行政行为的复议系基于对有关行政机关的治理管辖权即领导权。① 相对人对行政行为不服的,应当依据作出行政行为的主体来判断向哪个行政机关申请行政复议。

二是便民原则。行政复议管辖主体的确定应当符合便民原则,尽可能方便申请人申请和参加行政复议。如让申请人不用跑很远的路程即可申请行政复议。

三是稳定性与灵活性相结合。对于绝大多数的行政复议案件,只要被申请人确定,行政复议机关应当具有唯一性;但对于少数比较特殊的行政复议案件,应赋予申请人一定的管辖选择权,允许申请人结合自身情况灵活选择。

二、 行政复议管辖体制

行政复议管辖体制是行政复议的制度基础。习近平总书记指出:"要落实行政复议体制改革方案,优化行政复议资源配置,推进相关法律法规修订工作,发挥行政复议公正高效、便民为民的制度优势和化解行政争议的主渠道作用。"②《行政复议法》充分落实管辖体制改革要求,优化行政复议管辖体制,着力构建起统一、科学、公正的行政复议管辖体制。

(一) 原《行政复议法》的管辖体制

《行政复议法》(2017)确立了"条块结合"的行政复议管辖体制,即"条条管辖"与"块块管辖"相结合,有条件的选择管辖。第 12 条第 1 款规定了选择管辖制度:对县级以上地方各级人民政府工作部门的具体行政行为不服的,由申请人选择,可以向该部门的本级人民政府申请行政复议,也可以向上一级主管部门申请行政复议。第 12 条第 2 款与第 13 条规定了"条条管辖"的情形:对海关、金融、国税、外汇管理等实行垂直领导的行政机关和

① 参见叶必丰:《行政复议机关的法律定位》,《法学》2021 年第 5 期。

② 参见习近平:《推进全面依法治国,发挥法治在国家治理体系和治理能力现代化中的积极作用》,《求是》2020 年第 22 期。

国家安全机关的具体行政行为不服的,向上一级主管部门申请行政复议。对地方各级人民政府的具体行政行为不服的,向上一级地方人民政府申请行政复议。对省、自治区人民政府依法设立的派出机关所属的县级地方人民政府的具体行政行为不服的,向该派出机关申请行政复议。第 14 条规定了自我管辖的情形:对国务院部门或者省、自治区、直辖市人民政府的具体行政行为不服的,向作出该具体行政行为的国务院部门或者省、自治区、直辖市人民政府申请行政复议。

《行政复议法》(2017)之所以规定"条块结合"的管辖体制,意在充分结合"条条管辖"与"块块管辖"二者的优势。"条条管辖"即政府工作部门作为行政复议机关审查下一级政府工作部门作出的行政行为或者政府作为行政复议机关审查下一级政府作出的行政行为,其优势在于专业性强;"块块管辖"即本级政府作为行政复议机关审查本级政府工作部门或者其他被管理者作出的行政行为,其优势在于便利性。"条块结合"的选择管辖体制契合了我国以"双重领导"为主的行政管理体制,而且将行政复议管辖的选择权交给申请人,充分尊重申请人的意思,在一定程度上有利于增强行政复议结果的可接受性和认可度。[①] 此外,"条块结合"的管辖体制在维护相对人的合法权益、监督行政机关依法行政、实质性化解行政争议等方面都发挥了积极作用。

但是,随着社会经济的发展,这种"条块结合"的管辖体制也暴露出一些问题:第一,不方便相对人找准行政复议机关。"条块结合"的管辖体制相对复杂,对于同一个行政复议案件,往往对应两个复议机关均享有复议管辖权。专业人士有时尚难把握具体向哪个行政机关申请行政复议,一般的申请人更是一头雾水,面对复杂的行政复议管辖体制,很多时候很难找到、找准行政复议机关。且多头复议容易造成有管辖权的行政复议机关之间相互推诿,使得申请人无所适从。[②] 第二,复议资源过于分散,严重影响行政

---

① 参见王青斌、马逸鸣:《论我国行政复议管辖制度之完善》,《浙江学刊》2013 年第5 期。

② 参见王万华:《以行政复议权集中行使为基础重构行政复议体制》,《财经法学》2015 年第 1 期。

复议效能的发挥。① “条块结合”的管辖体制造就了数量极其庞大的行政复议机关组织体，享有行政复议管辖权的行政机关种类、数量都很多，包括县级以上地方各级人民政府、县级以上地方各级人民政府的工作部门、国务院部门、国务院等。由此导致的问题是，行政复议的工作力量过于分散，无法形成监督合力、发挥规模效益，不利于集中复议资源审理行政复议案件。且复议机关过于分散导致复议人员的专业性不足，行政复议的效能偏低。第三，行政复议案件的办案标准不统一，导致“同案不同判”。“条块结合”的管辖体制必然导致行政复议的管辖权趋于分散，而不同复议机关对于如何认定事实、适用法律、选择程序等问题都存在诸多区别，从而导致出现大量的“同案不同判”，也不利于行政复议公信力的提升。

此外，允许上一级主管部门管辖行政复议案件也存在很多突出的问题。第一，不符合便民原则。申请人与被申请人的上一级主管部门往往分处异地，申请人选择向上一级主管部门申请复议的，无疑会增加复议成本，有违便民原则。第二，容易引发矛盾上移。允许申请人到上一级主管部门申请复议，实际上为责任上移、矛盾上交提供了制度通道，把上一级主管部门也卷入了行政纠纷之中，不利于就地就近解决矛盾纠纷。第三，实质性解决行政争议的效果不佳。一般情况下，申请人与被申请人之间的行政纠纷往往涉及多个地方政府部门的行为，利益关系复杂，仅依靠某一个上级部门的力量很难有效解决当事人的实际利益诉求。② 第四，存在部门保护主义的风险。上一级主管部门可能会偏袒作为被申请人的下一级工作部门，牺牲申请人的合法权益。

（二）现行《行政复议法》的管辖体制

针对“条块结合”管辖体制存在的诸多问题，新修订的《行政复议法》将“条块结合”的分散性管辖体制修改为“块块管辖”为主、“条条管辖”为补

① 参见周佑勇：《行政复议的主渠道作用及其制度选择》，《法学》2021 年第 6 期。

② 参见曹鎏、李月：《我国行政复议体制改革的发展演进、目标构成及修法回应》，《行政管理改革》2022 年第 4 期。

充的相对集中管辖体制。除垂直领导等特殊情形外，申请人对县级以上地方各级人民政府工作部门及其派出机构、授权组织等作出的行政行为不服的，统一向本级人民政府申请行政复议。

第一，整合地方行政复议职责，全面实行集中行使行政复议权。即取消了地方人民政府工作部门的行政复议职责，改由县级以上地方人民政府统一行使行政复议权。《行政复议法》24 条第 1 款第(一)项规定，对本级人民政府工作部门作出的行政行为不服的，由县级以上地方各级人民政府管辖。行政复议权必须集中行使，以形成一定规模的案件数量，这是健全复议机构，加强复议工作队伍专业化、专门化等工作的前提。① 一些地方如重庆也曾进行相对集中行政复议审理权的探索，在大中城市的各城区或各县城，在行政服务中心集中由区(县)政府统一受理行政复议案件，社会接受程度很高，且未见明显的负面效果。②

第二，保留了垂直管辖与自我管辖的规定。一则保留了部分部门的行政复议管辖权，规定海关、金融、外汇管理等实行垂直领导的行政机关、税务和国家安全机关，保留行政复议职责。《行政复议法》第 27 条规定，对海关、金融、外汇管理等实行垂直领导的行政机关、税务和国家安全机关的行政行为不服的，向上一级主管部门申请行政复议。二则保留了自我管辖的规定。对于省、自治区、直辖市人民政府与国务院部门作出的行政行为，实行原级管辖。第 24 条第 2 款规定，省、自治区、直辖市人民政府同时管辖对本机关作出的行政行为不服的行政复议案件。第 25 条规定，对国务院部门作出的行政行为不服的，由本部门管辖。此外，国务院部门同时管辖以本部门设立的派出机构、本部门管理的法律、行政法规、部门规章授权的组织作为被申请人的行政复议案件。

---

① 参见王万华：《以行政复议权集中行使为基础重构行政复议体制》，《财经法学》2015 年第 1 期。

② 参见莫于川：《行政复议机制和方法创新路径分析——从修法提升行政复议规范性、效率性和公正性的视角》，《行政法学研究》2019 年第 6 期。

第三，设置了灵活管辖规则。一是对直辖市、设区的市人民政府工作部门依法设立的派出机构作为被申请人的行政复议案件，作出相对灵活的管辖制度安排。《行政复议法》第24条第4款规定，对县级以上地方各级人民政府工作部门依法设立的派出机构依照法律、法规、规章规定，以派出机构的名义作出的行政行为不服的行政复议案件，由本级人民政府管辖；其中，对直辖市、设区的市人民政府工作部门按照行政区划设立的派出机构作出的行政行为不服的，也可以由其所在地的人民政府管辖。因此，相对人对直辖市、设区的市人民政府工作部门按照行政区划设立的派出机构作出的行政行为不服的，既可以向直辖市、设区的市人民政府申请行政复议，也可以选择向派出机构所在地的人民政府提出复议申请。二是对履行行政复议机构职责的地方人民政府司法行政部门作为被申请人的行政复议案件，作出相对灵活的管辖制度安排。《行政复议法》第28条规定，对履行行政复议机构职责的地方人民政府司法行政部门的行政行为不服的，可以向本级人民政府申请行政复议，也可以向上一级司法行政部门申请行政复议。由此，履行行政复议机构职责的地方人民政府司法行政部门与一般的政府工作部门区分开来，相对人有权在本级人民政府与上一级司法行政部门之间择一申请复议。

《行政复议法》将“条块结合”的分散性管辖体制修改为“块块管辖”为主、“条条管辖”为补充的相对集中管辖体制具有重要意义。一则便于申请人找准行政复议机关，有利于保护申请人的合法权益；二则有助于减少数量众多的行政复议机关与人员配备，优化行政复议资源配置，集中行政复议资源和力量，增强复议工作的专业性，有效提升行政复议的工作质量①；三则有助于破除部门保护主义的痼疾，遏制政府统一领导权部门化②；四则有利于统一办案标准，实现“同案同判”，增强行政复议的公正性，发挥化解行政争议主渠道作用。此外，“块块管辖”为主、“条条管辖”为补充的相对集中

① 参见刘莘、陈悦：《行政复议制度改革成效与进路分析——行政复议制度调研报告》，《行政法学研究》2016年第5期。

② 参见叶必丰：《行政复议机关的法律定位》，《法学》2021年第5期。

管辖体制也是落实《行政复议体制改革方案》《法治政府建设实施纲要（2021—2025 年）》有关深化行政复议体制改革要求的必然选择。《法治政府建设实施纲要（2021—2025 年）》第 22 条规定，全面深化行政复议体制改革，整合地方行政复议职责，按照事编匹配、优化节约、按需调剂的原则，合理调配编制资源，2022 年年底前基本形成公正权威、统一高效的行政复议体制。

三、新《行政复议法》中管辖体制的特点

（一）相对集中管辖而非全部集中管辖

近年来，集中行政复议管辖权并借此提高行政复议人员的专业性已成为学界公认的复议改革方向。实践也证明，复议权的集中行使有利于推进复议制度的发展。[①]《行政复议法》即采纳了此种集中管辖权改革方案，直接变更了《行政复议法》（2017）的复议管辖制度。与此同时，《行政复议法》也放弃了全部集中管辖的模式，而只是进行了行政复议管辖权的相对集中。

全部集中管辖即全面取消政府部门的管辖权限，将分散在政府部门的行政复议管辖权集中到政府统一行使。根据《行政复议法》第二章第四节有关管辖的规定，《行政复议法》只是取消了地方人民政府工作部门的复议管辖权，但仍有部分政府部门有权管辖特定的行政复议案件。第一，海关、金融、外汇管理等实行垂直领导的行政机关、税务和国家安全机关有权管辖下一级部门作出的行政行为。第二，国务院部门对以下三类案件享有管辖权：（一）对本部门作出的行政行为不服的；（二）对本部门依法设立的派出机构依照法律、行政法规、部门规章规定，以派出机构的名义作出的行政行为不服的；（三）对本部门管理的法律、行政法规、部门规章授权的组织作出的行政行为不服的。第三，对履行行政复议机构职责的地方人民政府司法行政部门的行政行为不服的，可以向上一级司法行政部门申请行政复议。

① 参见应松年：《对〈行政复议法〉修改的意见》，《行政法学研究》2019 年第 2 期。

《行政复议法》之所以没有采全部集中管辖的改革方案，一则行政复议集中管辖体制改革不能一蹴而就，需要循序渐进。二则避免“一刀切”。为了克服《行政复议法》(2017)分散型管辖体制导致的复议资源过于分散、“同案不同判”等问题，固然需要集中行政复议权，取消“条块结合”的行政复议管辖体制。但另一方面，如果全部向“块”上集中，推行全面集中管辖制度，则忽略了一些行政复议案件的特殊性。尤其是那些专业性、政策性较强或者“条”上管辖更具有优势的案件，如税务、国家安全等，即应向条上集中。①

(二) 以领导隶属关系为基础

行政复议是一种行政系统内部的层级监督制度，②行政复议体现为上级行政机关对下级行政机关的监督。行政复议管辖权以行政复议的层级监督性为基础，行政复议机关与被申请人之间一般具有领导与被领导的隶属关系。

行政系统的领导隶属关系主要见于《宪法》(2018)和《地方各级人民代表大会和地方各级人民政府组织法》(2022)。《宪法》(2018)第108条规定：“县级以上的地方各级人民政府领导所属各工作部门和下级人民政府的工作，有权改变或者撤销所属各工作部门和下级人民政府的不适当的决定。”第89条规定：“国务院行使下列职权：……(十三)改变或者撤销各部、各委员会发布的不适当的命令、指示和规章；……”《地方各级人民代表大会和地方各级人民政府组织法》(2022)第73条规定：“县级以上的地方各级人民政府行使下列职权：……(二)领导所属各工作部门和下级人民政府的工作；……”第83条规定：“省、自治区、直辖市的人民政府的各工作部门受人民政府统一领导，并且依照法律或者行政法规的规定受国务院主管部门的业务指导或者领导。自治州、县、自治县、市、市辖区的人民政府的各工

① 参见赵德关：《新时期行政复议制度的定位与展望》，《行政法学研究》2016年第5期。

② 参见章志远：《行政法学总论》，北京大学出版社2014年版，第363页。

作部门受人民政府统一领导，并且依照法律或者行政法规的规定受上级人民政府主管部门的业务指导或者领导。"这正是层级监督原则的体现，上级机关有权全面评价下级行政机关的活动。因此，复议机关发现被申请人有不当行为时，可以对其审查并作出相应的决定。① 换言之，行政复议机关之所以能管辖行政复议案件，就是因为行政复议机关与被申请人之间存在行政领导隶属关系。

从《行政复议法》的规定来看，除了自我管辖这类特殊情况，行政复议管辖主体均依照行政领导隶属关系而确立。例如，对于本级人民政府工作部门、下一级人民政府、本级人民政府设立的派出机关、本级人民政府管理的法律、法规、规章授权的组织作出的行政行为不服的，均由其领导者本级人民政府管辖。再如，对于海关、金融、外汇管理等实行垂直领导的行政机关、税务和国家安全机关的行政行为不服的，实行条条管辖，即向上一级主管部门申请行政复议。可以说，原则上，有领导关系才有可能有复议管辖权，没有领导关系一般没有复议管辖权。行政复议管辖制度以领导隶属关系为基础，不仅与我国的行政管理体制相一致，也便于行政复议机关对被申请人进行充分监督，如既能审查行政行为的合法性，又能审查行政行为的合理性。② 如果缺乏这种领导隶属关系，行政复议机关对被申请人无威慑力可言，行政复议决定很难得到认可和服从，《行政复议法》有关"监督和保障行政机关依法行使职权""防止和纠正违法的或者不当的行政行为"的目的亦很难实现。

第二节　政府的管辖

《行政复议法》实行相对集中管辖体制后，绝大多数的复议管辖权都归到政府手中。具体而言，《行政复议法》关于政府管辖的规定可以划分为以

① 参见崔梦豪:《行政复议变更决定的异化与回归》,《法学》2021 年第 4 期。

② 参见王青斌、马逸鸣:《论我国行政复议管辖制度之完善》,《浙江学刊》2013 年第5 期。

下四类:一是县级以上地方政府的管辖,二是省、自治区人民政府依法设立的派出机关的管辖,三是省、自治区、直辖市人民政府的管辖,四是国务院的管辖。

一、县级以上地方政府的管辖

《行政复议法》第 24 条第 1 款规定:"县级以上地方各级人民政府管辖下列行政复议案件:(一)对本级人民政府工作部门作出的行政行为不服的;(二)对下一级人民政府作出的行政行为不服的;(三)对本级人民政府依法设立的派出机关作出的行政行为不服的;(四)对本级人民政府或者其工作部门管理的法律、法规、规章授权的组织作出的行政行为不服的。"第 4 款规定:"对县级以上地方各级人民政府工作部门依法设立的派出机构依照法律、法规、规章规定,以派出机构的名义作出的行政行为不服的行政复议案件,由本级人民政府管辖;其中,对直辖市、设区的市人民政府工作部门按照行政区划设立的派出机构作出的行政行为不服的,也可以由其所在地的人民政府管辖。"由此,县级以上地方政府管辖的行政复议案件可分为以下五类:

(一)对本级人民政府工作部门作出的行政行为不服的行政复议案件

县级以上地方各级人民政府有权管辖的第一类行政复议案件是对本级人民政府工作部门作出的行政行为不服的行政复议案件。本级人民政府工作部门受到本级人民政府和上一级人民政府工作部门的双重领导,尤其是经本级人民政府设置和授权代表本级人民政府管理某部门业务。根据确立行政复议机关的一般原则,对本级人民政府工作部门作出的行政行为不服的,应向其领导者即本级人民政府或上一级人民政府工作部门申请行政复议。《行政复议法》(2017)第 12 条第 1 款即规定:"对县级以上地方各级人民政府工作部门的具体行政行为不服的,由申请人选择,可以向该部门的本级人民政府申请行政复议,也可以向上一级主管部门申请行政复议。"出于集中行政复议力量、统一办案标准等考虑,《行政复议法》取消了地方人民政府工作部门的行政复议职责,对本级人民政府工作部门作出的行政行为不服的,统一由本级人民政府作为行政复议机关。这里的"本级政府部门"是指,"海关、金融、外汇管理等实行垂直领导的行政机关、税务、国家安全机关"以外的部门。根据《行政复议法》第 27 条,对海关、金融、外汇管理等实行垂直领导的行政机关、税务和国家安全机关的行政行为不服的,向上一级主管部门申请行政复议。

(二)对下一级人民政府作出的行政行为不服的行政复议案件

县级以上地方各级人民政府有权管辖的第二类行政复议案件是对下一级人民政府作出的行政行为不服的行政复议案件。地方人民政府之间系上下级领导关系,对于地方一级人民政府作出的行政行为,自然归上一级人民政府领导和管理。

且除了上一级人民政府之外,没有其他行政机关有权管理地方一级人民政府。因此,下一级人民政府由上一级人民政府负责监督,对下一级人民政府作出的行政行为不服的,应当且只能由其上一级人民政府管辖。此外,凡是地方一级人民政府作出的行政行为,往往具有综合性、复杂性,难度较大,办理这类行政复议需要协调诸多关系。① 为了解决此类复议案件,宜由作出行政行为的地方人民政府的上一级人民政府作为行政复议机关。

(三)对本级人民政府设立的派出机关作出的行政行为不服的行政复议案件

县级以上地方各级人民政府有权管辖的第三类行政复议案件是对本级人民政府依法设立的派出机关作出的行政行为不服的行政复议案件。派出机关是指,县级以上地方人民政府因工作需要,经有关机关批准而在一定区域内设立的,承担该区域内各项行政事务的国家行政机关。目前主要包括

① 参见张树义主编:《行政法学》(第二版),北京大学出版社 2012 年版,第 343 页。

三类：省、自治区人民政府经国务院批准设立的行政公署，如西藏自治区人民政府设立的阿里地区行政公署、黑龙江省人民政府设立的大兴安岭地区行政公署；县、自治县人民政府经省、自治区、直辖市人民政府批准设立的区公所，如涿鹿县人民政府设立的赵家蓬区公所、泽普县人民政府设立的奎依巴格区公所；市辖区、不设区的市人民政府经上一级人民政府批准设立的街道办事处，如瑞安市人民政府设立的安阳街道办事处、玉海街道办事处等，义乌市人民政府设立的福田街道办事处、北苑街道办事处等。此外，目前县级以上地方各级人民政府设立的管理委员会，也属于派出机关，如北京市人民政府设立的天安门地区管理委员会、正定县人民政府设立的石家庄正定新区管理委员会等。对于本级人民政府依法设立的派出机关而言，派出机关代表设立它的本级人民政府履行行政职能，对其作出的行政行为不服，只能向设立这些派出机关的本级人民政府申请复议。①

（四）对本级人民政府或其工作部门管理的被授权组织作出的行政行为不服的行政复议案件

县级以上地方各级人民政府有权管辖的第四类行政复议案件是对本级人民政府或者其工作部门管理的法律、法规、规章授权的组织作出的行政行为不服的行政复议案件。法律、法规、规章授权的组织是指，根据法律、法规、规章的规定行使国家权力的非行政机关的组织，如证监会、高校等。法律、法规、规章授权的组织具有独立的行政主体资格，根据确立行政复议机关的一般原则，对其行政行为不服的，应向其管理者、领导者申请行政复议。首先，对于本级人民政府管理的法律、法规、规章授权的组织，既然法律、法规、规章授权的组织由本级人民政府管理，对其作出的行政行为不服的，自然应由其管理者即本级人民政府管辖。其次，对于本级人民政府工作部门管理的法律、法规、规章授权的组织而言，根据管辖的一般原则，本应由其管理者即本级人民政府工作部门管辖。但是，《行政复议法》取消了本级人民

① 参见张树义主编：《行政法学》（第二版），北京大学出版社2012年版，第343页。

政府工作部门的管辖权,因而应升级至本级人民政府管辖。

(五)对政府工作部门设立的派出机构作出行政行为不服的行政复议案件

县级以上地方各级人民政府有权管辖的第五类行政复议案件是对县级以上地方各级人民政府工作部门依法设立的派出机构依照法律、法规、规章规定,以派出机构的名义作出的行政行为不服的行政复议案件。派出机构是指,政府职能部门根据工作需要在一定区域设置的、代表该职能部门管理某项行政事务的派出工作机构。在实践中,县级以上地方各级人民政府工作部门设立派出机构的现象非常多见,如县公安局设立的派出所、县市场监督管理局设立的市场监督管理所等。派出机构本来不是独立的行政主体,但在法律、法规、规章授权的条件下,可以成为独立的行政主体,准确地说是授权主体。[①] 例如,派出所依据《治安管理处罚法》(2012)作出警告、五百元以下的罚款这两类行政处罚。对县级以上地方各级人民政府工作部门依法设立的派出机构依照法律、法规、规章规定,以派出机构的名义作出的行政行为,根据复议管辖的一般原则,应由其设立者即本级人民政府工作部门管辖。但是,同政府工作部门管理的法律、法规、规章授权的组织一样,由于《行政复议法》取消了地方人民政府工作部门的管辖权,因而应升级至本级人民政府管辖。

需要注意的是,并非所有针对地方政府工作部门设立的派出机构作出的行政行为都必须由本级人民政府管辖。对直辖市、设区的市人民政府工作部门按照行政区划设立的派出机构(如北京市卫生健康委员会设立的北京市卫生健康监督所)作出的行政行为不服的,考虑到这些派出机构可能分布于各个行政区划范围,出于便民原则考虑,《行政复议法》作出了相对灵活的制度安排,即同时允许派出机构所在地的人民政府享有管辖权限。即直辖市、设区的市人民政府与派出机构所在地的人民政府均享有管辖权

① 参见胡建淼:《行政法学》(第五版),法律出版社 2023 年版,第 71 页。

限,公民、法人或其他组织对此具有选择权。

二、 省级政府设立的是派出机关的管辖

《行政复议法》第 24 条第 3 款规定:“省、自治区人民政府依法设立的派出机关参照设区的市级人民政府的职责权限,管辖相关行政复议案件。”省、自治区人民政府依法设立的派出机关是行政公署。这些行政公署虽然不是一级人民政府,但在行政级别上与设区的市级人民政府相同。因此,《行政复议法》明确,省、自治区人民政府依法设立的派出机关,参照设区的市级人民政府的职责权限,管辖相关行政复议案件。此外,允准这些行政公署作为行政复议机关管辖行政复议案件也是便民原则的体现,以方便申请人提出复议申请或参加复议。

参照《行政复议法》第 24 条第 1 款和第 4 款,省、自治区人民政府依法设立的派出机关有权管辖以下四类行政复议案件:第一,对行政公署工作部门作出的行政行为不服的行政复议案件。如对阿里地区自然资源局作出的行政行为不服的,向阿里地区行政公署申请行政复议。第二,对行政公署下一级政府作出的行政行为不服的行政复议案件。一个行政公署往往辖有若干县,按照上一级管辖的复议原则,对行政公署所辖的下一级政府即县级人民政府作出的行政行为不服的,应向该行政公署申请行政复议。如对改则县人民政府作出的行政行为不服的,由阿里地区行政公署管辖。第三,对行政公署或者其工作部门管理的法律、法规、规章授权的组织作出的行政行为不服的行政复议案件。第四,对行政公署工作部门依法设立的派出机构依照法律、法规、规章规定,以派出机构的名义作出的行政行为不服的行政复议案件。

三、 省级政府的管辖

《行政复议法》第 24 条第 2 款规定:“除前款规定外,省、自治区、直辖市人民政府同时管辖对本机关作出的行政行为不服的行政复议案件。”也

就是说，对省、自治区、直辖市人民政府作出的行政行为不服的，适用原级复议原则，即由省、自治区、直辖市人民政府自我管辖。在这类行政复议案件中，省、自治区、直辖市人民政府既是被申请人，同时又是行政复议机关。《行政复议法》之所以允准自我管辖这样看似明显不公正的管辖规则，其出发点主要在于解放国务院的工作压力。根据行政复议管辖的一般原则，对省、自治区、直辖市人民政府作出的行政行为不服的，应向其上一级人民政府即国务院申请行政复议。但是，国务院是最高国家行政机关，主要职责是制定方针政策和从全局上处理行政事务，一般不宜也难以处理大量的具体行政纠纷。如果规定国务院作为行政复议机关，可能会影响国务院的正常工作。①

结合《行政复议法》第 24 条第 1 款和第 4 款，省、自治区、直辖市人民政府管辖的行政复议案件可划分为以下六类：第一，对省、自治区、直辖市人民政府作出的行政行为不服的行政复议案件。如对山东省人民政府作出的行政行为不服申请行政复议的，由山东省人民政府自我管辖。第二，对省、自治区、直辖市人民政府工作部门作出的行政行为不服的行政复议案件。如对山东省公安厅作出的行政行为不服的，向山东省人民政府申请复议。第三，对市一级人民政府作出的行政行为不服的行政复议案件。如对济南市人民政府作出的行政行为不服的，应向山东省人民政府申请复议。第四，对省、自治区人民政府依法设立的派出机关作出的行政行为不服的行政复议案件。如对阿里地区行政公署作出的行政行为不服的，向西藏自治区人民政府申请行政复议。第五，对省、自治区、直辖市人民政府或者其工作部门管理的法律、法规、规章授权的组织作出的行政行为不服的行政复议案件。第六，对省、自治区、直辖市人民政府工作部门依法设立的派出机构依照法律、法规、规章规定，以派出机构的名义作出的行政行为不服的行政复议案件。

---

① 参见杨建顺：《行政规制与权利保障》，中国人民大学出版社 2007 年版，第 566 页。

四、国务院的管辖

《行政复议法》第26条规定："对省、自治区、直辖市人民政府依照本法第二十四条第二款的规定、国务院部门依照本法第二十五条第一项的规定作出的行政复议决定不服的，可以向人民法院提起行政诉讼；也可以向国务院申请裁决，国务院依照本法的规定作出最终裁决。"由此，国务院管辖的案件有两类：一类是申请人就省、自治区、直辖市人民政府作出的行政行为申请行政复议，省、自治区、直辖市人民政府作出的行政复议决定；另一类是申请人就国务院部门作出的行政行为申请行政复议，国务院部门作出的行政复议决定。

这两类案件有一个共同的特点即自我管辖。自我管辖意味着，自己做自己的法官。其问题在于缺乏公正性，不利于保护申请人的合法权益。为了解决这一问题，《行政复议法》赋予了申请人就这两类案件中的行政复议决定向国务院申请裁决的权利。当然，国务院行使裁决权亦有制度依据。根据《宪法》(2018)第89条，国务院对省、自治区、直辖市人民政府与国务院部门均享有监督权。而赋予国务院行政复议裁决权不仅有助于国务院强化对省、自治区、直辖市人民政府与国务院部门所作行政复议决定的监督，纠正省、自治区、直辖市人民政府与国务院部门的违法行为；而且能够为申请人提供充分的救济渠道，更好地保护申请人的合法权益。

国务院对以上两类案件的管辖首先打破了一级复议制。所谓一级复议制，即行政复议案件经一个行政复议机关审理，行政复议程序即告终结，其他行政主体不得对该行政案件进行再复议或对复议决定进行复核。[①] 简言之，行政复议原则上只得进行一次，申请人不得就一个行政争议多次申请行政复议，或者就复议决定申请复核。国务院对以上两类行政复议决定享有裁决权意味着，省、自治区、直辖市人民政府和国务院部门就本机关的行政

① 参见杨建顺：《行政规制与权利保障》，中国人民大学出版社2007年版，第565页。

行为作出的行政复议决定并不能起到终结行政复议程序之效，申请人仍有权就这两类行政复议决定向国务院申请复核。意即，国务院对这两类行政复议决定作出的裁决之实质是二次复议或二级复议。

其次，国务院对以上两类案件的管辖还打破了司法最终原则。所谓司法最终，即司法是权利救济的最后一道防线。[①] 而对于省、自治区、直辖市人民政府和国务院部门就本机关的行政行为作出的行政复议决定，如果申请人选择向国务院申请裁决，国务院作出的裁决具有终局性。

第三节　政府部门的管辖

在县级以上地方各级人民政府相对集中管辖权之外，《行政复议法》依然保留了部分主管部门对行政复议案件的管辖权。一类是国务院部门，一类是海关、金融、外汇管理等实行垂直领导的行政机关、税务和国家安全机关，还有一类是履行行政复议机构职责的地方人民政府司法行政部门。

一、国务院部门的管辖

《行政复议法》第 25 条规定："国务院部门管辖下列行政复议案件：(一)对本部门作出的行政行为不服的；(二)对本部门依法设立的派出机构依照法律、行政法规、部门规章规定，以派出机构的名义作出的行政行为不服的；(三)对本部门管理的法律、行政法规、部门规章授权的组织作出的行政行为不服的。"由此，国务院部门管辖的行政复议案件可分为以下三类。

(一) 对本部门作出的行政行为不服的行政复议案件

国务院部门有权管辖的第一类行政复议案件是对本部门作出的行政行为不服的行政复议案件。即被申请人是国务院部门的，适用原级复议原则，由国务院部门自我管辖。国务院部门既是这类行政复议案件的被申请人，

① 参见熊俊勇、周觅：《行政赔偿诉讼中的司法最终原则》，《法律适用》2020 年第10 期。

又作为行政复议机关审理具体的行政复议案件。按照依据行政隶属、领导关系确立行政复议机关的一般原则，对国务院部门作出的行政行为不服的，应由其上级行政机关即国务院管辖。《行政复议法》之所以免除了国务院的管辖权，主要原因有三：

其一，国务院作为我国的最高国家行政机关，需要承担大量重要的行政事务。如果再对国务院课以管辖行政复议案件的重任，可能影响国务院的正常工作。① 其二，国务院部门的层次较高，人员素质也较高，依法作出行政复议决定的概率较高。② 其三，即便申请人不服行政复议决定，仍然享有获得救济的法律渠道。《行政复议法》第 26 条规定，对国务院部门依照本法第二十五条第一项的规定作出的行政复议决定不服的，可以向人民法院提起行政诉讼；也可以向国务院申请裁决，国务院依照本法的规定作出最终裁决。

由此可见，这种自我管辖的设置既不是基于领导权也不是基于监督权，③而是基于实践需要作出的例外管辖规定。

（二）对本部门设立的派出机构作出的行政行为不服的行政复议案件

国务院部门有权管辖的第二类行政复议案件是对本部门依法设立的派出机构依照法律、行政法规、部门规章规定，以派出机构的名义作出的行政行为不服的行政复议案件。在实践中，国务院部门设立派出机构并不少见。例如，审计署设置了 30 个派出审计局，典型的如外交审计局、政法审计局、教育审计局等；生态环境部下设 19 个派出机构，典型的如长江流域生态环境监督管理局、华北督察局、西南核与辐射安全监督站等；商务部下设 16 个

---

① 参见杨景宇：《关于〈中华人民共和国行政复议法（草案）〉的说明》，1998 年 10 月 27 日，第九届全国人民代表大会常务委员会第五次会议。

② 参见李伯勇：《全国人大法律委员会关于〈中华人民共和国行政复议法（草案）〉修改情况的汇报》，1998 年 12 月 23 日，第九届全国人民代表大会常务委员会第六次会议。

③ 参见周汉华主编：《行政复议司法化：理论、实践与改革》，北京大学出版社 2005 年版，第 221 页。

驻地方特派员办事处，如驻大连特派员办事处、驻天津特派员办事处等；自然资源部下设16个派出机构，如自然资源部北海局、海南测绘地理信息局、国家自然资源督察广州局等。这些派出机构具有独立的行政主体资格，其依照法律、行政法规、部门规章规定，以派出机构的名义作出的行政行为，应视为派出机构自身的行为。因此，根据行政复议管辖的一般原则，对此类行政行为不服的，应以派出机构为被申请人，向派出机构的领导者、管理者或者监督者申请复议。既然此类派出机构由国务院部门管理，故而此类行政行为应由国务院部门管辖。

（三）对本部门管理的被授权组织作出的行政行为不服的行政复议案件

国务院部门有权管辖的第三类行政复议案件是对本部门管理的法律、行政法规、部门规章授权的组织作出的行政行为不服的行政复议案件。在实践中，由国务院部门管理的法律、行政法规、部门规章授权的组织亦不在少数。如国家林业和草原局、中国地质调查局均由自然资源部管理，国家烟草专卖局、国家航天局均由工业和信息化部管理，国家消防救援局、国家矿山安全监察局、中国地震局均由应急管理部管理等。根据行政职权的产生方式，行政主体可划分为职权行政主体和授权行政主体，职权行政主体即行政机关，授权行政主体即法律、法规、规章授权的组织。[①] 法律、行政法规、部门规章授权的组织具有独立的行政主体资格，其作出的行政行为应视为自己的行为。对此类行政行为不服的，应以法律、行政法规、部门规章授权的组织为被申请人提起行政复议。根据行政复议管辖的一般原则，既然这些法律、行政法规、部门规章授权的组织由国务院部门管理，其作出的行政行为理应由担任管理者的国务院部门作为行政复议机关。需要注意的是，能够作为此类组织授权依据的只能是法律、行政法规和部门规章，不能是地方性法规和地方政府规章。

① 参见胡建淼：《行政法学》（第五版），法律出版社2023年版，第70—71页。

二、垂直领导部门的管辖

《行政复议法》第 27 条规定，对海关、金融、外汇管理等实行垂直领导的行政机关、税务和国家安全机关的行政行为不服的，向上一级主管部门申请行政复议。这就意味着，海关、金融、外汇管理等实行垂直领导的行政机关、税务和国家安全机关的行政行为，并非像一般政府工作部门一样依据《行政复议法》第 24 条由县级以上地方各级人民政府管辖，而是在相对集中管辖权之外，保留了相关主管部门的复议管辖权。主要原因有二：

第一，海关、金融、外汇管理等实行垂直领导的行政机关、税务和国家安全机关与其上一级主管部门之间存在领导与被领导的关系，具有管辖基础。行政复议管辖体制以行政领导隶属关系为基础，是层级监督在行政复议领域的具体制度设计。[①] 其中海关、金融、外汇管理等实行垂直领导的行政机关，其上下级之间是垂直领导关系，即不受同级政府管理，直接受上级主管部门管辖。进言之，对于实行垂直领导的行政机关而言，其管理者、领导者、监督者仅有上级主管部门而已，并不受同级政府的管理、领导和监督。税务机关受到中央为主与地方政府双重领导，国家安全机关实行中央垂直管理，因而上下级之间同样成立领导关系。

第二，专业性考虑。“条条管辖”在一定程度上能够有效排除地方保护主义对复议案件裁决的干扰，并使得行政复议技术性和专业性的特点得以保留。[②] 海关、金融、外汇管理、税务和国家安全机关的共同点在于专业性较强[③]，海关、金融、外汇管理、税务和国家安全机关的上级主管部门相较于本级政府而言具有专业优势，“更好地体现专门化的管理，发挥部门拥有的

① 参见马怀德：《论我国行政复议管辖体制的完善——〈行政复议法（征求意见稿）〉第30—34 条评介》，《法学》2021 年第 5 期。

② 参见王青斌、马逸鸣：《论我国行政复议管辖制度之完善》，《浙江学刊》2013 年第5 期。

③ 参见刘权：《主渠道视野下行政复议与诉讼关系的重构》，《中国政法大学学报》2021 年第 6 期。

大量技术专家的作用,迅速有效地处理部门或行业行政争议”①。一则具有专业知识优势,这些部门工作人员长期接触并能够熟练掌握本部门所涉领域的政策法规和行政管理知识。二则具有职业经验优势,这些部门工作人员在履职过程中积累了大量有关本部门工作的职业经验。三则具有专门技能优势,这些部门工作人员能够在培训和日常工作中掌握本行政领域的行政管理和执法技能。②《税务行政复议规则》第 16 条即规定:“对各级税务局的具体行政行为不服的,向其上一级税务局申请行政复议。”将国家安全机关作为行政复议机关也是出于保守国家秘密和维护国家安全的考虑。③

此外,海关、金融、外汇管理等实行垂直领导的行政机关、税务和国家安全机关所管理的行政事务具有统一性、全局性和特殊性,由其上一级行政机关管辖更有利于对于下一级行政机关的监督。④

三、司法行政部门的管辖

《行政复议法》第 28 条规定:“对履行行政复议机构职责的地方人民政府司法行政部门的行政行为不服的,可以向本级人民政府申请行政复议,也可以向上一级司法行政部门申请行政复议。”由此,对履行行政复议机构职责的地方人民政府司法行政部门的行政行为不服的,公民、法人或其他组织拥有选择权,既可以选择向本级人民政府申请行政复议,也可以选择向上一级司法行政部门申请行政复议,本级人民政府与上一级司法行政部门均不得拒绝受理。

根据《行政复议法》第 24 条第 1 款,对地方人民政府工作部门作出的

---

① 杨建顺:《行政规制与权利保障》,中国人民大学出版社 2007 年版,第 564 页。

② 参见贺奇兵:《论行政复议管辖集中后的部门专业性保障》,《行政法学研究》2022 年第 2 期。

③ 参见马怀德:《论我国行政复议管辖体制的完善——〈行政复议法(征求意见稿)〉第 30—34 条评介》,《法学》2021 年第 5 期。

④ 参见姜明安主编:《行政法与行政诉讼法》(第六版),北京大学出版社、高等教育出版社 2015 年版,第 385 页。

行政行为不服的,由本级人民政府统一行使行政复议职责,取消了地方各级人民政府工作部门的行政复议职责。这里的"工作部门"显然不包括履行行政复议机构职责的地方人民政府司法行政部门。履行行政复议机构职责的地方人民政府司法行政部门是指县一级司法局、市一级司法局和省一级司法厅,其与一般的工作部门适用不同的管辖规则。前者适用双重管辖规则,即既可以向本级人民政府申请行政复议,也可以向上一级司法行政部门申请行政复议。后者则适用单一的条块管辖规则,即只能向本级人民政府申请行政复议。

对于履行行政复议机构职责的地方人民政府司法行政部门作为被申请人的行政复议案件,实际上回到了修法之前的双重管辖规则,《行政复议法》(2017)第12条第1款规定:"对县级以上地方各级人民政府工作部门的具体行政行为不服的,由申请人选择,可以向该部门的本级人民政府申请行政复议,也可以向上一级主管部门申请行政复议。"《行政复议法》之所以如此处理,主要原因有二:

第一,缓冲"自己当自己案件法官"之困境。[①] 对本级人民政府工作部门作出的行政行为不服的行政复议案件,本级人民政府担任行政复议机关的实质是由本级人民政府的司法行政部门具体负责审理行政复议案件。这就意味着,对履行行政复议机构职责的地方人民政府司法行政部门的行政行为不服的,如果只能向本级人民政府申请行政复议,实际上具体审理此类行政复议案件的主体仍是"履行行政复议机构职责的地方人民政府司法行政部门",即客观上形成了"自己做自己案件的法官"局面。如此一来,显然不利于践行《行政复议法》第3条第2款规定的公正原则,更不利于培植相对人对行政复议制度的信任。

第二,赋予上一级司法行政部门对此类行政复议案件的管辖权亦有利于减轻地方人民政府的复议工作量。《行政复议法》采取"相对集中管辖体

① 参见曹鎏、李月:《我国行政复议体制改革的发展演进、目标构成及修法回应》,《行政管理改革》2022年第4期。

制”之后，随着县级以上地方各级人民政府工作部门的管辖权限被剥夺，县级以上地方各级人民政府的管辖范围得到进一步扩充，复议工作量也大大增加。为履行行政复议机构职责的地方人民政府司法行政部门的行政行为保留双重管辖主体，允许申请人在本级人民政府与上一级司法行政部门之间自由选择，一定程度上减轻了地方人民政府的复议工作，有助于地方人民政府集中精力管辖其他类别的行政复议案件。

需要注意的是，并非所有司法行政部门作出的行政行为均适用双重管辖规则。第一，仅包括地方人民政府司法行政部门，排除非地方的司法行政部门，即国务院的司法行政部门。第二，必须是“履行行政复议机构职责”的地方人民政府司法行政部门，排除不履行行政复议机构职责的司法行政部门，如乡镇司法所。

第四节　行政复议管辖的提级

一、复议管辖提级的依据和意义

《行政复议法》第38条规定：“上级行政复议机关根据需要，可以审理下级行政复议机关管辖的行政复议案件。下级行政复议机关对其管辖的行政复议案件，认为需要由上级行政复议机关审理的，可以报请上级行政复议机关决定。”由此，行政复议案件的管辖权并非固定不变，而是可以提级至上级行政复议机关管辖。

行政复议管辖的提级是指，本来应由下级行政复议机关管辖的行政复议案件，转由上级行政复议机关审理。

确立行政复议管辖的提级制度，是为了应对这些复杂多变的情况，赋予上级行政复议机关灵活处理的权力。[1] 此外，允准行政复议案件提级管辖

① 《行政诉讼法》(2017)也设计了类似的制度。其第24条规定：“上级人民法院有权审理下级人民法院管辖的第一审行政案件。下级人民法院对其管辖的第一审行政案件，认为需要由上级人民法院审理或者指定管辖的，可以报请上级人民法院决定。”

也有助于提升行政复议审理的公正性，进而提高行政复议的公信力，使行政复议取信于民。

二、复议管辖提级的适用情形

复议管辖提级适用两种情形：一种情形是，上级行政复议机关根据需要，直接决定审理下级行政复议机关管辖的行政复议案件。例如，本应由济南市人民政府管辖的行政复议案件，山东省人民政府决定由自己负责审理。另一种情形是，下级行政复议机关对其管辖的行政复议案件，认为需要由上级行政复议机关审理的，可以报请上级行政复议机关决定。

但是，对于下级行政复议机关的报请，上级行政复议机关并非必须同意不可，而是享有决定权。上级行政复议机关既可能决定由自己审理，也可能决定仍由下级行政复议机关审理。概言之，行政复议管辖的提级既可能源于上级行政复议机关的主动要求，也可能源于下级行政复议机关的申请。这两种情形中的"需要"，主要指以下三种情形：1.案件本身的需要，如案情重大、复杂，涉及面广、业务性强，下级行政复议机关审理有困难；2.客观原因，如下级行政复议机关的负责人与案件有牵连，存在回避等情形；3.自然灾害、不可抗力等。

三、复议管辖转移的限制

需要注意的是，行政复议案件管辖权的转移只能下转上，不能上转下。从理论上说，行政复议管辖权的转移有两种情况：一是由下到上的提级管辖；二是由上到下的管辖权下放。但行政复议案件管辖权的转移只限于第一类情况，不允许上级行政复议机关将本应由自己管辖的行政复议案件交给下级行政复议机关来审理。其目的在于，避免下级行政复议机关因为级别太低受到过度干预，影响行政复议案件的公正审理。

还需注意的是，《行政复议法》第 38 条规定的行政复议管辖提级发生于上下级行政复议机关之间，而非必须是上一级与下一级之间，可以是一级也可以是多级。例如，省一级人民政府有权直接审理本应由县一级人民政府管辖的行政复议案件。

【复习思考题】

1.《行政复议法》采何种管辖体制？

2. 部门有权管辖哪些行政复议案件？

3. 地方政府司法行政部门为什么适用特殊的管辖规则？

4. 派出机构的行政行为如何确定管辖主体？

第六章　行政复议证据

行政复议证据制度是程序理性原则①在复议过程中的体现。行政复议决定的作出是一个查明案件事实，进而正确适用法律的过程。对案件事实的查明建立在完善的证据规则基础之上，这是行政复议程序理性运行的基础。证据制度在行政复议中占据的地位与其在诉讼制度中的地位应当是相同的，建构完整的证据制度是完善行政复议程序的重要内容之一。因此，新《行政复议法》以专节的形式，用5个条文对复议证据的种类、证据的收集、举证责任的分配、复议机关调取证据的权力等作了集中明确规定，基本构建起符合我国行政复议要求的证据规则体系。

第一节　行政复议证据概述

一、行政复议证据的概念

《行政复议法》并没有对证据的概念作出明确规定。按照学界一般的理解，参考行政诉讼中对证据的要求，可以认为，行政复议证据是经合法收集的，经复议机关审查认可的，用以证明案件事实并表现为一定载体形式的事实材料。行政复议实践中，可作为定案的证据必须同时具备以下特性。②

---

① 诉讼中的程序理性原则指法官裁判的过程应当符合理性的要求，不能是任意的和随机的。美国学者富勒认为程序理性原则要求法官在审判中必须做到的事项至少包括：仔细收集证据并对各项论点进行讨论；仔细对这些证据和论点进行衡量；公正而无偏见地以事实为依据解决问题；对判决和决定提供充足的理由。转引自陈瑞华：《刑事审判原理论》，北京大学出版社1997年版，第60页。

② 如《税务行政复议规则》(2018)第54条规定："行政复议机关应当依法全面审查相关证据。行政复议机关审查行政复议案件，应当以证据证明的案件事实为依据。定案证据应当

1. 合法性。即要求证据来源和形式须符合法律规定，具体包括证据的收集手段、收集主体、收集时间、收集对象和收集程序等各方面，均应符合法律规定的要求；证据符合法定形式，且不存在影响证据效力的违法情形。违反法定程序收集的证据材料，以偷拍偷录和窃听等手段获取侵害他人合法权益的证据材料，以利诱、欺诈、胁迫和暴力等不正当手段获取的证据材料，均因不具有合法性而不得作为定案的证据。

2. 真实性。行政案件是在特定时空条件下产生的客观事实，必然会留下某些客观的痕迹或产生某些影响。行政复议证据的真实性既表现在内容上，又表现在形式上。内容上的真实性是指证据必须以客观事物为基础，纯粹主观臆断或者毫无根据的猜测不能作为证据采信。证据形式的真实性是指证据必须以人们可以感知的某种方式来表现。无论是物证、书证、视听资料、证人证言还是鉴定意见、勘验笔录等，都必须有其客观的外在表现形式。复议机关应当从证据形成的原因、发现证据的环境、证据的来源、证人或证据提供者与复议参加人之间的利害关系等方面对证据的真实性进行审查。

3. 关联性。证据的关联性在证据规则中具有重要地位。行政复议案件的待证事实即与行政行为合法性、适当性相关的事实，关联性要求意味着与行政行为合法性、适当性无关的不属于相关证据。复议机关在审查行政复议证据的关联性时，如果证据与被申请复议的行政行为的合法性、适当性存在某种联系，即表明该证据具有关联性，否则即视为没有关联性。

二、行政复议证据的种类

《行政复议法》以专条形式①规定了复议的证据种类，明确行政复议证

具有合法性、真实性和关联性。”随后第55条至第58条对证据合法性、真实性与关联性的审查要点，逐一予以明确。

① 《行政复议法》第43条规定：“行政复议证据包括：(一)书证；(二)物证；(三)视听资料；(四)电子数据；(五)证人证言；(六)当事人的陈述；(七)鉴定意见；(八)勘验笔录、现场笔录。以上证据经行政复议机构审查属实，才能作为认定行政复议案件事实的根据。”

据包括:(一)书证;(二)物证;(三)视听资料;(四)电子数据;(五)证人证言;(六)当事人的陈述;(七)鉴定意见;(八)勘验笔录、现场笔录。同时强调,须经行政复议机构审查属实的证据,才能作为认定复议案件事实的根据。

(一) 书证

书证是以其内容或含义证明案件事实的文字、符号、图画等材料。如税务行政案件中的书证主要有营业执照、税务登记证、纳税申报表、税收缴款书、会计报表、会计账册、会计凭证以及与纳税相关的合同资料等。复议当事人提交书证一般须遵循以下规则:(1)提供书证的原件,原本、正本和副本均属于书证的原件。提供原件确有困难的,可以提供与原件核对无误的复印件、照片、节录本。(2)提供由有关部门保管的书证原件的复制件、影印件或者抄录件的,应当注明出处,经该部门核对无异后加盖其印章。(3)提供报表、图纸、会计账册、专业技术资料、科技文献等书证的,应当附有说明材料。(4)被申请人提供的作出行政行为所依据的询问、陈述、谈话类笔录,应当有行政执法人员、被询问人、陈述人、谈话人签名或者盖章。

(二) 物证

物证是指以物品的外形、质量、特征来证明案件事实的物品和痕迹,如走私物品、查禁物品等。物证本身不具有任何思想内容,不受人的主观因素的影响,不仅可以用来判断案件发生时的实际情况,还可以用来鉴别其他证据的真伪。提交物证,通常也须以原物提交为原则,但考虑到实践中,有的物证可能容易发生毁损、灭失,因而导致提供原物已不可能。对于提供原物确有困难的情形,可以提供与原物核对无误的复制件或者证明该物证的照片、录像等。

(三) 视听资料

视听资料是指运用录音、录像等科学技术手段记录下来的与案件相关的事实和材料。视听资料与书证有相似的地方,如以其思想或内容来证明案件情况;又具有物证的某些特征,如反映了一定的图形、外在特征等,但是,它在反映内容上是以音调、形象为形式,在反映形态、形状上以动态为特征。因此,它有物证和书证都不具有的特征,是一种独立的证据。视听资料的形成及其显示需要借助科学仪器,容易被伪造,因而在提供该类证据时必须遵守以下规则:(1)提供有关资料的原始载体。提供原始载体确有困难的,可以提供复制件。(2)注明制作方法、制作时间、制作人和证明对象等。(3)声音资料应当附有该声音内容的文字记录。

（四）电子数据

电子数据是指基于计算机应用、通信和现代管理技术等电子化技术手段形成的包括文字、图形符号、数字、字母等的客观资料。电子数据产生于电子技术,表现为电子信息,它具有如下特点:(1)高科技性。电子数据是计算机和互联网技术发展的产物,通常是以磁盘、光盘、ROM 等磁性材料、光学材料、半导体材料为载体。(2)脆弱性。所有的电子数据,包括声音、图像、符号等,都是以一系列二进制代码形式储存在各种介质上的,一个简短的指令就可在极短的时间内对电子数据进行修改、删除、转移,从而导致电子数据的改变,而且这种改变不易留下痕迹,不易被发现,即使鉴定也比较困难。(3)开放性。开放性是电子数据尤其是网络中电子数据的重要特征,主要表现在访问主体、访问空间等多个方面。基于电子数据的上述特点,要求复议过程中须运用不同于以往的证据规则与审查方式。一般认为,以有形载体固定或者显示的电子数据交换、电子邮件以及其他数据资料,其制作情况和真实性经对方当事人确认,或者以公证等其他有效方式予以证明的,与原件具有同等的证明效力。

（五）证人证言

证人证言是指了解案件有关情况的案件当事人之外的人对待证案件事实的陈述。复议当事人向复议机关提供的证人证言应符合下列条件:(1)写明证人的姓名、年龄、性别、职业、住址等基本情况;(2)有证人的签名,不能签名的,应当以盖章等方式证明;(3)注明出具日期;(4)附有居民身份证复印件等证明证人身份的文件。

（六）当事人的陈述

当事人的陈述是指复议参加人在复议过程中向复议机关所作的有关案件待证事实的陈述。应该看到的是，当事人陈述具有双重性：他们是行政争议的法律关系主体，对争议的内容及有关事实有真实的了解；同时，当事人与案件的结果有直接的利害关系，其陈述往往会有意无意地过滤掉某些信息，因此其陈述带有主观性、片面性。

（七）鉴定意见

鉴定意见是指具有专门知识的人员运用专业技术对案件事实中需要解决的专门性问题进行鉴定后所作出的结论。凡是需要专门知识才能解决的技术性问题，都可以进行鉴定。常见的鉴定意见有司法精神鉴定、法医鉴定、文书鉴定等多种形式。鉴定意见应当载明委托人和委托鉴定的事项、向鉴定部门提交的相关材料、鉴定的依据和使用的科学技术手段、鉴定部门和鉴定人鉴定资格的说明，并应有鉴定人的签名和鉴定部门的盖章。通过分析获得的鉴定结论，应当说明分析过程。

（八）勘验笔录、现场笔录

勘验笔录是指对与案件争议相关的现场或物品进行勘查检验、测量、绘图、拍照，并将情况和结果如实记录下来而制作的笔录。勘验笔录是对一些证据和情况的综合反映和再现。现场笔录是指行政机关对违反行政管理法律规范行为当场处罚或者其他情况当场处理而制作的文字记载材料。现场笔录是行政争议解决程序中特有的证据类型。在行政执法过程中，难免出现证据难以保全或者事后难以取得的情况，如果不制作现场笔录，也不可能通过其他证据证明行政行为的事实根据。在此情形下，制作现场笔录对行政主体意义重大。规范的勘验笔录、现场笔录，应当载明时间、地点和事件等内容，并由执法人员和当事人签名。当事人拒绝签名或者不能签名的，应当注明原因。有其他人在现场的，可由其他人签名。法律、法规和规章对现场笔录的制作形式另有规定的，从其规定。

三、行政复议举证责任

（一）行政复议举证责任的概念

举证责任是民事诉讼制度中的一个古老概念。近现代以来，举证责任的内涵逐渐丰富、适用领域也不断拓展。

在英美法系，举证责任分为推进责任和说服责任，前者指提供证据责任，后者则强调证明意义上的责任。美国行政法学者伯纳德·施瓦茨评价："举证责任这一术语包含了两种不同的举证责任。第一种是展示案情，例如出示有关争议事实的证据。第二种是说服对事实作出裁定的审判官相信他说的事实是真实的。"①前者是行为性、过程性的责任，后者是结果性的责任。举证责任的关键就是说服责任，是指当事人负有说服法官或事实裁定者使其相信某种事实存在的责任。在大陆法系，举证责任基本上可以分为主观举证责任和客观举证责任。主观举证责任是指将举证责任作为当事人就自己的主张向法院提供证据的一种义务和负担，证据责任的重点局限于当事人的举证活动。客观举证责任是指案件真伪不明是一种客观状态，裁判者必须确定由哪一方当事人负担因客观事实不明而产生实体上的不利后果。客观举证责任是举证责任中的主导概念。

我国行政法学理论中对行政诉讼举证责任的认识并不一致，大体而言，有如下几种理解：(1)举证责任是一种义务。这种认识从维护诉讼功能的角度出发，认为举证责任具有强制性，不履行这种强制性义务将会遭受不利的法律后果。(2)举证责任是一种制度。这种认识认为，既不能把举证责任单纯看成是一种权利，也不能把举证责单纯看成是一种义务，而是把它看成是一种把提供证据同对案件的裁判联系起来的制度。(3)举证责任是风险责任。设置举证责任的主要目的在于当案件事实处于真伪不明时，裁判机关应如何作出裁判——谁承担举证责任谁将承担败诉

---

① ［美］伯纳德·施瓦茨：《行政法》，徐炳译，群众出版社1986年版，第321页。

后果，这种主张获得了多数学者的赞成。因此，举证责任在本质上是一种后果责任。

同样作为争议解决的一种方式，行政复议在很大程度上与行政诉讼共享着举证责任这一概念及相关制度设计。行政复议举证责任也是着眼于复议后果，当行政复议完结而行政行为的事实根据和法律依据缺乏或不足以支持行政行为的主张时，被申请人行政主体就必须承担败诉责任。简言之，行政复议举证责任是指依据法律规定，被申请人、申请人等特定当事人对法律规定的事项或者当事人自己提出的主张，应当举出证据而加以证明，在没有证据或证据不足以证明的情况下将承担不利的法律后果的证据规则。

（二）行政复议举证责任的内涵

理解行政复议举证责任的内涵应当从以下几个方面来加以认识。

1. 行政复议举证责任具有法定性。举证责任作为行政复议证据制度的重要组成部分，举证责任分担规则应由《行政复议法》明确地规定。行政复议举证责任是解决证明活动由谁来承担的问题，法定性规定了责任主体的义务，法定性有利于责任主体完成自己的证明责任，同时也明确谁将可能承担不利的法律后果。正是基于此，《行政复议法》第 44 条明确规定，被申请人对其作出的行政行为的合法性、适当性负有举证责任。

2. 行政复议举证责任主体是当事人。举证责任不仅局限于被申请人，也包括申请人以及第三人。虽然在行政复议过程中承担举证责任主体主要是被申请人，但是在特定事项中以及推进责任中，申请人以及第三人也需要承担举证责任。当事人对其所主张的事实需要提供证据并且能够证明其主张，当事人对其主张不能提供证据时，则要承担不利法律的后果。

3. 举证责任与法律后果相联系。当事人向行政复议机关提交证据，证明自己的主张具有合法性以及适当性。对于负有举证责任的当事人来说，如果所主张的事实不能够完全证明，将承担主张不成立的风险，而另一方当事人所主张的事实即使不能完全证明，只要阻止承担举证责任当事人的证明，使其陷入真假不明的状态，就可以达到胜诉的目的，因而举证责任总是与承担法律后果相联系的。所以，在复议实践中，申请人对行政行为违法性的主张，可以提供证据，也可以不提供，即申请人享有提供证据的权利，而不是有责任或义务提供。申请人提供的证据不成立的，并不减免被申请人所负的举证责任。

（三）行政复议举证责任的分配

被申请人对作出的行政行为承担举证责任，并不意味着被申请人在行政复议中承担全部举证责任。行政行为性质（如依申请行为与应职权行为，行政作为还是不作为）、行为后果（是否造成损害）等的不同，待证事实内容及证明要求均不相同，不宜不加区分全然由被申请人承担。由此产生了行政复议举证责任分配问题。

第二节　被申请人的举证责任

一、被申请人举证责任范围

《行政复议法》第 44 条第 1 款规定："被申请人对其作出的行政行为的合法性、适当性负有举证责任。"由此明确界定了被申请人在复议中的举证责任范围。

（一）举证对象

被申请人应围绕行政行为承担举证责任。毋庸置疑，行政复议是以行政行为的合法性、适当性为核心的，但复议过程中还涉及与行政行为相关的其他问题，如被侵害的程度、实际的损失等，并不完全属于被申请人的举证责任范围。值得关注的是，对于行政机关的不作为如何确定举证责任分配的问题。我们认为应当区分看待：若争议的是不作为的存在与否，则应当由申请人举证；如果争议的是行政不作为的合法与否，则应当由被申请人举证，即被申请人应当证明其不作为是合法的。

（二）举证内容

不仅包括行政行为合法性，也包括行政行为适当性。行政行为合法性和适当性是行政机关作出的行政行为符合要求的两个重要标准。被申请人对行政行为的合法性、适当性承担举证责任，是基于行政复议审查的深度与广度所要求的。与行政诉讼相区别，行政复议机关既审查行政行为的合法性，也审查行政行为的适当性。其中，合法性审查主要是审查行政行为是否违法，适当性审查则是进一步对行政机关在自由裁量权范围和幅度内作出的行政行为是否适当进行审查。对于合法性，被申请人必须提供证据证明其作出的行政行为事实清楚、证据确凿、适用依据正确、程序合法，而适当性是涉及行政机关自由裁量权限定范围，被申请人必须证明其作出的行政行为内容适当。

（三）举证形式

被申请人需提供证明行政行为合法性、适当性的全部事实证据和法律依据。行政机关作出行政决定应当以事实为证据，以法律规范为准绳，这决定了行政行为合法性、适当性的证据既包括事实层面的，又包括规范层面的。在此，规范性依据文件要作广义理解，即包括作出行政行为时的法律、法规、规章和其他规范性文件。尽管规范性文件不能作为行政行为的依据，但可以作为支持行政行为的证据，如果一个行政行为有规范性依据，至少可以说明行政行为在作出时并不是主观任意的。

二、被申请人承担举证责任的理由

如果我们把行政复议程序与行政程序结合起来考察，行政复议中被申请人承担举证责任只不过是“谁主张、谁举证”一般原理的特殊体现。从形式上看，申请人似乎处在主张者的位置，他主张的是某一特定行政行为的违法性；但实质上违法性不过是对合法性的否定，而主张行政行为合法的正是作出行政行为的行政主体。也正是举证责任的倒置机制，确保了行政复议整体结构的稳定和均衡。这是对由被申请人承担举证责任正当性的一般概括，具体而言被申请人承担举证责任的理由如下：

（一）依法行政原则要求行政主体承担举证责任

根据依法行政原则的基本要求，行政机关在实施行政行为时，主体资格、职权范围、法律依据以及实施行为均必须合法。在实施行政行为时，应当遵循"先取证、后裁决"的基本程序规则，行政机关应在全面调查有关事实、获取充分证据的基础上，根据法律规定作出行政行为。简言之，合法的行政行为应当满足事实清楚、证据确凿、适用法律法规正确、符合法定程序等要件。这些要件表明，一个行政行为在形成之时，如果它是合法有效的，就应当是能够满足上述条件的。如果行政行为在形成之时未能满足事实根据和法律依据的要求，就违背了依法行政原则的要求。当行政机关作出的行政行为被申请复议时，行政机关应当提供事实证据和法律依据，证明行政行为的合法性与适当性，否则其行政行为就被认为是违法或不当的，这是被申请人承担举证责任的基础。

（二）被申请人举证符合"主张消极事实的人不负举证责任"的证据原理

行政复议审查对象是行政行为的合法性和适当性，而合法性和适当性属于积极事实（即肯定事实），违法性和不适当性属于消极事实（即否定事实）。根据消极事实说，应由主张积极事实的当事人而不是由主张消极事实的当事人承担举证责任。因此，根据这一原理，应当由主张积极事实，即主张行政行为合法性和适当性的被申请人承担证明责任，而主张消极事实即行政行为违法、不适当的申请人不承担举证责任。

（三）举证能力的优势要求行政主体承担举证责任

在行政法律关系中，行政机关处于主导和支配的地位，在作出行政行为时，一般无须征得行政相对人的同意，由其单方面依据事实和法律作出决定。行政机关在知识、技术手段、资料、设备等方面具有优势，且有财政为后盾，其举证能力明显比申请人要强得多。而处于不利地位的行政相对人，很难或者甚至无法收集到相关的证据，即使收集到相关的证据，也很难保全，因而规定行政相对人因不能举证而承担败诉后果，是有失公允的。为了弥补行政管理中双方当事人法律地位不平等，法律将证明行政行为合法性和适当性的举证责任归于被申请人，从而在事实上形成对行政行为的制约。在行政复议中让举证能力强的一方当事人承担举证责任，有利于当事人双方法律地位在事实上平等。在行政复议过程中，从举证能力角度考察举证责任的分配，是公平原则在复议中的体现。

三、被申请人的举证时限

举证时限是指负有举证责任的当事人以及不承担举证责任的当事人应当在法律规定的期限内提出证明其主张的证据，逾期不举证则承担证据失权等不利影响的制度。①《行政复议法》第 48 条和第 54 条明确规定，②被申请人应当自收到行政复议申请书副本或者行政复议申请笔录复印件之日起十日内，提交作出行政行为的证据、依据和其他有关材料；对适用简易程序审理的行政复议案件，则应五日内提交。以此确定了被申请人举证的期限，即普通案件为收到复议申请书副本或申请笔录复印件之日起十日内，适用简易程序的案件则缩减为五日。

规定行政复议当事人提供证据期限是合理利用行政复议资源，提高行政复议效率的重要保障。在行政程序中，被申请人必须按照“先取证，后裁决”的规则作出行政行为。一般而言，被申请人已经拥有行政复议中将使用的证据，才可以作出行政行为，因而要求被申请人在严格的时间内提供相关

---

① 参见江必新、梁凤云：《行政诉讼法理论与实务》，北京大学出版社 2011 年版，第543 页。

② 《行政复议法》第 48 条规定：“行政复议机构应当自行政复议申请受理之日起七日内，将行政复议申请书副本或者行政复议申请笔录复印件发送被申请人。被申请人应当自收到行政复议申请书副本或者行政复议申请笔录复印件之日起十日内，提出书面答复，并提交作出行政行为的证据、依据和其他有关材料。”第 54 条规定：“适用简易程序审理的行政复议案件，行政复议机构应当自受理行政复议申请之日起三日内，将行政复议申请书副本或者行政复议申请笔录复印件发送被申请人。被申请人应当自收到行政复议申请书副本或者行政复议申请笔录复印件之日起五日内，提出书面答复，并提交作出行政行为的证据、依据和其他有关材料。”

的证据以及依据并不会造成其举证不能问题，同时也有利于及时提出抗辩意见，行政复议机关及时审理行政复议案件，保障行政复议案件的顺利进行。

为保障举证时限制度的落实，《行政复议法》第70条明确规定，逾期举证的，视为该行政行为没有证据、依据，进而使行政行为面对被行政复议机关撤销、确认违法、无效或者被申请人被责令限期履行行政职责等后果。此外，《行政复议法》第82条①甚至还进一步规定了被申请人不举证情形下，负有责任的领导人员和直接责任人员须承担相应的行政纪律责任。

四、被申请人补充证据

基于行政行为“先取证，后裁决”的规则，只有收集到确定、充分的证据后，行政机关才可以作出行政决定。被申请人向行政复议机关提交的证据必须是在行政程序中收集的证据，由此《行政复议法》第46条规定：“行政复议期间，被申请人不得自行向申请人和其他有关单位或者个人收集证据；自行收集的证据不作为认定行政行为合法性、适当性的依据。”但需要说明的是，立法禁止的是被申请人“自行”调查取证，并不排除复议机关要求或经复议机关同意后被申请人补充证据的情况。补充证据是指案件已有的证据不足，尚不能证明案件事实，需要补充证据进一步证明案件事实的行为。《行政复议法》第46条第2款规定：“行政复议期间，申请人或者第三人提出被申请行政复议的行政行为作出时没有提出的理由或者证据的，经行政复议机构同意，被申请人可以补充证据。”这一规定有三层意思：

一是被申请人补充证据仅限于申请人或者第三人提出了其在行政处理程序中没有提出的理由或证据的情形。在行政程序中，行政主体在作出行政行为时，应当有充足的证据，但是基于各种原因，作为申请人的行政相对

① 《行政复议法》第82条规定：“被申请人违反本法规定，不提出书面答复或者不提交作出行政行为的证据、依据和其他有关材料，或者阻挠、变相阻挠公民、法人或者其他组织依法申请行政复议的，对负有责任的领导人员和直接责任人员依法给予警告、记过、记大过的处分；进行报复陷害的，依法给予降级、撤职、开除的处分；构成犯罪的，依法追究刑事责任。”

人可能会故意隐瞒证据、不提供证据或者提供的证据与事实不符，而进入复议阶段以后，申请人或者第三人再将相关证据提供出来，使得建立在原来证据基础上的行政行为的合法性受到质疑。因此，如果不允许被申请人补充证据，显然是不公平的。因此，可以说在此情形下，允许被申请人补充证据，只不过在于实现行政程序与行政复议程序的平衡。

二是被申请人补充证据的范围，只能在申请人或第三人提出的其在被申请人实施行政行为中没有提出反驳理由或者证据的范围内。换句话说，被申请人补充的证据与申请人、第三人在复议中突袭的证据之间要保持大致的对应，否则将会造成新的不均衡。

三是经复议机关许可，未经许可补充的证据不予采信。

第三节　申请人、第三人的举证权利与义务

一、申请人、第三人的举证权利

（一）提供证据的权利

在复议过程中，被申请人就被申请行为的合法性与适当性承担举证责任。需要说明的是，举证与举证责任是两个不同概念，并不因被申请人承担举证责任，而否认排除申请人、第三人举证的权利。相反，对申请人、第三人来说，其申请及参加复议的重要内容即表现为，从维护自身权益出发，通过向复议机关提供证据等方式积极证成自己的主张。申请人自然是主张被申请行为的违法与不当，第三人则很可能是主张被申请行为合法与适当。与被申请人承担举证责任不同的是，申请人、第三人举证成功与否，并不直接导致败诉风险。简言之，在复议实践中，申请人对行政行为违法性的主张，可以提供证据，也可以不提供，即申请人享有提供证据的权利，即使申请人提供的证据不成立的，并不减免被申请人所负的举证责任。

（二）查阅、复制被申请人材料的权利

与行政诉讼制度不同[①]，《行政复议法》并没有明文规定证据开示制度及复议当事人的质证权利，但在第 47 条明确了申请人有查阅、复制被申请人证据材料的权利，该条具体表述为“行政复议期间，申请人、第三人及其委托代理人可以按照规定查阅、复制被申请人提出的书面答复、作出行政行为的证据、依据和其他有关材料，除涉及国家秘密、商业秘密、个人隐私或者可能危及国家安全、公共安全、社会稳定的情形外，行政复议机构应当同意”。

阅览、复制被申请人证据制度是武器平等原则在复议程序中的要求，也是申请人与第三人能够有效参与复议，更好维护自己权利的前提与基础。申请人、第三人通过查阅，与被申请人之间信息对称，才能形成有效对抗。因此，除涉及国家秘密、商业秘密、个人隐私或者可能危及国家安全、公共安全、社会稳定的情形外，对于申请人、第三人提出的查阅、复制申请，行政复议机关均应当同意。

二、申请人的举证义务

（一）初步证明责任

申请人的初步证明责任体现在行政复议法关于申请条件的规定之中。根据《行政复议法》第 30 条的规定，申请人提出复议申请，须与被申请复议的行政行为有利害关系，且复议申请有具体的复议请求和理由。这一规定表明，在申请复议时申请人与被申请复议行为是否有利害关系，及复议是否具有事实根据，应当由申请人证明。如果申请人无法证明自己与被申请行为之间的利害关系，没有说明申请复议的理由，复议机关将不予以受理其申请。需要说明的是，此时申请人承担的是一种初步证明责任，即只要达到初

① 《行政诉讼法》第 43 条明确规定：“证据应当在法庭上出示，并由当事人互相质证。对涉及国家秘密、商业秘密和个人隐私的证据，不得在公开开庭时出示。”

步证明的要求，复议机关就应当予以受理。

（二）申请人对特定事项的举证责任

《行政复议法》第 44 条第 2 款①规定了申请人就特定事项承担举证责任。该规定包含如下内容：

1. 在认为被申请人不作为违法的案件中，申请人须提供证据证明其在行政程序中曾经提出过申请的事实。

基于"证其有、不证其无"的基本证据规则，在行政过程中，行政相对人是不是提出过申请，由其自身来证明更具有合理性，如果要求被申请人找到证据来证明申请人没有申请这一事实，这显然是很荒谬的。因此，行政不作为案件中由申请人就其在行政程序中提出过申请的事实提供证明，更为合理。

当然，行政主体的行政不作为并不都是发生在须经行政相对人申请的领域，某些行为应当是行政主体依职权作出的，如果行政主体应当依职权作为而又不作为时，构成违法。换言之，对于此类行为，行政相对人是无法在行政程序中提供申请的证明材料的。据此，《行政复议法》作了明确列举排除，即"被申请人应当依职权主动履行法定职责……的除外"，即该情形下仍由被申请人承担举证责任。

除此以外，《行政复议法》还规定"申请人因正当理由不能提供的"作为免除申请人举证责任的情形。在实践中，的确可能出现申请人向被申请人提出过申请，但又无法提供直接证据的情形。之所以无法提供直接证据，可能是因被申请人受理申请的登记制度不完备所致。在此情形下，如果申请人能够提供其他情况证明，足以使人相信他提出过申请，即可免除其举证责任。

---

① 《行政复议法》第 44 条第 2 款规定："有下列情形之一的，申请人应当提供证据：（一）认为被申请人不履行法定职责的，提供曾经要求被申请人履行法定职责的证据，但是被申请人应当依职权主动履行法定职责或者申请人因正当理由不能提供的除外；（二）提出行政赔偿请求的，提供受行政行为侵害而造成损害的证据，但是因被申请人原因导致申请人无法举证的，由被申请人承担举证责任；（三）法律、法规规定需要申请人提供证据的其他情形。"

2. 在提起行政赔偿请求的复议中，证明因受被申请复议行为侵害而造成损失及损失数额大小的事实。

《行政复议法》第 44 条第 2 款第（二）项规定：“提出行政赔偿请求的，提供受行政行为侵害而造成损害的证据。”在行政赔偿争议中，举证责任是按照民事诉讼证据规则来安排的，即“谁主张谁举证”，原告提起行政赔偿请求，即应当对行政行为造成损害的事实及请求赔偿数额损失的事实承担举证责任。但《行政复议法》该项规定还有但书内容，即“但是因被申请人原因导致申请人无法举证的，由被申请人承担举证责任”。如因为行政机关违法强拆，房屋已被拆除，申请人无法对房屋损失及房屋内的物品损失提供证据的，由被申请人承担举证责任。

（三）申请人的举证时限

虽然行政复议的性质和目的决定了在复议程序中申请人享有比被申请人较多的程序性权利，但不能由此断定，对申请人的举证不能有任何限制。复议申请期限的规定，事实上限制了申请人和第三人收集证据的期限。申请人申请复议时起所负的初步证明责任，要求申请人在复议开始前即有相应的收集证据义务。如若对申请人、第三人的举证期限不加限制，将导致行政资源的浪费和复议程序的不公平。

第四节　复议机关调查取证的权力

在复议过程中，复议机关是居中裁判机关，其职能是依据申请人、被申请人提供的事实和证据，对案件作出裁断。但行政复议不仅要考虑争议双方的主张和利益，还要考虑行政效率以及复议对国家和社会公共利益的影响。允许复议机关在一定范围内依职权调查取证，不仅有利于克服当事人提供证据的不足，而且有利于复议机关准确、迅速地认定已有证据的合法性、关联性和客观性，从而更加快捷审结行政案件。基于此，《行政复议法》以第 46 条 3 款的形式对行政复议机关调查取证问题作了较为全面的规定。

一、复议机关调查取证的正当性与必要性

（一）核实证据、化解争议的内在要求

根据《行政复议法》第 43 条第 2 款，证据须经行政复议机构审查属实，才能作为认定行政复议案件事实的根据。据此，复议机构负有查明案件事实的职责。且从实质化解行政争议的视角，复议机关作为被申请人的上级，有制度空间和专业优势查明案件事实，为在复议决定中直接形成或者变更行政法律关系，实质化解行政争议奠定基础。

（二）补足申请人举证能力不足的有效手段

复议机关在一定范围内依职权调查取证，有利于克服当事人提供证据的不足。因为在行政程序中，行政主体与行政相对人之间客观上处于非均势地位，行政主体利用自身的资源条件，享有获得证据的种种便利，而且行政程序中的诸多证据和依据，直接掌握在行政主体手中，没有行政主体的配合行政相对人根本无法获得。简言之，行政复议过程中，申请人与被申请人的举证能力明确不对等，如果复议机关不承担一定的调查核实职责，完全交由申请人与被申请人对峙，不利于申请人权益保障。因此，允许行政相对人借助复议机关的力量调取证据是合理的。

二、复议机关调查取证的程序

（一）启动

1. 依申请调查取证

当申请人或第三人不能自行收集证据时，其可以申请复议机关调查取证。实践中，可以申请复议机关调取的证据范围具体包括：(1)由国家机关保存而须调取的证据。这类证据主要是指档案材料。在国家的档案材料中，有的不对外公开，即使凭借身份证、介绍信等相关证件，也不能查阅和获取，在这种情况下可申请复议机关调取。(2)涉及国家秘密、商业秘密和个

人隐私的证据。(3)确因客观原因不能自行收集的其他证据。这是一个兜底性规定,可由具体文件规定或由复议机关裁量。

2. 依职权调查取证

除基于申请人申请外,复议机关认为必要的,也可自主决定实施调查取证。

(二) 实施

行政复议行为作为行政行为类型之一,其调查取证活动须遵循行政程序的基本要求。就此,《行政复议法》第 45 条第 2 款规定:"调查取证时,行政复议人员不得少于两人,并应当出示行政复议工作证件。"同时,为查明案件事实,《行政复议法》明确可以采取的调查措施包括查阅、复制、调取有关文件和资料,向有关人员进行询问等。《行政复议法》第 45 条第 3 款进一步明确:"被调查取证的单位和个人应当积极配合行政复议人员的工作,不得拒绝或者阻挠。"行政机关无正当理由拒不提交材料或是不接受询问的,可能会被视为举证不能或缺乏作出行政行为的依据而承担败诉责任。

三、复议机关调取证据的运用

根据正当程序原则的要求,复议机关经调查、调取获得新的证据,应当告知复议当事人新证据的内容,并听取其意见后,才能将所调取的证据作为定案依据。

如果复议机关依职权收集的证据是对被申请人不利的,证明的是行政行为的违法性,则是允许的。值得关注的是,复议机关调查取证后所获得的证据,可能出现客观上有利于被申请人的结果,但实践中,并不允许将其作为支持被申请复议的行政行为合法性、适当性的证据。[①] 因为,如果客观上

---

① 《税务行政复议规则》(2018)第 58 条第 2 款规定:"行政复议机构依据本规则第十一条第(二)项规定的职责所取得的有关材料,不得作为支持被申请人具体行政行为的证据。"

被申请的行政行为需要复议机关依职权调取的证据来支持的话，那么可以认为，被申请人行政行为的合法性支持是不够的。

【复习思考题】

1. 被申请人为何要承担举证责任？

2. 被申请人的举证范围有哪些？

3. 申请人承担证明责任的情形有哪些？

4. 如何理解复议机关依职权调取证据？

第七章　行政复议依据

根据依法行政原则，行政复议必须严格依法实施。其中，行政复议所依之法，就是行政复议的依据。行政复议行为作为一项行政行为，如果所依之法错误，就属于《行政诉讼法》(2017)第70条中“适用法律、法规错误”，人民法院有权撤销复议决定。因此，在具体的复议案件中正确且明确地确定行政复议依据，是学习《行政复议法》要掌握的基本能力。

第一节　行政复议依据的范围

《行政复议法》第37条明确规定：“行政复议机关依照法律、法规、规章审理行政复议案件。”由此可见，行政复议依据的范围很明确，就是法律、法规、规章，具体分为以下四种。

一、法律

法律是指全国人民代表大会及其常务委员会，依据《宪法》《全国人民代表大会组织法》《立法法》的授权以及确立的立法程序制定的，由国家主席签署主席令予以公布的规范性文件，一般称之为“法”，比如《行政处罚法》。

二、行政法规

行政法规是指国务院依据《宪法》《国务院组织法》《立法法》的授权和确定的行政法规制定程序制定的，由总理签署国务院令公布的规范性文件，一般称之为“条例”，比如《娱乐场所管理条例》。根据《宪法》规定，中华人民共和国国务院，即中央人民政府，是最高国家权力机关的执行机关，是最高国家行政机关。行政法规作为最高国家行政机关制定的规范性文件，其效力等级仅次于宪法和法律，是全国各级政府行政复议的基本依据，也是行政复议的基本依据。

三、地方性法规

地方性法规是指地方人民代表大会及其常务委员会依据《宪法》《地方各级人民代表大会和地方各级人民政府组织法》《立法法》的授权和确定的地方性法规制定程序制定的，由地方人民代表大会常务委员会公布的规范性文件。根据《立法法》的规定，作为行政复议依据的地方性法规可以分为以下四类。

第一类是指省、自治区、直辖市的人民代表大会及其常务委员会根据本行政区域的具体情况和实际需要，在不同宪法、法律、行政法规相抵触的前提下制定的地方性法规。

第二类是指设区的市和全国人大授权的市人民代表大会及其常务委员会根据本市的具体情况和实际需要，在不同宪法、法律、行政法规和本省、自治区的地方性法规相抵触的前提下，对城乡建设与管理、生态文明建设、历史文化保护、基层治理等方面的事项制定的地方性法规。

第三类是指民族自治地方的人民代表大会依照当地民族的政治、经济和文化的特点，制定的自治条例和单行条例。自治条例和单行条例可以依照当地民族的特点，对法律和行政法规的规定作出变通规定，但不得违背法律或者行政法规的基本原则，不得对宪法和民族区域自治法的规定以及其他有关法律、行政法规专门就民族自治地方所作的规定作出变通规定。

第四类是经济特区、浦东新区、自由贸易港根据全国人大授权制定的地方性法规。2023 年新修订的《立法法》第 84 条规定："经济特区所在地的省、市的人民代表大会及其常务委员会根据全国人民代表大会的授权决定，制定法规，在经济特区范围内实施。上海市人民代表大会及其常务委员会根据全国人民代表大会常务委员会的授权决定，制定浦东新区法规，在浦东新区实施。海南省人民代表大会及其常务委员会根据法律规定，制定海南自由贸易港法规，在海南自由贸易港范围内实施。"据此，除了经济特区法规外，我国还有浦东新区法规、海南自由贸易港法规两类新型的地方性法规。

此外，2015 年 3 月 15 日《立法法》修订前，"省、自治区的人民政府所在地的市，经济特区所在地的市和国务院已经批准的较大的市"有权制定内容全面的地方性法规，其内容不限于"城乡建设与管理、生态文明建设、历史文化保护、基层治理等事务"。因此，《立法法》专门作出规定，规定原"省城市、特区市、较大的市"地方性法规全部内容有效，不限于"城乡建设与管理、生态文明建设、历史文化保护、基层治理等事务"。此类地方性法规也是当前行政复议的依据。

总之，截至 2023 年 9 月 1 日，我国共有地方立法主体 354 个，其中包括 31 个省（区、市）、289 个设区的市、30 个自治州以及 4 个不设区的地级市①，这些立法主体制定的地方性法规都是行政复议的依据。

四、规章

规章是指行政机关或地方人民政府根据《宪法》《国务院组织法》《地方各级人民代表大会和地方各级人民政府组织法》《立法法》的授权和确定的规章制定程序制定的规范性文件。具体分为以下两类。

第一类是国务院部门规章，是指国务院各部、委员会、中国人民银行、审计署和具有行政管理职能的直属机构以及法律规定的机构，根据法律和国务院的行政法规、决定、命令，在本部门的权限范围内制定的规章。部门规

① 参见朱宁宁：《稳中求进推动新时代地方立法工作高质量发展》，《法治日报》2023 年 9 月 26 日，第 5 版。其中四个不设区的市分别为广东省东莞市和中山市、甘肃省嘉峪关市、海南省儋州市。——作者注

章规定的事项应当属于执行法律或者国务院的行政法规、决定、命令的事项。没有法律或者国务院的行政法规、决定、命令的依据，部门规章不得设定减损公民、法人和其他组织权利或者增加其义务的规范，不得增加本部门的权力或者减少本部门的法定职责。

第二类是地方政府规章，是指省、自治区、直辖市和设区的市、自治州的人民政府，根据法律、行政法规和本省、自治区、直辖市的地方性法规制定的规章。其中，设区的市、自治州的人民政府制定的地方政府规章，限于城乡建设与管理、生态文明建设、历史文化保护、基层治理等方面的事项。没有法律、行政法规、地方性法规的依据，地方政府规章不得设定减损公民、法人和其他组织权利或者增加其义务的规范。

此外，2015 年 3 月 15 日《立法法》修订前，“省、自治区的人民政府所在地的市，经济特区所在地的市和国务院已经批准的较大的市”有权制定内容全面的地方政府规章，其内容不限于“城乡建设与管理、生态文明建设、历史文化保护、基层治理等事务”。因此，《立法法》专门作出规定，规定原“省城市、特区市、较大的市”地方政府规章全部内容有效，不限于“城乡建设与管理、生态文明建设、历史文化保护、基层治理等事务”。此类地方政府规章也是当前行政复议的依据。

第二节　行政复议依据适用规则和裁决机制

行政复议的依据是法律、法规和规章，但作为行政复议依据的法律、法规和规章之间会发生冲突，在这种情况下，就要通过适用规则和裁决机制解决依据冲突。其中，应当首先运用适用规则化解依据冲突。无法通过适用规则化解依据冲突的，行政复议机关应当中止行政复议程序，就行政复议案件涉及的法律适用问题提请有权机关作出裁决，选择正确的行政复议依据。

一、“上位法优于下位法”规则

“上位法优于下位法”是行政复议依据适用的首要规则。根据“上位法优于下位法”，当相互冲突的行政复议依据之间存在上位法和下位法关系时，优先适用上位法。“上位法优于下位法”规则之所以是“首要规则”，是因为化解行政复议依据冲突时，应当首先适用“上位法优于下位法”规则，在适用其他规则时，其结果也不能违反“上位法优于下位法”规则。

（一）行政复议依据的效力等级

理解和运用“上位法优于下位法”规则，首先要认识到不同的行政复议依据之间是存在“上位法”和“下位法”关系的。换句话说，不同行政复议依据之间的效力等级是不一样的。效力等级高的行政复议依据是上位法，效力等级低的行政复议依据是下位法。当前，不同行政复议依据之间效力等级如下：

第一，法律的效力等级高于行政法规、地方性法规、规章和行政规范性文件，仅次于宪法。

第二，行政法规的效力等级高于地方性法规、规章和行政规范性文件，低于宪法和法律。在我国，行政法规是国务院制定和颁布的，确保行政法规效力高于地方立法机关制定和颁布的地方性法规，是维护中央政府权威的体现。

第三，地方性法规的效力高于规章和行政规范性文件，低于宪法和法律。在地方性法规中，省级地方性法规效力高于设区的市地方性法规。

第四，规章的效力等级高于行政规范性文件，低于宪法、法律和法规。其中，国务院部门规章和省级地方政府规章的效力等级相同，高于设区的市地方政府规章。

综上所述，不同行政复议依据之间效力等级呈现“金字塔”结构，具体如下图所示。

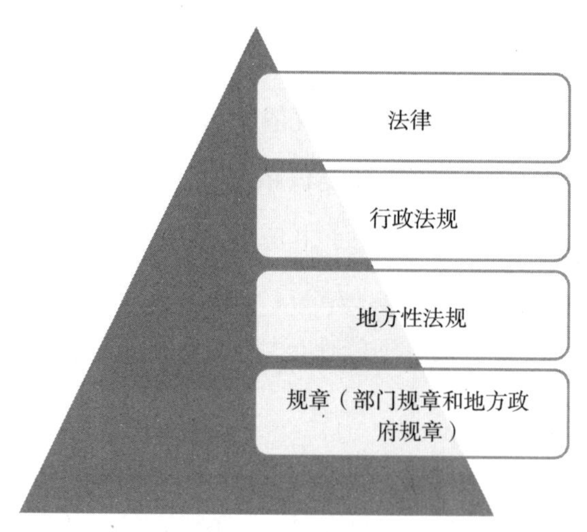

图1　法律位阶层次图

（二）“上位法优于下位法”规则的原理和具体表现

坚持“上位法优于下位法”规则，是维护社会主义法制的统一和尊严的体现，也是维护中央权威、维护根本政治制度的体现。全国人民代表大会是最高国家权力机关，国家行政机关、监察机关、审判机关、检察机关都由人民代表大会产生，对它负责，受它监督，这是我国的根本政治制度。我国是单一制国家，地方服从中央是单一制国家的基本要求。因此，我国确立了法律高于行政法规、行政法规高于地方性法规、法规高于规章的效力等级结构。这一结构看上去是不同类型的规范性文件之间效力等级不同，但其背后的原理是中央人民政府高于地方各级人民政府、全国人民代表大会高于中央人民政府、同级人民代表大会高于同级人民政府的国家权力结构。从某种程度上看，违反“上位法优于下位法”规则就是损害中央权威、就是破坏我国根本政治制度。

具体看，根据行政复议依据之间的效力等级结构，在行政复议中，“上位法优于下位法”适用规则体现为当法律与行政法规冲突时，行政复议优先适用法律；当行政法规与地方性法规冲突时，行政复议优先适用行政法规；当地方性法规和地方政府规章冲突时，行政复议优先适用地方性法规；

等等。

（三）“上位法优于下位法”规则适用中的注意事项

关于“上位法优于下位法”的适用规则，有以下两点值得注意。

第一，不同类型法律之间的效力等级问题。《立法法》（2023）第10条第2款和第3款规定，“全国人民代表大会制定和修改刑事、民事、国家机构的和其他的基本法律。全国人民代表大会常务委员会制定和修改除应当由全国人民代表大会制定的法律以外的其他法律”。根据这两款规定，我国的法律还可以分为“基本法律”和“基本法律以外的其他法律”。从立法实践看，我国当前由全国人民代表大会制定的基本法律有《民法典》《刑法》《选举法》《行政处罚法》《个人所得税法》等，这些法律在适用中是否优于“基本法律以外的其他法律”？对此，传统上学术界认为“基本法律同全国人大常委会制定的法律在效力上并无高低之分”①，司法机关也持这种观点。在“朱素明诉昆明市交通警察支队行政处罚案”案中，终审法院云南省昆明市中级人民法院认为：“全国人大与全国人大常委会都是法律的制定主体，均为行使最高立法权的国家立法机构，全国人大常委会是全国人大的常设机关，在全国人大闭会期间，其可以经常性地行使国家最高层次的立法权，两个国家最高立法机构所制定的法律不应存在位阶上的‘层级冲突’，即不会产生‘上位法’与‘下位法’之间的冲突问题。”②但值得注意的是，近些年，“基础性法律”的概念逐渐被学术界接受。尤其是《民法典》颁布后，《民法典》被普遍认为属于基础性法律③，因此有的学者提出“基础性法律优于单行法律”的效力等级规则④。随着我国各个领域法典编纂工作的推进，这一趋势值得重视，“基础性法律优于单行法律”应当成为重要的行政复议

① 许崇德主编：《中国宪法》（修订版），中国人民大学出版社1996年版，第196页。

② 《云南省昆明市中级人民法院行政判决书》[（2005）昆行终字第124号]。

③ 参见《民法学》编写组：《民法学》（马克思主义理论研究和建设工程重点教材），高等教育出版社2022年版，第49页。

④ 参见胡建淼：《论“基础性法律”的地位及其适用——以〈行政处罚法〉为例》，《法律适用》2023年第9期。

依据适用规则。

第二，国务院的决定、命令和国务院部门规章、地方政府规章之间的效力等级问题。根据《地方各级人民代表大会和地方各级人民政府组织法》(2022)第69条的规定："地方各级人民政府对本级人民代表大会和上一级国家行政机关负责并报告工作。""全国地方各级人民政府都是国务院统一领导下的国家行政机关，都服从国务院。"基于此，国务院部门规章和地方政府规章的效力等级低于国务院的决定和命令，国务院的决定和命令优于规章适用。《规章制定程序条例》(2017)第3条规定，没有法律或者国务院的行政法规、决定、命令的依据，部门规章不得设定减损公民、法人和其他组织权利或者增加其义务的规范，不得增加本部门的权力或者减少本部门的法定职责。这条规定将"国务院的决定、命令"也列为部门规章的依据，同样体现了这一原则。

二、"特别法优于一般法"规则

《立法法》(2023)第103条规定，"同一机关制定的法律、行政法规、地方性法规、自治条例和单行条例、规章，特别规定与一般规定不一致的，适用特别规定"，此即"特别法优于一般法"适用规则。所谓特别法，是相对一般法而言的，是指针对具体问题或特殊情况的立法。而一般法则是针对整个领域或相关行为的一般性立法。比如，《行政处罚法》是针对所有行政处罚行为的立法，属于行政处罚领域的一般法。《治安管理处罚法》是专门针对治安管理处罚行为的立法，属于特别法。《行政处罚法》和《治安管理处罚法》都属于法律，其效力等级是一样的。当《治安管理处罚法》与《行政处罚法》关于行政处罚有不同规定时，行政复议审理相关案件时优先适用《治安管理处罚法》的相关规定。

（一）"特别法优于一般法"规则的原理

之所以要坚持同一机关制定的"特别法优于一般法"，是因为如果同一机关在制定相关规范性文件时，就具体领域、具体问题作出了不同于一般法的规定,意味着该机关在具体领域、具体问题方面有不同于一般规定的意思,这些具体规定往往也更切合具体情况,因此同一机关制定的一般法和特别法出现冲突时,优先适用特别法。

（二）“特别法优于一般法”规则适用中的注意事项

关于“特别法优于一般法”的适用规则,有以下三点值得注意。

第一,“特别法优于一般法”的适用规则仅限于同一机关制定的法律、行政法规、地方性法规、自治条例和单行条例、规章,不同机关制定的法律、行政法规、地方性法规、自治条例和单行条例、规章出现冲突时,优先适用“上位法优于下位法”规则。比如,《行政处罚法》是全国人大制定的,属于法律,是关于行政处罚的一般法;《海关行政处罚实施条例》是国务院制定的,属于行政法规,是关于海关行政处罚的特别法。当《行政处罚法》和《海关行政处罚实施条例》出现冲突时,行政复议机关应当根据“法律优于行政法规”的“上位法优于下位法”规则,优先适用《行政处罚法》。

第二,“特别法优于一般法”规则在运用中主要指“特别规定优于一般规定”,应当落实到具体规定后再适用此规则,而非一部法律优于另一部法律,或者一部法规优于另一部法规。比如,当我们说《治安管理处罚法》优于《行政处罚法》适用时,仅仅指《治安管理处罚法》中关于行政处罚的具体规定优于《行政处罚法》的一般规定,而不是《治安管理处罚法》整体上优先适用。如果就特定处罚行为或行政处罚相关行为《治安管理处罚法》没有规定但《行政处罚法》有一般规定时,仍要适用《行政处罚法》的规定。

第三,在同一部法律、行政法规、地方性法规、自治条例和单行条例、规章中,其一般规定与特别规定冲突时,也要优先适用特别规定。比如,《民法典》在总则中既有针对民事行为的一般规定,也在合同编中就订立合同的民事行为进行了特别规定,还规定了一些具体常见合同的法律约束。《民法典》在合同编中对民事合同进行的特别规定,优于《民法典》总则中关于民事行为的一般规定。

三、“新法优于旧法”规则

《立法法》(2023)第103条规定:“新的规定与旧的规定不一致的,适用新的规定”,此即“新法优于旧法”规则。这一规则是行政复议依据适用的基本规则。

(一)“新法优于旧法”规则的原理

之所以要坚持新法优于旧法,是因为时代是发展的,与旧法相比,新法往往代表立法机关更新的意志,更贴近现实,更能体现人类社会的发展进步,所以新的规定与旧的规定不一致的,适用新的规定。

(二)“新法优于旧法”规则的注意事项

第一,新法和旧法均为同一机关制定。《立法法》(2023)第103条的完整条款为:“同一机关制定的法律、行政法规、地方性法规、自治条例和单行条例、规章,特别规定与一般规定不一致的,适用特别规定;新的规定与旧的规定不一致的,适用新的规定。”尽管后半句没有强调“同一机关制定的”,但从法律条文语义解释和法律适用原理看,其后半句适用的前提仍旧是“同一机关制定的法律、行政法规、地方性法规、自治条例和单行条例、规章,特别规定与一般规定不一致的”,即只能在效力等级相同的规范性文件冲突中适用“新法优于旧法”规则。如果新法和旧法之间存在效力等级不同,则应当适用“上位法优于下位法”规则。

第二,“新法优于旧法”规则在适用中不能违反“法不溯及既往原则”。换句话说,法不溯及既往原则优于“新法优于旧法”规则。所谓法不溯及既往原则,是指任何法律法规都不得对其生效之前的行为发生效力。《立法法》(2023)第104条规定,“法律、行政法规、地方性法规、自治条例和单行条例、规章不溯及既往”,是法不溯及既原则的法律依据。之所以坚持法不溯及既往,其原理在于任何人的行为都只能由行为时有效的法律评判,任何人也只能遵守行为时有效的法律,不能要求人们去遵守未来的未生效的法律。所以说,法不溯及既往是一个最基本的常识性原则,优于“新法优于旧法”规则适用。当一个人的行为根据行为时生效的法律属于合法行为,而根据当下最新的法律却属于违法行为,则不能以“新法优于旧法”为由认定其行为是违法。

第三,法不溯及既往原则也有例外,即如果适用新法对当事人更有利,则法可以溯及既往,此为“有利法优于不利法”规则,又高于法不溯及既往原则。《立法法》(2023)第 104 条规定:“法律、行政法规、地方性法规、自治条例和单行条例、规章不溯及既往,但为了更好地保护公民、法人和其他组织的权利和利益而作的特别规定除外。”可见,如果新法是“为了更好地保护公民、法人和其他组织的权利和利益而作的特别规定”,适用新法对当事人更有利,则也应当适用新法。比如,当一个人的行为根据行为时生效的法律属于违法行为,而根据当下最新的法律却属于合法行为,则应当适用当下最新的法律,认定其行为合法。

总之,围绕“新法优于旧法”规则,还有“法不溯及既往”原则和“有利法优于不利法”规则,这三个规则或原则的适用范围如下图所示,即“新法优于旧法”适用范围最大但其受到“法不溯及既往”原则的制约,同时“法不溯及既往”原则受到“有利法优于不利”法规则的制约。

四、行政复议依据适用的裁决机制

所谓行政复议依据适用的裁决机制,是指当行政复议依据的冲突无法直接适用“上位法优于下位法”“新法优于旧法”“特别法优于一般法”“有利法优于不利法”等适用规则选择正确的依据时,行政复议机关应当中止行政复议,提请有权机关通过裁决选择正确行政复议依据的制度。根据《立法法》的规定,我国有以下几类适用裁决机制。

(一)制定机关裁决机制

同一制定机关制定的行政复议依据,一般适用“特别法优于一般法”“新法优于旧法”“有利法优于不利法”规则即可选择正确的依据。但是,当这几个规则本身出现竞合,则难以直接适用规则作出选择。比如,同一制定

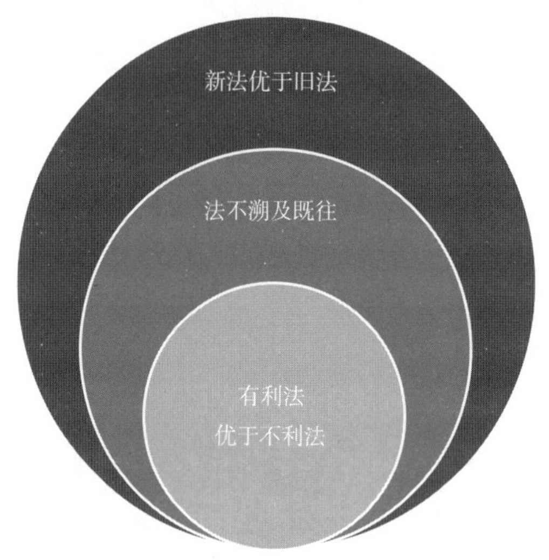

图 2 法律适用规则之间关系图

机关制定的“新的特别法”和“旧的一般法”发生冲突，行政复议机关如何选择，就是一个难题。对此，《立法法》(2023)第 106 条规定，同一机关制定的新的一般规定与旧的特别规定不一致时，提请制定机关裁决。

（二）国务院裁决机制

不同制定机关制定的行政复议依据，应当首先适用“上位法优于下位法”规则选择正确的依据。因为大部分制定机关之间级别不同，制定的依据效力等级也不同，因此适用“上位法优于下位法”规则能解决大部分问题。但是，有些行政复议依据的效力等级是相同的，就无法直接运用适用规则选择正确的执法依据。比如，国务院不同部门之间制定的部门规章，效力等级是相同的。国务院部门制定的部门规章和省级人民政府制定的省级人民政府规章，也没有效力等级高低之分。在这种情形下，《立法法》(2023)第 106 条规定，部门规章之间、部门规章与地方政府规章之间对同一事项的规定不一致时，提请国务院裁决。

（三）全国人大常委会裁决机制

制定机关裁决机制适用于同一制定机关制定的不同执法依据冲突的情

形，国务院裁决机制适用于不同行政机关制定的执法依据出现冲突的情形，而全国人大常委会裁决机制则适用于立法机关制定的行政复议依据牵涉冲突的问题。具体又可分为以下两种情形。

第一，地方性法规与部门规章之间对同一事项的规定不一致，不能确定如何适用时，由国务院提出意见，国务院认为应当适用地方性法规的，应当决定在该地方适用地方性法规的规定；认为应当适用部门规章的，应当提请全国人民代表大会常务委员会裁决。这表明，在我国，如果立法机关制定的规范性文件与行政机关制定的规范性文件发生冲突，且最后结论是优先适用行政机关制定的规范性文件，这个结论必须由立法机关作出。这表明我国对立法机关的高度尊重，体现"立法高于行政"的基本原则。

第二，根据授权制定的法规与法律规定不一致，不能确定如何适用时，由全国人民代表大会常务委员会裁决。在我国，根据授权制定的法规主要是根据全国人大及其常委会授权制定的法规。如果该法规和法律发生了冲突，最有权威的裁决机关自然是作出授权决定的机关。

第三节　确定行政复议依据的几个问题

一般来说，根据《行政复议法》相关规定以及《立法法》关于法律、法规、规章之间的冲突适用规则，以及相关裁决机制，行政复议机关可以在绝大多数情形下选择正确且明确的行政复议依据。但在特殊情形下，以下几个问题值得进一步分析。

一、宪法在行政复议中的适用问题

宪法是国家根本法，但我国执法司法中一般不把宪法视为执法司法的直接依据。这是因为我国宪法主要通过法律实施的方式实施。在这种模式下，"立法机关依据宪法制定法律，将宪法原则和规定予以具体化，行政机关依据法律作出行政行为，司法机关依据法律作出裁判，如果其行为违反了法律,可以通过法律机制予以纠正并追究法律责任,使之严格依法行使职权。就社会组织和个人而言,如果其行为违反了法律,要承担相应的法律责任。法律得到实施,便意味着通过法律得到具体化的宪法实质上也得到了实施"①。在宪法实施以法律实施模式为主的传统宪法实施框架内,行政执法机关和司法机关依据法律、法规、规章开展活动,就是间接实施宪法的活动。《行政复议法》第 1 条规定:"为了防止和纠正违法的或者不当的行政行为,保护公民、法人和其他组织的合法权益,监督和保障行政机关依法行使职权,发挥行政复议化解行政争议的主渠道作用,推进法治政府建设,根据宪法,制定本法。"可见,行政复议机关实施《行政复议法》,就是间接实施宪法。

2012 年以来,我国宪法实施机制逐渐完善,除了法律实施外,其他宪法实施机制也在逐渐启动。比如,"全国人大宪法法律委、常委会法工委加强对法律草案等议案审议过程中合宪性、涉宪性问题研究,对监察法、人民法院组织法和人民检察院组织法、公职人员政务处分法、海警法、人口与计划生育法、审计法、英雄烈士保护法等制定修改中涉及宪法的有关问题进行合宪性审查研究,作出适当处理和安排,确保常委会通过的法律和作出的决定决议符合宪法规定、宪法精神的要求……立法机关不断增强备案审查制度刚性,就法规、司法解释等规范性文件中的合宪性、合法性、适当性等问题开展审查研究,对存在不符合宪法法律规定、明显不适当等问题的,督促制定机关予以改正"②。通过这些方式,我国当前实际在工作中宪法实施已经不限于传统的法律实施,立法机关的备案审查和合宪性审查已经成为宪法实施的重要实践。但总体上看,我国宪法仍旧主要依靠立法机关实施。从宪法实施的实际情况和我国执法司法的实际情况看,宪法不是执法司法活动

① 《宪法学》编写组:《宪法学》(马克思主义主义理论研究和建设工程重点教材),高等教育出版社、人民出版社 2011 年版,第 296 页。

② 杨维汉、罗沙、熊丰、齐琪:《夯实奋进新时代的宪法根基——党的十八大以来完善宪法维护宪法综述》,《中国人大》2022 年第 23 期。

的直接依据，行政复议也不将宪法作为复议审理的直接依据。

尽管如此，《宪法》（2018）毕竟规定“全国各族人民、一切国家机关和武装力量、各政党和各社会团体、各企业事业组织，都必须以宪法为根本的活动准则，并且负有维护宪法尊严、保证宪法实施的职责”。因此，行政复议机关自然不能在复议工作中无视宪法，也当然负有维护宪法尊严、保证宪法实施的职责，要确保行政复议活动以宪法为根本的活动准则。因此，宪法虽然不是行政复议的直接依据，但作为行政复议的间接依据，行政复议机关也要高度尊重宪法，要在以下两个方面更好地发挥宪法作为行政复议间接依据的作用。

第一，在对行政复议直接依据——法律、法规、规章——进行解释时，应当坚持合宪性解释原则。如果在行政复议中发现法律、法规、规章有不同的解释，其中有的解释不符合宪法原则和规则，则不能采取不符合宪法原则和规则的解释。

第二，行政复议机关作出复议决定不能严重违反宪法的基本原则和基本规则。宪法基本原则和基本规则不仅是宪法原则和规范，也已经构成中国特色社会主义价值观基础。如果行政复议决定严重违背宪法原则和规则，且没有违反法律、法规和规章，也可能导致人民法院以“明显不当”为由予以纠正。因此，行政复议机关作出复议决定不能严重违反宪法的基本原则和基本规则。

二、行政规范性文件在行政复议中的适用问题

根据《行政复议法》的规定，行政复议机关依照法律、法规、规章审理行政复议案件。因此，行政规范性文件不是行政复议的直接依据。但是，根据行政系统内部的组织原则，下级行政机关必须接受上级行政机关的领导，因此下级行政机关应当执行上级行政机关的合法的行政规范性文件。行政复议机关作为行政机关，也要执行上级行政机关合法的行政规范性文件，同时将上级行政机关制定的合法的行政规范性文件作为评判下级行政机关行政

行为的重要标准。因此,行政复议机关对行政规范性文件不能采取无视的态度,行政规范性文件在行政复议工作中也发挥了重要作用。

(一) 行政规范性文件的概念和种类

行政规范性文件是行政机关制定的行政法规、规章以外的规范性文件。行政机关制定行政规范性文件的主要目的就是指导行政执法,因此行政规范性文件是行政执法的依据。行政规范性文件具体又可分为以下两类。

第一类是国务院的决定、命令。之所以单独提出"国务院的决定、命令"这一类行政规范性文件,是因为《立法法》对此类行政规范性文件有专门规定。《立法法》(2023)第 91 条规定:"国务院各部、委员会、中国人民银行、审计署和具有行政管理职能的直属机构以及法律规定的机构,可以根据法律和国务院的行政法规、决定、命令,在本部门的权限范围内,制定规章。""部门规章规定的事项应当属于执行法律或者国务院的行政法规、决定、命令的事项。没有法律或者国务院的行政法规、决定、命令的依据,部门规章不得设定减损公民、法人和其他组织权利或者增加其义务的规范,不得增加本部门的权力或者减少本部门的法定职责。"可见,国务院的决定、命令是国务院部门规章的依据,其效力等级高于国务院部门规章。

第二类是其他行政规范性文件,包括国务院及其部门制定的其他规范性文件、各级人民政府及其部门制定的其他规范性文件等。此类文件又称"红头文件",数量极大,是多数行政执法活动的直接依据。

(二) 国务院的决定、命令在行政复议中的适用

根据行政规范性文件的分类,可以发现,国务院的决定、命令虽然也属于行政规范性文件,但其本身是国务院部门规章的依据,其效力等级高于国务院部门规章。在实践中,国务院决定、命令实际上起到了"准行政法规"的作用。但与法律、法规、规章不同,国务院的决定、命令仅在特定情形下是行政复议审理的依据,可以作为行政复议判断行政行为和规范性文件是否合法的依据。

第一,特定情形下作为判断行政行为合法性的依据。《国务院办公厅

关于进一步完善失信约束制度构建诚信建设长效机制的指导意见》规定："公开个人相关信息的，必须有明确的法律、法规或者国务院决定、命令作为依据或经本人同意，并进行必要脱敏处理。"因此，行政复议中应当高度重视国务院的决定和命令，国务院的决定、命令在特定情形下是判断行政行为合法性依据。

第二，特定情形下作为判断其他行政规范性文件合法性的依据。《立法法》(2023)第91条第2款规定："部门规章规定的事项应当属于执行法律或者国务院的行政法规、决定、命令的事项。没有法律或者国务院的行政法规、决定、命令的依据，部门规章不得设定减损公民、法人和其他组织权利或者增加其义务的规范，不得增加本部门的权力或者减少本部门的法定职责。"根据"举重以明轻"的法律解释规则，既然国务院决定、命令的效力等级高于国务院部门规章，那么其效力等级也应当高于除了国务院行政法规、国务院部门规章以外的其他国务院规范性文件和国务院部门除规章外其他行政规范性文件。因此，行政复议机关可以依据国务院决定、命令判断其他国务院规范性文件和国务院部门除规章外其他行政规范性文件的合法性。

（三）其他行政规范性文件在行政复议中的适用

根据下级行政机关应当执行上级行政机关行政规范性文件的基本组织原则，其他行政规范性文件也是判断一些行政行为和行政规范性文件合法性的依据，具体体现为以下两种情形。

第一，在其他行政规范性文件本身符合法律、法规、规章以及上级行政机关制定的行政规范性文件的前提下，上级行政机关制定的行政规范性文件可以作为评判其下级行政机关或所属行政部门行政行为合法性的依据。

第二，在其他行政规范性文件本身符合法律、法规、规章以及上级行政机关制定的行政规范性文件的前提下，上级行政机关制定的行政规范性文件可以作为评判其下级行政机关或所属行政部门制定的行政规范性文件合法性的依据。

三、行政裁量基准在行政复议中的适用

裁量基准是指行政机关制定的规范行政裁量权行使的规范性文件。从法律属性看，行政裁量基准均属于行政规范性文件。只不过，长期以来，不少地方行政裁量基准是作为内部行政规范性文件的形式存在，不对行政相对人和全社会公开。根据《法治政府建设实施纲要（2021—2025年）》要求，要全面落实行政裁量权基准制度，细化量化本地区各行政执法行为的裁量范围、种类、幅度等并对外公布。因此，行政裁量基准不应被视为内部行政规范性文件，应当被视为向全社会公布的行政规范性文件。

作为对外公布的行政规范性文件，行政裁量基准对行政权的行使具有明显的约束。因此，行政复议机关在审理行政复议案件时，也应当将行政裁量基准纳入考量。行政裁量基准在行政复议中的适用，主要体现行政裁量基准是行政复议机关判断行政行为合理性的重要标准。

行政复议作为上级行政机关对下级行政机关或行政部门的系统内部纠错，其对行政行为的审查强度明显高于行政诉讼，不仅审查行政行为是否合法，也审查行政行为是否合理。比如，《行政复议法》第68条规定："行政行为认定事实清楚，证据确凿，适用依据正确，程序合法，内容适当的，行政复议机关决定维持该行政行为。"其中，"内容适当"就是关于行政行为合理性的规定。再比如，《行政复议法》第71条第2款规定："被申请人变更、解除行政协议合法，但是未依法给予补偿或者补偿不合理的，行政复议机关决定被申请人依法给予合理补偿。"对于何为"合理补偿"？也是合理性判断。在对行政行为进行合理性审查时，相关行政主体的上级行政机关、行政部门或行政主体制定的行政裁量基准，就是行政复议机关审理的重要依据。

四、《民法典》等其他法律部门法律在行政复议中的适用

"法律适用是法秩序整体的适用，而不是某个部门法某个法律要素的适用，法律适用主体在法律适用过程中必须将现行有效的法律视为一个不

可分割的整体适用。”[①]“没有一个法律规范是独立存在的，它们必须作为整个法律秩序的部分要素来理解。……在解决法律问题，也就是在判决具体纠纷的时候，民法、刑法和宪法的规范和原则通常必须联合起来适用。”[②]因此，尽管我国法律从法学专业划分可以分为民法、刑法、行政法、经济法、社会法、诉讼法等，但行政复议机关在行政复议活动中不能仅仅考虑行政法，也要将民法、刑法等纳入法律适用视野。行政执法机关在行政执法活动中既要执行和遵守行政法律的原则和规则，也要执行和遵守《民法典》《刑法》《公司法》等其他法律部门法律的原则和规则，行政复议机关作为行政机关也是如此。因此，《民法典》《刑法》《公司法》等其他领域法律在相关复议案件执法中当然会成为行政复议依据，也应当和必须成为行政复议依据。

比如，《民法典》作为民事法律，其确定的基本原则和规则也约束行政执法活动，行政执法机关在行政执法中要遵守《民法典》确立的基本原则和基本规则，行政复议机关在行政复议中也要确保行政执法活动遵守《民法典》确立的基本原则和基本规则。再比如，《老年人权益保障法》(2018)是一部社会法，但其中第32条明确规定：“地方各级人民政府在实施廉租住房、公共租赁住房等住房保障制度或者进行危旧房屋改造时，应当优先照顾符合条件的老年人。”各地行政机关在实施相关行政执法活动时，就要遵守和执行这一规定，行政复议机关在复议中发现行政机关违反了《老年人权益保障法》相关规定，也要依据《老年人权益保障法》予以纠正。总之，行政复议对法律的执行不局限于行政类法律，行政复议机关要在复议活动中遵守法律体系中全部法律的相关原则和规则，通过行政复议确保行政机关也遵守法律体系中全部法律的相关原则和规则。

---

① 胡建淼主编:《法律适用学》,浙江大学出版社2010年版,第36页。

② [德]魏德士:《法理学》,丁晓春、吴越译,法律出版社2005年版,第319—320页。

【复习思考题】

1. 什么是行政复议的依据?

2. 规章以下的规范性文件能够成为行政复议的依据吗?

3.《宪法》能成为行政复议的依据吗?

4.《民法典》能成为行政复议的依据吗?

第八章　行政复议申请

行政复议申请，是指申请人不服行政主体作出的行政行为，而向行政复议机关提出要求撤销、变更该行政行为或者确认该行政行为违法等的请求。从性质上讲，行政复议属于依申请行政行为。依申请行政行为是与依职权行政行为相对应的一种行政行为，是指行政主体只有在行政相对人提出申请的条件下才能作出的行政行为。没有行政相对人的申请，行政主体不能主动作出行政行为。就行政复议来讲，只有申请人向行政复议机关提出申请，行政复议机关才能启动行政复议程序并且作出行政复议决定。如果没有申请人的申请，行政复议机关不能主动受理。因此，申请作为行政复议程序的关键一环发挥着重要的作用。

第一节　行政复议申请的条件

行政复议申请的条件，是指申请人向行政复议机关申请行政复议应当具备的法定要件。根据《行政复议法》第 2 条第 1 款的规定，[①]只要申请人认为行政机关的行政行为侵犯其合法权益，就可以向行政复议机关申请行政复议。然而，这并不意味着只要申请人一提出申请，行政复议程序即告启动。行政复议机关在收到申请人的申请后，需要先审查申请是否符合法定条件，再决定能否启动行政复议程序。根据《行政复议法》第 30 条的规定，行政复议申请的相关条件包括：

---

① 《行政复议法》第 2 条第 1 款："公民、法人或者其他组织认为行政机关的行政行为侵犯其合法权益，向行政复议机关提出行政复议申请，行政复议机关办理行政复议案件，适用本法。"

一、申请人适格

《行政复议法》中规定的申请人，是认为行政机关的行政行为侵犯其合法权益的公民、法人或者其他组织。具体来讲：首先，申请人是作为行政相对人的公民、法人或者其他组织。申请人既可以是个人，也可以是组织；既可以是中国的个人和组织，也可以是外国的个人和组织。可见申请人的范围十分广泛，这有助于更好地发挥行政复议保障申请人合法权益的功能。其次，申请人与行政行为之间存在着利害关系，即该行政行为对申请人的权利和义务产生了影响。这里的利害关系是指法律上的利害关系，不包括事实上的利害关系。所谓法律上的利害关系，是指行政行为对申请人的权利和义务产生了影响。而所谓事实上的利害关系，则是指行政行为对申请人的权利和义务不产生影响。最后，申请人认为行政行为侵犯了自己的合法权益。只要申请人主观上认为自己的合法权益受到了侵犯，便可以申请行政复议，而不论其合法权益在客观上是否真正受到了侵犯。在法定情形下，申请人资格也会发生转移。《行政复议法》第 14 条第 2 款规定，有权申请行政复议的公民死亡的，其近亲属可以申请行政复议。有权申请行政复议的法人或者其他组织终止的，其权利义务承受人可以申请行政复议。

二、有明确的被申请人

申请人向行政复议机关申请行政复议，应当指明被申请人。如果没有明确的被申请人，行政复议机关的工作便无法顺利开展，申请人的合法权益也得不到有效保障。根据《行政复议法》第 19 条和《行政复议法实施条例》第 12 条、第 13 条和第 14 条的规定，确定被申请人的规则如下：1. 申请人对行政机关或者法律、法规、规章授权的组织作出的行政行为不服申请行政复议，作出该行政行为的行政机关或者法律、法规、规章授权的组织为被申请人；2. 申请人对某一行政机关与其他行政机关或者法律、法规授权的组织，以共同的名义作出的行政行为不服申请行政复议，该行政机关与其他行政机关或者法律、法规授权的组织为共同被申请人；3.申请人对行政机关与其他组织以共同的名义作出的行政行为不服申请行政复议，该行政机关为被申请人；4.申请人对行政机关委托的组织作出的行政行为不服申请行政复议，委托的行政机关是被申请人；5.申请人对行政机关作出的行政行为不服申请行政复议，而作出该行政行为的行政机关被撤销或者职权变更，继续行使其职权的行政机关是被申请人；6.申请人对下级行政机关依照法律、法规、规章规定，经上级行政机关批准作出的行政行为不服申请行政复议，批准该行政行为的上级行政机关为被申请人；7.申请人对行政机关设立的派出机构、内设机构或者其他组织，未经法律、法规授权，对外以自己名义作出的行政行为不服申请行政复议，设立该派出机构、内设机构或者其他组织的行政机关为被申请人。

三、有具体的复议请求和事实根据

复议请求是指申请人申请行政复议所要达到的目的，主要包括以下四种类型：第一，请求行政复议机关撤销违法的行政行为；第二，请求行政复议机关变更明显不当的行政行为；第三，请求行政复议机关要求被申请人履行法定职责；第四，请求行政复议机关确认行政行为违法或者责令被申请人赔偿损失。申请人的任何一项复议请求都必须以一定的事实根据作为支撑。例如，如果申请人认为行政机关作出的行政行为侵犯其合法权益，那么就必须提供证明其合法权益受到行政机关作出的行政行为侵犯的相关证据。否则，申请人的复议请求将被行政复议机关视为没有事实根据，申请人也将因此而承担相应的不利后果。

四、属于申请复议的范围

申请人向行政复议机关申请行政复议，必须满足《行政复议法》第 11 条、第 12 条和第 13 条对行政复议范围的要求。具体来讲，对于《行政复议法》第 11 条规定的下列情形，申请人可以直接向行政复议机关申请行政复议:1.对行政机关作出的行政处罚决定不服;2.对行政机关作出的行政强制措施、行政强制执行决定不服;3.申请行政许可,行政机关拒绝或者在法定期限内不予答复,或者对行政机关作出的有关行政许可的其他决定不服;4.对行政机关作出的确认自然资源的所有权或者使用权的决定不服;5.对行政机关作出的征收征用决定及其补偿决定不服;6.对行政机关作出的赔偿决定或者不予赔偿决定不服;7.对行政机关作出的不予受理工伤认定申请的决定或者工伤认定结论不服;8.认为行政机关侵犯其经营自主权或者农村土地承包经营权、农村土地经营权;9.认为行政机关滥用行政权力排除或者限制竞争;10.认为行政机关违法集资、摊派费用或者违法要求履行其他义务;11.申请行政机关履行保护人身权利、财产权利、受教育权利等合法权益的法定职责,行政机关拒绝履行、未依法履行或者不予答复;12.申请行政机关依法给付抚恤金、社会保险待遇或者最低生活保障等社会保障,行政机关没有依法给付;13.认为行政机关不依法订立、不依法履行、未按照约定履行或者违法变更、解除政府特许经营协议、土地房屋征收补偿协议等行政协议;14.认为行政机关在政府信息公开工作中侵犯其合法权益;15.认为行政机关的其他行政行为侵犯其合法权益。此外,根据《行政复议法》第13条的规定,如果申请人认为行政机关的行政行为所依据的,国务院部门,县级以上地方各级人民政府及其工作部门,乡、镇人民政府以及法律、法规、规章授权的组织颁布的规范性文件不合法,在对该行政行为申请行政复议时,可以一并向行政复议机关提出对相关规范性文件的附带审查申请。根据《行政复议法》第12条的规定,对于国防、外交等国家行为,行政法规、规章或者行政机关制定、发布的具有普遍约束力的决定、命令等规范性文件,行政机关对行政机关工作人员的奖惩、任免等决定,以及行政机关对民事纠纷作出的调解等事项则不在行政复议的范围之内。

五、属于受理复议机关管辖

申请人应当向正确的行政复议机关提出行政复议申请,否则相关申请将不被受理。《行政复议法》第24条、第25条、第27条和第28条对行政复议管辖制度作出了详细的规定。《行政复议法》第24条、第25条分别列举了县级以上地方各级人民政府以及国务院部门管辖的行政复议案件种类。其中,第24条第1款规定,一般情况下,县级以上地方各级人民政府管辖:1.对本级人民政府工作部门作出的行政行为不服的行政复议案件;2.对下一级人民政府作出的行政行为不服的行政复议案件;3.对本级人民政府依法设立的派出机关作出的行政行为不服的行政复议案件;4.对本级人民政府或者其工作部门管理的法律、法规、规章授权的组织作出的行政行为不服的行政复议案件。此外,第24条第2款、第3款和第4款还分别规定了三种特殊情况,即:1.省、自治区、直辖市人民政府同时管辖对本机关作出的行政行为不服的行政复议案件;2.省、自治区人民政府依法设立的派出机关参照设区的市级人民政府的职责权限,管辖相关行政复议案件;3.对县级以上地方各级人民政府工作部门依法设立的派出机构依照法律、法规、规章规定,以派出机构的名义作出的行政行为不服的行政复议案件,由本级人民政府管辖;其中,对直辖市、设区的市人民政府工作部门按照行政区划设立的派出机构作出的行政行为不服的,也可以由其所在地的人民政府管辖。而第25条规定,国务院部门管辖:1.对本部门作出的行政行为不服的行政复议案件;2.对本部门依法设立的派出机构依照法律、行政法规、部门规章规定,以派出机构的名义作出的行政行为不服的行政复议案件;3.对本部门管理的法律、行政法规、部门规章授权的组织作出的行政行为不服的行政复议案件。《行政复议法》第27条、第28条则规定了,当申请人对海关、金融、外汇管理等实行垂直领导的行政机关、税务和国家安全机关作出的行政行为不服,以及对履行行政复议机构职责的地方人民政府司法行政部门作出的行政行为不服的情况下,应当分别向上一级主管部门,以及本级人民政府或者上一级司法行政部门申请行政复议。然而,实践中经常出现这样的情况,接受行政复议申请的行政机关经过审查后发现,申请人提交的行政复议申请不属于本机关管辖。根据《行政复议法》第30条第2款的规定,接受行政复议申请的行政机关应当在不予受理决定中告知申请人有管辖权的行政复议机关,避免申请人因为找错行政复议机关而失去获得行政复议救济的权利。

六、在法定期限内申请复议

申请人申请行政复议,应当在法定期限内向行政复议机关提出。《行政复议法》第 20 条第 1 款规定的申请期限为 60 日,自申请人知道或者应当知道该行政行为之日起计算,法律规定的申请期限超过 60 日的除外。对于法定的申请期限,如果因不可抗力或者其他正当理由耽误的,申请期限自障碍消除之日起继续计算。本次《行政复议法》修订新增加了一款作为第 20 条第 3 款,即如果行政机关作出行政行为时,未告知公民、法人或者其他组织申请行政复议的权利、行政复议机关和申请期限的,申请期限自公民、法人或者其他组织知道或者应当知道申请行政复议的权利、行政复议机关和申请期限之日起计算,但是自知道或者应当知道行政行为内容之日起最长不得超过 1 年。此外,本次《行政复议法》修订时还在第 21 条新增加了关于最长保护期限的规定,对于因不动产提出的行政复议申请自行政行为作出之日起超过 20 年,其他行政复议申请自行政行为作出之日起超过 5 年的,行政复议机关不予受理。这对于更好地保护申请人的合法权益意义重大。《行政复议法》规定行政复议的法定期限,一方面是为了督促申请人及时提出行政复议申请,另一方面也是为了确保行政法律关系的稳定。

七、法律、法规规定的其他条件

《行政复议法》第 29 条第 2 款规定,如果申请人在申请行政复议之前已经向法院起诉并且法院也已经受理,那么申请人不得再向行政复议机关申请行政复议。之所以这样规定,一方面是为了避免申请人重复申请行政复议浪费宝贵的行政资源,另一方面也是为了防止法院作出的判决与行政复议机关作出的决定之间发生冲突。除了《行政复议法》,有些法律、法规也会对申请人申请行政复议规定其他的条件。例如,《税收征收管理法》(2015)第88条第1款就规定,当纳税人、扣缴义务人、纳税担保人同税务机关在纳税上发生争议时,只有先依照税务机关的纳税决定缴纳或者解缴税款及滞纳金或者提供相应的担保,才可以依法申请行政复议等。申请人在申请行政复议时,应当遵守相关法律、法规规定的条件。

第二节　行政复议申请的期限

行政复议申请的期限,是指申请人向行政复议机关申请行政复议所必须遵守的时间限制。申请人只有在法定期限内申请行政复议,行政复议机关才有可能受理。而如果申请人无正当理由超过法定期限申请行政复议,行政复议机关将不再受理。确定行政复议申请期限的主要目的在于督促申请人及时申请行政复议,避免行政法律关系长期处于不确定的状态。行政复议申请期限主要包括以下两种。

一、一般期限

《行政复议法》第20条第1款规定,公民、法人或者其他组织认为行政行为侵犯其合法权益的,可以自知道或者应当知道该行政行为之日起60日内提出行政复议申请。规定较长的行政复议申请期限,可以为申请人申请及准备行政复议留出充足的时间。《行政复议法》第20条第1款还规定,法律规定的行政复议申请期限超过60日的除外。也就是说,在这里特别法优先于普通法适用的原则是有一定限制条件的。只有当特别法中规定的行政复议申请期限超过60日时,才适用特别法的规定。而当特别法中规定的行政复议申请期限少于60日时,则适用《行政复议法》的规定。这是行政复议申请期限的原则规定。关于行政复议申请期限的计算,应当遵守下列规则:1.当场作出行政行为的,自行政行为作出之日起计算;2.载明行政行为的法律文书直接送达的,自受送达人签收之日起计算;3.载明行政行为的法律文书邮寄送达的，自受送达人在邮件签收单上签收之日起计算；没有邮件签收单的，自受送达人在送达回执上签名之日起计算；4.行政行为依法通过公告形式告知受送达人的，自公告规定的期限届满之日起计算；5.行政机关作出行政行为时未告知公民、法人或者其他组织，事后补充告知的，自该公民、法人或者其他组织收到行政机关补充告知的通知之日起计算；6.被申请人能够证明公民、法人或者其他组织知道行政行为的，自证据材料证明其知道行政行为之日起计算。行政机关作出行政行为，依法应当向有关公民、法人或者其他组织送达法律文书而未送达的，视为该公民、法人或者其他组织不知道该行政行为。关于申请人申请行政机关履行法定职责，行政机关未履行时行政复议申请期限的计算，应当遵守下列规则：1.有履行期限规定的，自履行期限届满之日起计算；2.没有履行期限规定的，自行政机关收到申请满60日起计算。公民、法人或者其他组织在紧急情况下请求行政机关履行保护人身权、财产权的法定职责，行政机关不履行的，行政复议申请期限不受前款规定的限制。另外，《行政复议法》第20条第2款规定了行政复议申请期限的中断。当遇到不可抗力或者其他正当理由耽误法定申请期限时，申请期限自障碍消除之日起继续计算。所谓不可抗力，根据《民法典》(2020)第180条第2款的解释，是指不能预见、不能避免且不能克服的客观情况。不可抗力包括地震、台风、洪水、海啸等自然原因以及战争等社会原因。所谓其他正当理由，相关法律、法规并未作出明确的规定，实践中主要包括因为申请人自身原因耽误申请期限的情形，例如申请人由于突发疾病、丧失人身自由、受到行政机关阻挠或者胁迫而无法申请行政复议，以及其他非因申请人自身原因耽误申请期限的情形。

本次《行政复议法》修订的亮点之一，就是在原法条“知道”的判断标准基础之上，[①]新增加了“应当知道”作为判断标准，这与《行政诉讼法》的规

① 《行政复议法》(2017)第9条第1款：“公民、法人或者其他组织认为具体行政行为侵犯其合法权益的，可以自知道该具体行政行为之日起六十日内提出行政复议申请；但是法律规定的申请期限超过六十日的除外。”

定相一致。《行政诉讼法》(2017)第46条第1款规定:“公民、法人或者其他组织直接向人民法院提起诉讼的,应当自知道或者应当知道作出行政行为之日起六个月内提出。法律另有规定的除外。”这里的“知道”是主观标准,“应当知道”是客观标准。一般而言,主观标准和客观标准是相统一的。申请人“知道”该行政行为的同时,也就意味着其“应当知道”该行政行为。而如果申请人否认自己“知道”该行政行为,此时就应当推定其“应当知道”该行政行为。

二、特别期限

关于行政复议申请期限,本次《行政复议法》修订新增加了两点内容:

一是效仿《最高人民法院关于适用〈中华人民共和国行政诉讼法〉的解释》(法释〔2018〕1号)第64条第1款的规定,[①]在《行政复议法》第20条第3款中规定,行政机关作出行政行为时,未告知公民、法人或者其他组织申请行政复议的权利、行政复议机关和申请期限的,申请期限自公民、法人或者其他组织知道或者应当知道申请行政复议的权利、行政复议机关和申请期限之日起计算,但是自知道或者应当知道行政行为内容之日起最长不得超过1年。值得注意的是:第一,最长1年的行政复议申请期限,是从申请人知道或者应当知道行政行为内容之日起计算,而不是从申请人知道或者应当知道申请行政复议的权利、行政复议机关和申请期限之日起计算。在行政机关未告知申请人申请行政复议的权利、行政复议机关和申请期限的情况下,申请人知道或者应当知道申请行政复议的权利、行政复议机关和申请期限的时间,肯定晚于知道或者应当知道行政行为内容的时间。第二,最长1年的行政复议申请期限,只是改变了申请期限的起算点,而不是改变了原始的申请期限。原先行政复议申请期限的起算点是申请人知道或者应当

① 《最高人民法院关于适用〈中华人民共和国行政诉讼法〉的解释》(法释〔2018〕1号)第64条第1款:“行政机关作出行政行为时,未告知公民、法人或者其他组织起诉期限的,起诉期限从公民、法人或者其他组织知道或者应当知道起诉期限之日起计算,但从知道或者应当知道行政行为内容之日起最长不得超过一年。”

知道该行政行为之日，现在行政复议申请期限的起算点则变成了申请人知道或者应当知道行政行为内容之日。而行政复议申请期限依然是《行政复议法》规定的60日，以及其他法律规定的60日以上。第三，行政复议申请期限的起算点与申请人失去行政复议申请权的起算点是不同的。行政复议申请期限是申请人知道或者应当知道该行政行为之日起60日或者超过60日，这一点不会因为申请人是否被告知行政复议申请权而变化，只是起算点发生了变化。行政复议申请期限是从申请人知道或者应当知道该行政行为之日计算。然而，超过1年申请人失去行政复议申请权的期限，则是从申请人知道或者应当知道行政行为内容时计算。

二是效仿《行政诉讼法》(2017)第46条第2款的规定，[①]在《行政复议法》第21条中规定，因不动产提出的行政复议申请自行政行为作出之日起超过20年，其他行政复议申请自行政行为作出之日起超过5年的，行政复议机关不予受理。值得注意的是，这里的20年和5年均是申请行政复议的绝对期限。它的绝对性表现在：第一，无论行政复议申请期限是60日还是60日以上，只要从行政行为作出之日起超过20年(因不动产提出的行政复议申请)或者5年(其他行政复议申请)，申请人均不得向行政复议机关申请行政复议。第二，行政行为作出之后，无论申请人是否"知道"或者"应当知道"该行政行为，只要行政行为从作出之日起超过20年(因不动产提出的行政复议申请)或者5年(其他行政复议申请)，申请人均不得向行政复议机关申请行政复议。第三，行政行为作出之后的20年或者5年内，无论发生了什么事情，都不存在时效的中止或者中断问题。因为这里的20年和5年都属于除斥期间。总而言之，无论在什么情况下，只要是因为不动产提出的行政复议申请自行政行为作出之日起超过20年，其他行政复议申请自行政行为作出之日起超过5年的，申请人均不得申请行政复议，行政复议机关也不予受理。

---

① 《行政诉讼法》(2017)第46条第2款："因不动产提起诉讼的案件自行政行为作出之日起超过二十年，其他案件自行政行为作出之日起超过五年提起诉讼的，人民法院不予受理。"

第三节　行政复议申请的形式

一、复议申请的两种形式

行政复议申请的形式分为两种,一种是书面形式,另一种是口头形式。这与行政诉讼起诉的形式相一致。① 就这两种申请形式来讲,《行政复议法》(2017)第 11 条规定,申请人申请行政复议,可以书面申请,也可以口头申请。相关表述说明,书面形式与口头形式二者之间是一种并列的关系,申请人可以自由地选择任何一种形式申请行政复议。而修订后的《行政复议法》第 22 条第 1 款则规定,申请人申请行政复议,可以书面申请;书面申请有困难的,也可以口头申请。相关表述说明,书面形式与口头形式二者之间在选择上存在着先后顺序。原则上讲,申请人应当通过书面形式申请行政复议。只有当申请人存在书面申请上的困难时,才可以通过口头形式申请行政复议。

二、复议申请的书面形式

申请人通过书面形式申请行政复议,应当向行政复议机关提交行政复议申请书。关于行政复议申请书的提交方式,《行政复议法》第 22 条第 2 款规定,申请人可以当面提交,也可以通过邮寄以及行政复议机关指定的互联网渠道等方式提交。这是本次《行政复议法》修订时新增加的内容,借鉴了《行政复议法实施条例》第 18 条的有关规定。② 特别是后两种提交方式,充分考虑到了一些申请人由于路途遥远、行动不便等原因当面提交行政复议

---

① 《行政诉讼法》(2017)第 50 条:"起诉应当向人民法院递交起诉状,并按照被告人数提出副本。书写起诉状确有困难的,可以口头起诉,由人民法院记入笔录,出具注明日期的书面凭证,并告知对方当事人。"

② 《行政复议法实施条例》第 18 条:"申请人书面申请行政复议的,可以采取当面递交、邮寄或者传真等方式提出行政复议申请。有条件的行政复议机构可以接受以电子邮件形式提出的行政复议申请。"

申请书时所面临的困难，确保其能够在法定期限内顺利提交行政复议申请。这也是行政复议便民原则的生动体现。关于行政复议申请书的内容，根据《行政复议法实施条例》第 19 条的规定应当包括：1.申请人的基本情况，包括：公民的姓名、性别、年龄、身份证号码、工作单位、住所、邮政编码，法人或者其他组织的名称、住所、邮政编码和法定代表人或者主要负责人的姓名、职务；2.被申请人的名称；3.行政复议请求、申请行政复议的主要事实和理由；4.申请人的签名或者盖章；5.申请行政复议的日期。申请人应当按照上述要求提交内容完整的行政复议申请书。

三、复议申请的口头形式

申请人通过口头形式申请行政复议，根据《行政复议法》第 22 条第 3 款的规定，行政复议机关应当当场记录申请人的基本情况、行政复议请求、申请行政复议的主要事实、理由和时间。

第四节 行政复议申请的途径

行政复议申请的途径，是指申请人应当通过何种渠道，向行政复议机关提交行政复议申请。根据《行政复议法》的有关规定，公民、法人或者其他组织申请行政复议的，有三种途径：一是到行政复议机关场所申请复议；二是通过邮寄途径申请复议；三是通过互联网渠道申请复议。

一、到行政复议机关场所申请复议

申请人申请行政复议，最常见的做法是，申请人亲自到行政复议机关场所提交行政复议申请。通过书面形式申请行政复议，申请人应当提交行政复议申请书。通过口头形式申请行政复议，申请人应当提交行政复议申请笔录。到行政复议机关场所申请复议的优点是，申请人可以当面提交申请材料，避免通过其他途径提交申请材料时，可能出现的申请材料丢失等问题。此外，当面提交申请材料也可以节省申请材料的在途时间，提高申请效率。然而，到行政复议机关场所申请复议在实践中多有不便之处：首先，对于一些路途遥远、交通不便的偏远地区的申请人，以及行动困难、出行不便的身患残疾的申请人来讲，前往行政复议机关场所申请复议多有不便。硬性要求这部分申请人上门提交行政复议申请有违行政复议制度设立的初衷。其次，对于不了解行政复议制度的申请人来讲，找对行政复议机关并且提交行政复议申请是一件较为困难的事情。如果找错行政复议机关会直接影响到申请人通过行政复议制度维护自身的合法权益。

二、通过邮寄途径申请复议

除了到行政复议机关场所申请复议，《行政复议法》和《行政复议法实施条例》均规定，申请人还可以通过邮寄途径申请复议。通过邮寄途径申请复议的优点是避免了申请人亲自前往行政复议机关提交申请材料，降低了申请人的时间成本和金钱成本，能够更好地发挥出行政复议便民利民的制度优势。然而，通过邮寄途径申请复议也存在着弊端：一方面，申请人通过邮寄途径申请复议，与到行政复议机关场所申请复议一样，均面临着如何找对行政复议机关的问题，这对于不甚了解行政复议制度的申请人来讲较为困难；另一方面，申请人通过邮寄途径申请复议，申请材料不仅在途时间较长，而且面临着丢失的风险，这可能会对接下来的行政复议产生不利影响。

三、通过互联网渠道申请复议

为了更好地发挥行政复议便民利民的制度优势，新修订的《行政复议法》在第 22 条第 2 款中规定，行政机关通过互联网渠道送达行政行为决定书的，应当同时提供提交行政复议申请书的互联网渠道。该规定顺应了互联网时代电子政务发展的需要。对于行政机关来讲，通过互联网渠道送达行政行为决定书,一方面有助于行政机关节约行政成本,提高行政效率;另一方面也有助于避免通过传统的人工方式送达,可能出现的行政行为决定书送达时间较长以及无法送达到人等问题。对于申请人来讲,通过互联网渠道提交行政复议申请书,不仅可以省去亲自前往行政复议机关提交行政复议申请书所耗费的精力和支出的开销,减轻自身的负担,而且还可以避免由于找错行政复议机关而影响行政复议的申请。因此,在互联网时代,通过互联网渠道申请复议应当得到大力推广。

第五节 行政复议的申请材料及补正

一、行政复议的申请材料

申请人申请行政复议,应当向行政复议机关提交相应的申请材料。然而,无论是修订前后的《行政复议法》还是《行政复议法实施条例》,均没有对申请人应当提交哪些申请材料作出明确的规定,导致实践中不同的行政复议机关对申请人提交的申请材料提出了不同的要求。我们认为,申请人在申请行政复议时,应当向行政复议机关提交以下材料:

1. 根据被申请人的数量,提交相应份数的行政复议申请书或者行政复议申请笔录。通过书面形式提出申请应当提交行政复议申请书,通过口头形式提出申请则应当提交行政复议申请笔录。

2. 申请人是自然人的,应当提交身份证或者其他有效身份证件的复印件;申请人是法人的,应当提交营业执照复印件、法定代表人证明书;申请人是其他组织的,应当提交有关单位批准该组织成立的文件复印件、主要负责人证明书。

3. 被申请人作出行政行为时制作的法律文书复印件。被申请人作出行政行为时未制作法律文书或者未送达法律文书的,申请人应当提交证明该行政行为存在的有关材料。

4. 委托他人代为申请行政复议的,应当提交授权委托书、委托人和被委托人的身份证明文件。委托律师代理的,还应当提交律师事务所函、律师证复印件。

5. 公民死亡,其近亲属申请行政复议的,应当提交公民死亡证明和申请人与死亡公民具有亲属关系的证明;法人或者其他组织终止,承受其权利的法人或者其他组织申请行政复议的,应当提交承受权利的证明。

6. 申请人因不可抗力或者其他正当理由超过法定期限申请行政复议的,应当提交有效的证据。

7. 申请人还应当提供能够证明自己主张的相应证据材料等。虽然在行政复议中,被申请人对其作出的行政行为的合法性、适当性负有举证责任,但是在《行政复议法》第 44 条第 2 款规定的三种情形下,申请人应当提供证据材料:(1)认为被申请人不履行法定职责的,提供曾经要求被申请人履行法定职责的证据,但是被申请人应当依职权主动履行法定职责或者申请人因正当理由不能提供的除外;(2)提出行政赔偿请求的,提供受行政行为侵害而造成损害的证据,但是因被申请人原因导致申请人无法举证的,由被申请人承担举证责任;(3)法律、法规规定需要申请人提供证据的其他情形。

二、 行政复议申请材料的补正

实践中,由于申请人对行政复议制度不甚了解,导致其准备的申请材料在形式和内容方面不符合要求的现象时有发生。如果行政复议机关在收到形式和内容不符合要求的申请材料后不及时告知申请人进行补正,将导致申请人错失通过行政复议维护自身合法权益的宝贵机会。鉴于此,有必要设置行政复议申请材料补正制度,为申请人提供补正申请材料的渠道。通过行政复议申请材料补正制度,一方面可以防止行政复议机关借口申请材料不符合要求对申请人提交的申请材料简单地一推了之,不予受理,影响申请人申请行政复议的权利;另一方面又可以使行政复议机关通过内容、形式符合要求的申请材料准确地把握申请人的诉求和理由,进而作出正确的行政复议决定。然而,令人遗憾的是,《行政复议法》(2017)并未对行政复议申请材料的补正作出明确的规定。鉴于此,立法者通过《行政复议法实施条例》,弥补了《行政复议法》(2017)内容上的缺陷。

《行政复议法实施条例》第29条规定:“行政复议申请材料不齐全或者表述不清楚的,行政复议机构可以自收到该行政复议申请之日起5日内书面通知申请人补正。补正通知应当载明需要补正的事项和合理的补正期限。无正当理由逾期不补正的,视为申请人放弃行政复议申请。补正申请材料所用时间不计入行政复议审理期限。”虽然该条款具有进步意义,但是其在内容上仍然存在着漏洞:首先,该条款中“可以”通知申请人补正的表述意味着,是否通知申请人补正,决定权掌握在行政复议机构手中。对于形式和内容不符合要求的申请材料,行政复议机构既可以通知申请人补正,也可以决定不予受理。这可能导致申请人因为申请材料存在问题从而失去申请行政复议的权利。其次,该条款中对于补正通知的内容和补正期限的规定不明确。由于没有明确规定补正通知应当一次性载明需要补正的事项,可能导致行政复议机构将需要通知申请人补正的事项分多次通知申请人,进而增加申请人的负担。此外,由于没有明确规定合理补正期限的时长,可能导致补正期限过长进而降低行政复议的效率。最后,补正申请材料所用时间不计入行政复议审理期限的规定,可能导致行政复议审理期限大幅度延长,进而导致行政法律关系长期处于不确定的状态。

本次《行政复议法》修订时,对《行政复议法实施条例》中的相关规定进行了完善。《行政复议法》第31条规定,行政复议申请材料不齐全或者表述不清楚,行政复议机关应当自收到申请之日起5日内书面通知申请人补正。补正通知应当一次性载明需要补正的事项。申请人应当自收到补正通知之日起10日内提交补正材料。有正当理由不能按期补正的,行政复议机关可以延长合理的补正期限。无正当理由逾期不补正的,视为申请人放弃行政复议申请并且记录在案。相较于《行政复议法实施条例》第29条,《行政复议法》第31条的进步之处在于:首先,该条款中“应当”通知申请人补正的规定,与《行政复议法实施条例》第 29 条中“可以”通知申请人补正的内容相比,有助于避免行政复议机关以申请材料形式和内容不符合要求为理由,剥夺申请人申请行政复议的权利。其次,该条款中相较于《行政复议法实施条例》第 29 条新增加的,补正通知应当一次性载明需要补正事项的规定,有助于防止行政复议机关将需要通知申请人补正的事项分多次通知申请人,减轻申请人的负担。再次,该条款中申请人应当自收到补正通知之日起 10 日内提交补正材料的规定,与《行政复议法实施条例》第 29 条只笼统规定合理补正期限的内容相比,有助于提高行政复议的效率,避免补正期限被不合理地延长。同时,该条款还充分考虑到了实践中申请人可能遇到的特殊情况,如果申请人有正当理由不能按期补正,行政复议机关则可以合理延长补正期限。原则性与灵活性的统一充分体现了行政复议的便民原则。最后,该条款中相较于《行政复议法实施条例》第 29 条新增加的,将申请人无正当理由逾期不补正申请材料的行为记录在案的规定,可以防止申请人事后借题发挥制造矛盾,避免行政复议机关陷入被动的局面。

【复习思考题】

1. 申请人如何申请行政复议?

2. 如何确定行政复议被申请人?

2. 如何计算行政复议申请期限?

3.《行政复议法》对申请材料的补正有何规定?

第九章　行政复议受理

行政复议受理是行政复议程序的一个重要环节，它是2023年《行政复议法》的主要修改内容和亮点之一。[①]《行政复议法》第三章"行政复议受理"系统规定了行政复议受理的条件、程序要求、各方权利义务等重要内容。本次行政复议受理制度的健全既是对行政复议程序自身的完善，也是对行政复议申请人权利保障的加强。

第一节　行政复议受理的法定条件

一、行政复议受理的程序意义

纵观行政复议的整体流程，行政复议受理是行政复议机关履行其审查职责的首个环节，是行政复议程序的"入口"。行政复议机关具体审查的是行政复议申请人提供的复议申请材料是否符合规定条件，并需据此作出是否受理的决定。因此，行政复议受理条件如何设置密切影响着复议申请人权利的保障程度。权威解读中指出，健全行政复议受理程序是行政复议法的主要修改内容之一，其中包含"明确行政复议受理条件，增设申请材料补正制度"等。[②] 对行政复议机关来说，明确了行政复议的受理条件，就是为其提供了是否作出受理决定的判断标准。事实上，早在《行政复议法实施条例》(2007)第28条中已经明确规定行政复议的受理条件。在《行政复议

---

① 参见荆龙：《为行政复议成为化解行政争议主渠道提供制度保障——解读新修订的行政复议法》，《人民法院报》2023年9月2日，第4版。

② 参见朱宁宁：《发挥行政复议公正高效便民为民制度优势　全国人大常委会法工委相关部门负责人解读修订后的行政复议法五大亮点》，《法治日报》2023年9月5日，第5版。

法》第30条第1款[①]规定的七项受理条件正是吸收上述规定内容的成果，而仅在局部表达上有所调整。综观《行政复议法》条文内容，能够发现行政复议受理的七项条件多在第三章规定之前就已出现。因此，行政复议各项受理条件的内涵应结合相关条款进行理解。

二、行政复议受理的法定条件

行政复议的受理条件与行政复议的申请条件是一致的，它是同一问题的两个不同视角。根据《行政复议法》第30条规定，行政复议的受理条件应当包括：1.有明确的申请人和符合《行政复议法》规定的被申请人；2.申请人与被申请行政复议的行政行为有利害关系；3.有具体的行政复议请求和理由；4.在法定申请期限内提出；5.属于《行政复议法》规定的行政复议范围；6.属于本机关的管辖范围。[②] 以上六项条件属于本体条件。

三、程序上的排斥条件

行政复议的受理条件，除了上述本体条件外，还有一项程序上的排斥条件。《行政复议法》第30条第1款第（七）项规定："行政复议机关未受理过该申请人就同一行政行为提出的行政复议申请，并且人民法院未受理过该申请人就同一行政行为提起的行政诉讼。"针对这一条件，行政复议机关需要具体审查的是，公民、法人或者其他组织是否针对同一行政行为以同一事实和理由向行政复议机关重复申请复议，或者是否已经被人民法院受理。

行政复议法中设定这一受理条件存在两点考虑：一是为了避免对同一

① 《行政复议法》第30条第1款规定："行政复议机关收到行政复议申请后，应当在五日内进行审查。对符合下列规定的，行政复议机关应当予以受理：（一）有明确的申请人和符合本法规定的被申请人；（二）申请人与被申请行政复议的行政行为有利害关系；（三）有具体的行政复议请求和理由；（四）在法定申请期限内提出；（五）属于本法规定的行政复议范围；（六）属于本机关的管辖范围；（七）行政复议机关未受理过该申请人就同一行政行为提出的行政复议申请，并且人民法院未受理过该申请人就同一行政行为提起的行政诉讼。"

② 参见本书第八章"行政复议申请的条件"部分。

行政行为进行多次审查从而导致存在多个生效法律文书的情形；二是为了避免行政救济与司法救济资源的浪费。根据《行政诉讼法》第 44 条第 1 款①的规定，公民、法人或者其他组织认为行政行为侵犯其合法权益的，可以选择申请行政复议，也可以选择提起行政诉讼。但是，这并不意味着可以同时进行复议与诉讼。在有的行政争议中，公民、法人或其他组织可以选择向不同的行政复议机关提出复议申请。例如，《行政复议法》第 24 条第 4 款规定："对县级以上地方各级人民政府工作部门依法设立的派出机构依照法律、法规、规章规定，以派出机构的名义作出的行政行为不服的行政复议案件，由本级人民政府管辖；其中，对直辖市、设区的市人民政府工作部门按照行政区划设立的派出机构作出的行政行为不服的，也可以由其所在地的人民政府管辖。"同样地，申请人具有选择由哪一个行政复议机关管辖的权利，但并不具有同时进行两个行政复议救济程序的权利。

对于行政复议机关受理过申请人就同一行政行为提出的行政复议申请的，也常被称为行政复议的重复申请。有专家指出，此种重复申请包括时间上的重复申请和空间上的重复申请两种情形。"前者是指当事人对复议机关已经作出终局决定的案件，又以同一事实和理由再次申请复议。后者则指当事人对于其他复议机关已经受理的案件，又以同一事实和理由再次申请复议。"②

对于人民法院受理过该申请人就同一行政行为提起的行政诉讼的，实际上与《行政复议法》第 29 条第 2 款的规定相呼应。该条款规定："公民、法人或者其他组织向人民法院提起行政诉讼，人民法院已经依法受理的，不得申请行政复议。"据此，如果人民法院已经受理的案件，申请人又以同一事实和理由向复议机关申请复议，复议机关应判定不符合受理条件。

---

① 《行政诉讼法》(2017)第 44 条第 1 款规定："对属于人民法院受案范围的行政案件，公民、法人或者其他组织可以先向行政机关申请复议，对复议决定不服的，再向人民法院提起诉讼；也可以直接向人民法院提起诉讼。"

② 胡建淼：《行政法学》(第五版)，法律出版社 2023 年版，第 1074 页。

第二节　对行政复议申请的审查处理

在行政复议受理环节，行政复议机关的基本职责是审查行政复议申请材料，而后作出是否受理的复议决定。针对现实中复议申请的多样情形，行政复议法中进行了对应的程序设计，以充分保障公民、法人或其他组织的合法权益。

一、审查处理的程序要求

依据《行政复议法》第三章的规定，针对不同情形下的行政复议申请，目前设计了三种行政复议受理的程序要求。

（一）行政复议受理的一般程序

关于公民、法人或者其他组织提出复议申请后，复议机关是否受理、如何受理的问题，《行政复议法》第30条第1款作出了具体安排。该条款中规定："行政复议机关收到行政复议申请后，应当在五日内进行审查。"也就是说，行政复议机关一般应在收到行政复议申请材料后的五日内，作出是否受理的决定。

（二）行政复议受理的补正程序

受自身的知识水平、专业能力等因素影响，公民、法人或其他组织提供的复议申请材料在形式上往往无法完全符合《行政复议法》第30条第1款规定的七项条件。针对这一情况，《行政复议法实施条例》(2017)第29条设置了行政复议受理的补正程序，《行政复议法》第31条在纳入该制度的基础上，进行了健全与完善。行政复议受理阶段补正程序的设计与完善，充分体现了我国行政复议法的便民原则。

首先，行政复议申请材料不齐全或者表述不清楚，无法判断行政复议申请是否符合规定的七项受理条件的，行政复议机关应当自收到申请之日起五日内书面通知申请人补正。并且，补正通知应当一次性载明需要补正的事项。

其次，申请人应当自收到补正通知之日起十日内提交补正材料。有正当理由不能按期补正的，行政复议机关可以延长合理的补正期限。无正当理由逾期不补正的，视为申请人放弃行政复议申请，并记录在案。

最后，行政复议机关是否受理的决定应当基于收到的补正材料作出。

（三）作出行政处罚决定的行政机关的复议申请转送程序

《行政复议法》第32条中新设了“作为出行政处罚决定的行政机关”代为提交行政复议申请的程序。这一程序实际由复议申请人启动，如果公民、法人或者其他组织通过“作出行政处罚决定的行政机关”提交复议申请，那么该接收机关应根据行政处罚决定的自纠自查情况进行处理。其一，自行审查合法性与妥当性之后，认为存在问题的，可以进行自我纠错，从源头上化解该行政争议。其二，自行审查后，认为需要维持行政处罚决定的，则应在收到行政复议申请之日起的五日内转送行政复议机关。需要注意的是，转送时限的起算点是收到行政复议申请之日起，而非认定维持行政处罚决定之日起。行政处罚决定维持的判断标准，则可以参考《行政复议法》第68条规定，即“行政行为认定事实清楚，证据确凿，适用依据正确，程序合法，内容适当的，行政复议机关决定维持该行政行为”。

二、行政复议申请审查后的三类决定

根据行政复议申请情形与审查程度的不同，在行政复议受理阶段存在三类不同的决定方式。

（一）行政复议受理决定

第一类是受理决定。结合《行政复议法》第30条的规定，行政复议受理决定的适用情形存在以下三种。

1. 收到行政复议申请后，经过审查认为符合受理条件的。《行政复议法》第30条第1款规定：“行政复议机关收到行政复议申请后，应当在五日内进行审查。对符合下列规定的，行政复议机关应当予以受理……”需要注意的是，在此种情形下，复议机关对申请的审查只是初步的、形式性的审查。例如，只要有特定的申请人，能够指向某一具体的被申请人，就达到了形式审查的标准。至于申请人与被申请人是否准确无误，并不展开进一步的探究。

2. 申请人依法提交补正材料后，经过审查认为符合受理条件的。《行政复议法》第 31 条规定了行政复议受理阶段补正程序的适用条件与具体安排。如果补正后的申请材料符合《行政复议法》第 30 条第 1 款的复议条件规定，那么行政复议机关同样可以作出受理决定。需要注意的是，对补正材料的审查实际上仍是形式意义上的。

3. 审查期限届满后，视为作出受理决定。行政复议法中明确了复议机关在受理阶段的审查时限，在审查期限届满却仍未作出不予受理决定的，则视为受理复议申请。《行政复议法》第 30 条第 3 款规定："行政复议申请的审查期限届满，行政复议机关未作出不予受理决定的，审查期限届满之日起视为受理。"

（二）行政复议不予受理决定

第二类是不予受理决定。《行政复议法》第 30 条第 2 款规定："对不符合前款规定的行政复议申请，行政复议机关应当在审查期限内决定不予受理并说明理由；不属于本机关管辖的，还应当在不予受理决定中告知申请人有管辖权的行政复议机关。"据此，行政复议机关在法定审查期限内，经过审查发现复议申请未满足《行政复议法》第 30 条第 1 款中任一条件或多项条件的，即可作出不予受理决定。值得一提的是，行政复议法中明确了适用不予受理决定时复议机关的特别义务。具体而言，认为复议申请不符合相关受理条件的，应有针对性地进行理由说明。其中，如果不予受理的原因是提请审查的复议机关没有管辖权所致，还应告知申请人有管辖权的复议机关，以便申请人正确、及时行使复议权。

此外，《行政复议法》第 30 第 2 款中不予受理时的说明理由义务与第 31 条中的补正说明存在极大区别。说明理由义务的履行，是以复议机关审查申请材料后，已经判定未满足法定受理条件为基础。补正说明、补正通知义务的履行，则是以当前申请材料不齐全或表述不清，导致无法判断是否满足法定受理条件为基础。例如，实践中，如果行政复议申请书中申请人遗漏签名或盖章的，一般不直接作出不予受理决定，而是根据行政复议便民原则作出补正通知。①

（三）行政复议驳回申请决定

第三类是驳回申请决定。驳回复议申请决定的适用情形十分特殊，更准确地说，是其适用阶段十分特殊。《行政复议法》第 33 条规定："行政复议机关受理行政复议申请后，发现该行政复议申请不符合本法第三十条第一款规定的，应当决定驳回申请并说明理由。"结合该条前后规定可知，驳回复议申请决定的适用应具备三个条件。

1. 已经作出受理决定。不论是基于前列受理决定适用情形中的哪一种，只需从结果上确定行政复议申请被受理，即满足第一个条件。

2. 行政复议进入实体审理阶段之前。从行政复议法的篇章结构上看，行政复议的受理与审理之间似乎并无其他程序环节存在，但第 33 条的规定说明了行政复议的审理针对的是申请人实体性的复议请求。

3. 复议机关审查的仍是复议受理条件。前文已经指明，《行政复议法》第 30 条中复议机关对受理条件的审查为初步与形式层面的审查。第 33 条同样是对受理条件的审查，但这一阶段的审查是实质意义上的。第 30 条与第 33 条对行政复议申请条件的不同审查程度，说明了在复议受理阶段，复议机关不得轻易作出不予受理决定，将复议申请"拒之门外"。可以说，第 30 条保证的是复议申请纳入复议程序的可能性，而第 33 条保证的是复议申请纳入行政复议程序的准确性。但实际上，无论是不予受理决定，还是驳回申请决定，否定的均是公民、法人或其他组织的复议申请这一程序性权

① 参见徐艳艳、张东：《行政复议申请的受理条件》，https://mp.weixin.qq.com/s/ZOvaJ_xs6jV8mhSx_UJ_Yw，2023 年 9 月 29 日访问。

益。如果复议决定否定的是实体性权益，则应适用的是驳回复议请求决定。能够进行佐证的是《行政复议法》第 69 条，其规定：“行政复议机关受理申请人认为被申请人不履行法定职责的行政复议申请后，发现被申请人没有相应法定职责或者在受理前已经履行法定职责的，决定驳回申请人的行政复议请求。”

第三节　行政复议受理阶段的监督与救济

对行政复议不予受理、驳回申请或不依法履行受理职责行为不服的，如何进行监督与救济是行政复议受理阶段的重要内容之一。为此，《行政复议法》第 34 条、第 35 条区分了是否存在复议前置情形，针对各类受理行为匹配了相应的监督与救济机制。

一、需要复议前置时受理行为的监督与救济

（一）监督情形

《行政复议法》第 34 条是存在复议前置要求时对复议机关受理行为的监督规定。条文中明确，可以进行监督与救济的情形有三种：1.无正当理由行政复议机关决定不予受理的；2.无正当理由行政复议机关决定驳回申请的；3.复议机关受理后超过行政复议期限不作答复的。

（二）启动条件

根据《行政复议法》第 34 条的基本文义，上述三种情形监督与救济程序启动要件需两项。

1. 存在行政复议机关作出不予受理、驳回申请或者受理后超过行政复议期限不作答复的客观事实。

2. 在十五日内提起诉讼。其中，在行政复议机关作出不予受理、驳回申请决定的情形下，十五日的期限从收到上述决定书之日起计算；在行政复议机关受理后超过行政复议期限不作答复的情形下，十五日的期限从行政复

议期限届满之日起算。

（三）监督与救济方式

在需要复议前置时出现上述三种情形的前提下，公民、法人或其他组织可选的监督与救济方式只有一种，即行政诉讼。虽然在此种复议前置情形下，复议机关未就争议行为进行实体性审查，但这不妨碍公民、法人或者其他组织有权就其行政复议申请权，即该程序性权利进行救济。

二、无须复议前置时受理行为的监督与救济

（一）监督情形

《行政复议法》第35条是公民、法人或者其他组织优先选择行政复议时对复议机关受理行为的监督规定。条文中明确，可以进行监督与救济的情形有三种：1.行政复议机关决定不予受理的；2.行政复议机关决定驳回申请的；3.复议机关受理后超过行政复议期限不作答复的。

（二）监督条件

根据《行政复议法》第35条的规定，上述三种情形监督与救济程序启动要件需要三项。

1. 存在行政复议机关作出不予受理、驳回申请或者受理后超过行政复议期限不作答复的客观事实。

2. 作出的不予受理决定和驳回申请决定没有正当理由。该条件实际上对应的是《行政复议法》第30条第2款与第33条中所规定的复议决定机关的说明理由义务。为了充分保障公民、法人或者其他组织的复议申请权，关于有无正当理由的判断应是归属于具有监督权的上级行政机关或人民法院。

3. 如果选择诉讼救济，应在十五日内向人民法院提起诉讼。其中，在行政复议机关作出不予受理、驳回申请决定的情形下，十五日的期限从收到上述决定书之日起计算；在行政复议机关受理后超过行政复议期限不作答复

的情形下，十五日的期限从行政复议期限届满之日起算。虽然第 35 条中并未就提请诉讼救济的期限作出明确规定，但结合《行政诉讼法》(2017)第 45 条规定，可以推知十五日的救济期限。《行政诉讼法》(2017)第 45 条规定："公民、法人或者其他组织不服复议决定的，可以在收到复议决定书之日起十五日内向人民法院提起诉讼。复议机关逾期不作决定的，申请人可以在复议期满之日起十五日内向人民法院提起诉讼。法律另有规定的除外。"由于《行政复议法》第 35 条中规定的不予受理决定和驳回申请决定均是行政复议决定的具体类型，因而对其理解可与《行政诉讼法》(2017)第 45 条规定相结合。

（三）监督与救济方式

对于无须复议前置时出现上述三种情形，公民、法人或其他组织可选择的监督与救济方式有两种。其一，行政诉讼。在行政复议申请权受损的情况下，公民、法人或者其他组织当然有权利寻求司法救济。其二，行政救济。行政救济的监督主体是"上级行政机关"，具体的监督手段是责令纠正和直接受理。

【复习思考题】

1. 行政复议的受理在行政复议程序中处于什么地位？
2. 行政复议受理的法定条件是什么？
3. 行政复议机关审查复议申请后存在哪几种决定方式？
4. 对行政复议受理环节的决定如何进行法律救济？

第十章　行政复议审理

在本次修订过程中，行政复议审理在形式上属于新增的一章。所谓行政复议审理，是指行政复议机关在受理复议案件之后，为查明复议案件相关事实，据以作出行政复议决定的整个过程。“行政复议审理是作出行政复议决定的必经程序，是行政复议程序的核心部分，也被称为‘行政复议决定的程序’。”①本次修订之后，复议审理程序的内容包括：一般规定、证据、普通程序、简易程序、行政复议附带审查等五部分。

第一节　行政复议审理的方式

一、不再以书面审理方式为原则

行政复议审理方式，是指行政复议机关在审理过程中，采用何种方式与双方当事人接触和交流，以便获取相关证据及有关资料。通常来说，可供选择的主要有书面和当面等方式。《行政复议法》（2017）采用的是书面审理为原则，其他审理方式为例外的审理方式。

由于我国行政复议制度的行政性质决定了其以高效、便捷为追求，那么，书面审理方式无疑是最好的选择。现实中，行政主体作出的行政行为通常都有相应的资料，采用书面审理方式，行政复议机关直接以申请人与被申请人提交的有关材料为依据，不再进行当面调查和对质辩论，直接作出相应的复议决定。

但是，随着社会的发展，尤其是交通和通信的飞速发展，人民群众程序

① 郜风涛主编：《行政复议法教程》，中国法制出版社2011年版，第199页。

权利意识的提高，法治政府建设标准不断地提升，单纯的书面审理为原则就值得反思。

法律制度应当与时俱进，“书面审查方式的缺陷是致命的，它切断了当事人之间进行相互交涉的可能，随之而来的暗箱操作必然会导致纠纷解决公正性的丧失，进而从根本上毁灭公众对行政复议制度的信心”①。本次修改之后，《行政复议法》第 49 条规定：“适用普通程序审理的行政复议案件，行政复议机构应当当面或者通过互联网、电话等方式听取当事人的意见，并将听取的意见记录在案。因当事人原因不能听取意见的，可以书面审理。”同时，第 54 条第 2 款规定：“适用简易程序审理的行政复议案件，可以书面审理。”这也是简易程序快速、高效、便捷的特点使然。

二、本次修改后复议审理方式的特点

（一）在普通审理程序中，当面听取当事人意见是原则

复议机关“应当”当面听取当事人的意见，也就是说，当面听取意见方式是首选。与此不同，《行政复议法》（2017）第 22 条规定：“行政复议原则上采取书面审查的办法，但是申请人提出要求或者行政复议机关负责法制工作的机构认为必要时，可以向有关组织调查情况，听取申请人、被申请人和第三人的意见。”该条文确定了首选书面审理的原则，也就是说书面审理属常态，其他方式则是补充。另外，这里规定的“组织调查和听取意见”的方式不明确，也有可能是以书面方式和双方当事人沟通进行调查和听取意见。这说明，新法有很大的改变。

（二）听证方式比较灵活

听取意见首选当面，其次是互联网、电话。现代科技的发展，使得面对面的交流，以及互联网（如通过微信、邮箱、QQ、网络平台等方式）、电话等方

① 章志远：《行政复议审查方式的历史演进——一个比较法角度的观察》，《学习论坛》2010 年第 6 期。

式变得可行且便捷。面对面听取意见的方式无疑更为直观，沟通效果会更好。人是有丰富和复杂感情的动物，很多纠纷就是因为沟通不畅，理解偏差，感情上有误解而产生的矛盾，或者是这些因素加重了矛盾。面对面的交流更有深度，更有利于全面和真实地了解争议事项的来龙去脉。在沟通过程中，如果采用的具体方式得当，态度诚恳，不仅便于了解事情真相，还能在一定程度上缓和甚至化解矛盾。

（三）简易程序可以书面审理

本次修订，将复议审理程序分为普通程序和简易程序，除了丰富普通审理程序中的听证方式外，在简易程序中，规定可以书面审理。这里的“可以”与第49条的“应当”相呼应，就是说，普通程序中应当采用当面等听证方式，简易程序中，由于所涉争议的事实清楚、权利义务关系明确，或者争议不大，没有采用当面等形式的听证，也是基于行政效率和行政成本的考虑。如果采用当面等听证程序，通常会耗费更多的时间和精力，而且，简易程序审理更加紧凑，期限相对较短，如果要求采用当面等听证方式会在一定程度上影响效率，则简易程序的“简易”特征将大打折扣。当然，“可以”书面审理，并不排除其他审理方式，而是说相对于普通审理程序，简易审理程序在审理方式方面可以降低要求，不排除复议机关根据需要采取当面等形式审理。

在行政复议审理的普通程序中，之所以规定了当面以及互联网、电话等方式听取当事人的意见，就是为了更全面地保障当事人的权益，包括复议程序方面的权利和在此基础上的实体权利，但是，如果复议申请人不积极主动促成该听证方式的达成，例如，不配合、拖延、逃避等，则复议机关只能依据现有的证据进行书面审理。一般说来，被复议行为主体很少存在不配合听证的现象，首先是作为一个机关，不存在客观上的不能；其次，对于被复议行为主体来说，参与法定程序是一项法律上的义务；再者，被复议主体是复议机关的下级机关，基于行政机关上下级的隶属和领导关系，上级作出的安排，理论上下级应当执行。综上，《行政复议法》第49条规定：“因当事人原因不能听取意见的，可以书面审理。”

三、当面等审理方式的适用

由于在法律中明确规定了行政复议审理中应当进行当面等方式听取意见，其就成为普通审理程序中复议机关的法定义务，当事人无须另行申请。一般情况下，行政复议机关在送达复议受理通知时应当告知当事人听取意见事项。现实中，为了方便各方当事人，行政复议机关在确定听证时间时，会与参与各方进行沟通，以便根据各方较为恰当的时间确定听证时间。行政复议机关可以选择面对面同时听取双方意见，也可以根据需要，采取背对背单方面听取意见。也就是说，可以把双方约到一起，三方面对面地交流，也可以单独对申请人或被申请人进行听取意见。

本次修订，增加了听证程序。很显然，专门的听证程序是更加有效地当面审理的方式，在此过程中，参与行政复议的各方当事人共同当面进行审理，更加全面地保障了当事人的程序权益。

第二节　行政复议审理的范围与标准

一、行政复议审理的范围

行政复议审理的范围，是指行政复议机关在依据法定程序进行复议活动过程中，对被审议事项进行审查的宽度和深度。从审查的宽度来看，复议机关对被申请行政行为进行全科式的诊断和评判，并不局限于申请人指控的违法方面。从审查的深度来看，不仅审查其是否合法，还要审查其是否适当。另外，从被审查行政行为的性质来说，包括对具体行政行为和抽象行政行为（这里的抽象行政行为主要是法律、法规、规章之外的规范性文件）的审查。

对于行政复议审理的范围，可以做如下几方面的理解。

（一）行政复议是对行政行为所有可能违法现象的全面审理

在民事诉讼中，基本上遵循“诉判一致”的原则，即当事人请求什么，法院就围绕着当事人的诉请进行审判并最后作出相应的裁判。在行政诉讼中,由于行政审判具有对行政行为的监督职能,所以,在审理阶段是进行全面审查。① 在行政复议制度中,全面审理更具有必要性。复议机关作为被复议行为主体的上级,其职责基本上了涵盖下级的职责,上级对于下级行为的复议,就具有行政内部"家务事"的性质,管理得更为全面和严格,这也是行政机关职、权、责相一致原则的体现。例如,当事人申请对被申请行政行为作出"违反法定程序"的性质认定并仅提交了证明该被申请行为存在违反法定程序的证据,行政复议机关在审查过程中并不局限于审查其是否违反法定程序,还会对是否存在"主要事实不清、证据不足;适用法律错误;适用的依据不合法;超越职权或者滥用职权"等进行审查。"行政复议作为一种行政层级监督机制,决定其必然要实行全面审查。"②

(二)对规范性文件进行审查

规范性文件是行政行为的依据,行政诉讼法和行政复议法中均有对规范性文件审查的规定。在行政诉讼中,法院经审查认定规范性文件不合法的,不作为人民法院认定行政行为合法的依据,并在裁判理由中予以阐明,并提出修改或废止的司法建议。《行政复议法》第 59 条规定,行政复议机关"认为相关条款超越权限或者违反上位法的,决定停止该条款的执行,并责令制定机关予以纠正"。这表明行政复议机关在对规范性文件的审查过程中,权限更大。《立法法》(2013)第 108 条规定,上级行政机关有权改变或者撤销下一级人民政府制定的不适当的规章,同理,对于效力低于规章的规范性文件,上级机关也有改变和撤销的权力。

---

① 行政诉讼法具有"监督行政机关依法行使职权"(第 1 条)的目的,有"对行政行为是否合法进行审查"(第 6 条)的任务要求,当事人的起诉只是启动了诉讼程序,法院在审理过程中,前提基础是满足当事人的诉讼请求(即"诉判一致"),在此基础上,扩大至对整个行政行为各方面可能违法情形的审查,也就是全面审查,这既是进一步保护公民合法权益的体现,也是司法监督行政机关依法行政目的之要求所在。

② 郜风涛主编:《行政复议法教程》,中国法制出版社 2011 年版,第 205 页。

（三）审查属于受案范围内的所有被申请行政行为

受案范围是行政复议程序的端口，理论上来说，只要是应当受理的事项，也是复议程序应当审理的对象。本次修订，针对行政复议的受案范围中的某些具体行为，在立法技术上采用了概括式，而非旧法的列举式。例如，对行政处罚、行政强制执行，行政诉讼法、原行政复议法均采用列举方式，本次修订则采用了概括的方式。很显然，概括的方式就包含了所有的该行为，包括列举的和未列举的。随着行政管理制度的发展，也许会有新的处罚或强制行为，甚至有些性质有争议的相关行为，都可以由概括性的列举化解该问题。与上述原理相同，对关于确认自然资源的所有权或者使用权的决定不服的复议内容，新法也由列举式变更为概括式。同时，本次修订，将行政赔偿、工伤认定、行政协议、政府信息公开等进一步明确纳入行政复议的范围。

二、行政复议审理的标准

界定行政复议审理的范围，离不开审查标准。标准是指人们在长期生活实践中总结出来的，用于判断某项事或物的参照基准。行政复议审理中的标准，就是行政复议机关作出行政复议决定时，据以对被复议行为做出不同评判的准则和依据。

在行政诉讼制度中，基于行政领域的专业性和保持行政系统的相对独立以及司法权的功能所限，司法权对行政权的监督需要把握一定的边界。《行政诉讼法》第 6 条规定："人民法院审理行政案件，对行政行为是否合法进行审查。"对于适当性，审查的范围极其有限，且必须有法律明确作出规定方可。[①]而在行政系统中，上下级行政机关之间在业务方面是互通的，在职能上是上

① 我国《行政诉讼法》第 70 条对"滥用职权"，第 77 条对"行政处罚明显不当"等情形的裁判形式作出了明确的规定。法院审查行政行为的合法性意味着法院具有了让人恐惧的超级变更权，可以直接取代行政机关去涉足更广泛领域的政策性判断。这是用司法裁量替换行政裁量、以司法权取代行政权。不过，在审判实践中，法院以此"滥用职权"或"明显不当"为结论作出的裁判很少，因为合理性审查的标准过于主观。法院在合理性审查方面若不保持谦抑，将会陷入行政事务的泥潭。类似观点参见余凌云：《论行政法上的合法性审查》，《比较法学》2022 年第 2 期。

涵盖下的关系,复议机关作为上级,其通过复议制度深度监督下级就具有天然的正当性。上级监督下级,不仅可以审查其行为的合法性,还可以审查其适当性。在合法性与合理性审查的程序上,应当首先审查被申请行为的合法性,如果合法要件欠缺,则被确定为不合法,即可作出变更或撤销的复议决定。如果审查之后发现合法要件并无问题,则在此基础上进行合理性审查。无论合法性审查,还是合理性审查,通常都是先就申请人提出的事由和证据进行审查,在此基础上,进一步扩展至所有可能不合法的情形。

《行政复议法》第 1 条列明行政复议的首要目的是"为了防止和纠正违法的或者不当的行政行为",在此目的指导下,对行政行为进行合法性和合理性审查的标准贯穿于行政复议审理的全过程。《行政复议法》(2017)第 3 条第 1 款对行政复议机关负责法制工作的机构具体办理行政复议事项中,就已明确包括,审查申请行政复议的具体行政行为是否合法与适当。新《行政复议法》第 44 条对举证责任规定中,明确了被申请人对其作出的行政行为的合法性、适当性负有举证责任。第 46 条规定,行政复议期间,被申请人不得自行向申请人和其他有关单位或者个人收集证据;自行收集的证据不作为认定行政行为合法性、适当性的依据。在作出行政复议决定时,《行政复议法》第 63 条明确规定,对"内容不适当"的行政行为,行政复议机关作出变更决定。对于行政行为"内容适当的",第 68 条作出相应规定,即,行政复议机关决定维持该行政行为。

结合《行政复议法》第 63 条和第 64 条规定的内容,对于行政行为的审查,在合法性和合理性的基础上,具体审查的内容应当包括:事实清楚,这里的事实主要是行政行为认定的事实;证据确凿,是指据以做出该行政行为的证据,包括法律依据和事实根据;适用依据正确,就是据以做出行政行为不仅有形式上合法的依据,包括法律、法规、规章和规范性文件等,以及这些法律依据在内容方面不存在违法现象,还应当符合不同位阶法律的效力层级;程序合法,主要是法定程序;主体在职权方面合法,没有超越职权或滥用职权;行政裁量是否适当;等等。

第三节 行政复议的中止

行政复议的中止，是指在行政复议审理过程中，由于某些法定情形的出现，行政复议机关暂时中断审理程序，待引起中止的原因消除后再继续复议程序的制度。在三大诉讼中，均有诉讼中止制度，每种制度中的中止，根据其自身情况，呈现不同的中止事由。新《行政复议法》第 39 条对复议中止情形进行了相对较为全面的列举。

一、行政复议中止的情形

（一）当事人参加复议能力暂时失格

参与复议活动，主体应具有相应的行为能力，在复议申请被受理之后，由于客观原因，会导致当事人暂时不具备继续参与复议活动的能力，包括行为能力的失格和客观上无法参与的不能。《行政复议法》第 39 条列举了四种当事人参加复议身份暂时失格的情形：1.作为申请人的公民死亡，其近亲属尚未确定是否参加行政复议；2.作为申请人的公民丧失参加行政复议的行为能力，尚未确定法定代理人参加行政复议；3.作为申请人的公民下落不明；4.作为申请人的法人或者其他组织终止，尚未确定权利义务承受人。第 39 条第（五）项规定的是客观条件上的不能，即，申请人、被申请人因不可抗力或者其他正当理由，不能参加行政复议，包括战争、地震、水灾、火灾、风暴、重大疫情等自然灾害或其他意外事件。

（二）依据的规范性文件须进行合法性审查

在行政活动中，行政决定行为通常以行政规定为前提，被诉行政行为的合法性是建立在其所依据的规范性文件合法和适当的基础上，而对于存疑的规范性文件的审查必然要耗费一定的时间，这并不是每个复议案件中都存在的情形。对行政复议审理期限的规定，通常是建立在只针对具体的行政复议活动基础上，并不包括其所依据的规范性文件可能被审查的情形。

基于此，对该作为复议依据的规范性文件效力认定的时间不应计算在复议审理期限内；同时，在被审查的规范性文件的法律效力确定前，整个复议程序无法继续进行。

在《行政复议法》中，涉及规范性文件的效力的情形有两种。

1.《行政复议法》第 13 条、第 56 条、第 57 条、第 58 条中，对附带审查规范性文件程序中的期间及其长度都作了相应的规定。包括三十日的正常处理期限，无权处理时的移交期限（七日）以及规范性文件制定机关的答复期限等。这些期限在复议期间应当不被计算在审理期限内。

2.《行政复议法》第 39 条第 7 项规定，行政复议案件涉及的法律适用问题需要有权机关作出解释或者确认。该种情形并不是所依据的法律内容不合法或不适当，而是可能存在模糊或冲突等现象，需要有权机关进行解释或确认。

（三）其他事由

在复议过程中，双方当事人可以依照《行政复议法》规定进行调解、和解，如果成功，完全能够达到与复议决定相似甚至更好的效果，但其结果并不确定时，一方面要给予其他解决纠纷渠道以机会，另一方面还要保持复议继续进行的可能，所以，在此期间，复议程序处于中止状态，是否继续要看调解或和解的结果。

现实中，很多事情是相互勾连、互为因果的，行政复议案件审理需要以其他案件的审理结果为依据，其他案件尚未审结，复议程序应当暂时中止，处于等待状态。

（四）复议中止情形法定

行政复议的中止情形属于法定事由，不能任意扩大，也不能任意缩小。因此，《行政复议法》第 40 条规定，“行政复议期间，行政复议机关无正当理由中止行政复议的，上级行政机关应当责令其恢复审理”。

二、行政复议中止的法律效果

行政复议审理程序中的中止,只是因为出现了干扰或阻碍复议程序的事项或情形,使得行政复议程序暂时停止,但不是行为的彻底终结。因此,在引起行政复议中止的原因消除后,应当根据情况及时恢复行政复议案件的审理。同时,行政复议机关中止、恢复行政复议案件的审理,均应当书面告知当事人。

第四节　行政复议的终止

行政复议的终止,是指在行政复议审理过程中,由于某些法定情形的出现,致使行政复议程序没有必要或者不可能继续进行,从而由复议机关决定终结该复议程序的制度。终止制度在三大诉讼中也均有明确规定,其情形通常比中止严重,或者引起中止的状况持续超过了规定的期限。

一、行政复议终止的情形

《行政复议法》第 41 条规定了行政复议机关决定终止行政复议的五种情形。

1. 复议请求消失:申请人撤回行政复议申请,行政复议机构准予撤回,复议申请的撤回是抽掉了复议程序启动源,使得行政复议程序失去了审查服务的主体,也失去了审查的内容。

2. 复议请求主体(人)身份丧失或不具备:作为申请人的公民死亡,没有近亲属或者其近亲属放弃行政复议权利。

3. 复议请求主体(组织)丧失请求身份:作为申请人的法人或者其他组织终止,没有权利义务承受人或者其权利义务承受人放弃行政复议权利。

4. 复议事项被刑事吸收或覆盖:申请人对行政拘留或者限制人身自由的行政强制措施不服申请行政复议后,因同一违法行为涉嫌犯罪,被采取刑事强制措施。

5. 当事人参加复议能力失格超过法定期限：一是作为申请人的公民死亡从而丧失参加行政复议的行为能力，其近亲属尚未确定是否参加或未确定法定代理人参加行政复议；二是作为申请人的法人或者其他组织终止，未确定权利义务承受人。上述两种状态满六十日的，则行政复议程序终结，不再进行。

二、行政复议终止的法律效果

一般说来，行政复议因为法定事由终止之后，复议活动即结束，复议机关完善相关程序和案卷材料后，该复议活动结束，其没有产生任何法律上的积极效力。但是，终止并不意味着该活动从未发生，由于引起复议终止的事由不同，其法律上的效果并非如同客观上从未发生过行政复议活动。

（一）当事人依然享有法定的申请司法救济的途径

在我国，公民对于绝大部分行政行为侵权的救济途径具有行政复议和行政诉讼的选择权，也就是说，除却部分法律明定的复议前置特例之外，当事人选择何种救济途径不受限制，两种救济途径并行。行政复议终止，不影响行政诉权的行使，只要是在法定诉讼时效内。现行《行政复议法》赋予公民提起行政复议的期限是自知道或者应当知道该行政行为之日起六十日内，提起行政诉讼的起诉期限则是自知道或者应当知道该行政行为之日起六个月内。

（二）行政复议的审理过程具有中止行政诉讼期限的法律效果

理论上计算的话，行政复议案件应当在六十日内审结，当事人若对于行政复议决定不服，可以在收到复议决定书之日起十五日内向人民法院提起诉讼。[①] 一般说来，这些时限都不会超过六个月的行政诉讼起诉期限。但如果行政复议审理中存在先中止、后终止，或者其间有调查取证的时限不被

① 《行政诉讼法》第45条规定："公民、法人或者其他组织不服复议决定的，可以在收到复议决定书之日起十五日内向人民法院提起诉讼。复议机关逾期不作决定的，申请人可以在复议期满之日起十五日内向人民法院提起诉讼。法律另有规定的除外。"

计算，而且复议期间，经行政复议机构的负责人批准，可以延长不超过三十日。所以，完全有可能在行政复议终止决定作出之后，已超过当事人知道或应当知道行政行为之后六个月时限。此时，如果该复议审理被决定终止，当事人是否还具有提起行政诉讼的权利呢？

诉讼时效的目的是督促当事人及早行使诉权，不能躺在权利上睡大觉，当事人选择复议程序，尽管最后没有达到目的，如果是非因自身原因导致复议终止，则说明当事人在客观上并不存在消极不行使诉权的情形，例如，申请人对行政拘留或者限制人身自由的行政强制措施不服申请行政复议后，因同一违法行为涉嫌犯罪，被采取刑事强制措施，导致行政复议被终止，在终止决定之后十五日内，当事人的刑事强制措施也在此期间终结，那么，当事人依然享有诉权。但是，如果是由于当事人在主观上不积极行使复议权，导致复议期限被消耗，则该行政复议终止决定就不具有中止行政诉讼期限的效果。

（三）因当事人撤回产生的行政复议终止，则不得再以同一事实和理由提出行政复议申请

《行政复议法》第 74 条第 2 款规定：“当事人达成和解后，由申请人向行政复议机构撤回行政复议申请。行政复议机构准予撤回行政复议申请、行政复议机关决定终止行政复议的，申请人不得再以同一事实和理由提出行政复议申请。但是，申请人能够证明撤回行政复议申请违背其真实意愿的除外。”

（四）对该复议终止行为不能提起行政诉讼，可以申诉、控告、检举

行政复议终止决定是程序性决定，并没有改变原行政行为中双方的权利义务，甚至没有进行实质审查，也不存在行政复议主体的不作为。从理论上来看，行政复议制度不是一般的行政行为，其具有和行政诉讼相似的权利救济功能，解决被复议的原行政行为引起的行政纠纷是主要目的，因此，对于行政复议行为只能被附带审查，不能单独被提起诉讼。复议活动被终止决定，是由于法定事由的出现，导致此路不通，如果当事人认为在此过程中

复议机关作出的终止复议决定违法，可以对其进行申诉、控告或检举①，但不能提起行政诉讼。

第五节 行政复议不停止行政行为执行原则

一、复议不停止执行是原则

《行政复议法》第42条规定，行政复议期间行政行为不停止执行。行政复议不停止执行，是指在行政复议进行期间，被复议的行政行为依然按照其既定程序进行，不受复议行为的阻却。之所以行政复议不停止执行，盖因如下若干因素。

一是行政行为具有公益优先性。行政主体是基于人民的授权从事国家公共事务的管理者，其行政行为的最终受益者是广大民众，所以，行政行为具有代表公共利益的正当性，基于此，在行政法理论上赋予行政行为以优益性。该种优益性在理论上表现为行政行为的几项效力属性，包括公定力、确定力、拘束力、执行力。公定力是指行政行为在由法定机关经法定程序使之失效前，即便是违法或不当的，都应当被推定为合法、有效。确定力，意指行政行为一经作出，其内容非经法律程序不得任意变更的效力。拘束力，意指行政行为一经作出，就对行政主体和行政相对人产生法律上的约束力，行政主体和行政相对人就必须要履行行政行为所确定的义务。执行力，意指行政行为一经作出，就要求行政主体和行政相对人对其内容予以实现的法律效力。② 上述理论均表明，行政行为自始有效，除非以法定程序否定之，否则效力处于持续有效状态。各方主体都有义务维护其效力并推动其得到执行。

---

① 我国《宪法》第41条规定，“中华人民共和国公民对于任何国家机关和国家工作人员，有提出批评和建议的权利；对于任何国家机关和国家工作人员的违法失职行为，有向有关国家机关提出申诉、控告或者检举的权利”。

② 参见江国华：《法治政府要论——行为法治》，武汉大学出版社2021年版，第45页。

二是行政效率的要求。正是由于行政行为具有公益优先性，应当保障其有效地实施，如果行政行为只要被纳入行政复议救济途径就使其失去效力，则行政效率就会因此受到极大影响。

三是反向示范效应不好。如果行政行为一旦被纳入行政复议程序就要停止执行，则无疑鼓励当事人滥用提起行政复议申请权，动辄提起行政复议，本来提起行政复议的成本就不高，若此，则行政行为将陷入无法进行的尴尬境地。

四是有事后补救措施作为不停止造成损失的保障。经过行政复议审理程序之后，可以通过改变、撤销、确认违法等决定，同时辅之以行政赔偿等措施，对行政行为的违法或不适当及其在复议期间进一步扩大的损失进行补救。

在理论上，也有观点认为，适当扩大停止执行的情形，因为行政复议制度毕竟是监督行政行为且是保障公民、法人和其他组织的合法权益的。

二、停止执行的例外情形

行政复议期间不停止执行，只是作为一般原则，是常态，但如果在某些情形下或某种事项的发生，使得停止执行引起的不利后果已经消除，或者停止执行比不停止执行更能带来好的效果的话，就应当停止被诉行政行为的效力，使之暂时不再进行，这些情形包括：当事人申请、行政复议机关同意、复议机关认为需要停止的、被复议机关认为需要暂时停止执行的。

行政复议停止执行的例外情形与行政诉讼具有共同的理论基础。但是，行政诉讼中，当事人对停止执行或者不停止执行的裁定不服的，可以申请复议一次。行政复议制度是一级复议制度，这是基于效率考量，所以，不宜再设定救济途径，避免其影响行政复议效率和增加其成本。

《行政复议法》第42条规定了行政复议期间四种应当停止执行的情况：启动主体分别是被申请人、复议机关和申请人及第三人。

（一）被申请人认为需要停止执行

这是基于被申请人的自我判断，行政主体做出行政行为，其对行政行为的性质、整个程序、预期效果、实质上是否违法等，具有比他人更为清晰的判断。他们会结合这种判断，进而预判其在复议中胜诉的可能性、复议败诉之后需要承担多大代价等，自行决定是否停止执行。有时，在行为被复议期间，被申请人或许会发现其行为的依据可能违法，或者行政相对人的违法事实出现新情况需要进一步确认，或者发现自身行为的确存在违法或不适当的，为保险起见，可以自行停止被复议行为的执行。

（二）行政复议机关认为需要停止执行

行政复议机关本身就是复议被申请人的上级机关，对其具有监督的职责，同时，对复议申请人也有保护其合法权益的职责。在行政复议过程中，如果复议机关基于对被复议行为的初步判断，预判被复议行为存在违法或不适当的情形，不停止执行将会造成难以挽回的损失或者将继续扩大的损失之严重程度，其可能综合运用比例原则，决定停止执行。

（三）申请人、第三人申请停止执行

行政复议具有“保护公民、法人和其他组织的合法权益”的目的，行政复议程序的开启也是由于申请人基于法律赋予的提起复议请求权。复议申请人是被申请行为直接的利益影响者，是对被复议行为更为了解和关注的人。因此，应当赋予其申请停止被申请行为的权利。但是，申请人毕竟是复议案件的一方利害关系人，是站在自己的立场上，所以，是否停止执行，应当由复议机关对其申请进行判断并作出决定。

行政复议中的第三人因与被复议行为具有利害关系，也应当具有类似申请人的申请停止执行权。通常来说第三人相应的利害关系小于申请人，其申请是否获得允许，同样应当由复议机关进行判定。

（四）法律、法规、规章规定停止执行的其他情形

这是一项兜底条款。用来弥补其他法律的规定，也是对未来相关立

法的一种较为保险的衔接机制。目前,从其他法律中也可以推论出该种现象。例如,《治安管理处罚法》(2012)第107条规定:“被处罚人不服行政拘留处罚决定,申请行政复议、提起行政诉讼的,可以向公安机关提出暂缓执行行政拘留的申请。公安机关认为暂缓执行行政拘留不致发生社会危险的,由被处罚人或者其近亲属提出符合本法第一百零八条规定条件的担保人,或者按每日行政拘留二百元的标准交纳保证金,行政拘留的处罚决定暂缓执行。”这说明,在治安拘留行为复议中,只要暂缓执行不发生社会危险,则准予暂缓执行是常态,毕竟,当事人还在执法机关的可控范围内,复议之后根据情况依然可以执行。如果不顾及复议程序正在进行就对当事人事实拘留,一方面不利于其参与行使复议的活动,另一方面是该行为若被复议决定否定的话,无法通过撤销等形式补救,只能确认违法和赔偿。再如,《行政强制法》(2011)第53条规定:“当事人在法定期限内不申请行政复议或者提起行政诉讼,又不履行行政决定的,没有行政强制执行权的行政机关可以自期限届满之日起三个月内,依照本章规定申请人民法院强制执行。”这说明,有些可以申请法院强制执行的行政行为,在被复议期间,被申请人不能申请人民法院强制执行,即复议停止了执行。

第六节　回避原则和保密原则

一、行政复议回避原则

回避制度是古老的自然正义原则中的一项子原则,即,“任何人都不得在与自己有关的案件中担任法官(Nemo judex in parte sua)”①,该项制度不仅在司法制度中比较成熟,在行政执法中也广泛适用。例如,在我国三大诉讼制度中均有关于回避的规定,其中,《民事诉讼法》《刑事诉讼法》还设置

① [英]戴维·M.沃克:《牛津法律大辞典》,光明日报出版社1989年版,第628—629条。

专章规定回避①。2011年《最高人民法院关于审判人员在诉讼活动中执行回避制度若干问题的规定》针对三大诉讼中的回避制度进行了统一、系统的规定。在行政法上,《警察法》《行政处罚法》《治安管理处罚法》《道路交通安全法》也规定有回避制度。《公安机关办理行政案件程序规定》设置回避专章,内容规定得非常详尽。② 可以说,回避制度是司法制度和行政执法程序的基本标配,必备制度。

行政复议制度在具备高效、便民的同时,也难免被人质疑"官官相护",毕竟,复议机关和被复议行为主体之间具有上下级领导关系,在业务等各方面有着千丝万缕的联系,是一个共同体。所以,在行政复议审理中,回避制度就显得尤为重要,其在一定程度上可以改变人们对于行政复议制度不公正的认知,实践中也的确具有矫正行政复议机关偏袒被申请人的功能,从而增加复议制度的公信力。行政复议在性质方面属于行政系统,但在技术层面,完全可以充分吸收体现公平正义的机制。

行政复议回避制度,是指在行政复议中,复议人员以及其他可能影响案件公正审理的有关人员,为了避免对复议的不当干预,不得参与案件的审理,已经参与的要退出该案诉讼程序的制度。回避制度最典型地体现了程序正义的特点和要求。复议机关与被复议主体的关系越是紧密,越需要回避制度。

我国行政复议制度一直没有明确规定回避制度,但在行政复议实践中,

① 《行政诉讼法》第55条规定:"当事人认为审判人员与本案有利害关系或者有其他关系可能影响公正审判,有权申请审判人员回避。审判人员认为自己与本案有利害关系或者有其他关系,应当申请回避。前两款规定,适用于书记员、翻译人员、鉴定人、勘验人。院长担任审判长时的回避,由审判委员会决定;审判人员的回避,由院长决定;其他人员的回避,由审判长决定。当事人对决定不服的,可以申请复议一次。"

② 该法第三章,用了9个条文对其作了详细的规定,内容主要包括:公安机关负责人、办案民警自行回避及被要求回避情形;回避决定的作出;指令回避;行政案件调查过程中,鉴定人和翻译人员的回避;回避决定前行为的效力;等等。

复议活动基本上遵循了回避原则。很多地方性法规中有回避的规定。[①] 毕竟,回避制度是自然正义的基本要求,它已经不限于法律条文,而是早已融入具体的法律制度,作为一项不证自明的基础性原则而存在并指导着行政复议审理的实践。

行政复议审理实践中,存在着几种回避制度适用的情形。

在复议活动中,复议参与人员自知道被复议行为当事人与自己有利害关系时,应当自行回避,当事人及其法定代理人有权以口头或者书面形式申请其回避。回避的情形应当包括:(一)是本案的当事人或者与当事人有近亲属关系的;(二)本人或者其近亲属与本案有利害关系的;(三)担任过本案的证人、翻译人员、鉴定人、勘验人、诉讼代理人、辩护人的;(四)与本案的诉讼代理人、辩护人有夫妻、父母、子女或者兄弟姐妹关系的;(五)与本案当事人之间存在其他利害关系,可能影响案件公正审理的。[②]

行政复议中的回避制度,可以借鉴法院审理过程中的做法,复议机关在确定具体复议办案人员之后,应当于复议审理开始前合理期限内,告知当事人提起回避申请的权利。在复议审理的听证程序中,应当于确定听证时间前几天(可与《行政复议法》规定的五日前告知听证时间、地点、拟听证事项一起通知当事人),书面告知当事人申请回避的权利,或者在听证开庭前,当庭告知当事人并根据其要求确定是否回避。

自行回避一般在审理的准备阶段提出。申请回避一般在审理前提出,如果复议参加人在审理过程中得知复议人员情况而需要回避的,也可以在审理中提出,但不能在审理结束后提出。依职权回避的时间可以是审理前,也可以是审理中,甚至可以是审理结束后、审理决定生效前。

---

① 例如,《贵州省复议条例》第30条规定:"申请人、被申请人、第三人认为行政复议人员与行政复议事项有利害关系或者有其他关系可能影响公正复议的,有权申请行政复议人员回避。行政复议人员与行政复议事项有利害关系的,应当回避。行政复议人员的回避由行政复议机关负责人决定。"

② 参见《最高人民法院关于审判人员在诉讼活动中执行回避制度若干问题的规定》第1条的内容。

普通复议人员的回避由复议机构负责人批准，复议机构负责人回避的，应由复议机关的法定代表人决定。对于没有设立复议机构而只设立专职复议人员的，复议人员的回避由复议机关的法定代表人予以决定。

在复议机构中，回避制度仅限于从事该复议案件的人员，其与被复议行为具体参与人员之间不能有利害关系。总之，行政复议中回避的范围要窄于行政诉讼，毕竟，行政复议机关和被复议主体之间存在着千丝万缕的联系，不可能完全隔断，当事人在选择行政复议救济渠道时，对此已经有心理预期。同时，当前整体来说，各级行政复议的人员还是比较紧缺的，如果回避制度过于严苛，将会导致复议工作无法或难以有效进行。

二、行政复议保密原则

国家秘密事关国家安全，商业秘密具有商业利益，个人隐私是公民不愿为外人知悉的具有个体身份特征的信息。在行政复议活动中，各方当事人均可能获取相关秘密，这些秘密均应当受到各方参与人的尊重，保守该秘密。保密是社会各主体应当遵循的基本原则，也是人们交往和社会关系稳定的基本共识。

我国《宪法》(2018)第53条规定，“中华人民共和国公民必须遵守宪法和法律，保守国家秘密。”《保守国家秘密法》(2010)第3条规定：“国家秘密受法律保护。一切国家机关、武装力量、政党、社会团体、企业事业单位和公民都有保守国家秘密的义务。任何危害国家秘密安全的行为，都必须受到法律追究。”《民事诉讼法》(2021)第71条规定，“证据应当在法庭上出示，并由当事人互相质证。对涉及国家秘密、商业秘密和个人隐私的证据应当保密”。此外，《国家安全法》《反间谍法》《反有组织犯罪法》《审计法》《刑法》《公职人员政务处分法》《中国共产党纪律处分条例》等，均规定了相关主体的保密义务。

《行政复议法》第36条第2款规定：“行政复议人员对办理行政复议案件过程中知悉的国家秘密、商业秘密和个人隐私，应当予以保密。”此规定主要是明确行政复议人员的保密责任。在复议审理过程中，复议人员会查阅双方提交的证据，为了查清事实，对双方进行听取意见、听证以及依职权查询资料等，其间可能会获取国家秘密、商业秘密、当事人的个人隐私等。这些秘密是复议人员基于工作获取的信息，是职务行为的产物，个人不能随意使用或处分，同时，在行政复议过程中，对于行政复议案件的审理思路、审查方案及有关合议意见也应当予以保密。如果这些在复议过程中获取的信息具有秘密的特征，也应当遵循只为行政复议服务的原则，不得擅自外传。

行政复议申请人在参与复议过程中，也可能会获取相关秘密的信息，如果违反相关保密的规定，会受到相应的处理。如，《公职人员政务处分法》第 39 条第 5 项规定，对于泄露国家秘密、工作秘密，或者泄露因履行职责掌握的商业秘密、个人隐私的，依法给予相应处分。

为了从源头上防止相关秘密在审理过程中不当扩大，《行政复议法》第 47 条规定："行政复议期间，申请人、第三人及其委托代理人可以按照规定查阅、复制被申请人提出的书面答复、作出行政行为的证据、依据和其他有关材料，除涉及国家秘密、商业秘密、个人隐私或者可能危及国家安全、公共安全、社会稳定的情形外，行政复议机构应当同意"。该规定从源头上就要求复议机关遵循保密原则，不泄露相关秘密的信息，避免了秘密被进一步泄露的可能。

保密原则是基于该种信息具有相关利益，这些信息一方面可以为行政复议及时、准确、公正地审理提供证据资料，另一方面也存在被泄密侵害相关利益的风险，保密原则就是为了消除后者的不利影响。除法定保密事项外，凡当事人要求，或复议机关认为应公开审理的，都应公开。《行政复议法》第 3 条第 2 款规定，行政复议机关履行行政复议职责，应当遵循公开等原则。第 79 条第 1 款规定："行政复议机关根据被申请行政复议的行政行为的公开情况，按照国家有关规定将行政复议决定书向社会公开。"

【复习思考题】

1. 行政复议有哪几种审理方式？各有什么特点？

2. 行政复议的审理标准是什么？与行政诉讼有何不同？

3. 什么情形会导致行政复议的中止和终止？

4. 在行政复议中如何坚持回避原则和保密原则？

第十一章　行政复议普通程序

行政复议的审理程序包括普通程序与简易程序。普通程序乃是行政复议审理中的主要程序和基本程序。简易程序以外的就是普通程序。《行政复议法》第四章第三节第 48—52 条专门规定了行政复议审理中的普通程序。

第一节　普通程序概述

行政复议审理活动作为一种行政活动,必须在一定程序中展开。《行政复议法》第 36 条第 1 款规定:"行政复议机关受理行政复议申请后,依照本法适用普通程序或者简易程序进行审理。行政复议机构应当指定行政复议人员负责办理行政复议案件。"《行政复议法》将行政复议普通程序规定在第四章"行政复议审理"的第三节。将普通程序独立成节是此次新法修订的创举,这种体例上的创新是为了承载普通程序的内容、凸显普通程序的地位、发挥普通程序的作用,为充分发挥行政复议化解行政争议主渠道作用提供程序正当性和可能性。

一、普通程序的概念

行政复议机关受理行政复议申请以后就进入行政复议审理环节。行政复议机关在这一阶段集中进行案件事实调查,并就行政行为的合法性和合理性进行审查,为最后作出行政复议决定提供事实依据。进入行政复议审理环节的行政争议大都要通过普通程序获得解决,是开展行政复议活动最常用的法律程序。

行政复议审理普通程序是行政复议程序的重要组成部分。行政复议程序本质上是一种行政程序。[①] 行政程序是行政主体在实施行政行为时必须遵循的途径、方式、步骤和时限等义务的总称。[②] 行政复议审理普通程序是相对于简易程序而言的，是指行政复议审理活动所遵循的一般步骤、方式、顺序以及时限的总和，包括被申请人答辩、听取当事人意见、行政复议听证、行政复议委员会提出咨询意见等程序内容。

二、普通程序的特点

行政复议审理普通程序包含了行政复议程序、审理程序和普通程序的三重特点。具有效率性、公正性以及相对完备性、一般性和有效性。

（一）效率性

行政复议审理普通程序是行政复议程序的重要组成部分。行政复议程序具有行政程序的效率性，因而行政复议审理普通程序也要遵循行政程序的效率原则。从内容上看，一方面程序时限相对较短。《行政复议法》第48条[③]规定的被申请人提出书面答复的时限为10日，相较于行政诉讼一审普通程序中被告答辩的时限要短[④]。另一方面，审理方式比较灵活。《行政复议法》第49条[⑤]规定，对于一般行政争议，应当当面或者通过互联网、电话

① 参见胡建淼：《行政法学》，法律出版社2015年版，第751页。

② 参见胡建淼：《行政法学》，法律出版社2015年版，第602页。

③ 《行政复议法》第48条规定："行政复议机构应当自行政复议申请受理之日起七日内，将行政复议申请书副本或者行政复议申请笔录复印件发送被申请人。被申请人应当自收到行政复议申请书副本或者行政复议申请笔录复印件之日起十日内，提出书面答复，并提交作出行政行为的证据、依据和其他有关材料。"

④ 《行政诉讼法》(2017)第67条第1款规定："人民法院应当在立案之日起五日内，将起诉状副本发送被告。被告应当在收到起诉状副本之日起十五日内向人民法院提交作出行政行为的证据和所依据的规范性文件，并提出答辩状。人民法院应当在收到答辩状之日起五日内，将答辩状副本发送原告。"

⑤ 《行政复议法》第49条规定："适用普通程序审理的行政复议案件，行政复议机构应当当面或者通过互联网、电话等方式听取当事人的意见，并将听取的意见记录在案。因当事人原因不能听取意见的，可以书面审理。"

等方式听取当事人意见，并且因当事人原因不能听取意见的，以书面审查方式作为兜底。总体来看，在一般行政争议化解过程中，这种不拘泥于是否当面、是否书面、是否会面的选择式审理模式保障了审理程序可以快速推进，提高了解决行政争议的效率。

（二）公正性

新《行政复议法》将行政复议制度定位为“化解行政争议的主渠道”，与行政诉讼一样作为化解争议的机制，其生命力就在于对个案正义的追求，这就要求在行政主导的前提下，通过部分司法元素嵌入以提升行政复议化解争议的质效。① 行政复议审理普通程序的司法公正特质具体表现为：一是将听取意见作为行政复议主要审理方式。《行政复议法》第 49 条②确立了“听取意见为原则，书面审查为例外”的审理方式。虽然在审理方式上保留了两种不同类型，但是在适用上进行了优先序排列，将更能体现公正性的听取意见方式作为主要审理方式。二是将行政复议听证制度正式纳入法律规定，进而在部分案件审理中确立了具有司法审查特质的“直接言辞审理原则”。《行政复议法》第 50 条第 1 款、第 2 款规定：“审理重大、疑难、复杂的行政复议案件，行政复议机构应当组织听证。行政复议机构认为有必要听证，或者申请人请求听证的，行政复议机构可以组织听证。”三是确立了行政复议委员会制度，强化了行政复议决定的专业性和公正性。《行政复议法》第 52 条③规定了行政复议委员会的组织和功能，在行政复议中引入由

---

① 参见曹鎏：《行政复议制度革新的价值立场与核心问题》，《当代法学》2022 年第2 期。

② 《行政复议法》第 49 条规定：“适用普通程序审理的行政复议案件，行政复议机构应当当面或者通过互联网、电话等方式听取当事人的意见，并将听取的意见记录在案。因当事人原因不能听取意见的，可以书面审理。”

③ 《行政复议法》第 52 条规定：“县级以上各级人民政府应当建立相关政府部门、专家、学者等参与的行政复议委员会，为办理行政复议案件提供咨询意见，并就行政复议工作中的重大事项和共性问题研究提出意见。行政复议委员会的组成和开展工作的具体办法，由国务院行政复议机构制定。审理行政复议案件涉及下列情形之一的，行政复议机构应当提请行政复议委员会提出咨询意见：（一）案情重大、疑难、复杂；（二）专业性、技术性较强；（三）本法第二十四条第二款规定的行政复议案件；（四）行政复议机构认为有必要。行政复议机构应当记录行政复议委员会的咨询意见。”

政府部门、专家、学者参与的咨询机构，旨在弥补行政复议作为一种内部监督手段存在的监管漏洞。

（三）相对完备性、一般性和有效性

行政复议审理普通程序在形式上是一种普通程序。这种法律程序往往是环节和步骤较为完整的程序，也是更为规范和正式的程序，就像行政处罚的一般程序、行政诉讼的一般程序那样，都有着较为规范的、完整的步骤与环节，体现了一般程序的严肃性。① 普通程序强调的是程序的完备性、一般性和有效性，可以适用于大部分行政争议的解决。首先，普通程序在内容上应该是比较完备的。为了实现行政复议的目的，行政复议审理普通程序包括从程序启动到得出初步结论的一个完整程序过程。其次，普通程序在设置上具有一般性，表现为在适用范围上可以涵盖大部分行政争议；在时限上可以满足行政复议机构、当事人以及其他行政复议参与人充分行使各项权利、履行义务；在审理方式上，存在多种不同审理方式的选择，以便适应不同情况。普通程序需要解决的行政争议一般是相对比较复杂的，甚至有时候是重大、疑难、复杂的案件，因而普通程序的设置和适用必须保证能够有效解决具有一定复杂性的行政争议。

三、普通程序的功能

如果说行政复议是化解行政争议的主渠道，那么行政复议审理普通程序则是通过行政复议化解行政争议的主渠道。行政复议审理普通程序的功能主要体现在以下几个方面。

（一）调查清楚案件事实

行政复议审理阶段的主要任务就是调查清楚案件事实，这主要通过普通程序的流转完成。首先，行政复议机构通知被申请人答辩，进而获得被申请人提供的书面答复和作出行政行为的证据、依据和其他有关材料。其次，

① 参见王春业：《论行政复议审理程序的再优化》，《法学杂志》2023 年第 4 期。

行政复议机构对当事人提交的书面材料进行审查，听取当事人的意见，部分案件还要组织听证，听取行政复议委员会的专家咨询意见。最后，为行政复议决定的作出提供事实基础。普通程序之所以设置得相对较为完备就是为了更好地调查案件事实。

（二）保障当事人的知情权和参与权

程序正当是依法行政的基本要求，行政机关实施行政行为要严格遵循法定程序，依法保障行政管理相对人、利害关系人的知情权、参与权和救济权。[①] 行政复议作为一种特殊的行政行为，也应当保障当事人的知情权和参与权。保障知情权体现在行政复议机构要及时告知被申请人答辩。《行政复议法》第 48 条规定，行政复议机构应当自行政复议申请受理之日起七日内，将行政复议申请书副本或者行政复议申请笔录复印件发送被申请人。这就是为了告知行政机关，行政相对人不服其作出的行政行为，向行政复议机关提出了行政复议申请，其已经作为行政复议被申请人，享有一定的法律权利，同时也需要履行相应的法律义务。

保障参与权一方面体现在规定被申请人要进行答辩，并明确了答辩的时限、方式和要求，这是为了告知被申请人及时参与行政复议，为自己作出的行政行为是否合法合理进行辩解，否则就将承担不利法律后果。另一方面表现为将听取意见作为行政复议审理的主要方式，同时将行政复议听证制度作为法定制度予以明确，保证当事人深度参与行政复议决定作出前的程序，并且充分表达观点。

（三）强化外部性和专业性

从权力关系的角度来看，行政复议本质上是行政权对行政权的监督，是行政系统内部的一种监督行为。“监督和保障行政机关依法行使职权”是

① 参见《国务院关于印发全面推进依法行政实施纲要的通知》（国发〔2004〕10 号）。

《行政复议法》立法目的之一。① 为了避免"暗箱操作"的出现,新《行政复议法》将制度实践中长期存在的行政复议委员会制度纳入法律规定。《行政复议法》第52条第1款规定:"县级以上各级人民政府应当建立相关政府部门、专家、学者等参与的行政复议委员会,为办理行政复议案件提供咨询意见,并就行政复议工作中的重大事项和共性问题研究提出意见。"行政系统外部专家、学者的加入,使得行政复议决定的作出具有专业上的保障,同时也更具有客观性和公正性。

第二节　普通程序的启动

《行政复议法》第48条规定:"行政复议机构应当自行政复议申请受理之日起七日内,将行政复议申请书副本或者行政复议申请笔录复印件发送被申请人。被申请人应当自收到行政复议申请书副本或者行政复议申请笔录复印件之日起十日内,提出书面答复,并提交作出行政行为的证据、依据和其他有关材料。"该条款明确了如何启动行政复议审理普通程序,具体规定了两个方面的内容:一是行政复议机关通知被申请人答辩,包括通知答辩的期限和方式;二是被申请人答辩的要求,包括答辩的期限、形式和内容。

一、通知被申请人答辩

行政复议机关通知被申请人答辩作为审理普通程序的起点具有正当性。从程序形式上来看,审理程序一定要存在居中裁决者和争议双方这三种角色。比如在诉讼审理程序中,就形成了法官、原告方和被告方三方的架构。而在行政复议审理程序中,尽管申请人和被申请人不一定存在言辞交锋,但是被申请人这一角色是不可或缺的。在行政复议程序开始时,行政复

① 《行政复议法》第1条规定:"为了防止和纠正违法的或者不当的行政行为,保护公民、法人和其他组织的合法权益,监督和保障行政机关依法行使职权,发挥行政复议化解行政争议的主渠道作用,推进法治政府建设,根据宪法,制定本法。"

议申请人已经通过行政复议申请行为加入了行政复议程序，因而在审理程序开始时，行政复议机构必须及时通知被申请人提出答复参与行政复议审理程序，只有这样才能形成一个完整审理程序的组织架构。从程序衔接上来看，行政复议审理普通程序承接的是受理程序，行政复议机构在受理程序中通过对行政复议申请材料的审核已经初步了解了行政复议申请人的请求和理由，然而此时被申请人还不了解自己已经成为被申请人的事实，对于行政复议申请人的请求和理由也不知情。因而在审理程序的开始阶段就必须及时通知被申请人答辩，进而使其实质参与到行政复议程序中来。从程序功能来看，行政复议审理普通程序的重要功能之一是调查清楚案件事实，审理的核心就是被申请人作出的行政行为是否合法合理，因而必须以被申请人的参与作为审理程序的起点。此外，这种程序制度上的安排也符合行政诉讼程序的规定。《行政诉讼法》(2017)规定的第一审普通程序的起点也是人民法院通知被告答辩①，凸显了行政复议发挥化解行政争议主渠道作用的制度定位。行政复议机构通知被申请人答辩在程序上启动了行政复议审理普通程序，实质上则是保障了被申请人的知情权和参与权。

从内容上来看，行政复议机构通知被申请人答辩的形式是将行政复议申请书副本或者行政复议申请笔录复印件发送被申请人，这分别对应着行政复议申请提出的两种方式。《行政复议法》第 22 条规定："申请人申请行政复议，可以书面申请；书面申请有困难的，也可以口头申请。书面申请的，可以通过邮寄或者行政复议机关指定的互联网渠道等方式提交行政复议申请书，也可以当面提交行政复议申请书。行政机关通过互联网渠道送达行政行为决定书的，应当同时提供提交行政复议申请书的互联网渠道。口头申请的，行政复议机关应当当场记录申请人的基本情况、行政复议请求、申

① 《行政诉讼法》(2017)第 67 条第 1 款规定："人民法院应当在立案之日起五日内，将起诉状副本发送被告。被告应当在收到起诉状副本之日起十五日内向人民法院提交作出行政行为的证据和所依据的规范性文件，并提出答辩状。人民法院应当在收到答辩状之日起五日内，将答辩状副本发送原告。"

请行政复议的主要事实、理由和时间。申请人对两个以上行政行为不服的，应当分别申请行政复议。”在实践中，行政复议机构通知被申请人答辩还要通过一个内部文书，即《行政复议答复通知书》①，包括申请人、行政行为内容、受理时间、答复的时间、形式和内容，以及逾期答复的后果，即逾期未提交书面答复，未提交当初作出行政行为的证据、依据和其他有关材料的，视为该行政行为没有证据、依据，行政复议机关将依法予以撤销。

二、被申请人答辩

被申请人答辩的内容主要是就行政行为的合法性和合理性进行说明，并就是否同意申请人的复议请求表明态度。形式上要提出书面答复，内容上还要提交作出行政行为的证据、依据和其他有关材料。

（一）答复的性质

被申请人答复既是权利也是义务。一方面，在行政复议中，行政复议申请人和被申请人都是当事人，享有各自的权利。行政复议申请人对行政行为不服提出行政复议申请，被申请人可以就申请人提出的观点进行反驳，以维护行政行为的权威。另一方面，行政复议作为一种内部监督行为，作出行政行为的行政机关必须就行政相对人的质疑进行回应，否则将承担不利的法律后果。

（二）答复的内容

被申请人在提交书面答复的同时，还要提交作出行政行为的证据、依据和其他有关材料。因此，这一行为实际上也是被申请人履行举证责任的一种方式。《被申请人答复书》②是被申请人答辩的法律文书，主要内容是针对申请人提出的问题作出答复，同时说明作出该行政行为的事实依据、法

① 参见国务院法制办关于印发《行政复议法律文书示范文本》的通知（国法函〔2008〕196号）。

② 参见国务院法制办关于印发《行政复议法律文书示范文本》的通知（国法函〔2008〕196号）。

律依据。因此,行政复议被申请人除了要提交书面答复外,还要提交作出行政行为的事实证据和法律、法规、规章依据。其他有关材料包括行政机关办理行政案件制作的有关案卷文书等材料。需要注意的是,被申请人提交的证据和依据应该是作出行政行为前就已经收集完毕的全部证据,而不能是行政行为作出后补充的证据和依据。除非行政复议期间,申请人或者第三人提出被申请行政复议的行政行为作出时没有提出的理由或者证据的,那么经行政复议机构同意,被申请人可以补充证据。

(三) 答复的期限

被申请人应当在收到答辩通知之日起 10 日内提交有关材料。这一规定比行政诉讼中被告答辩的期限要短①,体现了行政复议程序作为一种行政程序的效率性特征。一直以来实务界都有反馈认为 10 日答辩期限太短②,但是从"先取证后裁决"的原则来看,行政机关在作出行政行为前就应该收集完毕了所有证据和依据,因而提供答辩材料不应该存在太大困难。从规范行政行为、提高行政效率、尊重法律惯性的角度考虑,《行政复议法》保持了 10 日答辩期限的规定。

(四) 答复的机构

被申请人作为行政机关,其提交书面答复的行为可以由法制机构承担,也可以由具体实施行政行为的工作部门承担。但是对于省、自治区、直辖市或者国务院部门作为被申请人的情况来说,由于被申请人和行政复议机关在主体上具有同一性,因而在行政复议答复机构上应该和行政复议机构适当分离。由于法制机构一般就是行政复议机构,在这种情况下可以由具体实施行政行为的部门或者机构负责答辩。《行政复议法实施条例》第 36 条

① 《行政诉讼法》(2017)第 67 条第 1 款规定:"人民法院应当在立案之日起五日内,将起诉状副本发送被告。被告应当在收到起诉状副本之日起 10 五日内向人民法院提交作出行政行为的证据和所依据的规范性文件,并提出答辩状。人民法院应当在收到答辩状之日起五日内,将答辩状副本发送原告。"

② 参见郜风涛主编:《行政复议法教程》,中国法制出版社 2011 年版,第 220 页。

规定："依照行政复议法第十四条①的规定申请原级行政复议的案件，由原承办具体行政行为有关事项的部门或者机构提出书面答复，并提交作出具体行政行为的证据、依据和其他有关材料。"

第三节 普通程序的审理方式

行政复议审理方式的改变是此次《行政复议法》修订的重要内容之一。《行政复议法》第49条规定："适用普通程序审理的行政复议案件，行政复议机构应当当面或者通过互联网、电话等方式听取当事人的意见，并将听取的意见记录在案。因当事人原因不能听取意见的，可以书面审理。"该条包含了三个主要内容：一是明确听取意见作为行政复议审理普通程序的主要审理方式，二是规定了听取意见的方式，三是将书面审查方式作为兜底原则进行规定。

一、书面审查原则

我国行政复议制度最新修订以前，一直奉行的是书面审查为主的审理方式。《行政复议条例》(1990)第37条规定："行政复议实行书面复议制度，但复议机关认为有必要时，可以采取其他方式审理复议案件。"《行政复议法》(1999)第22条规定："行政复议原则上采取书面审查的办法，但是申请人提出要求或者行政复议机关负责法制工作的机构认为有必要时，可以向有关组织和人员调查情况，听取申请人、被申请人和第三人的意见。"②所谓书面审查，指的是行政复议机关对当事人提交的书面材料进行分析，并据此了解案件事实，对行政行为的合法性和合理性进行认定，最终作出行政复议决定的制度。书面审查原则的确立具有认识背景、制度背景和价值背景。

① 《行政复议法》修订后相关条款调整为第24条、第25条、第26条。

② 《行政复议法》2009年、2017年两次修改都没有改变该条内容及表述。

一是制度制定者认为，基于“先取证后裁决”原则，行政机关在作出行政行为时就应该具备完善的事实依据和法律规范依据，并且形成完整的书面材料，因而通过书面审理的方式可以清楚地了解案件事实和法律适用情况。二是行政复议一直以来被视为一种行政机关内部的监督制度，行政复议机关作为被申请人的上一级机关，书面公文往来是一种常规交流方式，上一级行政机关往往都是通过书面审查的方式了解下一级行政机关的工作情况。三是便民高效，相对于诉讼中的直接言辞审理而言，书面审查在形式上确实更为直截了当。①

书面审理方式的优点是显而易见的，可以大幅提升行政复议审理程序的效率。然而这种看似便捷的审理方式却存在诸多理论和制度上的缺陷。一是不符合行政复议公开原则。② 书面审查是一种具有封闭性的审理方式，一切审理活动都通过行政复议机构分析书面材料在纸面上进行。二是不符合化解行政争议主渠道的制度定位。书面审查限制甚至可以说剥夺了行政复议机关和当事人之间言辞交流，以及当事人之间言辞对抗的权利，这不符合争讼程序的基本要求。三是无法调查清楚案件事实，目前我国行政执法案卷制度和证据制度还较为粗略，加上行政复议申请人取证能力有限，书面材料很难全面反映案件事实，也很难通过书面材料准确把握行政争议的实质。③

二、听取意见原则

从立法原意来看，将听取意见作为行政复议审理普通程序的主要审理

① 参见沈斌晨：《论行政复议审理方式的变革》，《湖湘法学评论》2022年第2期。

② 《行政复议法》第3条规定：“行政复议工作坚持中国共产党的领导。行政复议机关履行行政复议职责，应当遵循合法、公正、公开、高效、便民、为民的原则，坚持有错必纠，保障法律、法规的正确实施。”

③ 参见杨小君：《对行政复议书面审查方式的异议》，《法律科学》（西北政法学院学报）2005年第4期。

方式是为了“充分保障申请人合法权益”。① 实现路径则是通过增加行政复议的审理色彩。② 在《行政复议法》2023年修订前的历年版本中，并未出现“审理”一词，都是以“审查”作为行政复议机关的行为方式。而在《行政复议法》(2023)中全文一共出现了26处“审理”。听取意见作为言辞审理方式的重要组成部分，将其作为主要的行政复议审理方式显然是对行政复议行为“行政司法性”定性的回归，借鉴了司法活动中的审理制度，但是又和司法审查确立的直接言辞原则不同。所谓直接言词原则，即强调争议双方与裁决者同时在场，以言词方式就案件事实问题、法律问题陈述己方观点、反驳对方意见，裁决者在同时听取双方意见的基础上作出判断。③ 直接言辞原则包括两个基本要求，一是裁决者通过当事人的言辞表达听取意见，二是当事人通过言辞进行直接的观点交锋。《行政复议法》确立的听取意见审理方式是一种介于书面审查和直接言辞审理的中间状态④，实际上是一种“间接言辞原则”，表现为两个方面：一是作为裁决者的行政复议机关通过当面交流、互联网或者电话的方式听取当事人的意见，这是一种言辞交流的方式。二是当事人之间并不存在直接的言辞交锋，而是通过各自的书面材料在行政复议机关审查过程中间接地进行着某种无声的对抗。与直接言辞审理方式相比，间接言辞审理方式缺少了当事人之间的直接言辞辩论。

总体来看，听取意见原则的确立是一种制度上的进步。第一，体现了公平和效率的平衡。相较于书面审查，听取意见的方式更有利于保障行政复议申请人的合法权益。申请人受限于取证能力的限制很难提供具有说服力

---

① 参见全国人民代表大会宪法和法律委员会关于《中华人民共和国行政复议法(修订草案)》修改情况的汇报，中国人大网，http://www.npc.gov.cn/npc/c30834/202309/77e2a2947bce4d329b81b644b401472b.shtml，2023年9月6日访问。

② 参见朱宁宁：《全国人大常委会与会人员审议行政复议法修订草案时建议发挥好行政复议化解行政争议主渠道作用》，《法治日报》2022年11月1日，第2版。

③ 参见王万华：《“化解行政争议的主渠道”定位与行政复议制度完善》，《法商研究》2021年第5期。

④ 参见耿宝建：《行政复议法修改展望》，法律出版社2016年版，第62页。

的书面材料，因而行政复议机关在书面审查中主要审理的被申请人提供的书面答复和有关证据材料。这种审查对象的不平衡性会在一定程度上影响行政复议机关对案件事实的判断。而言词交流可以较好地弥补申请人这一缺陷，使其相对更加公平地向行政复议机关传达案件信息。同时，《行政复议法》对于听取意见的方式规定得较为灵活，将书面审查方式作为兜底，这也在一定程度上保障了行政复议审理的效率。第二，有助于提升行政复议结果的可接受性。通过现代行政程序给公民一个事先说理的过程，完善公民与行政机关的沟通渠道，可以提升行政行为的社会可接受性程度。① 在行政复议审理过程中，通过各种方式听取当事人的意见，实际上就是给予其一个充分说理甚至是“抱怨”的空间，这种程序上的疏导机制可以增加行政复议决定的可接受性。第三，有助于更加清楚地了解案件事实。相较于书面材料通过文字表达传递案件信息，言辞交流的方式有助于当事人更好地表达己方观点，输出和案件事实有关的信息，而言辞交流中的问答形式也可以帮助行政复议机关更加全面细致地抓住争议的焦点和核心。

“听取意见为原则，书面审查为补充”是《行政复议法》确立的审理模式。从制度模式上看，《行政复议法》从来没有单独规定“书面审查”或者“听取意见”的审理模式，而是确立了一种选择式审理模式。所谓选择式审查是指行政复议机关在审理复议案件时，根据案件的具体情况选择适用相应的审查方式，并作出复议决定的制度。这一审查方式具有灵活性、多元性和衡平性的特点②，即根据行政复议案件的不同情形设计了多种审理方式，并可以灵活选择，并且这种选择是在对各种相互冲突的利益及价值进行全面衡量之后激烈博弈的结果。选择式审理模式的建构符合行政复议制度监督行政和解决行政争议的功能定位，也体现了其公平高效的制度优势。

---

① 参见章剑生：《现代行政法基本理论》（第二版），法律出版社 2014 年版，第 501 页。

② 参见章志远：《行政复议审查方式的历史演进——一个比较法角度的观察》，《学习论坛》2010 年第 6 期。

第四节　行政复议听证制度

行政听证是指行政机关作出影响行政相对人合法权益的行政行为之前，由行政机关告知作出行政行为的理由和听证权利，行政相对人陈述和申辩意见、提供证据以及行政机关听取意见、接纳证据等程序构成的一种法律制度。作为现代行政程序核心制度的听证程序理应是行政复议程序的重要环节。①

一、行政复议听证制度的沿革

《行政处罚法》(1996)②首次确立了行政处罚程序中的听证程序，此后听证制度作为一种行政机关探明事实真相的特别调查手段，以及实现行政相对人合法权益的程序性保障机制，在立法、行政许可、行政复议等领域中发展起来。相对行政处罚、行政许可而言，行政复议听证制度不是由拟作出行政行为的行政机关组织实施，而是由更加中立的行政复议机关组织实施，因而其司法性更为明显。2003 年以来，全国掀起了一场行政复议审理方式的地方改革探索。其中以黑龙江、海南、云南等省份为代表的海关、国土、环保等部门率先在行政复议中尝试引入听证制度。在理念上把听证作为提高司法公信力的保障，主动听证，积极听证。在制度上把听证作为提高复议案件质量的创新，规范听证程序，确保听证效力。在效果上把听证作为化解行

① 参见沈福俊:《我国行政复议听证程序的实践与制度发展》,《江淮论坛》2022 年第2 期。

② 《行政处罚法》(1996)第 42 条规定:“行政机关作出责令停产停业、吊销许可证或者执照、较大数额罚款等行政处罚决定之前，应当告知当事人有要求举行听证的权利；当事人要求听证的，行政机关应当组织听证。当事人不承担行政机关组织听证的费用。听证依照以下程序组织:(一)当事人要求听证的，应当在行政机关告知后三日内提出；(二)行政机关应当在听证的七日前，通知当事人举行听证的时间、地点；(三)除涉及国家秘密、商业秘密或者个人隐私外，听证公开举行；(四)听证由行政机关指定的非本案调查人员主持，当事人认为主持人与本案有直接利害关系的，有权申请回避；(五)当事人可以亲自参加听证，也可以委托一至二人代理；(六)举行听证时，调查人员提出当事人违法的事实、证据和行政处罚建议，当事人进行申辩和质证；(七)听证应当制作笔录，笔录应当交当事人审核无误后签字或者盖章。当事人对限制人身自由的行政处罚有异议的，依照治安管理处罚条例有关规定执行。”

政争议的关键，在审理中听证，在听证中裁决。[①]

2004 年印发的《全面推进依法行政实施纲要》指出，要完善行政复议工作制度，积极探索提高行政复议工作质量的新方式。2007 年 8 月 1 日，为了保障《行政复议法》的贯彻实施，国务院制定了《行政复议法实施条例》，首次在立法中明确了行政复议听证程序。《行政复议法实施条例》第 33 条规定："行政复议机构认为必要时，可以实地调查核实证据；对重大、复杂的案件，申请人提出要求或者行政复议机构认为必要时，可以采取听证的方式审理。"这既是行政复议制度发展完善的体现，同时也是吸收地方改革经验的结果，为实现"发挥行政复议制度在解决行政争议、建设法治政府、构建社会主义和谐社会中的作用"[②]的立法目的提供了切实可行的制度支撑。

二、 行政复议听证的范围

《行政复议法》第 50 条第 1 款、第 2 款规定："审理重大、疑难、复杂的行政复议案件，行政复议机构应当组织听证。行政复议机构认为有必要听证，或者申请人请求听证的，行政复议机构可以组织听证。"这一规定实际上将行政复议听证区分为法定听证和酌定听证。所谓法定听证，即只要满足法定条件，行政复议机关应当主动组织听证，此时听证程序依据职权启动。所谓酌定听证，即行政复议机关要视情况主动组织或者根据申请人的申请组织听证，此时是否组织听证程序的裁量权掌握在行政复议机关手中。

法定听证需要满足的条件是"重大、疑难、复杂的行政复议案件"。从国务院部门和地方人民政府的制度实践来看[③]，"重大"包括案件影响重大、

① 参见吴芝媛、胡晓建：《行政复议听证制度的实践与思考》，《北京政法职业学院学报》2022 年第 3 期。

② 参见《行政复议法实施条例》第 1 条。

③ 参见《中华人民共和国海关行政复议办法》（海关总署令第 218 号）第 56 条、《乌鲁木齐市行政复议听证程序规定》（乌鲁木齐市人民政府令第 97 号）第 4 条、《贵州省行政复议听证规定》（贵州省人民省政府令第 105 号）第 7 条、《辽宁省行政复议听证程序规定》（辽宁省人民政府令第 246 号）第 6 条、《黑龙江省行政复议案件听证审查规定》（2020 修订）（黑龙江省人民政府令第 1 号）第 8 条、《浙江省推行行政复议听证指导意见》第 3 条、《江苏省行政复议听证办法》（江苏省人民政府令第 49 号）第 4 条。

案件标的价值重大等。“疑难”指的是案件事实认定和法律适用存在较大争议。“复杂”指的是案件涉及人数和法律关系众多。具体来看,以下情形符合“重大、疑难、复杂”的要求,行政复议机关应当组织行政复议听证:1.当事人对案件事实、法律适用争议较大的;2.本辖区有重大影响,或者具有涉港、澳、台或者涉外因素的;3.涉及人数众多或者群体利益的;4.处理结果涉及国家利益、公共利益的;5.可能影响申请人重大权益的;6.其他重大、疑难、复杂的行政复议案件。

酌定听证需要行政复议机关结合具体情况进行判断,但是要避免两个误区:一是以法定听证范围代替酌定听证范围。有的行政复议机关为了避免裁量权行使中出现的风险,同时提高行政复议效率,可能会以“重大、疑难、复杂”作为酌定条件,这实际上拔高了行政复议听证的门槛,损害了当事人的程序权利,客观上也会造成酌定听证制度的虚置。二是完全不考虑必要性,在任何根据普通程序审理的案件中都适用听证程序,这无疑增加了程序负担,不利于发挥行政复议高效解决行政争议的制度优势。

三、行政复议听证的程序

行政复议听证程序是行政复议听证制度的核心内容,决定了行政复议听证制度如何实际发挥作用。

(一)听证人员

行政复议听证人员是组织实施听证的人员,包括主持人、听证员与记录员。《行政复议法》第50条第3款规定:“听证由一名行政复议人员任主持人,两名以上行政复议人员任听证员,一名记录员制作听证笔录。”行政复议听证主持人和听证员应当是具有行政复议人员资格的人员。《行政复议法》第6条规定:“国家建立专业化、职业化行政复议人员队伍。行政复议机构中初次从事行政复议工作的人员,应当通过国家统一法律职业资格考试取得法律职业资格,并参加统一职前培训。国务院行政复议机构应当会同有关部门制定行政复议人员工作规范,加强对行政复议人员的业务考核和管理。”记录员可以是行政复议人员，也可以是行政复议机构的其他工作人员，对于是否具有行政复议人员资格不作具体要求。因为记录人员不参与实质听证审理活动，只是负责真实记录听证情况，因而只需要具有相关实际工作能力即可。

行政复议听证主持人是整个行政复议听证活动的关键人物。如果说行政复议是一个“准司法”活动，那么行政复议听证则是这种“准司法”活动中的“准庭审”程序，而行政复议听证主持人则相当于庭审中的“准法官”。他的职能包括：1.决定听证会的时间、地点；2.组织和主持听证会；3.决定暂停、中止、结束听证；4.宣布听证审查纪律，维持听证审查秩序；5.决定证人、鉴定人、勘验人、翻译人等有关人员参加听证；6.决定听证员、记录员、鉴定人、勘验人、翻译人等有关人员是否回避；7.询问听证参加人；8.宣布听证审查合议庭的决定；9.需要由主持人决定的其他事项。①

（二）听证准备

《行政复议法》第 51 条规定：“行政复议机构组织听证的，应当于举行听证的五日前将听证的时间、地点和拟听证事项书面通知当事人。申请人无正当理由拒不参加听证的，视为放弃听证权利。被申请人的负责人应当参加听证。不能参加的，应当说明理由并委托相应的工作人员参加听证。”该条款是对行政复议听证准备工作的规定。

行政复议机构组织听证的，应当于举行听证的五日前将听证的时间、地点和拟听证事项书面通知当事人。《行政复议听证通知书》是行政复议机构通知当事人参与听证的文书。从地方制度实践来看，《行政复议听证通知书》应当载明案由、行政复议听证参加人的姓名或者名称、行政复议听证人员、记录人员的姓名、举行行政复议听证会的时间、地点、行政复议当事人的权利、义务以及其他有关事项。

---

① 参见《黑龙江省行政复议案件听证审查规定》（2020 修订）（黑龙江省人民政府令第 1 号）第 15 条、《乌鲁木齐市行政复议听证程序规定》（乌鲁木齐市人民政府令第 97 号）第 8 条、《深圳市人民政府行政复议办公室行政复议听证规则》（深司〔2019〕115 号）第 12 条。

申请人无正当理由拒不参加听证的，视为放弃听证权利。“法律不保护躺在权利上睡觉的人”，行政复议申请人如果不依法及时行使其听证权利，那么法律也不再保护其听证权利。类似规定在行政诉讼中也有所体现，《行政诉讼法》(2017)第58条规定：“经人民法院传票传唤，原告无正当理由拒不到庭，或者未经法庭许可中途退庭的，可以按照撤诉处理；被告无正当理由拒不到庭，或者未经法庭许可中途退庭的，可以缺席判决。”

被申请人的负责人应当参加听证。不能参加的，应当说明理由并委托相应的工作人员参加听证。《行政复议法》的这一规定借鉴了行政机关负责人出庭应诉制度。《最高人民法院关于适用〈中华人民共和国行政诉讼法〉的解释》(法释〔2018〕1号)第128条规定：“行政诉讼法第三条第三款规定的行政机关负责人，包括行政机关的正职、副职负责人以及其他参与分管的负责人。行政机关负责人出庭应诉的，可以另行委托一至二名诉讼代理人。行政机关负责人不能出庭的，应当委托行政机关相应的工作人员出庭，不得仅委托律师出庭。”据此，原则上应当由被申请人的负责人参加听证，这里的负责人可以包括行政机关的正职、副职负责人以及其他参与分管的负责人。如果确实有正当理由不能参加的，应当说明理由并委托相应的工作人员参加听证。参照行政机关负责人出庭应诉制度，这里的工作人员包括该行政机关具有国家行政编制身份的工作人员以及其他依法履行公职的人员。被复议的行政行为是地方人民政府作出的，地方人民政府法制工作机构的工作人员，以及被诉行政行为具体承办机关工作人员，可以视为被诉人民政府相应的工作人员。①

（三）听证步骤

《行政复议法》并没有明确规定行政复议听证程序的具体步骤，结合行

① 参见《最高人民法院关于适用〈中华人民共和国行政诉讼法〉的解释》(法释〔2018〕1号)第130条。

政处罚、行政许可以及地方行政复议听证制度的实践[1]，笔者认为行政复议听证可以按照以下步骤展开。

1. 行政复议听证人员核实行政复议听证参加人身份；审查行政复议听证代理人的代理权限；介绍听证人员；宣布行政复议听证纪律；告知行政复议当事人的权利和义务；询问行政复议当事人是否申请回避等；宣布行政复议听证会开始。

2. 申请人陈述行政复议请求及其理由。

3. 被申请人陈述作出具体行政行为的程序、证据、依据或者不作为的证据、依据。

4. 第三人陈述意见及其理由。

5. 行政复议当事人在行政复议听证人员的主持下，就行政争议的事实进行举证、质证、辩论、认证。

6. 行政复议听证人员就行政争议的焦点问题进行询问。

7. 经行政复议听证人员同意，行政复议当事人互相询问、申辩、说明，也可以对证人、勘验人员、鉴定人员发问。

8. 当事人及其委托代理人作最后陈述。

9. 行政复议听证人员宣布听证会结束。

10. 行政复议听证参加人核对行政复议听证笔录。

第五节　行政复议委员会咨询制度

《行政复议法》修订将地方试点中的行政复议委员会制度正式纳入了法律规定。《行政复议法》第 52 条规定："县级以上各级人民政府应当建立相关政府部门、专家、学者等参与的行政复议委员会，为办理行政复议案件

① 参见《行政处罚法》(2021)第 64 条、《行政许可法》(2019)第 48 条、《贵州省行政复议听证规定》(贵州省人民省政府令第 105 号)第 16 条。

提供咨询意见，并就行政复议工作中的重大事项和共性问题研究提出意见。行政复议委员会的组成和开展工作的具体办法，由国务院行政复议机构制定。审理行政复议案件涉及下列情形之一的，行政复议机构应当提请行政复议委员会提出咨询意见：（一）案情重大、疑难、复杂；（二）专业性、技术性较强；（三）本法第二十四条第二款规定的行政复议案件；（四）行政复议机构认为有必要。行政复议机构应当记录行政复议委员会的咨询意见。”

一、行政复议委员会的制度沿革

我国行政复议委员会制度肇始于地方的税务和国有资产管理领域。1996年5月25日，大连市地方税务局发布《关于成立大连市地方税务局税务行政复议委员会的通知》（大地税发〔1996〕16号），指出为维护大连市地方税务机关依法行使税收执法权，防止和及时纠正违法和不当的具体行政行为，保护纳税人和其他有关税务当事人的合法权益，根据国务院《行政复议条例》及国家税务总局《税务行政复议规则》的有关规定，大连市地方税务局决定成立大连市地方税务局税务行政复议委员会。1997年7月28日，北京市国有资产管理局发布《关于成立北京市国有资产管理局国有资产产权纠纷调处委员会和行政复议委员会的通知》（京国资综〔1997〕321号），指出为了维护国有资产所有者及经营者的合法权益，正确处理国有资产产权纠纷，加强国有资产管理系统的行政复议与诉讼工作，根据国家国有资产管理局1994年1号令《国有资产产权纠纷调处工作规则》及其有关规定，经北京市财政局党组批准，决定成立北京市国有资产管理局国有资产产权纠纷调处委员会和行政复议委员会，专门负责北京市国有资产产权纠纷调处及行政复议事宜。1999年《行政复议法》实施后，贵州省人民政府对行政复议委员会制度进行了进一步探索。1999年12月9日，贵州省人民政府办公厅发布《关于建立贵州省人民政府行政复议委员会的通知》（黔府办发〔1999〕130号），决定建立贵州省人民政府行政复议委员会。①

2006年12月2日，在全国行政复议工作会议上，有关领导同志在讲话中指出："有条件的地方和部门，可以开展行政复议委员会的试点。"据此，地方开始开展行政复议委员会制度试点。2007年5月28日，黑龙江省人民政府法制办发布《关于在哈尔滨等市人民政府开展行政复议委员会试点工作的通知》（黑政法发〔2007〕33号），决定在该省哈尔滨、齐齐哈尔、黑河等市人民政府开展行政复议委员会试点工作。北京市人民政府办公厅于同年9月12日发布《关于设立北京市人民政府行政复议委员会的通知》（京政办发〔2007〕58号），决定在北京市政府一级设立行政复议委员会。随后，2008年9月16日，国务院法制办下发《关于部分省、直辖市开展行政复议委员会试点工作的通知》（国法〔2008〕71号），将北京市、黑龙江省、江苏省、山东省等8个省、直辖市列为试点单位，同时明确"其他有条件的省、自治区、直辖市，也可以结合本地区行政复议工作的实际情况，探索开展相关工作"。2010年10月10日国务院发布的《关于加强法治政府建设的意见》（国发〔2010〕33号）进一步重申："探索开展相对集中行政复议审理工作，进行行政复议委员会试点。"2020年，《中央全面依法治国委员会关于印发〈行政复议体制改革方案〉的通知》（中法委发〔2020〕5号）提出，"探索建立政府主导，相关政府部门、专家学者参与的行政复议咨询委员会，为重大、疑难、复杂的案件提供咨询意见"。②

二、行政复议委员会的定位

关于行政复议委员会制度的定位，实践中大致形成了两种类型：一是咨询型行政复议委员会，以北京的行政复议委员会为代表，主要职责是"审议

---

① 参见张彬、李雪：《我国行政复议委员会的法律定位——兼议〈行政复议法（修订）（征求意见稿）〉第六十二条之完善》，《怀化学院学报》2022年第4期。

② 参见施立栋：《纠纷的中立评估与行政复议委员会的变革》，《政治与法律》2018年第3期。

重大疑难行政复议案件、研究行政复议工作中的重大问题”,性质类似于我国法院内部设置的专家委员会,其主要功能是起咨询作用而非办理行政复议案件。二是案件议决型行政复议委员会,以哈尔滨市行政复议委员会为代表,特点在于取代了原有的法制部门的案件审议功能,而由行政复议委员会行使案件审议功能。①

根据《行政复议法》的规定,立法上显然采取了“咨询型”定位,这是基于制度实践和理论双重考虑的结果。从制度实践来看:1.咨询型复议委员会与现行的行政机关复议机构模式并不冲突,二者可以并存;2.咨询型复议委员会利用外部专家的中立性和专业性,对于增强复议公正性和提高办案质量发挥了一定的作用;3.咨询型复议委员会是试点中复议委员会的主要表现形式,将复议委员会定位为咨询型,也是对试点经验最好的总结和吸收;4.日本的行政不服审查会就是咨询型的,这种咨询型的定位也比较适合我国“强政府”下政府主导行政复议过程和结果的国情。因此,《征求意见稿》将复议委员会定位为咨询型。② 从理论上来看,行政复议的性质决定了行政复议的具体制度设计。学界关于行政复议制度的性质存在着“行政说”、“司法说”和“行政司法说”三种观点。“行政司法”强调行政性与司法性的高度融合,其中行政面向是支撑,司法面向旨在补强并促进行政面向更好发挥作用,亦是行政复议与其他行政活动方式迥异的显要标志。任何片面追求行政化或者司法化单一面向的做法,都可能会阻碍复议化解争议优势发挥甚至引发复议失灵等困境。③ 议决型行政复议委员会的设置不符合对行政复议行政司法双重属性的功能定位。虽然咨询型复议委员会也引入外部专家,但外部专家仅提供咨询意见,不行使监督权,并且咨询型复议委员会本身并非复议机构,不会影响复议机构独立性,也不与首长负责制相冲突。同时,咨询型复议委

① 参见王青斌:《论我国行政复议委员会制度之完善》,《行政法学研究》2013 年第 2 期。
② 参见马怀德、李策:《行政复议委员会的检讨与改革》,《法学评论》2021 年第 4 期。
③ 参见曹鎏:《行政复议制度革新的价值立场与核心问题》,《当代法学》2022 年第 2 期。

员会也与行政复议的司法性不相抵触。因此，复议委员会的咨询型定位符合行政复议的定性。

三、行政复议委员会的人员组成

行政复议委员会需要由复合型的复议人员组成，他们兼具行政知识、法律知识以及具体案件涉及的专业知识，从而使复议决定的科学性和实效性具备更可靠的智力支撑。[①] 根据《行政复议法》的规定，行政复议委员会组成人员包括“相关政府部门、专家、学者”，涵盖了公务人员和专业人士。按照这种人员安排，行政复议委员会实际上是一个行政主导、设于行政机关内部却吸收了外部力量的组织。行政公务人员熟悉行政系统的运行规律，可以有效调动行政资源促使争议解决。其他委员可以在专家学者、律师中选聘，为了充分发挥外部专家的力量，保证行政复议委员会的中立性和公正性，应当保证行政复议委员会中外部专家的比例，并且对外部专家的资质要提出要求。[②] 外部专家的参与可以将案件审理的积极效果传递于社会，促进法律效果和社会效果相统一。实践中，存在专家分布不均衡和区域不平衡现象，不同地区专家的集中程度不同，有些西部地区基层的专家不足。因此有学者提出，省级、市级政府层面设立的行政复议委员会专业人员相对充足，其委员可以在该省、市范围内异地审理行政复议案件，以此来解决有些基层和偏远地区专家资源不足的问题，同时也可以进一步提高行政复议的公正性。[③]

四、行政复议委员会的咨询范围

行政复议委员会制度就是让内部监督吸收外部监督的力量和方式

---

① 参见黄学贤：《行政复议委员会机制新论》，《苏州大学学报》（法学版）2021 年第2 期。

② 参见曾祥华：《我国行政复议委员会制度改革的问题与方向》，《甘肃政法学院学报》2018 年第 2 期。

③ 参见王敬波：《行政复议委员会是行政复议体制改革的靶点》，《中国司法》2022 年第 2 期。

来改进行政复议机制，使其更加公正、公开，达到更好的监督效果，从而更好地保障公民的权利。[①] 根据《行政复议法》第 52 条第 2 款的规定，行政复议委员会需要就以下情形提出咨询意见：1.案情重大、疑难、复杂；2.专业性、技术性较强；3.对省、自治区、直辖市人民政府作出的行政行为不服申请行政复议的案件；4.行政复议机构认为有必要。

“案情重大、疑难、复杂”的行政复议案件和行政复议听证程序的法定启动条件一致，这类案件听取行政复议委员会咨询意见主要是为了查清案件事实，正确适用法律。“专业性、技术性较强”的行政复议案件主要是为了吸收有关行业或者领域的专家意见，保障行政复议决定的专业性和科学性。这里的专业性和技术性除了法律专业外，还体现为其他行业的专业和技术性要求。因而可以看出，行政复议委员会是一种综合型、复合型的专业咨询组织，不是单纯的法律咨询机构。“对省、自治区、直辖市人民政府作出的行政行为不服”的行政复议案件，行政复议机构也应当提请行政复议委员会提出咨询意见。总体来看，由省级人民政府直接作出行政行为的案件通常是涉及重大、疑难、复杂的案件，同时，由于此时行政复议机关是省级人民政府本身，因此，为了更好地查清案件事实，明确法律适用，淡化“自己做自己的法官”的色彩，在这类案件中听取行政复议委员会的咨询意见可以提高行政复议决定的科学性和权威性。“行政复议机构认为有必要”是一个兜底规定，同时也是一个裁量性授权规定，为行政复议机关自由听取行政复议委员会咨询意见提供了法律依据。

---

① 参见曾祥华：《我国行政复议委员会制度改革的问题与方向》，《甘肃政法学院学报》2018 年第 2 期。

【复习思考题】

1. 新旧行政复议法对行政复议普通程序规定上有何完善？

2. 在行政复议程序中如何听取当事人的意见？

3. 行政复议中的听证制度有何特点？

4. 行政复议委员会在复议审理中起什么作用？

第十二章　行政复议简易程序

完善行政复议审理体制，增设“行政复议审理简易程序”①，是此次《行政复议法》修订亮点之一。《行政复议法》第四章第四节对行政复议简易程序作出专门规定。本章将从行政复议简易程序的立法概况、主要内容、基本特性以及与普通程序的区别转换四个方面予以详解。

第一节　简易程序概述

我国《行政复议法》自 1999 年正式通过以来，历经 2009 年、2017 年、2023 年三次修订，于 2023 年修订中首次对“简易程序”予以明确规定。行政复议简易程序的出台并非一蹴而就，不仅有其深刻的立法背景，更立足于丰富的地方法治探索实践。

一、行政复议简易程序立法背景

（一）行政复议简易程序立法缘由

1. 增设行政复议简易程序是发挥行政复议化解行政争议主渠道作用的客观要求

《行政复议法》第 1 条②明确规定行政复议制度设置兼具行政监督、行

---

① 行政复议程序从启动到完结，整体须经过申请、受理、审理、决定四大阶段。本章行政复议简易程序仅指行政复议审理阶段行政复议机关适用的与普通程序相对应的简易程序，为便宜写作，如无特殊标注，以“行政复议简易程序”进行指代。

② 《行政复议法》第 1 条规定：“为了防止和纠正违法的或者不当的行政行为，保护公民、法人和其他组织的合法权益，监督和保障行政机关依法行使职权，发挥行政复议化解行政争议的主渠道作用，推进法治政府建设，根据宪法，制定本法。”

政补救、权利救济等多重目的与功能价值，是化解行政争议的主渠道。相较于信访、行政诉讼等其他行政争议解决方式，行政复议因其便捷、高效、低成本等特点，加之多年来行政复议制度的实践深入，其化解行政争议主渠道作用彰显。这一制度定位，对完善行政复议程序提出更高标准与要求。增设行政复议简易程序，有利于改变“大信访、中诉讼、小复议”争议化解格局下因程序规定不明导致的“不会复议、不便复议、不易复议”等行政复议难题，充分展现行政复议公正高效、便民为民的制度优势，更好面对日益增长的不同类型行政复议案件，适应行政复议制度发挥化解行政争议主渠道作用的功能扩容。

2. 增设行政复议简易程序是优化行政复议审理机制的现实需要

我国行政复议法实施以来，截至 2021 年底，全国各级行政复议机关共办理行政复议案件 295. 3 万件，其中，立案并审结 244. 4 万件，纠正违法或不当行政行为 35 万件，纠错率 14. 3%。① 近 5 年来，全国各级行政复议机关共办结行政复议案件分别为 22. 4 万件、21. 1 万件、21. 1 万件、25. 4 万件、25. 6 万件，②行政复议案件数量稳步攀升，案件涉及领域越来越宽泛，案件类型越来越多样化。复议案件数量与类型的增长变化，导致案件审理难度增大，案多人少矛盾突出。为实现办案资源优化配置，进一步提高办案效率和办案质量，需从改革案件审理机制入手，根据案件的不同类型，实行繁简分流、分类审理。③

3. 增设行政复议简易程序是完善行政复议体制机制的重要举措

完善行政复议体制机制是一直以来推进法治政府建设的目标之一。增

① 参见时任司法部部长唐一军于 2022 年 10 月 27 日在第十三届全国人民代表大会常务委员会第三十七次会议上《关于〈中华人民共和国行政复议法（修订草案）〉的说明》，中国人大网，http://www.npc.gov.cn/npc/c2/c30834/202309/t20230906_431581.html，2023 年 9 月 20 日访问。

② 参见司法部 2018 年、2019 年、2020 年、2021 年、2022 年《法治政府建设年度报告》，司法部官网，http://www.moj.gov.cn/sfbsearch/index.html#/search/completeSearch，2023 年 9 月 21 日访问。

③ 参见周佑勇：《行政复议的主渠道作用及其制度选择》，《法学》2021 年第 6 期。

设行政复议简易程序是完善行政复议机制，落实行政复议体制改革方案的重要举措。早在2004年，国务院印发的《全面推进依法行政实施纲要》（国发〔2004〕10号）指出“要完善行政复议工作制度，积极探索提高行政复议工作质量的新方式、新举措。对事实清楚，争议不大的行政复议案件，要探索建立简易程序解决行政争议”；2011年，根据《国务院关于加强法治政府建设的意见》（国发〔2010〕33号）和中央关于加强行政复议工作规范化建设的要求，国务院法制办制定的《关于进一步加强行政复议工作规范化建设的实施意见》（国法复函〔2011〕628号）明确提出“规范行政复议审理方式的适用……对案情简单、争议不大的案件，可以适用简易程序审理”；2015年，《法治政府建设实施纲要（2015—2020年）》将“健全行政复议案件审理机制”明确纳入“加强行政复议工作”规划；2020年，中央全面依法治国委员会第三次会议审议通过了《行政复议体制改革方案》，要求落实行政复议体制改革方案，优化行政复议资源配置；[①] 2021年，《法治政府建设实施纲要（2021—2025年）》提出“健全优化行政复议审理机制”。

基于行政复议的制度定位与功能优势，行政复议制度深入实践产生的一系列问题以及行政复议体制改革等背景因素下，行政复议简易程序应时而生。

（二）行政复议简易程序修订历程

在2023年《行政复议法》大修之前，我国多地进行了行政复议简易程序的地方立法探索，但在国家法律、行政法规层面并未对行政复议程序进行类型化规定。

在2020年11月公布的《中华人民共和国行政复议法（修订）（征求意见稿）》中，简易程序被写入第四章“行政复议审理”的第一节“一般规

① 参见马怀德：《行政复议体制改革与〈行政复议法〉修改》，《中国司法》2022年第2期。

定”①、第四节“简易程序”②以及第五章“行政复议决定”③中，与行政复议审理的“一般程序”相对应，对行政复议审理适用简易程序的基本条件、审理方式、审理期限、与一般程序的转换进行了规定。

2022年公布的《中华人民共和国行政复议法（一审修订草案）》相较于前一版本对简易程序的规定没有章节的结构性变化；内容方面对于审理期限规定没有变化，对于与一般程序的转换进行微调④，将第一节“一般规定”中审理方式条款调整至第四节“简易程序”，并对第四节“简易程序”适用简易程序的行政复议案件范围进行了明显调整。⑤

---

① 参见《中华人民共和国行政复议法（修订）（征求意见稿）》（2020）第41条“行政复议机关受理行政复议案件后，依照本法适用一般程序或者简易程序进行审理”；第42条“行政复议机关审理行政复议案件，原则上应当听取申请人、第三人的意见。适用简易程序审理的案件，可以书面审查”。司法部官网，https://zqyj.chinalaw.gov.cn/readmore? listType=1&id=4060，2023年9月21日访问。

② 参见《中华人民共和国行政复议法（修订）（征求意见稿）》（2020）第63条“行政复议机构审理下列行政复议案件，认为事实清楚、权利义务关系明确、争议不大的，可以适用简易程序：（一）被申请行政复议的行政行为是依法当场作出的；（二）案件涉及款额三千元以下的；（三）属于政府信息公开案件的；（四）其他可以适用简易程序的案件”；第64条“适用简易程序审理的案件，行政复议机构应当自行政复议申请受理之日起三日内，将行政复议申请书副本或者行政复议申请笔录复印件发送被申请人。被申请人应当自收到申请书副本或者申请笔录复印件之日起五日内，提出书面答复，并提交当初作出行政行为的证据、依据和其他有关材料”；第65条“行政复议机构在审理过程中，发现案件不适用简易程序的，经行政复议机构负责人批准，可以转为一般程序审理。”司法部官网，https://zqyj.chinalaw.gov.cn/readmore? listType=1&id=4060，2023年9月21日访问。

③ 参见《中华人民共和国行政复议法（修订）（征求意见稿）》（2020）第83条“适用一般程序审理的行政复议案件，行政复议机关应当自受理申请之日起六十日内作出行政复议决定；但是法律规定的行政复议期限少于六十日的除外。情况复杂，不能在规定期限内作出行政复议决定的，经行政复议机构的负责人批准，可以适当延长，并告知申请人、被申请人和第三人；但是延长期限最多不得超过三十日。适用简易程序审理的行政复议案件，行政复议机关应当自受理申请之日起三十日内作出行政复议决定”。司法部官网，https://zqyj.chinalaw.gov.cn/readmore? listType=1&id=4060，2023年9月21日访问。

④ 将“发现案件不适用简易程序的”调整为“认为案件不宜适用简易程序的”。

⑤ 参见《中华人民共和国行政复议法（一审修订草案）》第50条“行政复议机关审理下列行政复议案件，认为事实清楚、权利义务关系明确、争议不大的，可以适用简易程序：（一）被申请行政复议的行政行为是依法当场作出的；（二）案件涉及款额三千元以下的；（三）属于政府信息公开

2023年6月公布的《中华人民共和国行政复议法(二审修订草案)》再次调整适用简易程序的行政复议案件范围[①],对与一般程序的转换再次进行微调[②];2023年9月1日表决通过的《行政复议法》主要变化体现在将“一般程序”改为“普通程序”,并在“一般规定”中增加对行政复议人员相关规定[③],其他在个别条文表述上进行调整。

二、行政复议简易程序法治实践

(一)行政复议简易程序地方法治探索概况

尽管中央立法对行政复议简易程序相对滞后,但国内有地方在《行政复议法》(1999)颁布之前就已经对行政复议案件开启了“繁简分流”分类审理尝试,如1991年《广州市行政复议案件办理程序规定》(穗府办〔1991〕43号)第四章第14条“对简单的案件,由复议机关自己审理,对较复杂的案件,涉及较多专业部门、专业性较强的案件,由复议机关组织其他的业务机构人员进行审理。并将审理意见提交当地政府或部门的决策会议讨论”。通过使用北大法宝[④]、小包公、百度、必应等法律数据库、搜索软件进行多次

案件的。除前款规定以外的行政复议案件,当事人各方同意适用简易程序的,可以适用简易程序”。中国人大网,http://www.npc.gov.cn/flcaw/more.html。

① 参见《中华人民共和国行政复议法(二审修订草案)》第50条“行政复议机关审理下列行政复议案件,认为事实清楚、权利义务关系明确、争议不大的,可以适用简易程序:(一)被申请行政复议的行政行为是依法当场作出;(二)被申请行政复议的行政行为是警告或者通报批评;(三)案件涉及款额三千元以下;(四)属于政府信息公开案件。除前款规定以外的行政复议案件,当事人各方同意适用简易程序的,可以适用简易程序”。中国人大网,http://www.npc.gov.cn/flcaw/more.html。

② 删除“在审理过程中”。

③ 参见《中华人民共和国行政复议法》第36条“行政复议机关受理行政复议申请后,依照本法适用普通程序或者简易程序进行审理。行政复议机构应当指定行政复议人员负责办理行政复议案件。行政复议人员对办理行政复议案件过程中知悉的国家秘密、商业秘密和个人隐私,应当予以保密”。中国政府网,https://www.gov.cn/yaowen/liebiao/202309/content_6901584.htm。

④ 通过对北大法宝法律法规库“标题”输入关键词“复议并且程序”进行检索,通过交叉比对,排除已失效、废止以及复议听证程序规定,现行有效复议程序地方政府规章5部,现行有效复议程序地方性规范性文件83件,现行有效复议程序地方工作文件12件。2023年9月15日访问。

检索筛选，目前国内现行有效的涉及行政复议案件审理简易程序规定的地方政府规章2件，分别为2007年湖北省政府制定的《湖北省行政复议实施办法》(湖北省人民政府令第309号)①、2017年河北省政府制定的《河北省行政复议案件办理程序规定》②；地方规范性文件13件，典型的有2008年株洲市政府制定的《株洲市行政复议案件办理程序规定》(株政发〔2008〕33号)、2014年黄山市政府制定的《黄山市人民政府行政复议简易程序适用规定(试行)》(黄政办秘〔2014〕35号)、2017年达州市政府制定的《达州市人民政府行政复议委员会办理行政复议案件简易程序规定》(达市府办〔2017〕88号)、2022年天津市司法局制定的《天津市办理政府信息公开行政复议案件的简易程序规定》等；地方工作文件若干，如杭州市司法局出台行政复议《简案快办工作办法(试行)》等。

(二)行政复议简易程序地方法治实践亮点

1. 制度设置坚守行政程序法治原则。程序法定与程序正当是行政程序的两大基本原则。程序法定原则主要包含两层意蕴：一是行政程序必须由法设定，二是行政程序必须依法遵守；而程序正当原则旨在解决行政程序的内容问题，要求行政程序的内容符合"正当性"。程序公开、程序平等、程序参与等属于正当程序原则支配下的下位原则。③ 基本上国内地方行政复议简易程序设置始终秉持行政程序法治原则，大部分地方行政复议简易程序规定均对遵循程序法定与程序正当原则作出规定，如《达州市人民政府行政复议委员会办理行政复议案件简易程序规定》第3条"适用简易程序审理行政复议案件，应当遵循合法、公正、公开、及时、便民的原则"；《天津市办理政府信息公开行政复议案件的简易程序规定》第2条"适用简易程序

---

① 《湖北省行政复议实施办法》第五章第27条"行政复议机构对案情简单、争议不大的行政复议案件，可以采用简易程序进行审查。简易程序主要采用书面审理的方式，由具体承办人提出意见，经行政复议机构负责人审核后，报行政复议机关领导签批"。

② 《河北省行政复议案件办理程序规定》第五章第25条"行政复议案件案情简单的，行政复议人员提出审查意见，拟定行政复议决定书，按规定程序报批后作出行政复议决定"。

③ 参见胡建淼：《行政法学》(第五版)，法律出版社2023年版，第855—857页。

审理行政复议案件，应当遵循合法、公正、公开、高效、便民、为民的原则，保护公民、法人和其他组织的合法权益”。

2. 行政复议简易程序设定较为严谨。简易程序并非新鲜事物，在行政诉讼、民事诉讼、刑事诉讼甚至行政处罚中都有简易程序，最重要的是，上述简易程序的设置，都有一个前提条件，即在简易程序之外，有一个非常完整且规范的一般程序。① 而适用条件、审理方式与审理期限等简易程序关键内容设立是否严谨科学也事关其存在的必要性。部分地方行政复议简易程序设定已经展现当地较高的立法水平技巧，不仅设置了完整规范相对应的“一般程序”或“普通程序”，程序内容设定严谨更加凸显简易程序的优越性，如《株洲市行政复议案件办理程序规定》。

3. 工作执行创新机制标准推进质效。不少地方为进一步优化行政复议资源配置，提升行政复议案件办理质效，创立推行多种行政复议速立速审速裁工作机制，加大行政案件繁简分流力度。如《青岛西海岸新区行政复议案件繁简分流审理工作规定（试行）》（2022）根据案件基本事实、法律适用、处理结果、社会影响以及疑难复杂程度等因素，结合案件类型、案涉金额、案涉群体等方面综合分析，将行政复议案件分为简易类、一般类、复杂类三种类型，分别规定了不同的办案期限，采取不同的程序办理，保证行政复议案件“快审”；②余杭区司法局针对辖区网络消费类、交通执法类行政纠纷高发问题，个性化定制两领域行政复议案件“简案快办”程序，试行至 2022 年，网络消费类、交通执法类行政复议调解率分别提升 27. 32%、78. 47%，平均办案周期分别缩短 15. 84%、25. 64%，全区行政复议调解率提升至 67.03%，办结平均周期缩短 27. 1 天，案件延期率降至 10%以内，为近 5 年最低。③

① 参见王春业：《论行政复议审理程序的再优化》，《法学杂志》2023 年第 4 期。

② 参见《青岛西海岸新区建立行政复议案件繁简分流制度》，青岛市司法局网，http://qdsf.qingdao.gov.cn/fzgz/fyys/202208/t20220803_6298414.shtml，2023 年 9 月 23 日访问。

③ 参见《余杭区司法局定制两领域行政复议“简案快办”》，杭州市司法局网，http://sf.hangzhou.gov.cn/art/2022/3/16/art_1659365_58925214.html，2023 年 9 月 23 日访问。

第二节　简易程序的主要内容

行政复议简易程序主要内容体现在《行政复议法》第四章第一节“一般规定”、第四节“简易程序”与第五章“行政复议决定”相关条文中。

一、行政复议简易程序一般规定

行政复议简易程序一般规定是指由法律设定的行政复议审理简易程序必须遵循的共同规则，并非完全对应《行政复议法》第四章第一节“一般规定”全部内容。

（一）行政复议简易程序适用时点

根据《行政复议法》第36条第1款规定，行政复议简易程序适用发生在行政复议审理阶段，行政复议申请、受理阶段并未有普通程序与简易程序的划分，行政复议审理程序繁简分流在其上游程序没有与之相适应的分类配套规定，因此不管是适用普通程序还是简易程序并不影响行政复议案件在申请、受理阶段的程序进程；只有在行政复议机关接到公民、法人或者其他组织依法提出行政复议申请并进行审查，排除不予受理情形，依法受理相对人行政复议申请后，才能依照行政复议法规定决定对申请复议案件是适用普通程序还是简易程序。

（二）行政复议简易程序适用原则

程序法定与程序正当是所有行政程序必须遵循的两大基本原则，行政复议简易程序亦不例外。

1. 程序法定。行政复议简易程序是依法设定的“法定程序”，无论是行政复议机构还是当事人，都必须严格遵守简易程序相关规定。而行政复议简易程序也必须依法遵守。这里的“法”根据《行政复议法》第37条规定，可以是法律、法规、规章，民族自治地方的行政复议案件还同时包括该民族自治地方的自治条例和单行条例，不包含低于规章层级的其他规范性文件。

2. 程序正当。程序正当原则可以追溯至英国的“自然公正原则”与美国的“正当程序原则”，至今大体包含公开、听证、无偏私和权利救济的内容。① 行政复议简易程序设置目的就是在于简案快办、繁案精办，降低群众的时间成本，提升实质性化解争议制度效能，切实维护广大群众的合法权益，提升行政复议公信力，通过优化程序正义倒逼实现实体正义。

二、行政复议简易程序适用条件

（一）适用条件

《行政复议法》第53条对行政复议简易程序适用条件予以明确规定，行政复议机关审理下列行政复议案件，认为事实清楚、权利义务关系明确、争议不大的，可以适用简易程序：1.被申请行政复议的行政行为是当场作出；2.被申请行政复议的行政行为是警告或者通报批评；3.案件涉及款额三千元以下；4.属于政府信息公开案件。

除前款规定以外的行政复议案件，当事人各方同意适用简易程序的，可以适用简易程序。

行政复议简易程序的适用有法定情形与意定情形两种渠道。

（二）法定条件

德国学者一般严格区分法定条件和意定条件两个概念。如拉伦茨认为，法定条件是法律行为的生效要件，取决于法律的直接规定，而不是当事人的自主决定。② 当被申请行政复议的行政行为是当场作出③、被申请行政复议的行政行为是警告或者通报批评、案件涉及款额三千元以下、属于政府信息公开案件这四种法定情形在满足事实清楚、权利义务关系明确、争议不大的前提条件下，行政复议机关可以对符合条件的行政复议案件决定适用

① 参见胡建淼：《行政法学》（第五版），法律出版社2023年版，第856页。

② 参见[德]卡尔·拉伦茨：《德国民法通论》下册，王晓晔等译，法律出版社2003年版，第688页。

③ 如当场作出的行政处罚决定、当场作出的行政许可决定等。

简易程序。

（三）意定条件

如果申请行政复议的行政行为或行政复议案件超出上述法定条件，若当事人各方协商一致，同意适用简易程序，行政复议机关可以决定适用简易程序。

（四）特别说明

在理解简易程序的适用条件时，还必须特别关注以下几点。

一是《行政复议法》第 53 条规定仅运用“正面清单”模式对简易程序适用范围与条件进行界定。

二是无论是法定条件还是意定条件，都只是行政复议案件适用简易程序的相对条件，并非绝对条件，其是否适用的最终决定权取决于行政复议机关酌情决定。

三是行政复议简易程序的适用条件不是强制性规定，即使在符合相对条件的情形下，行政复议机关决定适用普通程序并不构成程序违法。

三、行政复议简易程序审理方式

《行政复议法》第 54 条第 2 款规定，适用简易程序审理的行政复议案件，可以书面审理。自 1999 年《行政复议法》实施以来，行政复议审理方式一直以书面审理为原则。《行政复议法》本次大修对书面审理的地位进行了根本改变。

（一）书面审理

所谓书面审理是指行政复议机关在审理行政复议案件时以当事人提供的书面材料为主要审理依据。

书面审理方式在过去被认为是高效便民原则的体现。相较于行政诉讼，书面审理节约了行政复议申请人大量时间、资金与精力成本，而且此举也可以避免行政复议“司法化”。[①] 同时,从其他国家的立法经验来看,日本、韩国基本是在行政复议过程中以书面方式审查行政机关行政行为。日本原《行政不服审查法》第25条明确规定:“对审查请求的审理,以书面形式进行。”韩国同样在1995年之前的《行政审判法》中采取了书面审理的方式。[②] 然而,多年来书面审理实践暴露出多重弊端,一是原本书面审理所应发挥的效率优势、成本优势无法体现;[③]二是书面审理容易引发申请人“暗箱操作”的质疑,对于实质性化解行政争议的作用并不显著。

如今,书面审理方式对于行政复议简易程序而言只是其中一种审理方式,“可以”表明行政复议简易程序为其他审理方式预留了充分的制度空间。

(二)其他方式

《行政复议法》并未对简易程序其他审理方式进行具体规定。但基于立法目的与制度属性,只要有利于实质性化解行政争议,行政复议简易程序的审理方式在不违反程序法定与程序正当原则下可更为多元、灵活、高效。譬如,当场作出行政行为的案件,行政复议机构通过电话向当事人确认事实,听取当事人意见,不失为便民高效,凸显了简易程序的制度必要性与优越性。值得注意的是,其他方式是否包括听证?倾向性认为听证是普通程序独有审理方式,如若简易程序也可采用听证审理,那么以审理方式视角来看设置简易程序的必要性值得商榷。

四、行政复议简易程序期限规定

(一)审理前准备期间

《行政复议法》第54条第1款对适用简易程序审理的行政复议案件的

① 参见乔晓阳主编:《中华人民共和国行政复议法条文释义及实用指南》,中国民主法制出版社1999年版,第115页;曹康泰主编:《中华人民共和国行政复议法释义》,中国法制出版社1999年版,第112页。

② 参见吕艳滨:《韩国的行政复议制度》,载周汉华主编:《行政复议司法化:理论、实践与改革》,北京大学出版社2005年版,第406页。

③ 参见沈斌晨:《论行政复议审理方式的变革》,《湖湘法学评论》2022年第2期。

审理期间作出明确规定，行政复议机构应当自受理行政复议申请之日起 3 日内，将行政复议申请书副本或者行政复议申请笔录复印件发送被申请人。被申请人应当自收到行政复议申请书副本或者行政复议申请笔录复印件之日起 5 日内，提出书面答复，并提交作出行政行为的证据、依据和其他有关材料。

（二）审结期限

《行政复议法》第 62 条第 2 款规定，适用简易程序审理的行政复议案件，行政复议机关应当自受理申请之日起 30 日内作出行政复议决定。这明显短于普通程序中所规定的 60 日期限。

第三节　简易程序的基本特性

行政复议简易程序作为一项行政程序既具备行政程序的行政性、时空性、依附性、参与性、法定性的法律特征①，同时具备不同于其他行政简易程序与司法简易程序的独特属性。

一、非强制性

行政复议简易程序不是一个强制性程序。《行政复议法》第 53 条规定："行政复议机关审理下列行政复议案件，认为事实清楚、权利义务关系明确、争议不大的，可以适用简易程序……除前款规定以外的行政复议案件，当事人各方同意适用简易程序的，可以适用简易程序。"依据该项规定，如若行政复议机构对符合适用简易程序的行政复议案件适用普通程序，不会构成程序违法。又如第 54 条规定，"适用简易程序审理的行政复议案件，行政复议机构应当自受理行政复议申请之日起三日内，将行政复议申请书副本或者行政复议申请笔录复印件发送被申请人。"这一规定反映出，不管

① 参见胡建淼：《行政法学》（第五版），法律出版社 2023 年版，第 852 页。

是程序适用、审理方式还是程序转换，行政复议简易程序并未有行政复议机构必须遵守的强制性规定。

二、外部性

行政程序的“外部性”与“内部性”相对，以外部行政行为和内部行政行为的划分为基础。外部行政程序，系指外部行政行为必须遵循的程序，如行政处罚程序；内部行政程序，系指内部行政行为必须遵循的程序，如国家公务员的奖惩、任免等所涉程序。① 从行政行为角度考察行政复议性质，行政复议是一种行政行为，一种具有准司法性质的行政司法行为，一种行政监督行为，一种行政补救行为，②是依申请启动解决外部行政争议的活动，具有鲜明的外部性，③因此，行政复议决定是可诉的。基于程序与实体之间的关系，行政复议程序相应地为外部行政程序，行政复议简易程序理应具有“外部性”。

三、监督性

行政复议简易程序的“监督性”源于行政复议行为的监督性。

基于纵向维度考察行政复议制度的域内外历史沿革，监督性与救济性是行政复议的两大功能属性。对于这两大功能属性之间的关系，存在“主导论”“并重论”等不同观点。而实际上，这两种功能属性没有主次或先后之分，基于程序视角，这两种功能属性都伴随着行政复议程序的启动与终结同步实现。

基于横向维度将行政复议与行政诉讼相比较，均具有监督性与救济性两大功能属性。“与行政诉讼的关系，无论是从属关系还是并列关系，行政

---

① 参见胡建淼：《行政法学》（第五版），法律出版社2023年版，第857页。

② 参见胡建淼：《行政法学》（第五版），法律出版社2023年版，第1063页。

③ 参见王万华：《行政复议法的修改与完善——以“实质性解决行政争议”为视角》，《法学研究》2019年第5期。

复议的立法目的不可能是行政诉讼的复制加粘贴，否则，行政复议的存在意义就会被质疑。”①“行政复议的性质是行政复议的根本问题，它关系到设置行政复议制度、程序的内容、方式与模式，只有明确而恰当地定性，才会有自成一体的而不是自相矛盾的、正确的而不是偏差的制度模式与制度内容。”②《关于〈中华人民共和国行政复议法（草案）〉的说明》中用“行政复议是行政机关内部自我纠正错误的一种监督制度……”予以定性。然而这里的内部监督，并非指行政复议活动是内部行政行为，而是指行政复议是行政系统内部的监督；不是行政系统外部的人民法院监督，是相对于行政诉讼这一外部监督手段而言的内部监督，是一种层级监督。行政复议的层级监督性，是行政复议监督有效性的重要保障。③ 如《行政复议法》第 40 条规定，行政复议期间，行政复议机关无正当理由中止行政复议的，上级行政机关应当责令其恢复审理。因此，行政复议简易程序亦具有不同于行政诉讼的层级监督性。

第四节　简易程序与普通程序的区别与转换

一、 行政复议简易程序与普通程序的区别

1. 程序理念不同。行政复议普通程序是指由行政复议法所专门规定，行政复议案件审理都必须遵循的基本步骤与形式。与行政复议一般程序、基本程序可视为一个概念。而行政复议简易程序是指在符合某些特定条件下，行政复议主体可省略某些程序环节。可以认为，行政复议简易程序是对行政复议普通程序的压缩、简化。一般来说，应当适用普通程序而适用简易程序会涉嫌程序违法，可以适用简易程序而选择适用普通程序则不会产生

① 章剑生：《行政复议立法目的之重述——基于行政复议立法史所作的考察》，《法学论坛》2011 年第 5 期。

② 杨小君：《我国行政复议制度研究》，法律出版社 2002 年版，第 1 页。

③ 参见张旭勇：《论行政复议的“三位一体”功能及其实现的制度优势——兼论〈行政复议法（征求意见稿）〉之完善》，《苏州大学学报（哲学社会科学版）》2022 年第 3 期。

法律上的不利后果。

2. 适用条件不同。凡是能被行政复议机构受理的案件均可以适用普通程序进行审理;只有符合《行政复议法》第 53 条规定条件,简易程序才可能被适用。

3. 审理方式不同。行政复议普通程序的审理方式有三种:听取当事人的意见、书面审理、听证,其中听取当事人的意见为基本审理方式,书面审理为补充方式,只有因当事人原因客观不能听取意见的才可以采用书面审理。听证审理则分两种情况,一种是必须听证,当行政复议案件案情重大、疑难、复杂的,行政复议机构必须组织听证;另一种是行政复议机构依职权认为有必要或依申请人申请要求,可以组织听证。简易程序对审理方式没有强制性规定,可以听取当事人的意见,可以书面审理,还可以采取其他非正式审理方式,不包括听证。

4. 审理步骤不同。这一区别主要体现在行政复议机构是否提请行政复议委员会提出咨询意见。简易程序没有这一审理步骤,适用普通程序的行政复议案件在满足案情重大、疑难、复杂,案件专业性、技术性较强,对下一级人民政府作出的行政行为不服的行政复议案件,行政复议机构认为有必要提请行政复议委员会提出咨询意见这四种情形时,行政复议机构必须提请行政复议委员会提出咨询意见并予以记录。① 因此,提请行政复议委员会提出咨询意见不是所有适用普通程序的行政复议案件的必然审理步骤。

5. 审理前准备期限不同。普通程序行政复议机构自行政复议申请受理之日起 7 日内应当将行政复议申请书副本或者行政复议申请笔录复印件发送被申请人。而被申请人应当自收到行政复议申请书副本或者行政复议申请笔录复印件之日起 10 日内提出书面答复,并提交作出行政行为的证据、依据和其他有关材料;②简易程序则要求在“三日内”与“五日内”履行完上述程序。

① 参见《行政复议法》第 52 条。

② 参见《行政复议法》第 48 条。

6. 审结期限不同。适用普通程序审理的行政复议案件，审结期限依据法律规定有 3 个期限，一是其他法律规定的特殊行政复议期限少于 60 日；二是一般案件的审结期限为 60 日；三是情况复杂，不能在规定期限内作出行政复议决定的，经行政复议机构的负责人批准，可以适当延长，但延长期限最多不得超过 30 日，即最长审结期限为 90 日。适用简易程序审理的行政复议案件，原则上最长审结期限为 30 日，不得延长。发生程序中止事由则另行计算。

二、行政复议简易程序与普通程序的转换

行政复议简易程序与普通程序的转换仅规定于《行政复议法》第 55 条中，即适用简易程序审理的行政复议案件，行政复议机构认为不宜适用简易程序的，经行政复议机构的负责人批准，可以转为普通程序审理。理解这一制度通道，必须把握以下几点。

1. 程序转换的启动。从简易程序转换成普通程序，必须满足三项法定条件：(1) 正在适用简易程序审理的行政复议案件；(2) 行政复议机构认为案件不宜适用简易程序；(3) 经行政复议机构负责人批准。三项条件缺一不可，方可以进行程序转换。其中关键在于第二项条件中，行政复议机构是如何意识到案件不宜适用简易程序审理？主要有两种途径，一是行政复议机构在审理过程中依职权发现案件不宜适用简易程序；二是各方当事人依申请向行政复议机构反映案件不宜适用简易程序。

2. 程序转换的有效启动时效区间。程序转换的启动时效区间起点没有疑义，即行政复议案件适用简易程序之日起，而有效区间终点可理解为审理开始前或简易程序审结期限结束前。根据该条文的修订历程，认为删除“在审理过程中”这一表述，实际已经表明只要在行政复议案件适用简易程序审结最后期限即 30 日内，只要符合法定条件，都可以进行程序转换。

3. 程序转换的非强制性。这是说，即使符合转换条件，也未必必须转换。符合条件而不转换的，并不构成程序违法。

【复习思考题】

1. 设立行政复议简易程序的意义是什么?

2. 在什么条件下可以适用简易程序?

3. 简易程序与普通程序有何区别?

4. 简易程序如何转换成普通程序?

第十三章　行政复议附带审查

行政复议附带审查，是指公民、法人或者其他组织不服行政行为而申请行政复议时，认为该行政行为系依据不合法，便一并请求行政复议机关审查相关规定的合法性，行政复议机关据此对相关规定进行审查处理，或者行政复议机关依职权主动审查被诉行政行为依据实质合法性的法律制度。《行政复议法》第13条、第56条至第59条，对此作出了特别规定。

第一节　行政复议附带审查概述

行政复议附带审查与规范性文件备案审查、行政诉讼附带审查，都是我国现行法规定的法制统一维护制度、法律规范体系保障制度，但行政复议附带审查具有某些独特之处。

一、行政复议附带审查的主要特点

（一）基于真实个案进行

行政复议附带审查的必要前提，一是某行政行为完结，构成真实行政个案；二是该行政行为的依据是规范性文件规定；三是行政行为利害关系人不服该行政行为，申请行政复议且满足行政复议受理条件，构成行政复议个案。行政复议附带审查仅是基于对真实行政个案的规范性文件监督审查。或者说，没有真实行政行为完结，没有行政复议个案，就没有行政复议附带审查。这一点与行政诉讼附带审查有类似之处，因此可以参考行政诉讼附带审查中“行政行为与被诉文件规定关联性”判断基准，行政诉讼附带审查的判断基准与裁决类型，等等。但基于真实个案审查，是行政复议附带审查与规范性文件备案审查的显著差别之一。

（二）依附行政监管层级

行政复议附带审查是作为行政复议机关的上级行政机关，依申请或依职权审查下属行政主体行政行为的过程中，进一步审查系争行政行为所依据的规范性文件规定或其他依据的实质合法性。根据行政组织法设定的公共行政组织之间的层级监管体制，一方面，如果受审规范性文件规定是复议机关的下级行政主体制定的，则行政复议机关作为上级机关有权对之审查处理，无须再转送其他行政机关。另一方面，如果受审规范性文件规定不是行政复议机关的下级行政主体制定的，而且行政复议机关认为规范性文件规定是不合法的，应当依法转送其他有权行政机关处理。因为在现行行政层级监管体制内，行政复议机关无权监督审查上级行政机关制定的规范性文件。

（三）有限附带审查决定

行政复议附带审查只能基于真实个案进行，仅在行政监管层级体制内运作，行政复议附带审查决定也具有"附带性"。这意味着行政复议附带审查决定不是独立完整的法律决定。《行政复议法》第 59 条规定，行政复议机关认为受审规范性文件规定超越权限或者违反上位法的，决定停止该规定的执行，并责令制定机关予以纠正。据此规定，行政复议机关不能直接撤销不合法规定，也不能确认不合法规定无效。行政复议机关享有上级行政机关对下级行政主体的监管权力，责令下级制定机关纠正不合法文件规定，但最终由制定机关自行决定不合法规范性文件规定的改变或废除。

二、行政复议附带审查的类型划分

根据行政复议附带审查的法律特征，依据行政复议法相关规定，可以把行政复议附带审查划分成下列类型。

（一）依职权附带审查与依申请附带审查

两者的区别标准是，行政复议附带审查是否依赖申请人附带审查行政行为依据合法性请求。根据《行政复议法》第 57 条的规定，“依职权附带审查”是指行政复议机关在行政复议中，主动审查认定受审行政行为所依据文件规定（包括规章以下规范性文件以外的行政行为依据）的合法性，并作出审查决定的活动。行政复议机关之所以依职权主动附带审查，是因为行政复议机关负有审查系争行政行为合法性，依法作出行政复议决定的职责。如果系争行政行为的直接依据是某文件规定，并且该文件规定不合法，那么系争行政行为依据不合法的，该行政行为最终也随之不合法。因此，行政复议机关应当先审查认定行政行为所依据的文件规定的合法性，才能审查认定行政行为本身的合法性。所以，无论行政行为利害关系人在行政复议中是否提出附带审查申请，行政复议机关都必须依职权主动附带审查行政行为所依据规范性文件规定的合法性。

根据《行政复议法》第 13 条与第 56 条的规定，“依申请附带审查”是指行政复议机关依据行政行为利害关系人（当事人）的附带审查请求，在审查认定系争行政行为合法性时，一并审查认定作为其依据的规范性文件规定（仅限于规章以下规范性文件规定）的合法性。行政复议机关的依申请附带审查属于履行法定义务的被动审查，同时也是实现行政复议申请人附带审查请求权的审查。依申请附带审查借用行政行为利害关系人维护自身权益的动力，可以“自下而上”地推进我国法制统一与法治体系建设。

依职权附带审查与依申请附带审查的主要不同之处有两点：其一，在依职权附带审查中，行政复议机关没有应对附带审查申请的义务，仅有规范性文件审查特权，即行政复议机关可以自行决定审查或不审查规范性文件，以及审查到何种程度。行政复议机关的依职权附带审查，在每一个行政复议案件中都必然要进行。但依申请附带审查，取决于申请人是否成功地提出附带审查申请。在行政复议案件中，并不每次都必须要进行依申请附带审查。其二，根据《行政复议法》第 13 条、第 57 条的规定，行政复议机关依申请附带审查的对象仅限于规章以下的规范性文件规定。但其依职权附带审查的对象不限于该法第 13 条列举的规范性文件，还包括受审行政行为依据的其他类别的规范性文件规定。本章有时将它们统称为“规范性文件规定”或“相关规定”。这与行政诉讼法及其司法解释所规定的规范性文件附带审查不同。行政复议法规定的这种广义附带审查，其实是行政复议法律适用中的行政行为依据（包括规范性法律文件规定、规章以下规范性文件规定）合法性审查。

（二）自行附带审查与依法转送审查

两者的区别标准取决于，受审规范性文件规定的制定机关是或不是行政复议机关有权监管的下属行政主体。“自行附带审查”是指，满足行政复议附带审查条件的规范性文件规定，是行政复议机关下属行政主体制定的，行政复议机关因而有权直接审查认定其合法性，并作出相应附带决定。“依法转送审查”是指，满足行政复议附带审查条件的规范性文件规定，不是行政复议机关下属行政主体制定的，行政复议机关虽然可以确认其合法，但无权直接确认其不合法，应当转送其他有权国家机关依法处理它们认为不合法的规范性文件规定。

参照行政诉讼附带审查中的后期处理办法，其他有权国家机关包括规范性文件的制定机关、备案审查机关（通常是制定机关的上级行政机关、所属地方国家权力机关即地方人大及其常委会），在个别案件中也有可能包括国家监察机关。

（三）附带合法性审查与附带适当性审查

两者的基本区分标准是，行政复议附带审查规范性文件的审查依据是法律规范，还是社会公德、经济方面的功利判准等普遍理性标准。行政复议机关依据法律规范的审查，当然是合法性审查。它们依据道德规范与功利标准的审查，应当属于适当性审查。之所以作此区分是因为，一方面，行政复议附带审查是在上级行政机关对下级行政主体的监管体制上运作的，是行政组织系统内的监督审查；另一方面，在我国单一制政权组织结构内，上级行政机关对下级机关享有全面监督管理权力。这意味着，至少在现行法规定的行政监管体制内，对于下级行政主体作出的行政行为与制定的规范性文件,上级行政机关既有合法性审查权也有适当性审查权。

鉴于法律规范与其他标准实际上难解难分,前述意义上的适当性审查,在很大程度上属于法律人常说的“实质合法性”审查。总之,行政复议附带审查包括实质合法性意义上的适当性审查。但请注意,《行政复议法》第56条明确规定,申请人有权提出对有关规范性文件的附带审查申请。据此规定,同时考虑到,人们很难对适当性是什么达成共识,易于产生分歧争议,所以在依申请附带审查决定中,应该慎用“适当性”审查标准。

三、行政复议附带审查的功能定位

根据党的十八届四中全会《中共中央关于全面推进依法治国若干重大问题的决定》,以及党的十九大报告的精神,行政复议附带审查是我国法治体系建设的重要组成部分。行政复议附带审查同样担负着法治体系建设责任。因为行政复议附带审查,属于监督行政主体行政权力、保障行政相对人合法权益的行政层级监督活动。行政复议附带审查可以发挥四个方面的法治建设功能。

一是在法律规范体系建设方面。行政复议附带审查能保障宪法法律权威,监督规范性文件制定权力、维护国家法制统一。

二是在促进法治政府建设方面。行政复议附带审查能够发挥行政层级监督职能,倒逼行政主体依法行政,尤其是依法“立规”的功能。

三是在保障行政相对人合法权益方面。行政复议附带审查既能实现申请人的规范性文件附带审查请求权,也能通过决定停止执行、责令予以纠正等方式,消除不合法规范性文件对潜在行政相对人可能造成的侵害,保障行政相对人权益。

四是在行政复议决定方面。行政复议机关负有正确适用合法有效规范,依法公正决定,实现行政层级监督工作法治化的功能。

综上,行政复议附带审查应当发挥维护法制统一、监督行政行为、保障民众权益、确保依法复议的功能。前列功能既是我国法治体系建设对行政复议附带审查提出的要求,也是行政复议附带审查的政治任务与法定目标。

第二节 行政复议附带审查程序

行政复议法属于行政救济程序法。行政复议附带审查既是一种行政行为利害关系人权益救济程序，也是一种规范性文件监督审查程序。根据行政复议一般程序与行政复议附带审查类型，下面先在行政复议附带审查的依申请审查程序部分，厘定较为完整的行政复议附带审查程序，再分别厘定其中的依职权审查程序与应转送审查程序。

一、依申请附带审查程序

（一）申请的提出

在依申请附带审查程序中，公民、法人或者其他组织提出附带审查申请乃是该程序的起点。附带审查的申请，必须同行政复议申请一并提出。《行政复议法》第13条规定，申请人认为系争行政行为所依据的规范性文件规定（仅限规章以下规范性文件的规定）不合法的，在对行政行为申请复议时，有权利选择是否向行政复议机关提出对该规范性文件的附带审查申请。如果决定向行政复议机关提出附带审查申请的，就只能同行政复议一并提出，不能单独申请行政复议机关审查系争规范性文件的合法性。但有一种情况可以在行政复议决定作出前提出申请。参考《行政复议法实施条例》（2007）第26条的规定，申请人在对具体行政行为提出行政复议申请时尚不知道该具体行政行为所依据的规定的，可以在行政复议机关作出行政复议决定前向行政复议机关提出对该规定的审查申请。

（二）受理条件

行政复议机关受理行政复议附带审查申请的条件，除了满足前置行政复议一般程序要求外，根据《行政复议法》第13条第1款的规定，还必须满足两个条件：一个条件是附带审查范围要件。被申请附带审查的必须是国务院部门的规范性文件;县级以上地方各级人民政府及其工作部门的规范性文件;乡、镇人民政府的规范性文件;法律、法规、规章授权的组织的规范性文件;前列规范性文件不包含法律、法规与规章,以及国务院发布的规范性文件。另一个条件是行为与文件关联要件。被申请审查的规范性文件必须是同一复议案件中作为行政行为依据的规范性文件。

在某些行政复议案件中,不易确认行政复议附带审查申请是否满足行为与文件关联要件。对于规范性文件与行政行为之间关联性的认定,可以从以下方面作多种考量:一是关联性取决于行政机关选择的结果,而不是指法定结果。如某行政行为的依据应当是 A 文件,但行政机关选择了 B 文件作为依据,那么,附带审查的对象就应当是 B 文件而不是 A 文件;二是关联性要依据案卷排他原则确定,即只有行政主体在行政执法过程中选定的,写入行政决定文书、存入行政案卷中的规范性文件,才是可申请附带审查的规范性文件;三是关联性要考虑是否实际影响当事人合法权益。被申请人作出行政行为时所依据的规范性文件,只要实际影响申请人合法权益的,就属于满足行为与文件关联要件。

(三) 调查取证

根据《行政复议法》第 58 条的规定,行政复议机关在附带审查中有权处理有关规范性文件或者依据的,行政复议机构自行政复议中止之日起 3 日内,书面通知规范性文件或者依据的制定机关就相关条款的合法性提出书面答复。制定机关应当自收到书面通知之日起 10 日内提交书面答复及相关材料。行政复议机构认为必要时,可以要求规范性文件或者依据的制定机关当面说明理由,制定机关应当配合。假如制定机关未及时配合的,根据《行政复议法》第 45 条规定,行政复议机构有权调查取证,查阅、复制、调取有关文件和资料,向有关人员进行询问;在调查取证时,行政复议人员不得少于两人,并应当出示行政复议工作证件;被调查取证的单位和个人应当积极配合行政复议人员的工作,不得拒绝或者阻挠。

（四）审查处理

行政复议机关对受审行政行为依据进行合法性审查后，可能出现两种情况。一方面，本机关有权处理的，应当在30日内依法处理。处理方式有两类：一是本机关认为有关规范性文件或者作为行政行为依据的规定合法的，在行政复议决定书中一并告知双方当事人。二是本机关认为相关条款的规定，超越权限或者违反上位法的，决定停止该条款的执行，并责令制定机关予以纠正。另一方面，本机关无权处理的，应当在7日内转送有权处理的国家机关依法处理。

二、依职权附带审查程序

行政复议附带审查的依申请审查与依职权审查程序的主要不同在于，依职权审查程序包含一个依职权附带审查启动条件。只要满足这个启动条件，行政复议机关就需要进行依职权附带审查程序。根据《行政复议法》第57条的规定，前述启动条件是行政复议机关认为，受审行政行为所依据的相关规定不合法。只要具备这个条件，它们就可以启动行政复议附带审查程序。除此之外，行政复议附带审查的依申请附带审查与依职权附带审查，两者的前置程序、受理条件、调查取证与审查决定程序规则，可谓相同。

三、应转送他方审查程序

根据《行政复议法》第56条与第57条的规定，在行政复议附带审查中，无论是依申请附带审查还是依职权附带审查，只要是行政复议机关无权处理受审规范性文件规定或依据不合法情形的，就应当在中止行政复议、启动行政复议附带审查之日起7日内，转送有权处理的国家机关依法处理。依照原国务院法制办公室发布的《行政复议法律文书示范文本》（国法函〔2008〕196号），“规范性文件转送函”的附件，一是行政复议申请书或者口头申请行政复议笔录，二是被申请人作出行政行为的法律文书，三是规范性文件副本，四是行政复议机关认为规范性文件不合法的主要理由。另据

《行政复议法》第 60 条的规定，接受转送的行政机关、国家机关应当自收到转送之日起 60 日内，将处理意见回复转送至行政复议机关。

第三节　行政复议附带审查标准

行政复议附带审查的直接对象，是作为受审行政行为依据的相关规定。它们来源于行政主体援用制定权力、依照法定程序作出的实际制定活动。受审规定是制定活动的内在结果。制定主体、制定程序的合法性，直接影响相应文件规定的合法性。根据《最高人民法院关于适用〈中华人民共和国行政诉讼法〉的解释》（法释〔2018〕1 号）第 148 条第 1 款的规定可知，人民法院对规范性文件进行一并审查时，也是在审查制定权力、制定程序以及系争文件规定等方面的合法性。通常情况下，行政诉讼附带审查是行政复议附带审查的后续监督审查。为了防止行政复议附带审查决定在后续行政诉讼附带审查中被法院推翻，前两种规范性文件附带审查，在审查事项与审查标准上应当具有相当程度的一致性。《国务院办公厅关于全面推行行政规范性文件合法性审核机制的指导意见》（国办发〔2018〕115 号）要求严格进行合法性审查的事项，大体上可以归结为三类：制定主体是否合法、制定程序是否合法、文件规定内容是否合法。综上可知，无论是在法理上还是在法律上，行政复议附带审查事项应当包括：相关规定制定主体的合法性、制定程序的合法性，以及受审规定本身的合法性。

一、制定主体合法性的审查标准

各级各类行政主体必须享有相应的规范性文件制定权力，才能制成规范性文件。规范性文件制定主体合法性的审查标准（或者审查依据），就是设定规范性文件制定权力的法规范。这些法规范可分成行政组织法规范、行政行为法规范、特别授权法规范。相应的，它们设定的规范性文件制定权力也可分成三类：

第一类是行政组织法赋予的规范性文件制定权力。具体是指《宪法》(2018)第90条赋予国务院部门,在本机关权限内发布具有普遍约束力的决定或命令的权力。《地方组织法》(2022)第73条与第76条赋予地方各级人民政府,在本行政区域内发布具有普遍约束力的决定、命令的权力。

第二类是特定行政行为法蕴含的执行解释权力。比如《道路交通安全法》《水法》《土地管理法》等,蕴含相应行政机关为了更好地行政执法,可以制定执行解释类(如行政执法裁量基准等)规范性文件的权力。《律师法》《学位条例》等,也蕴含给予律师协会、高等院校等公共行政组织,制定执行解释类规范性文件的权力。

第三类是法律法规特别授予的制定权力。比如,《大气污染防治法》授予县级以上地方人民政府依据重污染天气预警等级,制定机动车限制通行等应急类规范性文件的权力,等等。

前列关于规范性文件制定权力的规定,设定了有权制定规范性文件的行政主体。简而言之,国务院部门与地方各级人民政府,享有行政组织法赋予的规范性文件制定权。县级以上人民政府职能部门、法律法规授权的组织,根据行政执法需要,可以制定执行解释类规范性文件。人民政府等根据法律法规的特别授权,可以制定影响公民、法人或其他组织权利的规范性文件。

根据规范性文件应当执行上位规定的特性,以及法无明文授权不可为的公法原则,一方面,具备前列法定规范性文件制定权的行政主体,才能成为合法的规范性文件制定主体。另一方面,享有规范性文件制定权的行政主体,如果出现下列情形,就属于制定主体不合法:一是超出本部门所享有的制定权类型制定文件,比如公安机关发布了水利治理类规范性文件的情形;二是超出本地管辖区域,比如甲县政府针对乙县发布规范性文件的情形;三是超出本机关有权实施的行政行为类型,比如环境保护主管机关发布治安管理类规范性文件的情形。规范性文件的制定主体不合法的,将导致相应规范性文件整体不合法。

二、 制定程序合法性的审查标准

现行法规定,有权制定机关应当依照法定程序制定规范性文件。《国务院办公厅关于全面推行行政规范性文件合法性审核机制的指导意见》(国办发〔2018〕115号)明确要求,规范性文件审查事项包括:“是否违反规范性文件制定程序。”各省市人民政府制定的规范性文件管理规章,也要求审查机构或机关审查规范性文件制定是否合法。对于未履行法定程序的不合法情形,审查机构或机关应当提出书面处理意见。

规范性文件制定程序合法性的审查标准,就是关于各类规范性文件制定程序的法规范。这些法规范主要分布在《地方组织法》(2022),以及各省市制定的行政规范性文件管理规章中。例如,《地方组织法》第75条规定:“县级以上的地方各级人民政府制定涉及个人、组织权利义务的规范性文件,应当依照法定权限和程序,进行评估论证、公开征求意见、合法性审查、集体讨论决定,并予以公布和备案。”比如,北京、上海、江苏等省市的人民政府制定的行政规范性文件管理规章,都设定了规范性文件制定程序。它们包括起草、评估论证、征求意见、合法性审核、集体讨论决定、公布和备案。

前列规范性文件制定程序,由多个程序阶段内的多种制定活动构成。规范性文件制定程序不合法情形有轻重之别。根据《最高人民法院关于适用〈中华人民共和国行政诉讼法〉的解释》(法释〔2018〕1号)第148条第2款第(四)项的规定,人民法院在行政诉讼附带审查中,发现受审规范性文件具有“未履行法定批准程序、公开发布程序,严重违反制定程序的”不合法情形,认定该规范性文件不合法。据此规定,如果某个规范性文件的制定程序严重不合法的,行政复议机关就应当拒绝承认它们,不把它们作为认定受审行政行为合法的依据。

三、 受审规定合法性的审查标准

只要认定受审规定的制定主体不合法、制定程序严重不合法,就应当认定它们整体上不合法。整体不合法的规范性文件,其内包含的全部规定都不合法。但是,整体上合法的规范性文件,其内设定的系争规范性文件规定仍有可能不合法,即受审的个别文件规定仍有可能不合法。受审规定合法性的审查标准是调控有权制定机关制定事项、规定幅度与范围的强制性法规范。

一类是要求规范性文件应当怎样规定的法规范。根据法治政府建设实施纲要与依法行政原则,规范性文件内设规定应当有上位规定依据,应当同上位规定相兼容,应当在上位规定限定之内,等等。另一类是要求规范性文件不得规定什么的法规范:其一,不得规定《立法法》设定的法律保留事项;其二,不得违法增加公民、法人和其他组织义务,或者减损公民、法人和其他组织合法权益;其三,不得违法设定行政许可、行政处罚、行政强制,或者违法改变法律、法规设定的行政许可、行政处罚、行政强制;其四,不得同法律、法规的规定明显不一致,或者违背法律、法规的立法目的、立法原则,或者旨在抵消、改变或者规避法律、法规的规定。

根据前列关于规范性文件规定的强制性法规范,只要受审文件规定违背前列应当规范与禁止规范的,就属于不合法情形。

四、受审规定适当性的审查标准

在规范性文件备案审查实务中,审查机关发现规范性文件存在下列明显不适当情形的,就应当向制定机关提出意见:一是规范性文件规定明显违背社会主义核心价值观和公序良俗;二是相关规定的公民、法人和其他组织的权利与义务明显不合理,或者为实现制定目的所规定的手段与制定目的明显不匹配;三是因现实情况发生重大变化而不宜继续施行;四是具有同中央政策精神不一致等其他明显不适当情形。

行政复议机关在规范性文件附带审查中发现前列明显不适当情形的,如果有权处理的,根据上级行政机关对下级行政机关的领导监督权,可以责令制定明显不当规范性文件规定的下级机关予以处理。对于无权处理的上级或同级行政机关制定的明显不当规范性文件规定，可以依法合规地提出意见。

第四节　行政复议附带审查决定

根据《行政复议法》第56条的规定，行政复议附带审查决定可分成两类：一类是行政复议机关有权处理案件中的附带审查决定；另一类是行政复议机关无权处理案件中的附带审查决定。

一、行政复议机关有权处理案件中的附带审查决定

根据《行政复议法》第59条的规定，行政复议机关有权处理案件中的附带审查决定，可分成两类：一类是行政复议机关认为相关规定合法，在行政复议决定书中一并告知（即公开宣告），本机关确认相关规定合法的意见；另一类是行政复议机关认为相关规定超越权限或者违反上位法的，决定停止该条款的执行，并责令制定机关予以纠正。

在施行前一条的过程中，有可能出现以下两种做法：一种做法是，行政复议机关仅在内部命令，下级行政机关停止执行不合法文件规定；另一种做法是，行政复议机关通过行政复议决定书等对外公开宣告，停止执行不合法文件规定。第一种做法仅在最低限度上落实《行政复议法》第59条；第二种做法可以即时停止执行不合法文件规定，能够加大规范性文件监督审查力度，起到废止不合法文件规定的效果。

二、行政复议机关无权处理案件中的附带审查决定

根据《行政复议法》第56条的规定，行政复议机关在依申请附带审查案件中，无权处理作为行政行为依据的规章以下规范性文件规定的，应当在7日内转送有权处理的行政机关依法处理。另据《行政复议法》第57条的规定，行政复议机关在依职权附带审查案件中，认为受审行政行为依据不合

法，并且本机关无权处理的，应当在 7 日内转送有权处理的国家机关依法处理。

《行政复议法》第 60 条明确，依据第 56 条、第 57 条规定接受转送的行政机关、国家机关应当自收到转送之日起 60 日内，将处理意见回复转送的行政复议机关。在我国规范性文件监督审查体制内，特别是在广义规范性文件备案审查制度的背景下，受转送机关的整个处理程序、处理标准与处理意见类型，已经有法可依。依据相关广义规范性文件监督审查制度可以预判，受转送机关处理意见基本类型是，受审规定合法或者不合法。不合法情形主要包括制定主体不合法、制定程序不合法、规定内容不合法。

【复习思考题】

1. 什么是行政复议附带审查制度？
2. 行政复议附带审查的对象是什么？
3. 如何进行行政复议附带性审查？
4. 对于不合法的规范性文件应当如何处理？

第十四章　行政复议决定

行政复议决定是指复议机关在查明案件事实的基础之上，根据事实和法律，就有争议的行政行为作出的具有法律效力的判断和处理。① 行政复议决定是行政复议案件审理的最终环节，是行政复议机关对行政复议涉及的行政行为是否合法、是否合理作出的最终判断。

第一节　行政复议决定书

一、行政复议决定书的内容

根据《行政复议法》第 75 条②的规定，行政复议决定书是行政复议机关对行政复议案件所作出的最终决定的书面表达。它应当明确表明复议的事实、理由、依据和结果，并加盖行政复议机关印章。同时，第 75 条也明确了行政复议决定书的具体要求，主要包括：(1)明确事实。决定书应当对复议案件的相关事实进行准确、全面的描述，确保事实的真实性和客观性。(2)说明理由。决定书应当详细阐述行政复议机关对事实和法律适用的理解和认定，并说明为何作出该项决定。(3)明确依据。决定书应当明确列举适用的法律、法规、规章、政策文件等依据，确保决定的合法性。(4)明确处理结果。决定书应当写明行政复议机关对复议案件作出的决定结果，包括撤销、变更、确认或者其他具体处理措施。(5)加盖印章。决定书应当加

① 参见宋雅芳主编：《行政复议法通论》，法律出版社 1999 年版，第 142 页；方世荣主编：《行政复议法学》，中国法制出版社 2000 年版，第 211 页；杨小君：《我国行政复议制度研究》，法律出版社 2002 年版，第 265 页；郜风涛主编：《行政复议法教程》，中国法制出版社 2011 年版，第 248 页。

② 《行政复议法》第 75 条规定："行政复议机关作出行政复议决定，应当制作行政复议决定书，并加盖行政复议机关印章。行政复议决定书一经送达，即发生法律效力。"

盖行政复议机关的印章，以确保其真实性和合法性。

按照相关规定和实践操作，行政复议决定书具体包括以下内容：(1)决定书的名称；(2)决定书的文号；(3)当事人的基本信息；(4)决定的内容，包括是否支持申请人的请求、是否撤销原行政行为、是否改变原行政行为等；(5)决定的理由，列明决定的事实、理由和依据，阐述决定的合法性和合理性；(6)法律依据，包括引用相关法律法规、规章和政策文件等依据；(7)附带决定，可以附带作出其他决定或作出特别说明；(8)签发、盖章及送达，行政机关负责人、行政复议机关或行政复议委员会成员签发，并加盖印章，同时明确送达方式和送达时间。

二、行政复议决定书的效力

行政复议决定书的效力表现在以下几个方面。

第一，具有法律约束力。《行政复议法》第 75 条明确规定："行政复议决定书一经送达，即发生法律效力。"对于已发生法律效力的行政复议决定书、调解书、意见书，对申请人和被申请人都具有约束力。对此，被申请人应当按照决定书的要求和规定，执行决定的内容，并且不得随意更改或违法执行。申请人也应当按照决定书的要求履行自己的义务。《行政复议法》第 77 条规定："被申请人应当履行行政复议决定书、调解书、意见书。被申请人不履行或者无正当理由拖延履行行政复议决定书、调解书、意见书的，行政复议机关或者有关上级行政机关应当责令其限期履行，并可以约谈被申请人的有关负责人或者予以通报批评。"行政复议机关有权约谈和通报批评被申请人的有关负责人，是 2023 年行政复议法修改新增的内容。此外，第 83 条规定："被申请人不履行或者无正当理由拖延履行行政复议决定书、调解书、意见书的，对负有责任的领导人员和直接责任人员依法给予警告、记过、记大过的处分；经责令履行仍拒不履行的，依法给予降级、撤职、开除的处分。"这些规定充分保障了行政复议决定的法律约束力。

第二，具有强制执行力。申请人、第三人应当履行行政复议决定书、调解书的。按照《行政复议法》第 78 条[①]的规定，申请人、第三人逾期不起诉又不履行行政复议决定书、调解书的，或者不履行最终裁决的行政复议决定的，作出行政行为的行政机关或者行政复议机关有权依法强制执行，或者申请人民法院强制执行。

第三，具有证明效力。行政复议决定书作为一份正式的行政文书，具有证明效力。决定书中所载的事实和结论，可以作为证据在相关行政诉讼或其他法律程序中使用。决定书的内容可以作为相关事实和法律关系的证明，对于涉及行政复议决定的权益争议，具有重要意义。

三、行政复议决定书的公开与送达

行政复议机关作出行政复议决定书之后，应当向社会公开。《行政复议法》第 79 条第 1 款规定："行政复议机关根据被申请行政复议的行政行为的公开情况，按照国家有关规定将行政复议决定书向社会公开。"

公开行政复议决定书，有助于提升行政复议决定的透明度和公信力。行政复议决定书可以通过多种方式公开，包括在行政复议机关的网站或公告栏上公布决定书的内容，具体的公开方式和范围可以根据不同的法律法规、行政复议机关的规定以及具体案件的情况而有所不同。

行政复议机关作出行政复议决定书之后，应当向申请人、被申请人和第三人送达。送达行政复议决定书必须有送达回证，由受送达人在送达回证上记明收到日期，签名或者盖章。受送达人在送达回证上的签收日期为送达日期。送达行政复议决定书，应当直接送交受送达人。受送达人是公民的，本人不在的，交他的同住成年家属签收；受送达人是法人或者其他组织的，应当由法人的法定代表人、其他组织的主要负责人或者该法人、组织负

① 《行政复议法》第 78 条规定："申请人、第三人逾期不起诉又不履行行政复议决定书、调解书的，或者不履行最终裁决的行政复议决定的，按照下列规定分别处理：（一）维持行政行为的行政复议决定书，由作出行政行为的行政机关依法强制执行，或者申请人民法院强制执行；（二）变更行政行为的行政复议决定书，由行政复议机关依法强制执行，或者申请人民法院强制执行；（三）行政复议调解书，由行政复议机关依法强制执行，或者申请人民法院强制执行。"

责收件的人签收；受送达人有诉讼代理人的，可以送交其代理人签收；受送达人已向人民法院指定代收人的，送交代收人签收。受送达人的同住成年家属，法人或者其他组织的负责收件的人，诉讼代理人或者代收人在送达回证上签收的日期为送达日期。受送达人或者他的同住成年家属拒绝接收行政复议决定书的，送达人可以邀请有关基层组织或者所在单位的代表到场，说明情况，在送达回证上记明拒收事由和日期，由送达人、见证人签名或者盖章，把行政复议决定书留在受送达人的住所；也可以把行政复议决定书留在受送达人的住所，并采用拍照、录像等方式记录送达过程，即视为送达。

经受送达人同意，人民法院可以采用能够确认其收悉的电子方式送达诉讼文书。通过电子方式送达的判决书、裁定书、调解书，受送达人提出需要纸质文书的，人民法院应当提供。行政复议机关直接送达行政复议决定书有困难的，可以委托其他行政机关代为送达，或者邮寄送达。邮寄送达的，以回执上注明的收件日期为送达日期。受送达人下落不明，或者用其他方式无法送达的，可以公告送达。自发出公告之日起，经过 30 日，即视为送达。公告送达，应当在案卷中记明原因和经过。

第二节　维持行政行为的决定

一、 维持行政行为的决定的概念

维持行政行为的决定是指行政复议机关经过对行政行为的审查，认为该行政行为认定事实清楚，证据确凿，适用依据正确，程序合法，内容适当，从而作出的维持原行政行为的决定。

维持行政行为的决定的实质是对申请人的请求不予支持，肯定被申请人的行政行为。肯定被申请人的行政行为，意味着该行政行为的合法性、合理性得到了确认，这有助于保障和支持被申请人依法行政。

二、维持行政行为的决定的适用条件

《行政复议法》第 68 条①对维持行政行为的决定的适用条件作出了明确的规定，主要包括以下五个方面：(1) 事实清楚，即行政行为所依据的事实是清楚的，客观上存在的各种逻辑关系是明确的。(2) 证据确凿，即被申请人作出行政行为的事实依据确实、可靠，所提供的事实材料和证据具有充分的证明力。(3) 适用依据正确，即行政行为所适用的法律、行政法规、地方性法规、规章和具有约束力的决定和命令是准确无误的。(4) 程序合法，即被申请人作出的行政行为的方式、步骤、时限等符合法律法规的规定，符合正当程序的要求。(5) 内容适当，即被申请人作出的行政行为的内容具有合理性，符合比例原则，没有考虑不相关的因素，做到裁量有度。只有当被申请人的行政行为符合上述五点，具备合法性与合理性，行政复议机关才能作出维持的决定。

三、维持行政行为的决定的法律意义

行政复议机关作出维持行政行为的决定之后，当事人在行政复议程序中提出的异议未被采纳，原行政行为继续生效。原行政行为不会被撤销或改变。与此同时，原行政行为产生执行效力。但这并不意味着作出行政行为的行政机关或者行政复议机关能够立刻强制执行。只有当申请人、第三人逾期不起诉又不履行行政复议决定书、调解书的，或者不履行最终裁决的行政复议决定的时候，作出行政行为的行政机关或者行政复议机关才能够强制执行或者申请人民法院强制执行。

① 《行政复议法》第 68 条规定："行政行为认定事实清楚，证据确凿，适用依据正确，程序合法，内容适当的，行政复议机关决定维持该行政行为。"

第三节 撤销行政行为的决定

一、撤销行政行为的决定的概念

撤销行政行为的决定,是指行政复议机关在行政复议程序中对原行政行为的合法性进行审查后,认定原行政行为存在违法或不当之处,进而作出全部撤销或部分撤销原行政行为的决定。行政复议机关作出撤销行政行为的决定,意味着原行政行为全部或者部分失效,不再对行政相对人产生法律约束力。

行政复议机关采纳行政相对人在行政复议程序中提出的异议,作出撤销行政行为的决定,对于保护行政相对人、确保依法行政具有重要意义。具体而言,撤销行政行为的决定,一方面为行政相对人提供了有效的救济,有助于保障行政相对人的合法权益;另一方面有助于及时纠正行政机关的错误或不当行为,保障行政机关行使职权的合法性与合理性,维护行政法治,促进公平正义。

二、撤销行政行为的决定的适用情形

根据《行政复议法》第 64 条①规定的行政行为有下列四种情形之一的,行政复议机关可以撤销或者部分撤销该行政行为,并可以责令被申请人在一定期限内重新作出行政行为。这四种情形是:(1)主要事实不清、证据不足,即行政行为所依据的主要事实并不清楚、明确,或者证据不充分,不足以支持该行政行为所认定的事实。例如,行政机关所提供的证据不足以认定

① 《行政复议法》第 64 条规定:"行政行为有下列情形之一的,行政复议机关可以撤销或者部分撤销该行政行为,并可以责令被申请人在一定期限内重新作出行政行为:(一)主要事实不清、证据不足;(二)违反法定程序;(三)适用的依据不合法;(四)超越职权或者滥用职权。行政复议机关责令被申请人重新作出行政行为的,被申请人不得以同一事实和理由作出与被申请行政复议的行政行为相同或者基本相同的行政行为,但是行政复议机关以违反法定程序为由决定撤销或者部分撤销的除外。"

行政相对人的行为是违法的，那么行政机关作出的处罚决定就构成主要事实不清、证据不足。(2)违反法定程序，即行政机关在作出行政行为的过程中，没有遵循法律所规定的程序，从而导致决策过程存在法律上的瑕疵。例如，行政相对人要求听证，行政机关没有组织听证，就对行政相对人作出责令停产停业或责令关闭或限制从业的处罚决定，违法了《行政处罚法》(2021)第63条的规定，违反了法定程序。(3)适用的依据不合法，即行政行为所依据的法律、法规等法律规范是不合法的，或者对法律、法规等法律规范的适用出现错误。例如，行政机关依据已经失效的法律作出某一行政处罚决定。(4)超越职权或者滥用职权。“超越职权”是指行政机关作出的行政行为超出了其法定的职权范围。例如，某一行政机关对其没有管辖权的事项作出行政行为。“滥用职权”则是指行政行为所针对的事项虽然属于行政机关的职权范围，但该行政行为的目的不正当、考虑了不相关的因素或者违反比例原则。例如，行政机关考虑到行政相对人是纳税大户，在对其作出治安管理处罚决定时从轻处罚。纳税大户与违反治安管理处罚法的行为并无关联性，行政机关考虑了不相关的因素，构成滥用职权。

2023年修订的《行政复议法》规定撤销行政行为的决定的适用情形只有四种，与修改前的行政复议法相比，适用情形少了一种。具体行政行为明显不当的，不再作为撤销行政行为的决定的适用情形。

三、撤销行政行为的决定的法律效力

撤销行政行为的决定是对行政行为本身的否定，也是对行政行为所造成的不良后果的纠正。行政复议机关作出撤销行政行为的决定之后，原行政行为不再具有法律效力。申请人无须再按照原行政行为履行相关义务，被申请人不能强制执行。那么，行政复议机关已经作出撤销行政行为的决定，被申请人能否再次作出相同或者基本相同的行政行为呢？《行政复议法》第64条规定明确禁止，行政复议机关责令被申请人重新作出行政行为的，被申请人不得以同一事实和理由作出与被申请行政复议的行政行为相

同或者基本相同的行政行为，但是行政复议机关以违反法定程序为由决定撤销或者部分撤销的除外。禁止被申请人以同一事实和理由作出与被申请行政复议的行政行为相同或者基本相同的行政行为，这不仅因为再次作出的行政行为很可能再次被撤销，而且依法行政是所有行政机关的责任，明知该行政行为不具备合法性、合理性，仍然再次作出相同的行政行为，有违依法行政的要求。

此外，《行政复议法》第 72 条规定，对符合《国家赔偿法》的有关规定应当给予赔偿的，在决定撤销或者部分撤销行政行为时，应当同时决定被申请人依法给予赔偿。这有助于行政相对人的损失得到更有效的弥补，有助于更好地维护行政相对人的合法权益。

第四节　变更行政行为的决定

一、变更行政行为的决定的概念

变更行政行为的决定是指行政复议机关作出直接改变原行政行为内容的决定。行政复议机关变更行政行为是对违法或者不当的行政行为的直接纠正，是行政机关内部自我监督的一种重要方式。变更行政行为的决定与撤销行政行为的决定的区别主要在于两点：一是后者仅仅使原行政行为失去法律效力，前者直接改变了原行政行为的内容，对被申请人的监督力度更强。二是行政行为被撤销之后，行政相对人的权利义务关系尚不明确，需要新的行政行为予以确认；而变更行政行为的决定直接明确了行政相对人的权利义务关系，能够快速地、实质地化解行政纠纷，对相对人的保护更为直接，也避免时间和行政资源的浪费。

二、变更行政行为的决定的适用情形

2017 年修改的《行政复议法》并未区分撤销、变更或者确认该具体行政行为违法的适用情形。2023 年修订的《行政复议法》则将撤销行政行为的

决定、变更行政行为的决定和确认行政行为违法的决定的适用情形区分开来，分别给予规定。

根据《行政复议法》第63条的规定，[①]变更行政行为的决定主要适用于以下三种情形：（1）事实清楚，证据确凿，适用依据正确，程序合法，但是内容不适当。事实清楚，证据确凿，适用依据正确，程序合法，这说明行政行为具有合法性，但是行政行为尚未做到裁量合理，内容适当。例如，罚款金额明显超出合理范围的行政处罚决定。（2）事实清楚，证据确凿，程序合法，但是未正确适用依据。行政行为所依据的证据足以证明事实经过，作出行政行为的程序符合法律规定，但是被申请人对法律、法规等法律规范的适用出现错误。这通常表现为被申请人所适用的法律规范违反了上位法，或者适用的依据不是应当适用于本案的法律规范。例如，行政相对人生产的空心菜的农药残留含量超过食品安全标准限量，被申请人应当依据《食品安全法》第124条进行处罚，被申请人依据的却是第122条。（3）事实不清、证据不足，经行政复议机关查清事实和证据。被申请人认定的事实尚不够清楚、明确，或者掌握的证据不足以证明所认定的事实，但行政复议机关已经查清了事实和证据的。

三、变更行政行为的决定的原则

变更行政行为的决定直接改变原行政行为的内容，直接影响行政相对人的权益。为充分保护行政相对人的权益，《行政复议法》第63条第2款还对行政机关的变更决定作出约束性限制，即行政复议机关不得作出对申请人更为不利的变更决定，但是第三人提出相反请求的除外。这避免行政复议机关作出对申请人更加不利的决定，确保了申请人在申请行政复议后不

① 《行政复议法》第63条规定："行政行为有下列情形之一的，行政复议机关决定变更该行政行为：（一）事实清楚，证据确凿，适用依据正确，程序合法，但是内容不适当；（二）事实清楚，证据确凿，程序合法，但是未正确适用依据；（三）事实不清、证据不足，经行政复议机关查清事实和证据。行政复议机关不得作出对申请人更为不利的变更决定，但是第三人提出相反请求的除外。"

会受到进一步的不利影响,不会因申请行政复议而遭受更多损失。申请人就不会担心复议结果可能对自己更不利,申请人的后顾之忧就消除了。但是,如果第三人提出相反请求,行政复议机关可以作出对申请人更为不利的决定。这是对第三人权益的保护,是为了确保所有相关方的利益都得到保障。

第五节 确认行政行为违法的决定

一、确认行政行为违法的决定的概念

确认行政行为违法的决定是指行政复议法作出的认定行政行为不具有合法性的决定。与撤销行政行为的决定不同,确认行政行为违法的决定并未直接使行政行为失去法律效力,并未使行政相对人的权利义务恢复到行政行为作出之前的状态。确认行政行为违法的决定的功能在于解决被申请人与申请人关于行政行为是否违法的争议。

二、确认行政行为违法的决定的适用情形

2017 年修改的《行政复议法》并未区分撤销、变更或者确认该具体行政行为违法的适用情形。2023 年修订的《行政复议法》不仅将撤销行政行为的决定、变更行政行为的决定和确认行政行为违法的决定的适用情形区分开来,而且对确认行政行为违法的决定的适用情形加以细化。这使得不同类型的行政复议决定所适用的情形更加明确,不同类型的行政复议决定的区分也更加清晰明了。

根据《行政复议法》第 65 条①的规定,作出确认行政行为违法的决定的

① 《行政复议法》第 65 条规定:"行政行为有下列情形之一的,行政复议机关不撤销该行政行为,但是确认该行政行为违法:(一)依法应予撤销,但是撤销会给国家利益、社会公共利益造成重大损害;(二)程序轻微违法,但是对申请人权利不产生实际影响。行政行为有下列情形之一,不需要撤销或者责令履行的,行政复议机关确认该行政行为违法:(一)行政行为违法,但是不具有可撤销内容;(二)被申请人改变原违法行政行为,申请人仍要求撤销或者确认该行政行为违法;(三)被申请人不履行或者拖延履行法定职责,责令履行没有意义。"

前提是要么撤销行政行为并不合适，要么不需要撤销或责令履行。撤销行政行为不合适的情形包括两种：一是依法应予撤销，但是撤销会给国家利益、社会公共利益造成重大损害。作出确认行政行为违法的决定是平衡申请人权益与国家利益、社会公共利益之后作出的选择。二是程序轻微违法，但是对申请人权利不产生实际影响。行政行为的程序虽违法，但较为轻微，而且并未对申请人的权利产生实际影响。在这种情况下，撤销行政行为将导致行政资源的浪费，但也不能任由行政行为处于违法的状态，因此行政复议机关应当作出确认行政行为违法的决定。

不需要撤销或责令履行的情形包括以下三种：（一）行政行为违法，但是不具有可撤销内容。由于不具有可撤销的内容，行政复议机关不需要作出撤销行政行为的决定，但行政行为违法这一情况应当让申请人、被申请人、公众知晓，应当纠正违法的行政行为。因此，行政复议机关作出确认行政行为违法的决定。（二）被申请人改变原违法行政行为，申请人仍要求撤销或者确认该行政行为违法。被申请人依据改变了原违法行政行为，违法的状态已经消除，但申请人仍然要求撤销或者确认该行政行为违法。为了支持申请人的诉求，行政复议机关作出确认行政行为违法的决定。（三）被申请人不履行或者拖延履行法定职责，责令履行没有意义。被申请人应当履行法定职责，却不履行或者拖延履行，此时应当责令其履行。但是，责令履行已经没有意义。于是，行政复议机关作出确认行政行为违法的决定。

三、确认行政行为违法的决定的法律意义

确认行政行为违法的决定虽然没有直接使行政行为失去法律效力，但仍具有重要的法律意义。具体体现为以下三点。

第一，确认行政行为的违法性有助于推进依法行政。通过作出确认行政行为违法的决定，对案涉行政行为作出否定性评价，行政复议机关能让被申请人甚至更多行政机关明了哪些行政行为是违法的，把握合法的具体标准。

第二，作出确认行政行为违法的决定，有助于明晰相关工作人员的责

任,使责任追究有据可依。

第三,确认行政行为违法的决定有助于保障申请人的合法权益。行政赔偿以行政违法为前提,如果缺少这一前提,申请人主张的行政赔偿难以得到支持。确认行政行为违法的决定,虽然没有直接撤销行政行为,但确认了行政行为的违法性。此决定能为申请人申请赔偿提供支持。而且,《行政复议法》第72条明确规定,确认行政行为违法的,行政复议机关不仅应当决定被申请人依法给予赔偿,还可以同时责令被申请人采取补救措施。这有助于及时挽回申请人的损失。

第六节　确认行政行为无效的决定

一、确认行政行为无效的决定的概念

确认行政行为无效的决定是行政复议机关作出的确认重大且明显违法的行政行为无效的决定。确认行政行为无效的决定针对的是重大且明显违法的行政行为,这一点和撤销行政行为的决定、确认行政行为违法的决定有所不同。2017年修订的《行政复议法》并未对确认行政行为无效进行规定。这种行政复议的决定类型是2023年行政复议法修改时增加的。

被确认无效的行政行为具有以下特点:第一,被确认无效的行政行为是一种行政行为。尽管从服从义务上说,行政相对人可无视无效行政行为的存在,不具有服从的义务。但从形式上说,它还是存在的,并且它是一种完整的行政行为。否则相对人对它提起确认无效之诉就不符合理论逻辑。第二,被确认无效的行政行为是一种违法行为。行政行为有合法与违法之分,无效行政行为显然属于法律要否定和控制的违法行为。第三,被确认无效的行政行为是一种极端的违法行为。违法行政行为的"违法性"有重有轻,有明显和不明显。只有"重大且明显"的违法,才会被行政复议机关确认为无效行政行为。①

① 参见胡建淼:《行政法学》(第五版),法律出版社2023年版,第992页。

二、确认行政行为无效的决定的适用情形

根据《行政复议法》的规定，确认行政行为无效的决定适用于以下两种情形：(1)实施主体不具有行政主体资格。职权法定是法治的基本要求，行政权只能由具有行政主体资格的组织来行使。实施主体不具有行政主体资格，这是重大且明显的违法。(2)没有依据。只有依据法律规范作出的行政行为，才具有合法性。没有依据的行政行为，自然不具备合法性，是重大且明显的违法。

需要说明的是，针对重大且明显违法的行政行为，行政复议机关不能直接确认其无效。只有当申请人提出确认行政行为无效的申请之后，行政复议机关经过审查后，才能确权行政行为无效。

三、确认行政行为无效的决定的法律效力

与撤销行政行为的决定、变更行政行为的决定、确认行政行为违法的决定不同，确认行政行为无效的决定是对案涉行政行为的绝对否定。绝对的否定意味着案涉行政行为不是相对无效，而是绝对无效。绝对无效的含义可以从以下三个方面来理解。①

第一，当然无效，即自然无效、固然无效和确定无效。也就是说，被确认无效的行政行为当属无效，不具有任何拘束力、确定力、公定力和执行力。无论申请人是否提出主张，是否知道无效的情况，也无论是否经过行政复议机关或者法院确认，该行政行为都是无效的。行政复议机关的确认只是对已经存在的事实加以确认而已。

第二，自始无效，即案涉行政行为自成立之时起就不具有法律效力。这意味着确认行政行为无效的决定是具有往前溯及力的。无论该行政行为已经存在了多久，无论该行政行为已经形成了多少种法律关系，都必须恢复到

---

① 参见胡建淼：《行政法学》(第五版)，法律出版社 2023 年版，第 993—994 页。

作出该行政行为之前的原始状态。

第三,永远无效,即案涉行政行为往后都无效,不能通过补正等方式使其转化为有效行政行为。这意味着确认行政行为无效的决定具有往后的溯及力。一旦作出此种决定,此后的任何事实都不可能使案涉行政行为有效。

第七节　履行法定职责的决定

一、履行法定职责的决定的概念

履行法定职责的决定是指行政复议机关在行政复议程序中,对被申请人未履行法定职责的情况进行审查之后,作出的要求被申请人在一定期限内履行其法定职责的决定。行政复议机关通过这一决定,对被申请人的履职行为进行制约和监督,促使其依法履行职责。履行法定职责的决定明确清晰地标识出被申请人未完成的法定职责,为行政机关履职提供了一个明晰的标准。

二、履行法定职责的决定的适用条件

根据《行政复议法》的规定,履行法定职责的决定的适用前提是存在被申请人未履行法定职责的情况,而且有履行的必要。具体而言,包括两个方面:一是作出行政行为属于被申请人的法定职责范围,但被申请人没有履行;二是行政复议机关要求被申请人履行法定职责,仍然有意义。如果责令履行法定职责没有意义,行政复议机关将作出确认行政行为违法的决定。

三、履行法定职责的决定的法律意义

履行法定职责的决定要求被申请人在一定期限内履行其法定职责,对被申请人起到了监督和约束作用,能够促使被申请人增强履行职责的责任

意识,依法行政。同时,设定具体的期限和要求可以促使被申请人更加高效和负责地履职,减少行政迟滞和不作为,提高行政效能。

与此同时,履行法定职责的决定有助于保护申请人的合法权益。当行政机关未履行法定职责导致申请人权益受损时,履行法定职责决定要求行政机关在一定期限内履行,以恢复申请人的合法权益。通过行政复议机关直接介入和解决问题,可以减少进一步诉诸司法救济所需的时间和成本,也能缓解社会矛盾和冲突。而且,除了要求履行未完成的法定职责外,行政复议机关还可以要求被申请人采取其他补救措施,以减轻或消除其未履行职责所造成的不良影响。这能够为申请人提供更为有力的保护。

第八节　关于行政协议的决定

一、关于行政协议的决定的类型

《行政复议法》专门对与行政协议有关的决定作出规定。关于行政协议的决定有两种类型:一是要求被申请人承担责任的决定。当被申请人不依法订立、不依法履行、未按照约定履行或者违法变更、解除行政协议时,行政复议机关可以决定被申请人承担相应的法律责任,包括要求其依法订立、继续履行协议、采取补救措施或者赔偿损失等。二是要求被申请人给予合理补偿的决定。当被申请人变更、解除行政协议是合法的,但是未按照法律规定给予补偿或者补偿不合理时,行政复议机关可以决定被申请人依法给予合理补偿。

二、关于行政协议的决定的适用情形

要求被申请人承担责任的决定主要针对被申请人违背行政协议的行为。行政协议是行政机关与行政相对人经协商一致后签订的协议。所谓"立则信"。协议双方协商一致之后,双方应当认真遵守、履行相应义务,不能随意变更或解除协议,以确保协议的稳定性和约束力。不依法订立、不依

法履行、未按照约定履行或者违法变更、解除行政协议都是违背行政协议的行为。此时,行政复议机关将决定被申请人承担依法订立、继续履行、采取补救措施或者赔偿损失等责任。

要求被申请人给予合理补偿的决定主要针对被申请人变更、解除行政协议合法,但是未依法给予补偿或者补偿不合理的情形。尽管行政协议的内容是双方商量一致的,但并非不可修改。如果相关的法律规定作了修改,或者双方协商一致,被申请人可以变更、解除行政协议。但是,基于信赖利益保护原则,申请人因行政协议变更或者解除而遭受的损失,应当得到补偿。如果被申请人未给予补偿或补偿不合理,行政复议机关可以决定被申请人依法给予合理补偿。

三、关于行政协议的决定的法律意义

当被申请人不依法订立、不依法履行、未按照约定履行或者违法变更、解除行政协议时,行政复议机关可以决定被申请人承担法律责任,包括要求其依法订立、继续履行协议、采取补救措施或者赔偿损失等。这一方面有助于强化被申请人的法治意识、契约精神,推进依法行政;另一方面有助于维护申请人的合法权益,避免其因被申请人不守约而遭受损失。

当被申请人变更、解除行政协议是合法的,但未依法给予补偿或者补偿不合理时,行政复议机关可以决定被申请人依法给予合理补偿。这有助于保护申请人的信赖利益,有助于建立申请人对行政机关的信任,强化行政机关的公信力。

第九节　关于行政赔偿的决定

一、关于行政赔偿的决定的概念

关于行政赔偿的决定是指行政复议机关针对申请人在申请行政复议时一并提出的行政赔偿请求作出的决定。申请人在申请行政复议时,如果认

为案涉行政行为导致自己的合法权益受到了损害，有权提出行政赔偿请求，要求被申请人给予相应的赔偿。这是法律赋予申请人的权利。对于申请人的行政赔偿请求，行政复议机关有义务根据不同情形作出处理决定。

二、针对不同情形的不同决定

根据《行政复议法》第72条的规定①，行政复议机关应当根据案件的不同情形，作出不同的决定。具体包括两种情形：

一是对依照《国家赔偿法》的有关规定应当不予赔偿的，行政复议机关在作出行政复议决定时，应当同时决定驳回行政赔偿请求。是否给予赔偿，行政复议机关依据的是《国家赔偿法》。如果不属于应当给予国家赔偿的情形，行政复议机关应当决定驳回行政赔偿请求。

二是对符合《国家赔偿法》的有关规定应当给予赔偿的，在决定撤销或者部分撤销、变更行政行为或者确认行政行为违法、无效时，应当同时决定被申请人依法给予赔偿。给予申请人赔偿的前提是行政行为违法，因此，行政复议机关不可能作出维持行政行为的决定，同时作出赔偿决定。

三、关于行政赔偿的决定的法律意义

关于行政赔偿的决定是附带性的，是行政复议机关针对案涉行政行为是否合法作出决定的同时作出的。《行政复议法》对关于行政赔偿的决定作出专门规定，明确行政复议机关作出此决定的义务，具有重要的法律意

① 《行政复议法》第72条规定："申请人在申请行政复议时一并提出行政赔偿请求，行政复议机关对依照《中华人民共和国国家赔偿法》的有关规定应当不予赔偿的，在作出行政复议决定时，应当同时决定驳回行政赔偿请求；对符合《中华人民共和国国家赔偿法》的有关规定应当给予赔偿的，在决定撤销或者部分撤销、变更行政行为或者确认行政行为违法、无效时，应当同时决定被申请人依法给予赔偿；确认行政行为违法的，还可以同时责令被申请人采取补救措施。申请人在申请行政复议时没有提出行政赔偿请求的，行政复议机关在依法决定撤销或者部分撤销、变更罚款，撤销或者部分撤销违法集资、没收财物、征收征用、摊派费用以及对财产的查封、扣押、冻结等行政行为时，应当同时责令被申请人返还财产，解除对财产的查封、扣押、冻结措施，或者赔偿相应的价款。"

义。一方面,关于行政赔偿的决定有助于明确被申请人的法律责任。行政赔偿以行政违法为前提,是国家行政机关及其工作人员违法行使职权所引起的法律责任。① 如果行政复议机关对申请人的行政赔偿申请作出赔偿决定,意味着被申请人应当承担行政赔偿责任。行政复议机关决定驳回行政赔偿请求,意味着被申请人无须承担行政赔偿责任。另一方面,关于行政赔偿的决定有助于及时维护申请人的合法权益。行政复议机关在作出维持行政行为的决定、撤销行政行为的决定、确认行政行为违法的决定、确认行政行为无效的决定、责令履职的决定的时候,同时作出关于行政赔偿的决定。申请人就能够及时获得行政赔偿,弥补违法行政行为造成的损失。

需要说明的是,有效维护申请人的合法权益是《行政复议法》的重要价值准则。即使申请人在申请行政复议时没有一并提出行政赔偿请求,行政复议机关仍有义务采取相应措施挽回申请人的损失。具体而言,《行政复议法》第72条第2款规定,申请人在申请行政复议时没有提出行政赔偿请求的,行政复议机关在依法决定撤销或者部分撤销、变更罚款,撤销或者部分撤销违法集资、没收财物、征收征用、摊派费用以及对财产的查封、扣押、冻结等行政行为时,应当同时责令被申请人返还财产,解除对财产的查封、扣押、冻结措施,或者赔偿相应的价款。

【复习思考题】

1. 行政复议决定在行政复议程序中处于什么地位?

2. 作出维持行政行为的决定需具备什么条件?

3. 行政复议撤销决定适用于哪些情形?

4. 确认行政行为违法的决定与确认行政行为无效的决定有何区别?

---

① 参见胡建淼:《行政法学》(第五版),法律出版社2023年版,第1018页。

第十五章　行政复议调解、和解和意见书

受"公权力不可处分"原则的影响,我国行政复议调解与和解制度的建立经历了一个曲折的过程。1999年通过施行的《行政复议法》,并未对行政复议调解与和解制度予以明文规定。2023年新修订的《行政复议法》将行政复议调解与和解制度明确下来,为规范这一制度在实践中的适用提供了法律依据。

第一节　行政复议调解与调解书

一、行政复议调解的立法历程

最初,行政复议调解在实践中先行却并无明确法律依据。为了解决这一状况,相关部门进行了行政复议调解法制化的努力。2004年,国务院发布的《全面推进依法行政实施纲要》提出:"要完善行政复议工作制度,积极探索提高行政复议工作质量的新方式、新举措";2006年中共中央办公厅、国务院办公厅发布的《关于预防和化解行政争议健全行政争议解决机制的意见》规定,要建立行政复议、行政诉讼与调解有效结合的法律机制,对于已经发生的行政争议,要查明事实、分清是非,在不损害国家利益、公共利益和他人合法权益的前提下,在双方当事人自愿的基础上,争取调解处理,增进有关当事人与行政机关之间的相互理解和信任。这些政策性文件为建立行政复议调解制度提供了方向上的指引。

2007年国务院颁布的《行政复议法实施条例》确立了行政复议调解制度,该行政法规第50条规定,对于行使裁量权的行为引起的行政争议、行政

赔偿或补偿引起的行政争议，行政复议机关可以在自愿、合法的基础上进行调解，[①]在调解基础上所制作的行政复议调解书经双方当事人签字之后即具有法律效力。《行政复议法实施条例》颁布实施后，我国很多地区都制定了行政复议调解的具体实施办法，例如，山西省2009年发布了《山西省行政复议调解和解办法》，安徽省2010年发布了《安徽省行政复议调解和解办法（试行）》。《行政复议法》将行政复议调解制度纳入进来，第5条明确规定："行政复议机关办理行政复议案件，可以进行调解。"这一规定将行政复议调解制度上升到了法律层面。

二、行政复议调解的概念

调解是在中立方，例如人民法院、行政复议机关的主持下，当事人协商解决纠纷的方式，这个概念几乎是没有争议性的。然而行政调解在理论上却并不清晰，甚至存在一些争议，主要表现为学界对行政调解的适用范围观点不统一。有学者认为，行政调解不仅仅适用于解决行政纠纷，还适用于解决民事纠纷："行政调解并非一个确定的概念和统一的制度，在纠纷解决实践中，这一问题可以在多种不同意义上展开讨论，目前至少涉及以下几个方面：(1)行政机关在专门性争议解决机制中（包括行政裁决和行政复议）对当事人双方的行政和民事争议所进行的调解……(5)法院审判组织在行政诉讼中对双方当事人的行政争议进行的调解（行政协调或行政诉讼调解）。"[②]以"行政调解"作为关键词所能搜集到的文章中，很大一部分将行政调解定义为解决民事纠纷的一种手段，只不过在该手段中，进行调解的人员是行政机关工作人员，进行调解的事项是与行政管理密切相关的事项而已。甚至有学者认为行政调解仅仅适用于民事纠纷："行政调解，是指由行

① 《行政复议法实施条例》(2007)第50条第1款规定："有下列情形之一的，行政复议机关可以按照自愿、合法的原则进行调解：(一)公民、法人或者其他组织对行政机关行使法律、法规规定的自由裁量权作出的具体行政行为不服申请行政复议的；(二)当事人之间的行政赔偿或者行政补偿纠纷。"

② 范愉：《行政调解问题刍议》，《广东社会科学》2008年第6期。

政主体出面主持的，以国家法律、法规和政策为依据，以自愿为原则，以平等主体之间的民事争议为对象，通过说服教育等方法，促使双方当事人平等协商、互谅互让、达成协议，消除纠纷的一种具体行政行为。”①这一类概念之所以得出，除了是对法律规范和实践的总结之外，也在一定程度上受到“公权力不可处分”原则的影响。

随着更多的行政法学者认为“公权力不可处分”原则并非完全绝对，“调解”作为一种解决行政纠纷的手段逐渐被法律所承认，例如，《行政诉讼法》（2017）第60条第1款②，将“行政赔偿、补偿以及行政机关行使法律、法规规定的自由裁量权的案件”纳入可以调解的范畴。然而不能忽视的是，《行政诉讼法》第60条原则上是禁止调解的，该条规定“人民法院审理行政案件，不适用调解”，这是原则性规定，仅把上文提到的“行政赔偿、补偿、行使自由裁量权”等案件作为例外情况予以规定。相较《行政诉讼法》的原则上禁止，新修订的《行政复议法》对行政调解并未体现任何禁止性规定，这是法律对实践做法更进一步的反映、吸纳，体现了法律的进步。

根据法律规定以及实践中的做法，行政复议调解可以被定义为：在行政复议机关的主持之下，当事人就行政纠纷争议焦点相互协商、让步，达成不违反法律禁止性规定的行政复议调解书的行为。

三、行政复议调解遵循的原则

《行政复议法》第5条第2款规定：“调解应当遵循合法、自愿的原则，不得损害国家利益、社会公共利益和他人合法权益，不得违反法律、法规的强制性规定。”即行政复议调解必须在申请人与被申请人自愿的前提下达成，而且调解内容必须合法，不得损害社会公共利益与他人合法权益。通过

---

① 湛中乐等：《行政调解、和解制度研究——和谐化解法律争议》，法律出版社2009年版，第35页。

② 《行政诉讼法》（2017）第60条第1款规定：“人民法院审理行政案件，不适用调解。但是，行政赔偿、补偿以及行政机关行使法律、法规规定的自由裁量权的案件可以调解。”

梳理各地出台的法规、规章和其他规范性文件,可以发现,除了合法原则、自愿原则,行政复议调解在实施过程中,还应遵循以下几个原则。

第一,合理原则。行政复议调解除了应当遵循合法原则之外,还应当遵循合理原则,避免出现权利义务分配畸轻畸重的状况,从而在实质上保障各方当事人的权益。例如,《山西省行政复议调解和解办法》第 4 条,规定了行政复议调解应当遵循合理原则。

第二,公正、公开原则。《行政复议法》第 3 条规定了复议机关履行职责的公正、公开原则,①因此,除涉及国家秘密、商业秘密以及个人隐私的案件之外,行政复议调解也应当遵循公开原则;另外,复议机关应当做到不偏不倚地主持调解,以保障调解所达成结果的公正。地方层面,例如《呼伦贝尔市人民政府行政复议调解和解办法》第 4 条,就规定了行政调解的公正、公开原则。

第三,平等原则。该原则强调在行政复议调解中,申请人与被申请人之间的地位是平等的,一方不得将自己的意志强加给另一方。《浙江省行政复议和解调解指导意见》《滁州市行政复议案件调解和解暂行办法》中有关于平等原则的规定。

第四,及时原则或效率原则。在涉及行政调解的案件中,复议机关应当及时、高效地进行处理,不能长时间拖延。《行政复议法》第 73 条规定,调解未达成协议或者调解书生效前一方反悔的,行政复议机关应当及时作出行政复议决定。地方层面,在《烟台市芝罘区人民政府行政复议调解和解办法》中,就对行政复议机关的效率提出了相关要求。

四、 行政复议调解的程序

按照实践中的做法,行政复议调解可以由行政纠纷当事人,即行政复议申请人与被申请人自行提出,也可以由复议机关视情况建议进行。复议机

① 《行政复议法》第 3 条第 2 款规定:“行政复议机关履行行政复议职责,应当遵循合法、公正、公开、高效、便民、为民的原则,坚持有错必纠,保障法律、法规的正确实施。”

关建议的方式是多样的：复议机关可以分别与各方当事人沟通，也可以促使当事人面对面进行沟通，或者结合两种形式促成调解。[①]

行政复议调解由复议机关主持。申请人与第三人，或者由本人，或者由其代理人参加；被申请人的主要负责人或授权代理人参加，部分地方还要求经办人员参加。[②] 在处理一些较为特殊的案件时，复议机关还可以邀请其他比较有权威性的组织或个人参加。例如，在处理重大、疑难案件，或者专业性较强的案件时，复议机关可以邀请党、政领导或相关组织、人员，也可以在科研机构、大专院校、人大代表等机构中聘请专家、学者。[③] 这些组织或个人，可以在必要的情况下对当事人释法说理，保障了行政复议调解的公开性与合理性。

五、 行政复议调解书

行政复议调解最终以调解书的方式表现出来。《行政复议法》第73条第1款规定，"当事人经调解达成协议的，行政复议机关应当制作行政复议调解书"。行政复议调解书是行政纠纷双方当事人在协商的基础上，所达成合意的具体体现。如果双方未达成合意，或者调解书生效前一方反悔（同样相当于未达成合意），按照《行政复议法》第73条第2款的规定，行政复议机关应当依法审查或者及时作出行政复议决定。

《行政复议法》第73条第1款还明确规定了行政复议调解书的法律效力："当事人经调解达成协议的，行政复议机关应当制作行政复议调解书，经各方当事人签字或者签章，并加盖行政复议机关印章，即具有法律效力。"按照法律规定，经复议机关与双方当事人签字盖章的调解书具有法律

---

① 参见烟台市政府法制办公室：《全国部分省市行政复议调解制度研讨会综述》，国务院法制办网站，http://www.chinalaw.gov.cn/article/dfxx/zffzdt/200910/20091000142779.shtml。

② 参见《贵阳市行政复议调解和解办法》第8条；《呼伦贝尔市人民政府行政复议调解和解办法》第7条。

③ 参见《山西省行政复议调解和解办法》第17条；《昆明市行政复议调解和解规定》第14条。

效力，当事人应当按照其内容自觉履行。

当事人、第三人不履行行政复议调解书，将面临不同的法律后果。如果被申请人不履行或者无正当理由拖延履行行政复议调解书，行政复议机关或者有关上级行政机关应当责令其限期履行，并可以约谈被申请人的有关负责人或者予以通报批评。《行政复议法》不仅规定了拒不履行行政复议调解书时单位应当承担的责任，还规定了个人也要承担相应责任：被申请人不履行或者无正当理由拖延履行行政复议调解书，对负有责任的领导人员和直接责任人员依法给予警告、记过、记大过的处分；经责令履行仍拒不履行的，依法给予降级、撤职、开除的处分。① 如果申请人、第三人逾期不起诉又不履行行政复议调解书的，按照下列规定分别处理：由行政复议机关依法强制执行，或者申请人民法院强制执行。②

第二节 行政复议和解

一、行政复议和解的概念

要明确行政复议和解的概念，首先要厘清行政和解与行政调解的关系。二者在本质上是否相同，学界的解释并不一致，争议主要集中在是否有中立性的第三方参与上。有学者认为行政和解包含行政调解，其理由是二者最终要达到的目的都是实现“通过协商、解决争议”，无论是否有中立性的第三方介入，都不影响和解的本质。③ 有学者认为二者并不相同，除了从是否有中立方的角度论证，还认为二者的不同表现在是否具有法律效力上：调解所达成的协议具有法律效力，而和解所达成的协议不具有法律效力。④ 日本学者棚濑孝雄认为，无论是和解还是调解，凡是最终以当事者的合意来终

① 参见《行政复议法》第 83 条。

② 参见《行政复议法》第 78 条。

③ 参见周佑勇、解瑞卿：《行政和解的理论界定与适用限制》，《湖北社会科学》2009 年第 8 期。

④ 参见叶必丰：《行政法的人文精神》，北京大学出版社 2005 年版，第 188 页。

结纠纷的程序都是“合意”的例子,调解区别于和解之处在于有中立方的参与。在调解过程中,中立方起到的作用的确很大。因为当事人在矛盾激化、情绪激动时很难进行对话,即使能够进行对话,也不容易相互妥协。此时中立方居中说和,帮助双方交换意见,或者在明确纠纷真正对立点的基础上提示一定的解决方案,往往能够促进当事人形成合意。① 尽管如此,中立方在调解过程中起到的只是“帮助”作用,最终仍是将纠纷所涉核心利益的决定权交给当事人。尽管理论上见解不同,但是,无论是在观念上还是在实践中,我们不能忽视行政和解与行政调解毕竟是有区别的,因此,不排斥二者在实践中和法律规范中分别单独存在。

“和解”源自民法,体现私法的契约理念,而“行政和解”则属于公法领域,涉及公权力的处分。因此,行政和解,包括行政复议和解应当限于法律的规定之内,当事人之间达成的和解结果,不能违反法律的禁止性规定。《行政复议法》第 74 条第 1 款也明确规定了这一点:“当事人在行政复议决定作出前可以自愿达成和解,和解内容不得损害国家利益、社会公共利益和他人合法权益,不得违反法律、法规的强制性规定。”根据《行政复议法》第 74 条第 2 款的规定,行政复议当事人达成和解之后,由申请人向行政复议机构撤回行政复议申请。

实践中,行政复议机关在一定条件下,也会促成申请人与被申请人达成行政复议和解,最后由申请人撤回复议申请结案。参与其中的复议机关是具有裁判性质的中立方,复议机关通过发挥促成行政复议和解的达成,也可以在一定程度上对最终形成的行政和解内容起到监督作用。

根据法律规定和实践做法,行政复议和解的概念可以概括为:为了解决行政纠纷,由行政复议机关促成,或者由当事人自行就争议焦点相互协商、让步,达成不违反法律禁止性规定的和解内容,最终由申请人撤回行政复议申请的行为。根据《行政复议法》第 74 条第 2 款的规定,行政复议机关准予

① 参见[日]棚濑孝雄:《纠纷的解决与审判制度》,王亚新译,中国政法大学出版社 1994 年版,第 7—8 页。

撤回行政复议申请的，申请人不得再以同一事实和理由提出行政复议申请。但是，申请人能够证明撤回行政复议申请违背其真实意愿的除外。

二、确立行政复议和解制度的意义

上文提到，受“公权力不可处分”原则的影响，行政调解写入法律经过了一个曲折的过程，而行政和解也经历了一个类似的过程。随着经济社会的发展，不论实际情况而单纯刚性地解决行政纠纷，已经不能满足实践的需要。就行政复议来说，对于一些涉及面广、法律关系复杂、利益冲突激烈的行政复议案件，简单地维持、变更或撤销行政行为，都不利于问题的彻底解决，甚至会引发新的矛盾冲突。对于这类案件，复议机关在不损害双方当事人合法权益的基础上，引导他们平等协商并达成和解协议，可以更彻底地化解行政纠纷，实现法律效果与社会效果的统一。实践中，行政复议案件有相当高的比例是以和解方式结案的，例如，山西省在2008年至2011年间，共受理行政复议案件3000余件，其中三分之一是当事人通过协商达成和解而解决了纠纷；①贵州省政府在2011年受理的行政复议案件中，和解结案率达到38.23%，将近所有案件的四成。②

随着实践中行政法主体协商意识的凸显，具有契约精神的行政和解活动开始进入立法者的视野。2007年国务院颁布的《行政复议法实施条例》第40条规定，行政复议申请人与被申请人在行政复议决定作出前自愿达成和解的，应当向行政复议机构提交书面和解协议；和解内容不损害社会公共利益和他人合法权益的，复议机关应当准许。这是我国首次在行政复议中规定和解制度，是针对转型时期我国行政纠纷激增所作出的具有重要意义的反应。《行政复议法实施条例》颁布实施后，我国很多地区都制定了行政

① 参见《山西省受理3000余件 行政复议案三成和解》，http://news.hexun.com/2012-01-16/137296329.html。

② 参见《贵州省政府行政复议委员会审结74件 行政复议和解率近四成》，中国政府法制信息网，http://www.chinalaw.gov.cn/article/xwzx/fzxw/201102/20110200333965.shtml。

复议和解的具体实施办法，例如，山西省2009年发布了《山西省行政复议调解和解办法》，安徽省2010年发布了《安徽省行政复议调解和解办法（试行）》。一些地区的政府职能部门也出台了相应的文件，对行政复议和解的程序予以规范。例如，安徽省地方税务局在2014年发布了《安徽省地方税务系统税务行政复议和解调解办法（暂行）》，上海市国家税务局、上海市地方税务局也在2014年发布了《上海市税务行政复议和解调解实施办法》。在实践中，大量进入行政复议程序的纠纷通过和解方式结案，对促进社会稳定起到了重要作用。[①] 在一些地区，例如山西省、浙江省，行政复议和解工作甚至被纳入各级行政复议机关年度依法行政目标责任制考核的范围之内，成为被积极提倡的一种纠纷解决制度。《行政复议法》回应实践需要，在"法律"这一层面将行政复议和解制度确定下来，对柔性解决实践中的行政纠纷，将部分行政纠纷彻底消弭于无形起到巨大的作用。

三、行政复议和解的适用范围

《行政复议法》并未对行政和解的适用范围作出规定，但是我国《行政复议法实施条例》对行政复议和解的适用范围作出了规定。[②] 根据该行政法规，涉及行政机关裁量权行使是否合理的案件，以及涉及行政补偿、行政赔偿的案件，可以运用和解的方式进行处理。在法律与政策的倡导下，行政复议和解的范围呈现出越来越宽的趋势，《行政复议法》未作出列举式条款而直接规定"当事人在行政复议决定作出前可以自愿达成和解"即是体现。笔者通过对各地实践进行梳理，发现行政复议和解主要适用于以下各类案件。值得注意的是，以下案件种类的梳理，仅是对以往实践的梳理，由于

---

① 参见《山西省受理3000余件　行政复议案三成和解》，http://news.hexun.com/2012-01-16/137296329.html。

② 《行政复议法实施条例》（2007）第40条规定："公民、法人或者其他组织对行政机关行使法律、法规规定的自由裁量权作出的具体行政行为不服申请行政复议，申请人与被申请人在行政复议决定作出前自愿达成和解的，应当向行政复议机构提交书面和解协议；和解内容不损害社会公共利益和他人合法权益的，行政复议机构应当准许。"

《行政复议法》并未作出列举式条款，也并未作出禁止性条款，可以看出行政复议和解并不局限于以下案件种类。梳理的意义在于进一步具体地展示行政复议和解在实践中运用的广泛性，并就行政复议和解适用于各类案件的正当性予以说明。

第一，行政裁决案件。由行政裁决引起的行政纠纷，涉及行政管理过程中，与合同无关的民事主体之间的权利义务，相对人对行政机关的裁决结果不满而引起争议。例如，因农村宅基地使用权不明确发生的纠纷，本来属于民事纠纷，但是，这一类案件行政管理的色彩较浓，如果行政机关对这一类案件作出的确权裁决引起相对人不满，就会发生行政上的纠纷。按照我国法律规定，农村宅基地使用权不明确发生纠纷之后，应当先由村民委员会提供宅基地的原始资料，经土地主管部门进行核实，再由人民政府作出确权决定。行政复议机关在审理这一类案件的时候，可以综合各种因素，合理地变更原始资料，从而使纠纷当事人达成和解。① 例如山西省人民政府发布的《山西省行政复议调解和解办法》中就有类似的规定：涉及自然资源所有权、使用权权属的行政裁决、行政确权的行政争议中，当事人就所涉权属达成和解协议的，或者该和解协议的履行需要变更原行政行为的案件，可以运用和解方式结案。其他各地相关的规章或规范性文件，大都将涉及行政裁决的案件，纳入复议和解的范围之内。

第二，涉及土地、房屋、环境、工伤认定等事关民生的案件。这些案件引起的行政纠纷，往往涉及百姓最关心的问题，刚性地进行处理可能会产生不良的社会效果。行政和解则为这类案件矛盾的化解提供了可操作的渠道。例如，在征地补偿案件中，涉及土地补偿费、安置补助费、青苗补偿费和地上附着物补偿费等，这一类案件之所以发生争议，大多数是因为当事人对上述补偿费用不满意。如果可以合理增加补偿费用，就有可能使双方达成和解而解决纠纷；工伤认定案件也大抵如此，当事人对工伤认定结果不满意的，

① 参见徐平：《行政复议和解调解制度理论和实践探讨》，国务院法制办网站，http://www.chinalaw.gov.cn/article/xzfy/llyj/201004/20100400251585.shtml。

行政主管部门可以通过再次鉴定使其满意。例如呼伦贝尔市人民政府发布的《呼伦贝尔市人民政府行政复议调解和解办法》中,就有关于这类案件的规定:因土地征收、征用或出让、资源环境、房屋拆迁、工伤认定等行政争议或群体性的可能影响公共利益或社会稳定的案件,可以运用和解方式结案;邵阳市人民政府发布的《邵阳市行政复议调解和解办法》中,也将涉及工伤认定案件以及涉及房屋拆迁裁决案件纳入复议和解的范围之中。

第三,行政不作为案件。在这一类案件中,行政机关本应履行法定职责却并未履行。复议机关可以通过促使行政机关履行法定职责,使纠纷双方当事人达成和解,从而使申请人的目的尽快实现,消除纠纷。山西省人民政府发布的《山西省行政复议调解和解办法》中就规定,涉及行政机关不履行法定职责的案件可以适用和解;也有的地方并未将所有的行政不作为案件全部纳入复议和解的范畴之中,而是将"对当事人利益产生损害"作为必要条件。例如昆明市人民政府在《昆明市行政复议调解和解规定》中的相关条款,就作了这样的规定。

第四,行政行为程序有瑕疵,但撤销或变更没有实际意义的案件。在这一类案件中,行政纠纷双方当事人达成和解的可能性比较大。作为被申请人的行政机关,其所作出的行政行为存在程序上的瑕疵,具有一定程度的违法情形,因而在一般情况下,愿意与申请人达成和解以息事宁人。对于申请人来说,涉案行政行为由于不存在实体内容的瑕疵,不会损害到其实体权益,而且撤销该行政行为已经不再具有实际意义,因此,一般也不排斥与行政机关达成和解。然而,对于具有重大、明显违法情形,或者对相对人的实体权益造成损害的行政行为,笔者认为复议机关不宜以和解方式结案,否则就会违背依法行政原则。甚至可能出现行政机关为掩盖违法行为,以牺牲公共利益为代价,无原则地向申请人妥协退让,换取申请人撤回复议申请,来逃避法律责任的情形。对这类案件的行政和解,实践中有相关规定。例如,南京市人民政府在《南京市行政复议调解与和解实施办法》中规定,具体行政行为程序上存在瑕疵,撤销或者变更该具体行政行为没有实际意义的案件,可以适用和解方式结案。有的地方的规定更为严格,将行政和解适用的范围限定在行政行为程序"轻微"违法的情形上。例如昆明市人民政府发布的《昆明市行政复议调解和解规定》中规定,具体行政行为程序上存在轻微违法情形,撤销或者变更该具体行政行为没有实际意义的案件,可以适用复议和解。

第五,法律规定不明确的案件。在这一类案件中,法律针对某一问题所作出的规定较为模糊,导致不同的当事人有不同的理解,双方各执一词,互不相让。在处理这一类纠纷时,行政复议机关可以在兼顾双方利益的基础上,对法律作出尽可能合理的解释,从而使双方当事人对法条的理解取得较大程度的统一,促使纠纷以和解的方式得到解决。例如安徽省地方税务局发布的《安徽省地方税务系统税务行政复议和解调解办法(暂行)》中有相关规定:涉及相关税法没有规定或者规定不明确,适用税法有困难或者争议的案件,可以选择和解方式进行处理。

第六,案件事实难以调查清楚的案件。在这一类案件中,由于种种原因,导致证据难以调查清楚,或者双方当事人都不能提供具有较强证明力的证据。行政复议案件中,被申请人承担举证责任,但是由于时间、地域等客观原因,一些事实难以得到证明,申请人所提供的证据也不能说明事实。在这种情况下,复议机关可以通过协调,来规避案件事实不明确导致的双方当事人各执一词的情况。实践中部分行政机关针对这类案件,适用和解方式进行处理取得了较好的社会效果。

第七,涉及行政合同的案件。行政合同的本质就是行政机关与相对人达成的具有行政色彩的契约,它更侧重于双方当事人之间的合意,因此,和解理所当然地可以成为这类案件的解决方式。例如《烟台市芝罘区人民政府行政复议调解和解办法》规定,行政合同案件,当事人之间达成新的协议或自愿解除原合同的,可以进行和解。

第八,具有较强社会敏感性的案件。这一类案件往往矛盾比较突出,而且一般在一定范围内有较大影响。如果僵硬地进行裁判,不仅难以解决矛盾,还可能会使矛盾激化,为社会秩序的不稳定埋下隐患。复议机关如果能够促成和解,则可以缓解双方当事人的对立情绪,解决纠纷,并消除日后不必要的隐患。对于这类案件,滁州市人民政府发布的《滁州市行政复议案件调解和解暂行办法》就规定,敏感性、社会关注程度高的案件,可以进行和解。

四、行政复议和解的效力

《行政复议法》只明确规定了行政复议调解书的法律效力,而对于行政复议和解所达成的和解内容是否具有法律效力,却并未规定。由此可见,《行政复议法》并未将行政复议和解内容的效力与行政调解书的效力等同起来。这样的条款设置,与传统理念将调解与和解分立有关。传统理念认为,和解没有中立方的参与,最终达成的和解内容也就不涉及中立方(在行政复议和解中,中立方即为行政复议机关),行政机关与相对人应当依照诚实信用原则履行行政和解内容。[①] 根据《行政复议法》的规定,如果当事人其中一方不履行行政复议和解内容,大致会出现以下几种结果。

第一种,申请人在和解内容履行之前反悔。一般这种情况可以理解为,申请人认为和解协议仍然无法维护自己的合法权益,而想进一步去寻求救济。根据《行政复议法》第74条第2款的规定,如果申请人无法证明撤回复议申请时违背了自己的真实意思表示,就丧失了因同一事实和理由而再次提起复议申请的权利。但是,申请人再次提起救济的权利并没有消失,这种情况下相对人仍然可以向人民法院提起行政诉讼(复议前置和超出诉讼时效的案件除外)。[②]

第二种,行政机关在和解内容履行之前反悔。行政机关反悔的情况又

① 参见彭灿:《浅析行政复议和解与调解的效力》,《十堰职业技术学院学报》2010年第1期。

② 参见彭灿:《浅析行政复议和解与调解的效力》,《十堰职业技术学院学报》2010年第1期。

可以分为两种：一是行政机关拒绝履行政复议和解内容；二是行政机关偏离和解内容，作出另一个新的行政行为。在第一种情况下，申请人可以向人民法院提起行政诉讼；而在第二种情况下，申请人可以再次向行政复议机关提起复议申请，因为此时行政机关作出的新行政行为，与申请人第一次提起复议申请时依据的事实和理由并不相同。

第三种，当事人任何一方在复议前置的行政纠纷中反悔。如果出现这种状况，按照《行政复议法》第 74 条第 2 款的规定，申请人因同一事实和理由不能再次提起行政复议，也不能通过行政诉讼维护权利，相当于丧失了再次寻求救济的权利。

在前两种当事人反悔的情况下，对于一部分案件，复议机关仍然具有作出复议决定的权力，而另一部分案件，则转入人民法院，使法院具有了对案件作出决定的权力。对于这部分复议机关已经着手调查，甚至已经将案件事实与理由调查清楚的案件，再转入人民法院，不利于行政、司法资源的优化配置。与其如此，不如效法《行政复议法》第 73 条第 1 款关于行政调解书法律效力的规定，[①]赋予行政复议和解内容以法律效力，如果当事人反悔，则由复议机关作出复议决定解决纠纷。实践中已有赋予行政复议和解协议法律效力的做法，一些地方的规范性文件中，就要求双方当事人按照所达成的和解内容去执行。[②]

在后一种当事人反悔的情况下，即使合法权益并未得到维护，相对人也失去了再度寻求救济的权利，尤其是在行政机关故意与相对人达成行政复议和解内容却拒不执行时。实际上在前两种情况下，也存在行政机关故意拖延，使案件超出诉讼时效而使相对人失去救济途径的状况。如果赋予行政复议和解协议以法律效力，复议机关仍可以对案件作出复议决定，则可以

---

① 《行政复议法》第 73 条第 1 款规定："当事人经调解达成协议的，行政复议机关应当制作行政复议调解书，经各方当事人签字或者签章，并加盖行政复议机关印章，即具有法律效力。"

② 参见《烟台市芝罘区人民政府行政复议调解和解办法》第 11 条；《上海市税务行政复议和解调解实施办法》第 24 条。

在一定程度上缓解法律不能对当事人合法权益提供救济的尴尬。在一些地区和一些部门的相关规范性文件中，对这一问题的解决值得借鉴。有文件规定，如果被申请人单方不履行和解协议，申请人可以以同一事实和理由再次提起复议申请。①

第三节　行政复议意见书

《行政复议法》增设了行政复议意见书制度。梳理以往实践中的做法，会发现行政复议意见书制度也属于实践先行，再经立法确立的制度。我国多个地区也曾在相关辖区内通过规章、规范性文件等形式，对行政复议意见书的概念、原则、制作情形等作出相关规定。例如，苏州市人民政府在2009年制定的地方政府规章《苏州市人民政府关于印发苏州市行政复议意见书和行政复议建议书制度规定的通知》，来宾市人民政府办公室在2018年下发的规范性文件《来宾市行政复议意见书和行政复议建议书制度》，都对行政复议意见书的概念进行了界定，并对行政复议意见书制作的原则、行政复议意见书的制作情形等内容作出了规定。

一、行政复议意见书的含义

行政复议意见书兼具指导与监督双重功能。《行政复议法》第76条规定，行政复议机关办理案件时，如果发现被申请人或者其他下级行政机关的有关行政行为违法或者不当的，可以向其制发行政复议意见书。这一条文明确赋予了行政复议意见书以监督功能。结合实践做法，行政复议机关在制发行政复议意见书时，除了指出行政行为所存在的问题，还会指出正确解决问题的思路与答案，防止被申请人或者其他下级行政机关在以后的行政行为中犯相同或类似的错误，给出做好善后工作的意见，起到指导的

① 参见《海关行政复议办法》(2007)第87条。

作用。

结合法律条文与实践做法,可以得出行政复议意见书的概念如下:行政复议意见书是行政复议机关制发的,用以纠正被申请人或者其他下级行政机关的违法行为、指导被申请人或者其他下级行政机关做好善后工作、加强管理的监督指导意见。

二、行政复议意见书的功能

就监督而言,行政复议意见书的功能主要体现为以下三种:第一,对被申请人或其他下级行政机关违法行为、不当行为、存在瑕疵的行为或其他问题提出意见;第二,对被申请人或其他下级行政机关在行政管理过程中存在的问题、制度上存在的漏洞提出意见;第三,被申请的行政行为所依据的规范性文件存在问题,行政复议机关可以通过制发的行政复议意见书督促相关部门修改、完善。

就指导而言,行政复议意见书的功能主要体现为以下两种:第一,被申请的具体行政行为所依据的法律规定不明确,导致被申请人理解上存在误区,行政复议机关可以通过制发的行政复议意见书予以释明;第二,对被申请人或其他下级行政机关提出增强法治意识、学习培训等希望。

三、行政复议意见书的效力

按照《行政复议法》第77条的规定,行政复议意见书具有与行政复议决定书、行政复议调解书相同的法律效力,被申请人必须依法履行。如果被申请人不履行或者无正当理由拖延履行的,行政复议机关或者有关上级行政机关应当责令其限期履行,并可以约谈被申请人的有关负责人或者予以通报批评①;对负有责任的领导人员和直接责任人员依法给予警告、记过、

① 《行政复议法》第77条规定:"被申请人应当履行行政复议决定书、调解书、意见书。被申请人不履行或者无正当理由拖延履行行政复议决定书、调解书、意见书的,行政复议机关或者有关上级行政机关应当责令其限期履行,并可以约谈被申请人的有关负责人或者予以通报批评。"

记大过的处分；经责令履行仍拒不履行的，依法给予降级、撤职、开除的处分。① 为进一步保障行政复议意见书得到履行，也为了进一步加强行政复议意见书监督指导功能，《行政复议法》第 79 条第 2 款还规定，县级以上地方各级人民政府办理以本级人民政府工作部门为被申请人的行政复议案件，应当将发生法律效力的行政复议意见书同时抄告被申请人的上一级主管部门。

【复习思考题】

1. 行政复议调解要遵循行政法的哪些基本原则？

2. 怎样启动行政复议调解程序？

3. 行政复议和解是否具有法律效力？

4. 如果不履行行政复议意见书，会产生哪些法律责任？

① 《行政复议法》第 83 条规定："被申请人不履行或者无正当理由拖延履行行政复议决定书、调解书、意见书的，对负有责任的领导人员和直接责任人员依法给予警告、记过、记大过的处分；经责令履行仍拒不履行的，依法给予降级、撤职、开除的处分。"

第十六章　行政复议执行

行政复议的执行系指有关机关对复议决定书、调解书和意见书的强制执行措施和程序制度,包括行政机关的强制执行和行政机关申请人民法院的强制执行。《行政复议法》第 77—79 条对复议执行作出了专门规定,大大增加了行政复议的执行效果,推进了发挥行政复议化解行政争议的主渠道作用。

第一节　行政复议执行概述

一、行政强制执行体制

我国行政强制执行体制实行"双轨制",既可以由行政机关实施强制执行,也可由人民法院实施强制执行。法律授权行政机关强制执行的,由行政机关强制执行;法律没有授权行政机关强制执行的,由行政机关申请人民法院强制执行。

(一)行政机关实施强制执行的方式

在我国,行政强制执行必须由法律来设定。根据《行政强制法》(2011)第 12 条的规定,行政强制执行的方式有六种:1.加处罚款或者滞纳金;2.划拨存款、汇款;3.拍卖或者依法处理查封、扣押的场所、设施或者财物;4.排除妨碍、恢复原状;5.代履行;6.其他强制执行方式。其中加处罚款或者滞纳金时,加处的罚款数额不得超出金钱给付义务的数额。

(二)人民法院实施强制执行的方式

《行政强制法》(2011)第 13 条规定:"行政强制执行由法律设定。法律没有规定行政机关强制执行的,作出行政决定的行政机关应当申请人民法院院强制执行。”第 53 条又规定：“当事人在法定期限内不申请行政复议或者提起行政诉讼，又不履行行政决定的，没有行政强制执行权的行政机关可以自期限届满之日起三个月内，依照本章规定申请人民法院强制执行。”

我国《行政强制法》未对人民法院实施强制执行的具体方式进行明确规定，但是根据《行政诉讼法》(2017)第 101 条规定，人民法院执行行政行为的方式适用民事诉讼法所规定的方式。①

人民法院执行生效的行政决定的活动，称之为非诉执行。根据民事诉讼法规定，人民法院实施强制执行的方式可以分为执行措施和辅助措施。执行措施是人民法院为了实现生效裁判所确定的权利义务，对被执行人实施强制执行的具体方法和手段；辅助措施，是人民法院为了保障执行措施的作出和实现，所采取的一些前置性、辅助性的方法和手段。《民事诉讼法》(2023)第二十一章规定了人民法院所采取的强制执行措施。

二、行政复议执行及其意义

行政复议执行是行政复议活动中的一个重要程序，它是指行政复议的申请人或者被申请人拒不履行行政复议机关作出的已发生法律效力的行政复议决定时，有关国家机关责令或者强制其履行的活动。行政复议决定生效后，双方当事人应当自觉履行。但是有时当事人对行政复议决定不满意而不予履行，此时，行政强制执行就非常必要，否则行政复议的权威性就无法谈起，更谈不上发挥行政复议作为行政纠纷解决主渠道的作用。

三、行政复议强制执行程序

行政复议的强制执行程序，包括行政机关的行政复议执行程序和申请人民法院的行政复议执行程序。在申请人民法院行政复议执行时，主要参

① 《行政诉讼法》(2017)第 101 条规定：“人民法院审理行政案件，关于期间、送达、财产保全、开庭审理、调解、中止诉讼、终结诉讼、简易程序、执行等，以及人民检察院对行政案件受理、审理、裁判、执行的监督，本法没有规定的，适用《中华人民共和国民事诉讼法》的相关规定。”

照《民事诉讼法》有关非诉执行的程序，在这里主要介绍行政机关的行政复议强制执行程序。

行政机关对行政复议的强制执行程序主要包括审查阶段——告诫阶段——执行阶段——执行完结等程序过程。具体包括：1.审查阶段。主要是执行机关通过对相关材料进行形式审查，查明执行义务人是否适格、是否符合法定期限、申请执行的内容是否符合法定的范围。2.告诫阶段。在正式强制执行以前，执行机关要求执行义务人限期自动履行，并告知相应法律后果。3.执行阶段。执行义务人在履行限期届满后无故不履行义务的，经过相关法定的催告程序后，即进入强制执行阶段。4.执行完结。执行机关在执行结束后应当制作执行记录，并存档备查。

第二节 对决定书、调解书、意见书的履行义务

一、对行政复议决定书的履行义务

行政复议决定，是行政复议机关行使行政复议职权，对有争议的行政行为的合法性和适当性进行审查的最终结果。有争议的行政行为经过行政复议审查，可能是合法、适当的，也可能是违法、不当的；即使在违法的情况下，违法的表现形式、程度等也有差异，这就要求行政复议机关根据不同的情况作出不同的行政复议决定。依照《行政复议法》和《行政复议法实施条例》的规定，行政复议机关根据不同情况，分别可以作出维持、履行、撤销、变更、确认、重作、驳回行政复议申请和请求、赔偿等决定。

《行政复议法》第75条规定："行政复议机关作出行政复议决定，应当制作行政复议决定书，并加盖行政复议机关印章。行政复议决定书一经送达，即发生法律效力。"行政复议决定具有公定力、确定力、拘束力和执行力。

1. 被申请人不履行行政复议决定的，作出复议决定的机关或者有关上级行政机关应当责令其限期履行，并对被申请方直接负责的主管人员和其

他直接责任人员依法给予警告、记过、记大过等行政处分。经责令履行拒不履行的，依法给予降级、撤职或者开除的处分。

2. 申请人不履行行政复议决定的，分两种情况处理：如果复议机关维持原行政决定的，由作出行政行为的原行政机关依法强制执行或者申请人民法院强制执行；如果复议机关改变行政复议决定的，由行政复议机关依法强制执行或者申请人民法院强制执行。

3. 第三人不履行行政复议决定的，《行政复议法》第 78 条规定，第三人逾期不起诉又不履行行政复议决定书、调解书的，或者不履行最终裁决的行政复议决定的，如果是复议维持决定，由原行政机关执行或者由行政机关申请人民法院执行；如果是变更决定或者行政复议调解书，则由复议机关执行或者由复议机关申请人民法院执行。

二、对行政复议调解书的履行义务

《行政复议法》第 73 条规定："当事人经调解达成协议的，行政复议机关应当制作行政复议调解书，经各方当事人签字或者签章，并加盖行政复议机关印章，即具有法律效力。调解未达成协议或者调解书生效前一方反悔的，行政复议机关应当依法审查或者及时作出行政复议决定。"

调解决定是《行政复议法实施条例》增加的行政复议决定形式。此前，一般认为行政复议案件原则上不能调解，这是基于传统行政法理论认为行政权不能随意处分的理念，实际上并不准确，因为行政行为既包括羁束性的也包括裁量性的，对于行政机关行使自由裁量权作出的具体行政行为，行政机关是有权处分的。另外，在涉及行政赔偿的行政复议案件中，因行政赔偿问题涉及的是申请人的民事权益，申请人对此有自由处分权，因此双方可协商解决赔偿数额问题。此外，由于调解协议是双方自愿达成的，有利于彻底解决纷争，减少行政诉讼案件。实践中行政机关也大量运用调解、协调或者和解的手段，有效解决了很多行政争议。而且，从实践效果看，调解、和解等审理手段的运用，使行政争议的解决方式更加灵活，更有利于行政争议的和平解决,更符合当前维护社会和谐稳定的需要。因此《行政复议法实施条例》对调解作了补充规定,其第 50 条规定了调解的情形及程序。对调解决定适用的范围和情形也要有所限制,比如只有对于行政补偿和行政赔偿纠纷以及对于行政机关行使裁量权的行为可以适用调解,对于行政行为明显违法或者不当的情形,就不应当再适用调解了。同时,调解必须坚持自愿、合法的原则,并且应当在法定期限内调解完毕,调解不成的,应当及时作出行政复议决定。①

在此基础上,《行政复议法》全面确立了复议调解制度,并规定各方当事人,无论申请人、被申请人还是第三人都负有对调解书的执行义务。

三、对行政复议意见书的履行义务

《行政复议法》第 76 条规定:"行政复议机关在办理行政复议案件过程中,发现被申请人或者其他下级行政机关的有关行政行为违法或者不当的,可以向其制发行政复议意见书。有关机关应当自收到行政复议意见书之日起六十日内,将纠正相关违法或者不当行政行为的情况报送行政复议机关。"

行政复议意见书是这次《行政复议法》修订新增加的处理形式。根据《行政复议法》第 77 条规定,被申请人应当履行行政复议意见书。被申请人不履行或者无正当理由拖延履行行政复议意见书的,行政复议机关或者有关上级行政机关应当责令其限期履行,并可以约谈被申请人的有关负责人或者予以通报批评。

第三节　对被申请人、申请人和第三人的强制执行

一、对被申请人的强制执行

根据法律规定,对被申请人的强制执行主要有责令履行机制和严格的

① 参见郜风涛主编:《行政复议法教程》,中国法制出版社 2011 年版,第 263—264 页。

责任追究机制。新修改的《行政复议法》还增加了监察机关对行政复议被申请人强制执行的制约机制。例如第77条规定:“被申请人应当履行行政复议决定书、调解书、意见书。被申请人不履行或者无正当理由拖延履行行政复议决定书、调解书、意见书的,行政复议机关或者有关上级行政机关应当责令其限期履行,并可以约谈被申请人的有关负责人或者予以通报批评。”

与此同时,《行政复议法》还规定了纪律责任。根据第83条规定,被申请人不履行或者无正当理由拖延履行行政复议决定书、调解书、意见书的,对负有责任的领导人员和直接责任人员依法给予警告、记过、记大过的处分;经责令履行仍拒不履行的,依法给予降级、撤职、开除的处分。

二、对申请人、第三人的强制执行

根据《行政复议法》第78条规定:“申请人、第三人逾期不起诉又不履行行政复议决定书、调解书的,或者不履行最终裁决的行政复议决定的,按照下列规定分别处理:(一)维持行政行为的行政复议决定书,由作出行政行为的行政机关依法强制执行,或者申请人民法院强制执行;(二)变更行政行为的行政复议决定书,由行政复议机关依法强制执行,或者申请人民法院强制执行;(三)行政复议调解书,由行政复议机关依法强制执行,或者申请人民法院强制执行。”

三、新旧《行政复议法》对强制执行主体规定的变化

新修订的《行政复议法》主要增加了被申请人对行政复议调解书、意见书的执行义务。此外,明确了第三人逾期不起诉又不履行行政复议决定书、调解书或者不履行最终裁决的行政复议决定的法律义务。

【复习思考题】

1. 行政复议执行在行政强制执行中有何特殊性？

2. 对复议被申请人有哪些执行措施？

3. 对复议申请人、第三人有哪些执行措施？

第十七章　行政复议与行政诉讼

行政复议和行政诉讼作为两种处理行政纠纷的正式机制，其在解决行政争议、监督公权力运行以及保障公民权利方面都发挥了重要作用。但由于制度设计初衷以及功能定位的本质不同，二者又各具特色，因此呈现出了一种制度间既协作又竞争的互动关系。

第一节　行政复议与行政诉讼概述

一、行政复议与行政诉讼的功能定位

（一）行政复议：解决行政争议的主渠道

行政复议从其诞生之初，就伴随着学界和实务界对其功能定位的争议和讨论。对其功能定位的认识，在不同的历史时期和阶段有着不同的表现形式。然而随着社会实践的发展，以及新时代行政纠纷的日益增多，为了构建理想的行政争议解决格局提出了"大复议、中诉讼、小信访"目标，行政复议成为解决行政争议的主渠道的功能定位已然明晰。为了理解其功能定位的必要性和时代意义，需要从行政复议制度的历史沿革以及国际社会的司法惯例中寻找答案。

1. 行政复议作为主渠道是时代发展的必然选择

从行政复议制度的历史沿革来看，我国对行政复议功能定位的认识有一个过程，主要经历了以下三个发展阶段。

第一阶段是认为行政复议属于行政内部监督。在这一阶段中，许多政府法制机构和司法机关部分行政审判人员都认为行政复议在本质上应是行政系统内部的监督机制，因此应当积极发挥行政权的监督作用，避免行政复

议的“司法化”倾向。[①] 为了解决改革开放以来出现的大量行政纠纷，避免激化社会矛盾，我国在1989年出台了《行政诉讼法》，正式确立了“民告官”的制度，并且在第37条中规定了行政机关的行政复议职责，[②]确立了行政复议是一种以内部监督功能为导向的行政活动的功能定位。[③] 为了贯彻落实该规定，国务院于1990年发布了《行政复议条例》，行政复议作为行政诉讼的配套制度正式建立。[④] 随后，全国人大常委会便在其基础上于1999年正式颁布并实施了《行政复议法》。

值得注意的是，该阶段虽然立法活动较多，但不论是《行政复议条例》(1990)确立的“为了维护和监督行政机关依法行使职权，防止和纠正违法或者不当的具体行政行为，保护公民、法人和其他组织的合法权益”的立法目的，还是《行政复议法》(1999)确立的“为了防止和纠正违法的或者不当的具体行政行为，保护公民、法人和其他组织的合法权益，保障和监督行政机关依法行使职权”的立法目的，均未体现行政复议在解决行政争议上的作用。理论界和实务界也逐渐意识到了该功能定位背后的问题，称此种“反司法化”的功能定位为行政复议注入了先天缺陷。[⑤] 随后在实践中，这种定位的弊端也逐渐显现。

第二阶段是认为行政复议是为了解决行政争议。在该阶段中，随着行政争议的不断增多，大量的行政案件涌入法院。虽然行政案件的数量远不

---

① 参见部风涛主编：《行政复议法教程》，中国法制出版社2011年版，第60页。

② 《行政诉讼法》(1989)第37条规定：“对属于人民法院受案范围的行政案件，公民、法人或者其他组织可以先向上一级行政机关或者法律、法规规定的行政机关申请复议，对复议不服的，再向人民法院提起诉讼；也可以直接向人民法院提起诉讼。法律、法规规定应当先向行政机关申请复议，对复议不服再向人民法院提起诉讼的，依照法律、法规的规定。”

③ 参见部风涛主编：《行政复议法教程》，中国法制出版社2011年版，第57页。

④ 《行政复议条例》(1990)第1条规定：“为了维护和监督行政机关依法行使职权，防止和纠正违法或者不当的具体行政行为，保护公民、法人和其他组织的合法权益，根据宪法和有关法律，制定本条例。”

⑤ 参见方军：《论中国行政复议的观念更新和制度重构》，《环球法律评论》2004年第1期。

及民事和刑事案件[①]，但是其审理周期和审理难度通常要远大于民事和刑事案件，在案多人少的压力下，人民法院不堪重负。在此背景下，越来越多的学者和实务工作人员逐渐意识到了最初对行政复议功能定位的认识偏差而导致的现实局限。该定位不仅不能有效解决行政争议，反而由于其存在的“维持会”、纠错率低等问题，使得行政复议不能发挥应有作用，大量行政纠纷无法由法院解决而给司法系统带来压力。为了解决该问题，国务院于2007年颁布并实施了《行政复议法实施条例》，明确了“为了进一步发挥行政复议制度在解决行政争议、建设法治政府、构建社会主义和谐社会中的作用”的立法目的。该立法目的的明确意味着，我国正式将行政复议的功能定位落在了“解决行政争议”的问题上。

第三阶段是认为行政复议应当是解决行政争议的主渠道。随着行政复议在“解决行政争议”上的功能定位的明确，行政复议制度在实践中得到了进一步的完善和发展。虽然行政复议在解决行政争议方面取得了一定成效，但是行政复议制度的优势和潜力还远远没有发挥出来[②]，每年依然有大量的行政案件涌入法院。十六届中央政治局第二十七次集体学习提出要完善行政复议制度，加大复议纠错力度，充分发挥行政复议作为化解行政争议主渠道的作用。应松年教授撰文深入分析“充分发挥行政复议在机制、制度上的优势，使行政复议成为解决我国行政争议的主渠道”。[③] 行政复议应当成为解决行政争议主渠道的提法，逐渐引起了学界和实务界的广泛关注和讨论。

自党的十八大以来，以习近平同志为核心的党中央将行政复议制度改革作为法治政府建设的重要内容，十分重视发挥行政复议公正高效、便民为

---

① 根据《2022年全国法院司法统计公报》公布的数据显示，2022年全国法院收案的民事案件的数量为1812.97万件、刑事案件的数量为151.21万件，而行政案件的数量仅为66.45万件。

② 参见应松年：《把行政复议制度建设成为我国解决行政争议的主渠道》，《法学论坛》2011年第5期。

③ 参见应松年：《把行政复议制度建设成为我国解决行政争议的主渠道》，《法学论坛》2011年第5期。

民的制度优势和化解行政争议的主渠道作用。2015年12月，中共中央、国务院印发了《法治政府建设实施纲要（2015—2020年）》，在该文件中明确了行政复议体制的改革方向，提出应“充分发挥行政复议在解决行政争议中的重要作用”，“增强行政复议的专业性、透明度和公信力”。2020年2月，习近平总书记在主持中央全面依法治国委员会第三次会议时强调，“要落实行政复议体制改革方案，优化行政复议资源配置，推进相关法律法规修订工作，发挥行政复议公正高效、便民为民的制度优势和化解行政争议的主渠道作用”。2021年8月，中共中央、国务院印发了《法治政府建设实施纲要（2021—2025年）》，进一步明确了未来应充分“发挥行政复议化解行政争议主渠道作用”，推进行政复议规范化、专业化、信息化建设，以形成公正权威、统一高效的行政复议体制。在本次《行政复议法》的修订过程中，立法机关正式将“化解行政争议的主渠道”的功能定位写入了立法目的中，最终形成了“为了防止和纠正违法的或者不当的行政行为，保护公民、法人和其他组织的合法权益，监督和保障行政机关依法行使职权，发挥行政复议化解行政争议的主渠道作用，推进法治政府建设”的立法目的。

从以上行政复议制度功能定位的三个发展阶段来看，为了实质解决当下社会所面临的庞大且复杂的行政纠纷，将行政复议作为非诉讼纠纷解决机制挺在诉讼前面，成为多元化解行政争议的主渠道，可以说是顺应时代发展的必然选择。

2. 行政复议作为主渠道是国际社会的普遍追求

进入现代社会以后，在经济和社会快速发展的背景下，政府对社会和经济活动的干预不断加强，大量行政纠纷由此产生。受到行政争议的专业性和复杂性特点的影响，作为传统进行纠纷解决的法院，在此过程中不堪重负。为缓解法院单一解纷机制的压力，行政机关便开始承担起解决行政争议的职责，并在世界范围内得到了广泛应用。虽然不同的国家和地区并不尽然使用“行政复议”这一名词，但却存在实质上与之功能相似的制度设计。并且从实际效果来看，这些机制均在解决行政纠纷、减轻诉讼压力、促进社会治理中发挥了关键作用。

在英国，伴随着 20 世纪社会纠纷的增多和政府对社会事务的干预，行政裁判所经由议会法律创设而生，成为英国司法体系的重要补充。相较于传统的司法程序，行政裁判所的解纷程序更为高效、方便和经济，并且在实践中发挥了巨大作用。据数据显示，行政裁判所每年处理的案件都在 100 万件左右，2001 年为 121 万多件，而同期向法院起诉的行政案件只有 5000 件（包括不服裁判所裁决和直接向法院起诉的）。早期行政裁判所是行政体系的重要组成部分，近年才转归为司法体系，但是也与传统的法院有很大的差别，更强调程序简便、审理快速、审查专业等特点。[①] 而在美国，行政争议的处理主要是由行政法法官负责。美国的行政法法官制度最早由 1946 年的《联邦行政程序法》所创设，与我国的复议机关类似。行政法法官作为行政系统内部的官员，主要负责行政机关在作出裁决前的听证，并根据听证记录作出裁决。而为确保行政法法官不受行政机关的影响和干预，美国将其人事管理的内容，从其所属的行政机关转移至了功绩制保护委员会，由此大大提升了行政法法官办案的独立性和公正性。据数据显示，美国的行政法法官、行政法官以及内部复审等行政系统的纠纷化解机制大约可以化解 90%以上的行政纠纷。[②] 英国和美国的制度设计都是将行政纠纷化解在行政阶段，避免了大量的行政纠纷涌入法院。

在韩国则主要通过在行政系统内部，设置行政复议委员会的机构来处理行政争议，从而起到“过滤”的作用。韩国在 2008 年的改革后建立了国务总理行政审判委员会，将分散的复议进行了统一，使行政争议得以在行政系统内部化解。[③]

通过观察上述不同国家的实践可以发现，其各具特色的行政复议制度，

① 参见王建新：《英国行政裁判所制度研究》，中国法制出版社 2015 年版，第 45 页。

② 参见王静：《美国行政法法官制度研究》，国家行政学院出版社 2009 年版，第 23—28 页。

③ 参见青锋、方军、张越：《韩国行政复议制度》，中国法制出版社 2015 年版，第 45—67 页。

的确在化解行政争议、减轻法院诉讼压力方面发挥了重要作用。① 可以说，将行政复议作为化解行政争议的主渠道，是符合时代发展和我国国情的必然选择。

（二）行政诉讼：解决行政争议与监督行政的保障

我国的《行政诉讼法》自1989年颁布后，前后共经历了2014年和2017年两次修正。行政诉讼法的产生与社会发展所导致的行政纠纷数量增多有着密切联系。虽然行政诉讼从创设之初就有很强的实用主义印记，然而《行政诉讼法》(1989)仅规定了“为保证人民法院正确、及时审理行政案件，保护公民、法人和其他组织的合法权益，维护和监督行政机关依法行使行政职权”的立法目的，并没有明确行政诉讼“解决行政争议”的功能定位，并且该条中规定的“维护”二字曾引发了争议，受到了背离法院中立裁判、偏袒行政机关的质疑。

随着时代的发展，《行政诉讼法》在2014年作出了修正，增加了“解决行政争议”的功能定位，并删除了之前引发争议的“维护”二字，从而最终形成了“为保证人民法院公正、及时审理行政案件，解决行政争议，保护公民、法人和其他组织的合法权益，监督行政机关依法行使职权”的立法目的。在之后2017年的《行政诉讼法》修订中，其立法目的并没有发生变化，在第25条中又增加了行政公益诉讼条款，从而强化了行政诉讼的“监督行政”职能。因此，从历年来《行政诉讼法》的修改中可以明晰，我国行政诉讼的功能定位主要为“解决行政争议”和“监督行政机关”，而维护行政机关依法行使职权是通过审理行政案件和监督行政机关来实现的。

① 比较特殊的是法国和德国，均设有行政法院专门负责处理行政纠纷。虽然两国均设有行政法院，但其性质却有所不同。法国的行政法院，源于1799年拿破仑设立的国家参事院，属于行政系统内部的法院。但由于其能够运用司法程序，保持审理的独立性和公正性，因此在实践中得到了民众的广泛认同，起到了过滤诉讼的作用。而在德国，由于受到二战的影响，其基本法中确立了司法至上原则，并且在实践中表现出了对司法救济的极度推崇。因此德国的行政法院归属于司法系统，并且在实践中承担了解决大部分行政争议的重任。参见郜风涛主编：《行政复议法教程》，中国法制出版社2011年版，第25页。

2020 年 11 月，习近平总书记在中央全面依法治国工作会议上深刻指出，我国国情决定了我们不能成为“诉讼大国”。因此，行政诉讼更应当发挥其“解决行政争议”和“监督行政机关”的保障作用。而行政诉讼之所以可以承担起这两大职责，与其自身的优势密不可分。

1. 机构设置更为独立。从机构设置来看，行政诉讼作为“行政纠纷的最后一道防线”，是由人民法院这一独立的司法机关来负责的。人民法院相对独立的机构设置，决定了其受到行政机关的干预相对较小，因此其公信力也就相对更大，从而更容易取得当事人的信任。更为重要的是，从事司法审判工作的法官，都是经过层层筛选和严格选拔出来的法律专业人士，因此他们对行政纠纷作出裁判的专业性更强，同时也更具有说服力。

2. 程序设置更为成熟。从程序设置上来看，行政诉讼有着一系列明确而严密的法定程序约束，因此相较于其他的行政争议解决机制更为公正。例如，回避制度确保了与案件存在利害关系的法官将不会参与到案件的审理过程中，从而保证了案件裁判的公正性；合议制度则使得案件能够得到多位法官的集体审议，从而提高案件裁决的公正性和专业度；公开审理制度保证了案件审理的透明性，能够最大限度地保证公众对行政诉讼的监督，从而避免徇私枉法的现象出现；二审终审制则确保了对案件的多层次审查，从而减少了错误裁决的概率。

3. 监督机制更为多样。从监督机制的设置上来看，首先，行政诉讼能够充分发挥司法权的优势，对行政机关的行政行为进行合法性审查，并且能够通过对具体个案的裁判，明确行政机关行使行政权力的边界，促使行政机关依法行政。其次，败诉率考核机制和行政机关负责人出庭制度会对行政人员产生一种心理压力，从而促使行政机关更加审慎地行使权力。再次，法院在行政诉讼的过程中可能会对行政机关的违法或失职行为提出司法建议，从而更有利于督促行政机关依法行政。最后，裁判文书的公开制度能够为公众提供更加透明的信息，从而促使公众加强对行政机关的监督。

二、行政复议与行政诉讼的相互关系

行政复议与行政诉讼在我国的行政法律救济体系中占有举足轻重的地位，二者与行政调解、信访制度等共同构成了我国行政争议解决机制，在多元化解行政争议的时代背景下需要发挥各自的重要作用。最早关于二者关系的规定，并非体现在《行政复议法》(1999)之中，而是体现在《行政诉讼法》(1989)之中的。在《行政诉讼法》(1989)制定初期，当时就关于行政复议与行政诉讼的关系安排产生了三种不同观点：第一种是认为所有行政案件都应当首先经过行政复议，之后才可以进行诉讼的复议前置观点；第二种是认为所有行政案件当事人既可以选择复议，也可以选择诉讼的复议选择观点；第三种是认为行政案件的解决应当以复议选择为原则，以复议前置为例外的综合观点。

根据《行政诉讼法》(1989)第 37 条的规定："对属于人民法院受案范围的行政案件，公民、法人或者其他组织可以先向上一级行政机关或者法律、法规规定的行政机关申请复议，对复议不服的，再向人民法院提起诉讼；也可以直接向人民法院提起诉讼。法律、法规规定应当先向行政机关申请复议，对复议不服再向人民法院提起诉讼的，依照法律、法规的规定。"由此可知，我国在立法上实际采纳的是第三种观点，即选择的是以"当事人自由选择为原则，以法定复议前置为例外"的衔接模式，并且一直沿用至今。

在此值得注意的是，需要对"自由选择原则"进行正确理解。最早在 1990 年国务院颁布的《行政复议条例》第 9 条第(九)项中规定："法律、法规规定可以提起行政诉讼或者可以申请复议的其他具体行政行为。"虽然在 1994 年该条例的修订中依然保留了该条款内容，但是在 1999 年颁布的《行政复议法》中却取消了该条款，因此对于该变化需要回答两个问题，即是否可以提起行政诉讼的行政行为就可以申请行政复议？以及是否可以申请行政复议的行政行为就可以提起行政诉讼？

对于第一个问题的回答，即是否可诉讼就可复议？根据新《行政复议法》第 11 条,以及现行《行政诉讼法》第 12 条规定的受案范围的内容可知,当前行政复议的受案范围相较于原来的受案范围有了大幅度扩展,不仅实现了对行政诉讼受案范围的全覆盖,还增设了行政诉讼的受案范围中所没有的三点内容:第一,对行政机关作出的赔偿决定或者不予赔偿决定不服;第二,对行政机关作出的不予受理工伤认定申请的决定或者工伤认定结论不服;第三,认为行政机关在政府信息公开工作中侵犯其合法权益。据此可知,当前只要可以提起行政诉讼的行政行为就可以申请行政复议。

对于第二个问题的回答,即是否可复议就可诉讼?新《行政复议法》第 10 条的规定:"公民、法人或者其他组织对行政复议决定不服的,可以依照《中华人民共和国行政诉讼法》的规定向人民法院提起行政诉讼,但是法律规定行政复议决定为最终裁决的除外。"现行《行政诉讼法》第 13 条的规定:"人民法院不受理公民、法人或者其他组织对下列事项提起的诉讼:……(四)法律规定由行政机关最终裁决的行政行为。"两部法律都明显将"行政复议终局"的情形,排除在了行政诉讼的受案范围之外,因此并非所有可以申请复议的行政行为都可以提起行政诉讼。

由此可知,所谓的"自由选择"并不是任意而为、随意选择,而是在法律规定的前提下进行选择。我国之所以会选择这种"或议或审"的模式,是因为这种"自由选择"能为行政复议和行政诉讼提供更多的制度竞争空间,使当事人能根据自己的实际需要进行选择,从而在最大程度上发挥二者的制度优势。① 由于行政复议与行政诉讼在我国的行政争议解决体系中都扮演着不可或缺的角色,因此为确保行政争议能够得到公正、有效的解决,未来应当不断完善这两种制度,充分发挥好各自的优势,做好制度间的衔接工作,从而形成制度间既竞争又协作的良性互动关系。

三、新旧行政复议法对复议与诉讼衔接规定的变化

为了落实好行政复议体制改革的成果,提升行政复议化解行政争议的

① 参见杨伟东:《行政复议与行政诉讼的协调发展》,《国家行政学院学报》2017 年第6 期。

能力，实现行政复议作为解决行政争议主渠道的功能定位，本次修订深入贯彻落实党中央、国务院决策部署和《行政复议体制改革方案》，吸收了《行政诉讼法》《行政复议法实施条例》的价值规则，引入了很多创新做法和有益经验，体现了与时俱进的精神。[①] 再者，确保法规与实践更加匹配。具体而言，新《行政复议法》在复议与诉讼的衔接机制上，依旧延续了"以当事人自由选择为原则、行政复议前置为例外"的基本原则，主要对行政复议的受案范围、复议前置范围、复议终局范围的规定作出了修订。

（一）扩大了行政复议的受案范围

相较于原《行政复议法》第 6 条所规定的 11 个类型的受案范围，新修订的《行政复议法》在第 11 条中对现行的受案范围进行了调整，将受案范围扩展到了 15 个类型，并且增加了不属于受案范围的具体类型，从而从肯定列举和否定列举两个层面确定了全新的行政复议受案范围。

具体而言，在本次的修订中，有些条款被合并和概括，如原条文中关于行政处罚的各种具体形式（如警告、罚款、没收违法所得等）在新条文中被概括为"行政处罚决定"。这样的变化提高了法律条文的通用性和适应性，能更好地适应各种可能出现的新情形。另外，在新的修订中还增加了下列几种情形，公民、法人或者其他组织也可以申请行政复议：一是对行政机关作出的赔偿决定或者不予赔偿决定不服；二是对行政机关作出的不予受理工伤认定申请决定或者工伤认定结论不服；三是认为行政机关不依法订立、不依法履行、未按照约定履行或者违法变更、解除政府特许经营协议、土地房屋征收补偿协议等行政协议；四是认为行政机关在政府信息公开工作中侵犯其合法权益。同时，在新的修订中也增设了四类不属于行政复议范围的具体情形：一是国防、外交等国家行为；二是行政法规、规章或者行政机关制定、发布的具有普遍约束力的决定、命令等规范性文件；三是行政机关对

① 参见朱宁宁：《发挥好行政复议化解行政争议主渠道作用》，《法治日报》2022 年 11 月 1 日，第 2 版。

行政机关工作人员的奖惩、任免等决定；四是行政机关对民事纠纷作出的调解。

（二）扩大了行政复议前置的范围

行政复议前置范围是指在某些特定情况下，公民、法人或其他组织在考虑提起行政诉讼之前，必须首先申请行政复议。新《行政复议法》对这一范围进行了进一步的明确和扩展。

具体而言，原《行政复议法》第 30 条规定了复议前置的情形：公民、法人或者其他组织认为行政机关的具体行政行为侵犯其已经依法取得的土地、矿藏、水流、森林、山岭、草原、荒地、滩涂、海域等自然资源的所有权或者使用权的，应当先申请行政复议。并且在第 16 条中规定了其他复议前置情形的设定权限为“法律”和“法规”。为了进一步提升行政复议解决行政争议的能力，新《行政复议法》在第 23 条中调整并扩大了复议前置的情形：一是对当场作出的行政处罚决定不服；二是对行政机关作出的侵犯其已经依法取得的自然资源的所有权或者使用权的决定不服；三是认为行政机关存在未履行法定职责情形；四是申请政府信息公开，行政机关不予公开。

值得注意的是，新《行政复议法》在第 23 条第 1 款第（五）项中，将行政复议前置其他情形的设定权限由“法律、法规”修改为“法律、行政法规”，并且明确强调了对行政复议前置的情形，“行政机关在作出行政行为时应当告知公民、法人或者其他组织先向行政复议机关申请行政复议。”

（三）删除了部分复议终局的情形

在我国的行政复议前置中，存在可诉的行政复议前置与不可诉的行政复议终局情形。所谓不可诉的行政复议终局，是指行政相对人对行政机关所作出的行政行为不服的，只能通过行政复议的方式寻求救济，即使最后对行政复议的决定不服，也不能提起行政诉讼。新《行政复议法》将原《行政复议法》第 30 条第 2 款规定的“根据国务院或者省、自治区、直辖市人民政府对行政区划的勘定、调整或者征收土地的决定，省、自治区、直辖市人民政府确认土地、矿藏、水流、森林、山岭、草原、荒地、滩涂、海域等自然资源的所有权或者使用权的行政复议决定为最终裁决”的内容进行了删除。这也就意味着,未来当事人对于行政复议机关依据国务院或者省、自治区、直辖市人民政府对行政区划的勘定、调整或者征收土地的决定而就自然资源所有权、使用权所作出的行政复议决定,不再是复议终局,而是既可以选择向国务院申请裁决,也可以选择提起行政诉讼。

第二节　不服复议决定的行政诉讼

一、概念与法律规定

不服复议决定的行政诉讼,是指行政相对人对经由行政复议机关作出的行政复议决定不服的,可以直接向人民法院提起行政诉讼。目前涉及该类型诉讼的法律规定主要有以下三条。《行政复议法》第10条:“公民、法人或者其他组织对行政复议决定不服的,可以依照《中华人民共和国行政诉讼法》的规定向人民法院提起行政诉讼,但是法律规定行政复议决定为最终裁决的除外”;《行政复议法》第26条:“对省、自治区、直辖市人民政府依照本法第二十四条第二款的规定、国务院部门依照本法第二十五条第一项的规定作出的行政复议决定不服的,可以向人民法院提起行政诉讼”;《行政诉讼法》(2017)第44条第1款:除法律法规的特别规定外,“对属于人民法院受案范围的行政案件,公民、法人或者其他组织可以先向行政机关申请复议,对复议决定不服的,再向人民法院提起诉讼;也可以直接向人民法院提起诉讼”。

根据以上法律的规定可知,提起该类型的行政诉讼需要满足以下三个条件:第一,该案件已经经过了行政复议程序,并且复议机关也已经作出了复议决定,因此就排除了不予受理复议申请、受理后被驳回复议申请,以及受理后超过期限不作答复的情形;第二,公民、法人或者其他组织需要对行政复议决定不服,即当事人只要认为行政复议机关作出的复议决定没有达到自己的心理预期,便可以提起行政诉讼;第三,不属于行政复议决定最终裁决的情形，即除了复议终局的情形外，行政复议前置案件和其他一般类型的复议案件都可以提起行政诉讼。

值得注意的是，受到一级复议原则的限制，行政复议案件经过一级行政复议机关的一次审理后，行政复议便宣告终结。除了法律有明确规定可以经过两次行政复议的以外，申请人对行政复议决定不服，不能再向行政复议机关或者其他行政机关申请行政复议。

二、不服复议决定的具体类型

《行政复议法》在第63—69条中重新调整了行政复议决定的顺序，将变更决定、撤销决定和确认违法决定予以细化，并放在突出位置，①从而确定了以下七类具体的行政复议决定类型：变更决定、撤销决定、确认违法决定、责令履行决定、确认无效决定、维持决定、驳回复议请求决定。当事人对于行政复议机关作出的以上具体的行政复议决定不服的，可以向人民法院提起行政诉讼。

在此处明确一个问题，即作出原行政行为的行政机关对复议决定不服的，是否也可以提起行政诉讼。《行政诉讼法》第45条规定："公民、法人或者其他组织不服复议决定的，可以在收到复议决定书之日起十五日内向人民法院提起诉讼。复议机关逾期不作决定的，申请人可以在复议期满之日起十五日内向人民法院提起诉讼。法律另有规定的除外。"如果仅看该条规定，似乎不能得出行政机关不能因复议决定不服而提起行政诉讼。但是我国行政诉讼法的制度设计是"民告官"，是为公民、法人或者其他组织对行政机关的行为不服时提供法律救济，而行政机关对行政复议机关的决定不服本质上属于行政机关内部的争议，可以通过其他监督途径解决，而不是由行政机关再对复议机关的决定提起诉讼。而且《行政复议法》第77条也验证这一理念，该条规定："被申请人应当履行行政复议决定书、调解书、意

① 参见《全国人大常委会法工委行政法室主任梁鹰解读〈行政复议法〉修订》，人民法院报微信公众号。

见书。被申请人不履行或者无正当理由拖延履行行政复议决定书、调解书、意见书的，行政复议机关或者有关上级行政机关应当责令其限期履行，并可以约谈被申请人的有关负责人或者予以通报批评。”由此可知，原行政机关在收到复议决定之后，别无他选，只能按照复议决定的内容及时履行。另外，根据《地方各级人民代表大会和地方各级人民政府组织法》第73条规定：“县级以上的地方各级人民政府行使下列职权：……（二）领导所属各工作部门和下级人民政府的工作……”复议机关作为原行政机关的上级机关，在行政隶属关系上与原行政机关属于领导与被领导的关系，因此当原行政机关收到复议决定后，必须按照要求及时履行上级机关的“命令”，而不能对此提起行政诉讼。

三、不服复议决定诉讼的被告确定

不服复议决定诉讼的被告确定问题在复议与诉讼的衔接中具有重要意义。为了确保行政复议制度的公正性和有效性，我国的《行政诉讼法》和《最高人民法院关于适用〈中华人民共和国行政诉讼法〉的解释》（以下简称《行诉解释》）对此问题进行了明确的规定。

首先，需要明确的是，不服复议决定诉讼的被告确定问题，与复议机关作出了什么样的复议决定有着直接关系。根据《行政诉讼法》第26条第2款的规定，第一，经复议的案件，复议机关决定维持原行政行为的，作出原行政行为的行政机关和复议机关是共同被告；第二，复议机关改变原行政行为的，复议机关是被告。这也就意味着，一旦复议机关选择维持原行政行为，它将与作出原行政行为的行政机关共同承担诉讼责任。

其次，为了准确区分复议维持决定和复议改变决定，明确行政诉讼中的被告，《行诉解释》对此进行了细化规定。

1. 复议维持决定。根据《行诉解释》第133条规定，复议机关决定维持原行政行为，除了《行政诉讼法》第26条中规定的直接维持决定的情形，还包括复议机关驳回复议申请和驳回复议请求的情形，但是并不包括复议申请是因为不符合受理条件而被驳回的情形。同时,《行诉解释》第22条规定,“复议机关改变原行政行为所认定的主要事实和证据、改变原行政行为所适用的规范依据,但未改变原行政行为处理结果的”,也应被视为复议机关作出了维持原行政行为的决定。

2. 复议改变决定。根据《行诉解释》第22条规定,复议机关改变原行政行为,不仅包括复议机关改变原行政行为的处理结果的情形,还包括复议机关确认原行政行为无效和复议机关确认原行政行为违法的情形。但是也明确将复议机关以违反法定程序为由确认原行政行为违法的情形排除在外。

最后,为了减少因被告确定错误而引发的影响诉讼效率和公正性的问题,《行诉解释》在第134条中作出了进一步规定,即当复议机关作出了复议维持决定时,若原告只起诉作出原行政行为的行政机关或者复议机关的,人民法院应当告知原告追加被告。原告不同意追加的,人民法院应当将另一机关列为共同被告。这一点明确了法院的释明义务和径行追加被告的义务。当行政复议决定既有维持原行政行为内容,又有改变原行政行为内容或者不予受理申请内容的,作出原行政行为的行政机关和复议机关为共同被告。复议机关作共同被告的案件,以作出原行政行为的行政机关确定案件的级别管辖。

四、不服复议决定诉讼的起诉期限

起诉期限,是对当事人的诉权至关重要的制度,它不仅保护了当事人的诉讼权利,还确保了行政诉讼的效率。对于公民、法人或其他组织不服复议决定时的起诉期限,我国的《行政诉讼法》和《行诉解释》同样进行了明确规定。

首先,《行政复议法》第34条规定:“法律、行政法规规定应当先向行政复议机关申请行政复议、对行政复议决定不服再向人民法院提起行政诉讼的,行政复议机关决定不予受理、驳回申请或者受理后超过行政复议期限不作答复的,公民、法人或者其他组织可以自收到决定书之日起或者行政复议期限届满之日起十五日内,依法向人民法院提起行政诉讼。"同时《行政诉讼法》第45条明确规定:"公民、法人或者其他组织不服复议决定的,可以在收到复议决定书之日起十五日内向人民法院提起诉讼。"这意味着当事人在收到复议决定书后必须在十五日内提起诉讼,否则可能失去诉讼权利。此外,该条还规定:"复议机关逾期不作决定的,申请人可以在复议期满之日起十五日内向人民法院提起诉讼。"这一点确保了当事人在行政机关未能及时作出答复时,仍然可以依法寻求法律救济。

其次,《行诉解释》在第59条中确定了起诉期限的计算基准,即"公民、法人或者其他组织向复议机关申请行政复议后,复议机关作出维持决定的,应当以复议机关和原行为机关为共同被告,并以复议决定送达时间确定起诉期限"。该条文明确了起诉期限的计算基准是复议决定的送达时间,这为当事人明确诉讼的起诉时间提供了明确的参考。

最后,根据《行诉解释》第64条规定,若行政机关在作出行政行为时未告知当事人起诉期限,那么起诉期限则应当从当事人知道或应当知道起诉期限之日开始计算。但自知道或应当知道行政行为内容的那天起,最长不得超过一年。同时,该条进一步明确,对于行政复议机关在复议决定中未告知当事人起诉期限的情形,也同样适用该规定。这一条款旨在保护当事人的诉权,防止因行政机关的疏忽而损害当事人的合法权利。

五、法院对不服复议决定诉讼的审理和判决

在我国行政诉讼体系中,对于不服复议决定的诉讼,法院在审理和判决时需遵循一系列明确的原则和规定。

首先,《行诉解释》第135条规定,"复议机关决定维持原行政行为的,人民法院应当在审查原行政行为合法性的同时,一并审查复议决定的合法性。"该规定明确了法院在审理时的双重责任,即同时审查原行政行为和复议决定的合法性问题。此外,该条还进一步明确了作出原行政行为的行政

机关和复议机关对原行政行为合法性的共同举证责任，而复议机关同时还应当对其作出的复议决定的合法性单独承担举证责任。

其次，为了明确复议决定的效力，厘清复议决定和原行政行为的责任，以及方便当事人诉讼，《行政诉讼法》第 79 条规定："复议机关与作出原行政行为的行政机关为共同被告的案件，人民法院应当对复议决定和原行政行为一并作出裁判。"同时，《行诉解释》第 89 条规定："复议决定改变原行政行为错误，人民法院判决撤销复议决定时，可以一并责令复议机关重新作出复议决定或者判决恢复原行政行为的法律效力。"

最后，除了上述规定中提到的具体判决方式外，《行诉解释》第 136 条对可能出现的各种情形进行了明确区分：第一，人民法院判决撤销原行政行为和复议决定的，可以判决作出原行政行为的行政机关重新作出行政行为；第二，人民法院判决作出原行政行为的行政机关履行法定职责或者给付义务的，应当同时判决撤销复议决定；第三，原行政行为合法、复议决定违法的，人民法院可以判决撤销复议决定或者确认复议决定违法，同时判决驳回原告针对原行政行为的诉讼请求；第四，原行政行为被撤销、确认违法或者无效，给原告造成损失的，应当由作出原行政行为的行政机关承担赔偿责任，因复议决定加重损害的，由复议机关对加重部分承担赔偿责任；第五，原行政行为不符合复议或者诉讼受案范围等受理条件，复议机关作出维持决定的，人民法院应当裁定一并驳回对原行政行为和复议决定的起诉。

第三节　不予复议的行政诉讼

一、 概念与法律规定

这里所说的"不予复议"，是指三种情形：1.行政相对人因不符合行政复议受理条件而被行政复议机关作出不予受理决定；2.在受理后经过复议机关的审查发现不符合受理条件而被作出驳回复议申请决定；3.复议机关在受理后超过法定的行政复议期限而不作答复的情形。简言之，不予复议就是行政复议机关因为种种原因而没有对行政相对人提起的行政复议申请进行过实质审查的情形。

当行政相对人遇到“不予复议”的情形时，根据法律规定，行政相对人有权提起行政诉讼进行救济。有关“不予复议”行政诉讼的规定主要体现在以下法律中：《行政复议法》第 34 条规定，法律、行政法规规定应当先向行政复议机关申请行政复议，对行政复议决定不服再向人民法院提起行政诉讼的，行政复议机关决定不予受理、驳回申请或者受理后超过行政复议期限不作答复的，公民、法人或者其他组织可以自收到决定书之日起或者行政复议期限届满之日起 15 日内，依法向人民法院提起行政诉讼。《行政诉讼法》第 26 条第 3 款规定，复议机关在法定期限内未作出复议决定，公民、法人或者其他组织起诉原行政行为的，作出原行政行为的行政机关是被告；起诉复议机关不作为的，复议机关是被告。

二、复议不予受理的行政诉讼

《行政复议法实施条例》(2007)第 27 条规定：“公民、法人或者其他组织认为行政机关的具体行政行为侵犯其合法权益提出行政复议申请，除不符合行政复议法和本条例规定的申请条件的，行政复议机关必须受理。”因此，当行政复议机关在审查行政复议申请时，若发现申请不符合受理条件，则应作出不予受理的决定。《行政复议法》第 30 条第 1 款明确了这些受理条件：(1)有明确的申请人和符合《行政复议法》规定的被申请人；(2)申请人与被申请行政复议的行政行为有利害关系；(3)有具体的行政复议请求和理由；(4)在法定申请期限内提出；(5)属于《行政复议法》规定的行政复议范围；(6)属于行政复议机关的管辖范围；(7)行政复议机关未受理过该申请人就同一行政行为提出的行政复议申请，并且人民法院未受理过该申请人就同一行政行为提起的行政诉讼。

由于上述条件中的(6)、(7)点内容都属于可以补正的情形，因此基于这些条件，可以总结出以下不予受理的理由：(1)被申请的行政行为不在行政复议范围内;(2)申请人与该行政行为无利害关系;(3)申请已超期;(4)该行政行为已被法院或其他行政复议机关受理过。①

为了充分发挥我国行政复议公正高效、便民为民的制度优势,②《行政复议法》第33条规定,行政复议机关受理行政复议申请后,发现不符合受理条件的,应当决定驳回申请并说明理由。而对于申请材料不齐全或表述不清的情况,第31条作出了进一步规定,即复议机关应在5日内书面通知申请人补正,明确所有需补正的事项。申请人则应在10日内提交补正材料;逾期不补正的,视为放弃申请。据此可知,在行政相对人提交的复议申请材料不齐全或表述不清楚,无法判断是否符合受理条件的情形下,复议机关应给其补正的机会。并且,复议机关必须以书面通知的方式,一次性告知当事人所有需要补正的事项。

根据最高人民法院作出的(2017)最高法行申358号行政裁定书中明确的裁判要旨可知,面对复议机关作出的不涉及行政复议前置情形的不予受理决定时,当事人实际上可以选择两条诉讼路径:一是选择直接起诉原行政行为。这是因为,引发行政争议的起点,实质上是原行政机关作出的具体行政行为或者不作为。虽然复议机关没有受理当事人的复议申请,但在法律、行政法规没有明确规定复议前置的情形下,其实并不影响当事人对原行政行为直接向人民法院提起行政诉讼。并且从实际效果来看,直接对原行政行为提起诉讼可能更有利于行政争议的化解。二是选择起诉复议机关的不作为。由于复议机关不作为,既包括复议机关在法定期限内不作出任何决定的消极不作为,也包括复议机关明确作出不予受理复议申请决定的积极不作为,因此当事人在认为其提交的复议申请完全满足受理条件而复议机关不予受理时,可以直接选择对复议机关的不作为行为提起诉讼。

① 参见郜风涛主编:《行政复议法教程》,中国法制出版社2011年版,第186页。

② 参见王俏:《真正发挥行政复议公正高效、便民为民的制度优势》,《人民法院报》2023年8月31日,第4版。

值得注意的是,《行政诉讼法》第 26 条第 3 款明确规定:“复议机关在法定期限内未作出复议决定,公民、法人或者其他组织起诉原行政行为的,作出原行政行为的行政机关是被告;起诉复议机关不作为的,复议机关是被告。”因此,不论当事人选择针对原行政行为提起诉讼还是对复议机关的不作为提起诉讼,只能择一而为,而不能要求二者作为共同被告。

然而,当案件涉及行政复议前置的情形时,当事人只能对复议机关的不予受理决定提起诉讼,而不能对其原行政行为提起诉讼。《行诉解释》第 56 条规定:“依照行政诉讼法第四十五条的规定,复议机关不受理复议申请或者在法定期限内不作出复议决定,公民、法人或者其他组织不服,依法向人民法院提起诉讼的,人民法院应当依法立案。”由此可知,在这种情形下的诉讼对象应当是“复议机关不受理复议申请或者在法定期限内不作出复议决定”,而非原行政行为。因此,在复议前置案件中,当事人不能仅凭行政复议机关作出的不予受理决定,就直接就原行政行为起诉至人民法院,从而绕过复议前置的规定,架空复议前置制度。

三、复议受理后驳回申请的行政诉讼

复议受理后驳回申请的情形是指,复议机关在经过了受理阶段后,在复议审查阶段中,发现行政相对人提交的复议申请不符合复议受理条件,而作出的驳回复议申请的决定。而复议机关在后续审查阶段中驳回已受理的复议申请,往往源于多方面原因:首先,初审阶段可能由于材料复杂、时间有限或工作量大而导致审查不足,从而遗漏了部分关键信息,使得本该在受理阶段作出不予受理的决定的案件进入审查阶段;其次,复议机关基于申请人提交的初始资料而作出受理决定,可能会因后续获得更详尽、准确的信息而改变其初步判断;最后,行政机关在复议过程中可能会对其原行政行为作出改变或修正,而使申请人的申请失去实质意义。

根据《行政复议法》第 33 条的规定,行政复议机关在受理行政复议申请后，经审查决定驳回申请的，应当在驳回申请决定中说明理由。[①] 该条款的规定既保障了行政相对人的合法权益，又能起到监督行政复议机关的作用，防止其任意而为。

值得注意的是，由于复议机关并没有对被申请行政行为的合法性作出实质审查，因此以复议申请不符合受理条件为由驳回的，在性质上属于对行政复议申请的程序性驳回，既不属于维持原行政行为，也不属于改变原行政行为。同时，受到一级复议原则的限制，行政相对人不能就该决定向其他行政机关，或者向复议机关的上一级机关再次申请复议，而只能就该驳回申请的决定向人民法院提起行政诉讼，寻求司法救济。

四、复议受理后超过期限不作答复的行政诉讼

为了督促行政复议机关及时处理行政复议事项，新《行政复议法》第 30 条规定，行政复议机关应在 5 日内审查复议申请。若审查期满未决定不予受理，则视为已受理。对于不符合受理条件的申请，复议机关应在审查期限内决定不予受理并明示理由。若不属于其管辖，还应告知申请人有管辖权的复议机关。

通过该条的规定可知，行政复议机关在超过 5 日审查期限而没有作出不予受理决定的，则推定为已经受理。因此，“复议受理后超过期限不作答复”中所指的“超过期限”并非指受理期限，而是指根据新《行政复议法》第 62 条规定的行政复议机关应当作出复议决定的法定期限，即除特殊情况外，适用普通程序审理的行政复议案件，行政复议机关应当自受理申请之日起 60 日内作出行政复议决定；适用简易程序审理的行政复议案件，行政复议机关应当自受理申请之日起 30 日内作出行政复议决定。

---

① 为了明确复议受理后驳回申请的具体情形，《行政复议法实施条例》（2007）在第 48 条第 1 款中作出了规定：“有下列情形之一的，行政复议机关应当决定驳回行政复议申请：（一）申请人认为行政机关不履行法定职责申请行政复议，行政复议机关受理后发现该行政机关没有相应法定职责或者在受理前已经履行法定职责的；（二）受理行政复议申请后，发现该行政复议申请不符合行政复议法和本条例规定的受理条件的。”

《行诉解释》第 56 条规定："依照行政诉讼法第四十五条规定，复议机关不受理复议申请或者在法定期限内不作出复议决定，公民、法人或者其他组织不服，依法向人民法院提起诉讼的，人民法院应当依法立案。"由此可知，当行政复议机关在受理复议案件后，超过法定期限而没有作出复议决定的，当事人可以就行政复议机关的不作为问题，向人民法院提起行政诉讼。

第四节　复议前置的行政诉讼

一、概念与法律规定

行政复议前置，是指行政相对人对法律、行政法规规定的特定行政行为不服时，应当先向行政复议机关申请行政复议，而不能直接向人民法院提起行政诉讼。在此种情况下，行政复议成为行政诉讼的前置程序，当事人不得跳过作为前置程序的行政复议而直接提起行政诉讼。如果当事人经过行政复议之后对行政复议决定仍不服的，才可以向人民法院提起行政诉讼。

由此可知，行政复议前置实际上是法律和行政法规对行政相对人诉讼权利的限制，即必须先经过行政复议，方可进入诉讼程序。这样的安排主要是考虑到某些特定类型的行政案件数量多、专业性强且复杂程度大，因此通过将行政复议这样的非诉讼纠纷解决渠道挺在诉讼前面，更有助于查明案件事实，使行政争议得以实质性化解。

在我国涉及行政复议前置内容的法律、司法解释主要有以下几条：《行政诉讼法》第 44 条第 2 款规定，法律、法规规定应当先向行政机关申请复议，对复议决定不服再向人民法院提起诉讼的，依照法律、法规的规定。《行诉解释》第 56 条规定，法律、法规规定应当先申请复议，公民、法人或者其他组织未申请复议直接提起诉讼的，人民法院裁定不予立案。《行诉解释》第 69 条规定，有下列情形之一，已经立案的，应当裁定驳回起诉：……（五）未按照法律、法规规定先向行政机关申请复议的……新《行政复议法》第 23 条，相较于原《行政复议法》增加了 3 种复议前置的情形：对当场作出的行政处罚决定、未履行法定职责、不予公开政府信息等行为不服的。由于考虑到复议的预期效果和复议机关的实际承载能力，在本次修订的过程中立法机关并没有采取普遍的复议前置，而只是将那些专业性强、对相对人权利影响小的案件纳入复议前置的范围内。

值得注意的是，与《行政诉讼法》和原《行政复议法》都不同的是，新《行政复议法》将行政复议前置其他情形的设定权限由"法律、法规"修改为"法律、行政法规"，并且明确了对行政复议前置情形，行政机关在作出行政行为时应当履行告知相对人先向行政复议机关申请行政复议的告知义务。

二、对当场作出的行政处罚决定不服

当场作出的行政处罚决定，是指通过简易程序作出的行政处罚决定。《行政处罚法》(2021)第 51 条的明确规定："违法事实确凿并有法定依据，对公民处以二百元以下、对法人或者其他组织处以三千元以下罚款或者警告的行政处罚的，可以当场作出行政处罚决定。"这种简易程序与普通程序相比更为简单、方便。

首先，简易程序不需要进行全面、客观、公正的调查和检查，也无须对证据进行收集和特定的处理，更没有笔录制作的环节。其次，简易程序避免了对调查结果的深入审查，也无须像复杂案件那样需要经过严格的法制审核，并且在文书处理上，简易程序更是简化了行政处罚决定书的制定流程。最后，相较于普通程序，简易程序的处理期限和送达方式也更加灵活、直接。

当场作出的行政处罚决定往往涉及的案情普遍简单，对相对人的权利影响也相对较小。基于此，新《行政复议法》将此类案件纳入复议前置的范畴，确保在行政体系内部优先处理此类行政争议。尽管行政诉讼设置了简易程序，但与行政复议相比，其审查过程、处理效率和实质性解决争议的能力都显得相对较弱。而行政复议机制不仅有助于查明案件事实，提高行政争议解决的效率，而且有助于发挥行政复议的"过滤器"作用，从而减轻法院面临的诉讼压力，提高整体的行政争议解决效能。

三、对行政机关作出的侵犯其已经依法取得的自然资源所有权或者使用权的决定不服

原《行政复议法》在第30条第1款中明确规定:“公民、法人或者其他组织认为行政机关的具体行政行为侵犯其已经依法取得的土地、矿藏、水流、森林、山岭、草原、荒地、滩涂、海域等自然资源的所有权或者使用权的,应当先申请行政复议;对行政复议决定不服的,可以依法向人民法院提起行政诉讼。”新法未对其进行删除,而是将其整合到第23条规定的法定行政复议前置的情形中。其背后的原因是现有规定的语言表达并不够精确,容易使人误解,即任何涉及自然资源所有权或使用权的行政行为均需要先进行行政复议,而这也在实际的司法操作中造成了诸多困扰。

先前为了解决该问题,明确该规定的实际应用范围,最高人民法院在2003年发布的《关于适用〈行政复议法〉第三十条第一款有关问题的批复》(法释〔2003〕5号)中指出,只有在公民、法人或其他组织因行政机关关于土地、矿藏、水流等自然资源的所有权或使用权的具体确认行为,认为其已经依法取得的自然资源权益受到侵犯的情况,才属于复议前置的情形。对于涉及自然资源所有权或使用权的行政处罚、行政强制措施等其他具体行政行为的,不适用复议前置的规定。并且随后,为进一步明晰“确认”的概念,最高人民法院行政审判庭在其后续的答复(〔2005〕行他字第4号)中进一步阐释:“确认”应理解为,当自然资源权属发生争议后,行政机关就该争议所作的权属确权决定。而关于土地或其他自然资源的初始登记,其性质更接近行政许可,不应纳入行政确认的范畴。因此,行政机关发放的自然资源所有权或使用权证书行为也不应被视为复议前置情形。而在本次的新法修订中,将该规定中容易引起争议和误解的内容进行了删除,从而使问题迎刃而解。

四、认为行政机关存在未履行法定职责情形

未履行法定职责，又被称为行政不作为、不履责。其具体是指行政机关未依照法定职责行使行政权力、作出特定行政行为的情形。不作为既包括完全不作为，也包括慢作为、拖延作为、不完全作为等。行政不作为通常会对行政相对人产生不利影响，进而损害其合法权益。更为严重的是，行政不作为可能会导致政府公信力的丧失，降低社会公众对法治政府的信任。因此，对这种行政不作为的有效治理与纠正显得至关重要。

此次新法将"未履行法定职责"情形设定在复议前置中，是为了给当事人提供一条更为高效、便捷的维权途径以应对行政争议，同时也缓解当下困扰法院的大量行政不作为诉讼的压力。当下法院审理行政不作为案件，不仅审理周期长，而且由于法院受到司法权的限制，对不作为案件除了责令行政机关履行法定职责，并无法对行政机关进行直接干预，也无法替代行政机关履行具体职责，因此不利于保障当事人的合法权益。而在行政复议的审查过程中，复议机关可以从合法性和合理性两个维度来审查，因此其审查力度相较于诉讼来说会更大。并且在审查作出复议决定后，复议机关还可以发挥其行政权的优势，直接责令原行政机关积极作为，确保原行政机关能严格依法履行职责。

五、申请政府信息公开，行政机关不予公开

近年来，随着公众对于知情权和参与权的认知逐步加强，申请政府信息公开的数量大幅上升。目前，涉及政府信息公开的诉讼数量已达到了一个令人关注的规模，使得人民法院在处理这类诉讼时承受着沉重的压力。值得注意的是，当前的政府信息公开案件中，真正针对政府信息公开来维护知情权的案件反而不是主流，借助政府信息公开来实现其他案件诉求的普遍存在，说明现有行政纠纷机制在资源配置、不同渠道衔接上出了问题，在征拆及补偿等类型案件上的源头治理还有不足。而且，还存在不少政府信息

公开的滥诉现象。个别申请人频繁、大量提交政府信息公开的申请，并进一步提起行政复议和行政诉讼，不仅严重干扰了正常的社会管理和诉讼程序，而且导致了行政和司法资源的巨大浪费。[①] 正是基于上述情况，新法特别将“申请政府信息公开而不予公开”的情境列入行政复议前置范畴，其背后的立法动因与思考值得我们深入探究。

一方面，行政复议作为行政争议解决的主渠道，具有专业、高效的特点。与行政诉讼相比，行政复议专业性和及时性优势更加明显。行政复议机关由于对行政机关的行政行为和政府信息的内容有更为深入的理解，更能够从事实和法律的角度对政府信息公开中的行政不作为问题进行细致、深入的审查。并且由于行政复议程序的设置更为灵活、便捷，因此行政复议的审理周期通常要比行政诉讼更为迅速，有助于及时化解行政争议。

另一方面，通过将“申请政府信息公开而不予公开”的情形纳入行政复议前置中，可以在很大程度上缓解法院的诉讼压力。在当前案多人少的背景下，法院面对数量庞大的政府信息公开诉讼，往往需要投入大量的司法资源来进行处理，这不仅增加了法院的工作负担，也可能导致其他重要案件的审理被延误。行政复议作为行政争议解决的主渠道，能在诉讼源头上有效减少纠纷，为法院解决更为复杂、专业的行政案件留出更多的资源和时间。

六、法律、行政法规规定应当先向行政复议机关申请行政复议的其他情形

新《行政复议法》对设定复议前置的权限范围进行了限缩。根据原《行政复议法》第 19 条的规定，有权设定复议前置的规范性文件为“法律、法规”，而新法第 23 条第 1 款第（五）项则将其限缩为“法律、行政法规”，从而排除了地方性法规对复议前置的设定权。在我国的行政复议制度中，除自然资源领域外，其他领域的复议前置情形广泛分布于不同的单行法律和行

① 参见郭修江、林璐：《行政复议与应诉若干实践问题》，《法律适用》2023 年第 5 期。

政法规中，进行以下梳理。

（一）单行法律中规定的复议前置情形

1. 纳税争议：在我国法律体系中，纳税争议的复议前置情形明确规定于两部法律中。一是《海关法》(2021)第 64 条明确规定，与海关发生纳税争议的纳税义务人，应当在缴纳税款后，先依法申请行政复议，不服复议决定的，才可向人民法院提起诉讼。二是《税收征收管理法》(2015)第 88 条第 1 款规定，纳税人、扣缴义务人、纳税担保人在纳税问题上与税务机关发生争议时，必须先依照税务机关的纳税决定缴纳或者解缴税款及滞纳金或者提供相应的担保，随后才可依法申请行政复议；对行政复议决定仍不服的，方可依法向人民法院起诉。

2. 知识产权争议：在知识产权领域，《商标法》(2019)与《专利法》(2020)均有相关复议前置的规定。《商标法》(2019)第 34 条、第 35 条第 3 款、第 44 条第 2 款、第 54 条规定，涉及对驳回申请、不予公告、不予注册、宣告无效、撤销或不予撤销注册商标等决定不服的，都要求当事人应当先依法申请行政复议。《专利法》第 41 条规定，专利申请人对国务院专利行政部门驳回申请的决定不服的，应先依法申请行政复议。

3. 反垄断争议：在反垄断领域，根据《反垄断法》(2022)第 65 条规定，对国务院反垄断执法机构禁止经营者集中的决定、对不予禁止的经营者集中附加减少集中对竞争产生不利影响的限制性条件的决定不服的，需先依法申请行政复议。

4. 电影公映争议：《电影产业促进法》(2016)第 58 条明确规定，当事人对县级以上人民政府电影主管部门以及其他有关部门依法作出的行政行为不服的，可选择申请行政复议或提起行政诉讼。但对于国务院电影主管部门作出的不准予电影公映的决定，应首先依法申请行政复议。

5. 集会游行示威争议：《集会游行示威法》(2009)第 31 条规定，当事人对公安机关根据相关条款作出的拘留处罚决定不服的，必须先行依法申请行政复议。

（二）行政法规中规定的复议前置情形

1. 价格违法行政处罚争议:《价格违法行为行政处罚规定》(2010)第 20 条规定,经营者对政府价格主管部门作出的处罚决定不服的,需首先依法申请行政复议。

2. 居民最低生活保障相关争议:《城市居民最低生活保障条例》(1999)第 15 条规定,城市居民对县级人民政府民政部门作出的不批准享受城市居民最低生活保障待遇或者减发、停发城市居民最低生活保障款物的决定或者给予的行政处罚不服的,应当先依法申请行政复议。

3. 外汇管理争议:《外汇管理条例》(2008)第 51 条规定,当事人对外汇管理机关的具体行政行为不服的,应先向行政复议机关申请复议。

4. 宗教事务争议:《宗教事务条例》(2017)第 75 条规定,当事人对宗教事务部门的行政行为有异议时,也应首先依法提出行政复议申请。

5. 军品出口管理争议:《军品出口管理条例》(2002)第 27 条明确指出,军品贸易公司对国家军品出口主管部门作出的具体行政行为不服的,应当先申请行政复议。

第五节 复议终局与行政诉讼

一、概念与法律规定

行政复议终局,是指行政复议机关根据法律的授权,对行政案件进行最终裁决的行政行为。关于行政复议终局的规定体现在《行政诉讼法》第 13 条和新《行政复议法》第 10 条中。《行政诉讼法》第 13 条规定:“人民法院不受理公民、法人或者其他组织对下列事项提起的诉讼……(四)法律规定由行政机关最终裁决的行政行为。”新《行政复议法》第 10 条规定:“公民、法人或者其他组织对行政复议决定不服的,可以依照《中华人民共和国行政诉讼法》的规定向人民法院提起行政诉讼,但是法律规定行政复议决定为最终裁决的除外。”简言之,凡由法律规定行政复议决定为最终裁决的,具有最终的法律效力,行政相对人不能再针对此类行政复议决定提起行政诉讼,即便是已经提起的,人民法院也不应受理。

值得注意的是,在我国法律体系中,对于诉讼制度的规定具有严格的限制。《立法法》(2023)第 11 条明确规定:“下列事项只能制定法律……(十)诉讼制度和仲裁基本制度”。第 12 条规定:“本法第十一条规定的事项尚未制定法律的,全国人民代表大会及其常务委员会有权作出决定,授权国务院可以根据实际需要,对其中的部分事项先制定行政法规,但是……司法制度等事项除外。”这意味着,诉讼制度作为司法制度属于绝对的“法律保留”事项,只能由全国人民代表大会及其常务委员会通过法律的形式来规定。因此,应对以上《行政诉讼法》和新《行政复议法》中提到的“法律”作狭义理解。也就是说,此处的“法律”特指全国人大及其常委会按照立法程序所制定的法律规范性文件。

从本质上来看,行政复议终局其实是对行政相对人诉权的一种限制,属于司法终局原则的例外情形。这样重要且敏感的内容,仅能由全国人民代表大会及其常务委员会来规定。而其他机关,如国务院和地方权力机关所制定的行政法规和地方性法规,都没有权力规定行政复议终局的情形。至于其他行政机关,则更不应该在任何情境下,以任何手段或形式,排除或者限制公民的诉讼权利。

然而,在中国行政法的理论和实践中,行政裁决与行政复议终局裁决是两个容易混淆的概念,它们虽在名称上相似,但是其性质、针对的对象以及法律依据却都存在显著差异,因此需要对此予以明确。

具体而言,行政裁决,是指行政主体根据法律的授权,对平等主体之间发生的、与行政管理活动密切相关的特定的民事纠纷进行审查并作出裁决的具体行政行为。① 而行政复议终局裁决,则是指行政复议机关根据法律

① 参见罗豪才主编:《行政法学》,北京大学出版社 1996 年版,第 249 页。

的授权,对行政纠纷进行最终裁决的行政行为。由此可知,二者有以下三点差异:第一,适用的法律依据不同。行政复议主要适用行政法律规范,行政裁决适用民事法律规范和相关行政法律规范。第二,行为的性质不同。行政复议是一种行政法律救济手段,行政裁决则是行政机关在行政执法过程中对于职权履行附带的民事纠纷予以解决的救济手段。第三,针对的对象不同。行政复议针对的是发生在行政机关与行政相对人之间的行政争议,行政裁决则是针对发生在平等民事主体之间的特定民事纠纷。

二、 行政复议终局的发展历程

自新中国成立以来,我国基于行政行为的专业性、无害性与某些行为不适宜接受司法审查的特性,而设立了行政复议终局制度。① 该制度随着中国法制的演进和对外开放环境的调整,一直在不断地发生着变化。早在1950年,虽然《中央人民政府财政部设置财政检查机构办法》和《税务复议委员会组织通则》并未明文设定行政复议,但在实际操作中已经涉及此类程序,在实质上已具备了行政复议的性质。1982年,《民事诉讼法(试行)》为行政诉讼制度的发展提供了参照,并为未来行政复议终局的法律地位的确立打下了基础。

到了1989年,《行政诉讼法》的颁布正式将行政复议终局制度纳入法律体系,并且在一些如《商标法》和《专利法》等单行法中进一步明确了其应用范围。1999年,《行政复议法》的施行标志了该制度的进一步成熟,其中明确了"绝对的行政复议终局"和"相对的行政复议终局"两种模式,并对如行政区划、征收土地等决定,土地、矿藏等自然资源的行政复议终局情形进行了规范。2000年,最高人民法院发布了《关于执行〈中华人民共和国行政诉讼法〉若干问题的解释》(已失效),在第5条中明确了行政复议终局的立法权限,确保行政复议终局的情形只能由"全国人民代表大会及其常务委

① 参见姜明安:《行政法与行政诉讼法》(第七版),北京大学出版社、高等教育出版社2019年版,第425页。

员会”规定。随后，为适应 2001 年中国加入世界贸易组织（WTO）的大背景，中国对部分法规进行了修订，尤其是与《知识产权协定》TRIPS 协议相关的《商标法》和《专利法》，以保障与贸易相关的行政行为能接受司法审查。

此后，行政复议终局制度进一步发展为“2+N 种+X 项”的多元模式①，即除了在行政复议法和行政诉讼法中的规定外，在《出入境管理法》和《集会游行示威法》中明确规定了行政复议终局的多种具体情形。因此，从行政复议终局的发展历程来看，我国对行政复议终局的规定呈现出了法治化、缩小化和规范化的趋势。在当下的法律规定中，我国依然保留了“绝对的行政复议终局”和“相对的行政复议终局”并存的制度模式。

三、绝对的行政复议终局

绝对的行政复议终局也被称为行政复议前置且终局。在此类争议发生时，行政相对人只能选择行政复议作为救济途径，且行政复议决定具有终局的法律效力，如果不服也不能再对此提起行政诉讼。《行政复议法》修改后，在我国当前的法律体系中，明确规定行政复议终局具体情形的法律，主要涉及以下两部：《出境入境管理法》（2012）和《集会游行示威法》（2009）。

首先，对于涉及出境入境管理争议的具体行政复议终局情形，《出境入境管理法》（2012）作出了明确规定。具体列举如下：该法第 36 条规定，公安机关出入境管理机构作出的不予办理普通签证延期、换发、补发，不予办理外国人停留居留证件、不予延长居留期限的决定为最终决定；第 64 条第 1 款规定，外国人对依照本法规定对其实施的继续盘问、拘留审查、限制活动范围、遣送出境措施不服的，可以依法申请行政复议，该行政复议决定为最终决定；第 81 条第 2 款规定，外国人违反本法规定，情节严重，尚不构成犯罪的，公安部可以处驱逐出境。公安部的处罚决定为最终决定。

① 参见沈开举、邢昕：《论行政复议终局裁决》，《河南财经政法大学学报》2020 年第6 期。

其次，对于涉及集会、游行、示威管理争议的具体行政复议终局情形，《集会游行示威法》(2009)作出了明确规定。该法第13条规定，集会、游行、示威的负责人对主管机关不许可的决定不服的，可以自接到决定通知之日起三日内，向同级人民政府申请复议，人民政府应当自接到申请复议书之日起三日内作出决定。同时，国务院在2011年修订了《集会游行示威法实施条例》，进一步佐证了“集会、游行、示威的负责人对主管机关不许可的决定”是行政复议终局的情形。该条例第14条规定，人民政府作出的复议决定，主管公安机关和集会、游行、示威的负责人必须执行。

最后，值得注意的是，新《行政复议法》对原《行政复议法》第30条第2款中的内容进行了删除[①]，这也就意味着新《行政复议法》自2024年1月1日实施以后，当事人对行政复议机关依据省级政府、国务院之行政区划勘定、调整或土地征收决定就自然资源所有权、使用权所作出的行政复议决定不服的，既可选择向国务院裁决，也可选择向人民法院提起行政诉讼进行解决。

四、相对的行政复议终局

相对的行政复议终局是指在特定情形下，行政相对人对是否应通过终局的行政复议解决行政争议具有选择权。若行政相对人选择了复议救济途径，那么复议机关作出的行政复议决定即为案件的最终结果，产生最终的法律效力，如若不服也不能再对此提起行政诉讼。而如果行政相对人未选择通过终局的行政复议解决行政争议，那么行政相对人可以选择通过行政诉讼来解决该行政争议。

此类情形的规定，实质上赋予了行政相对人对法律救济途径的选择权，而并未实质剥夺行政相对人的诉讼权利。目前对于此类情形所规定的法

① 《行政复议法》(2017)第30条第2款：“根据国务院或者省、自治区、直辖市人民政府对行政区划的勘定、调整或者征收土地的决定，省、自治区、直辖市人民政府确认土地、矿藏、水流、森林、山岭、草原、荒地、滩涂、海域等自然资源的所有权或者使用权的行政复议决定为最终裁决。”

律,主要体现在新《行政复议法》第 26 条中,即“对省、自治区、直辖市人民政府依照本法第二十四条第二款的规定、国务院部门依照本法第二十五条第一项的规定作出的行政复议决定不服的,可以向人民法院提起行政诉讼;也可以向国务院申请裁决,国务院依照本法的规定作出最终裁决”。

第六节　复议与诉讼受理上的排斥

一、概念与法律规定

复议与诉讼受理上的排斥是指在当前自由选择的模式下,对于非法定复议前置和复议终局的行政行为,当事人既可以选择申请复议也可以选择提起诉讼,但不能就同一行政行为同时提起行政复议和行政诉讼,也不能在复议机关受理后尚未作出决定前就该行政行为提起诉讼。当前我国在以下法律和司法解释中规定了复议与诉讼在受理上的排斥情形,明确了不同受理情形的具体操作方法。

新《行政复议法》第 29 条规定,公民、法人或者其他组织申请行政复议,行政复议机关已经依法受理的,在行政复议期间不得向人民法院提起行政诉讼。公民、法人或者其他组织向人民法院提起行政诉讼,人民法院已经依法受理的,不得申请行政复议。该法第 30 条规定,行政复议机关收到行政复议申请后,应当在 5 日内进行审查。对符合下列规定的,行政复议机关应当予以受理:……(七)行政复议机关未受理过该申请人就同一行政行为提出的行政复议申请,并且人民法院未受理过该申请人就同一行政行为提起的行政诉讼。

《行诉解释》第 57 条规定,法律、法规未规定行政复议为提起行政诉讼必经程序,公民、法人或者其他组织既提起诉讼又申请行政复议的,由先立案的机关管辖;同时立案的,由公民、法人或者其他组织选择。公民、法人或者其他组织已经申请行政复议,在法定复议期间内又向人民法院提起诉讼的,人民法院裁定不予立案。该解释第 58 条规定,法律、法规未规定行政复议为提起行政诉讼必经程序，公民、法人或者其他组织向复议机关申请行政复议后，又经复议机关同意撤回复议申请，在法定起诉期限内对原行政行为提起诉讼的，人民法院应当依法立案。

二、对复议与诉讼受理上排斥的理解

由于当前关于规定复议与诉讼在受理上相互排斥关系的法律和司法解释较多，并且其在实践中的内容也颇为复杂，为准确把握二者之间的关系，构建一个明确清晰的理解框架，不仅需要深入研究相关法律条款，而且需要结合最高人民法院在此问题上的裁判要旨进行解读。

首先，最高法秉持复议与诉讼在受理上排斥关系的基本观点。[①] 最高法认为，行政复议和行政诉讼作为法定救济途径，不是并行关系，而是相互衔接的关系。换言之，若已选择先复议后诉讼的救济方式，则应当等待复议机关作出决定，对该决定不服的，再提起行政诉讼；若优先选择诉讼的救济方式，根据司法最终原则，则相对人不能再选择复议救济程序。

其次，复议与诉讼在受理上排斥的具体情形。[②] 在法律、法规并没有规定复议前置的情况下，对于行政复议和行政诉讼实行自由选择主义。但是，自由选择并不意味着可以同时选择复议和诉讼，因为复议和诉讼这两种救济机制不能同时进行。自由选择也不能违背司法最终处理原则，在已经选择直接向人民法院提起诉讼的情况下，不能转而申请行政复议。所谓已经选择直接向人民法院提起诉讼，包括提起诉讼之后的任何阶段，既包括人民法院已经作出裁判，也包括人民法院已经立案尚未作出裁判。只要案件已经系属于人民法院，就不允许再就同一争议申请行政复议。

最后，对《行政诉讼解释》第57条的内容作出了解释，明确指出了限制自由选择权的具体情形。[③] 在自由选择模式下，相对人对救济途径有自由

① 参见最高人民法院(2018)最高法行申6714号行政裁定书。

② 参见最高人民法院(2019)最高法行申4516号行政裁定书。

③ 参见最高人民法院(2019)最高法行申9661号行政裁定书。

选择的权利,体现在行政复议与行政诉讼两种救济方式自由选择,还体现在相对人既提起诉讼又申请行政复议,且同时立案的,由相对人自由选择救济途径。但这种自由选择权受到一定的限制,即在相对人申请复议期间内,又提起行政诉讼的情况下,司法审查必须后置于行政机关内部监督,体现司法最终原则。这样一方面能够充分发挥行政复议制度的优势;另一方面,相对人在复议后仍可选择诉讼维护其权利。

法律之所以规定复议与诉讼应在受理上互相排斥,其目的在于确保行政争议解决程序的高效性,避免司法资源的浪费。从最高法的裁判中可以发现,“司法最终原则”在复议与诉讼的受理关系中被反复强调,体现了它在确立复议与诉讼关系中的核心地位。司法最终原则是指行政复议机关作出的复议决定通常并不是具有最终法律效力的决定,当事人对复议决定不服的,依然可以依法向人民法院提起行政诉讼,而人民法院作出的终审决定才具有最终的法律效力。司法最终原则不仅确立了复议与诉讼之间的有序衔接关系,更是法治原则的核心体现。基于该原则,我们需要意识到,在强调行政复议具有程序简便、费用低、涵盖面广、容易纠错和效率高等优势的同时,还应当确保行政诉讼作为第二救济途径,在保障行政争议得到公正处理中的重要价值。

三、对不同复议与诉讼受理情形上的处理

为了深入剖析在行政复议与行政诉讼实践中可能出现的受理问题,以及确保复议机关与人民法院在处理这两者关系时更加契合法律的要求和立法初衷,需要对此进行细致分类和分析。①

第一,面对同一事实,行政机关对多个行政相对人作出行政行为时,如果部分人选择直接向法院起诉,而另一部分人向行政复议机关申请复议,建议应鼓励已经向法院起诉的一方先向行政机关申请复议,如对复议结果不

① 本部分内容主要参见梁凤云:《行政诉讼讲义》,人民法院出版社 2022 年版,第 548—555 页。

满，再向人民法院起诉。这种处理方式的主要理由是，禁止申请复议的行政相对人实际上限制了其申请复议的权利，而让已起诉的行政相对人先走行政复议程序既没有剥夺其诉讼权，同时也为其权益提供了额外的保护。这两种选择权不存在冲突，并应被视为各方的合法权益选择。《行政诉讼法》的精神也支持这一处理方式。

第二，面对公民、法人或其他组织同时提起行政诉讼和申请行政复议的情况，根据《行诉解释》第 57 条，人民法院采纳以下处理方式：若行政复议和行政诉讼不是同时立案，那么首先立案的机关具有管辖权；若两者同时立案，则公民、法人或其他组织有权选择由哪个机关处理。这种做法旨在尊重行政相对人的选择，同时确保法律的稳定性和确定性

第三，当行政相对人在向行政机关申请复议后，选择撤回复议申请，并随后向人民法院提起诉讼时，根据《行诉解释》第 58 条，人民法院应依法受理其起诉。这是基于对行政相对人权益的保护和尊重其行政诉讼权利的考量。撤回复议申请并不等同于放弃行政诉讼权利，因此只要行政相对人在法定的起诉期限内提起诉讼，法院都应受理。

第四，对于行政相对人在向人民法院起诉后撤回起诉，再向行政复议机关申请复议的情况，《行政诉讼法》并未明确禁止再次申请行政复议。尽管行政相对人撤回了起诉，但这不意味着他们认同相关的行政行为。因此，复议机关应当受理其复议申请，以保障行政相对人的合法权益。

第五，当行政相对人的起诉被人民法院裁定不予受理或者驳回起诉时，能否再向行政复议机关提出复议申请，则需要根据具体情境判断。如果起诉被驳回的原因涉及行政行为的合理性等问题，复议机关可以受理；但如果驳回的理由与复议机关的审查权限不符，如涉及国家行为或内部行为，复议机关则不应受理。

【复习思考题】

1. 行政复议与行政诉讼是一种什么样的逻辑关系?

2. 是否可复议的就可以诉讼,可诉讼的也一定可以复议?

3. 什么是复议前置? 我国哪些情形适用复议前置?

4. 什么是复议终局? 我国哪些情形适用复议终局?

第十八章　行政复议法律责任

行政复议法律责任是行政复议法律制度的重要内容。《行政复议法》第六章(第80—86条)分别规定了行政复议机关、行政复议机关工作人员、被申请人和其他相关人员的行政复议法律责任以及追究途径和机制。此外,《刑法》《公务员法》《监察法》《公职人员政务处分法》《国家赔偿法》等法律法规也直接或间接地规定了行政复议法律责任,从而形成了一个较为完整的行政复议法律责任体系。

第一节　行政复议法律责任概述

一、法律责任的概念

法律责任是法律制度的重要内容。对于法律责任的内涵,学术界有不同的认识,通说认为法律责任是公民、法人和其他组织实施违法行为,按照法律应当承担的不利法律后果。在我国的立法文本中,“法律责任”基本上都是在这个意义上使用的。法律责任一般具有如下特点。

第一,法律责任以“第一性法律义务”为前提,是“由于违反第一性法定义务而招致的第二性义务”①。只有当义务人行为违反了第一性法律义务,才可能引发相应的法律责任。

第二,法律责任的不利性。法律责任的实质是国家对于义务人违法行为的否定性评价,并给予不利的处理后果。

第三,法律责任的法定性,即责任法定原则。法律责任作为一种带有强

---

① 张文显:《法学基本范畴研究》,中国政法大学出版社2001年版,第122页。

制性的不利法律后果，引起法律责任的事由、应当给予何种性质与幅度的法律责任，需要法律事先作出明确规定。

第四，法律责任的国家强制性。在个案中，法律责任必须要由专门国家机关通过法定程序具体确定，由国家强制力保障实现。

法律责任具有惩罚、救济和预防三项基本功能，是立法文本中的必备内容，几乎每一部法律都要设立专章、专节或专门条款来具体规定“法律责任”。这是因为法律义务区别于道德义务的显著特点，即是法律义务以法律责任为其保障。[①] 因此，正如有权利必有救济，有义务也必有责任。同时，从法治运行的全过程看，法律责任涉及立法、执法、司法和守法等法治各环节，是法律有效运行和实施的制度保障。因为只有立法规定了法律责任，执法和司法才能依法追究违法者的“法律责任”，守法才能形成有效的约束力量。

二、法律责任的主要类型

根据法律责任的法律属性及其承担方式的不同，可以将法律责任分为民事责任、纪律责任、行政责任、刑事责任和国家赔偿责任等类型。

民事责任是指由于违反民事法律、违约或者由于民法规定所应承担的一种法律责任。民事责任的功能主要在于救济当事人的权利，赔偿或补偿当事人的损失。因此，民事责任是民事关系中的一方当事人对另一方当事人所承担的责任。根据我国《民法典》(2020)第179条的规定，承担民事责任的方式主要有：停止侵害；排除妨碍；消除危险；返还财产；恢复原状；修理、重作、更换；继续履行；赔偿损失；支付违约金；消除影响、恢复名誉；赔礼道歉；等等。

纪律责任是针对所有行使公权力的公职人员，包括行政机关、审判机关、检察机关的工作人员，事业单位以及基层群众自治组织的管理人员以及

① 参见张恒山：《义务、法律义务内涵再辨析》，《环球法律评论》2002年冬季号。

企业的管理人员和其他行使公权力的公职人员的违法违纪行为所给予的惩戒。纪律责任的承担方式是“处分”，随着我国监察体制改革有所变化。在2018年《监察法》出台前，我国对违法违纪的公务员、事业单位工作人员的惩戒称为处分，由公职人员所在机关、单位根据《公务员法》《法官法》《检察官法》《行政机关公务员处分条例》《事业单位人事管理条例》《事业单位工作人员处分暂行规定》等法律、行政法规和规章对违法违纪人员给予处分，国有企业中由行政机关任命的人员违法违纪参照《行政机关公务员处分条例》给予处分，其他管理人员按照企业规章制度给予惩戒。2018年《监察法》第45条确立了“政务处分”这一概念，并规定由监察机关对违法的公职人员依法作出政务处分决定。2020年《公职人员政务处分法》又作了更为细致的规定。由此，我国法律对公职人员的“处分”区分为“政务处分”和“公职人员任免机关、单位处分”两大类型，但责任形式相同，都包括警告、记过、记大过、降级、撤职、开除。①

行政责任一般是指因违反行政法规定而应承担的法律责任。行政责任的主体主要包括行政相对人和行政主体。② 行政相对人法律责任的承担方式主要是“行政处罚”，包括警告、罚款、没收违法所得、没收非法财物、责令停产停业、暂扣或吊销许可证、暂扣或者吊销执照、行政拘留以及法律、行政法规规定的其他行政处罚。③ 行政主体的违法行为引起的法律责任，首先是负有责任的领导人员和直接责任人员以“处分”的形式来承担，这与前面

① 《公务员法》(2018)第62条规定：“处分分为：警告、记过、记大过、降级、撤职、开除。”《公职人员政务处分法》第7条规定：政务处分的种类为：“(一)警告；(二)记过；(三)记大过；(四)降级；(五)撤职；(六)开除。”

② 广义上还包括行政机关工作人员违法违纪行为而受到的“处分”，但本书将此归入“纪律责任”的范畴中。

③ 《行政处罚法》(2021)第9条规定：“行政处罚的种类：(一)警告、通报批评；(二)罚款、没收违法所得、没收非法财物；(三)暂扣许可证件、降低资质等级、吊销许可证件；(四)限制开展生产经营活动、责令停产停业、责令关闭、限制从业；(五)行政拘留；(六)法律、行政法规规定的其他行政处罚。”

的纪律责任有重合之处。[①] 同时，根据行政法理，行政主体实施违法行为，必然要承担纠正行政违法等法律责任。[②] 此外，一些法律法规还规定由行政机关直接来承担其他法律责任，例如《四川省行政执法监督条例》在第五章“法律责任”中规定了“上级机关对行政执法监督机关给予通报批评、责令改正”的法律责任形式。[③]

刑事责任是指行为人因其犯罪行为所必须承受的，由司法机关代表国家所确定的以刑罚为手段的否定性法律后果。刑事责任是犯罪人向国家所负的惩罚性法律责任，承担方式包括主刑和附加刑。主刑包括管制、拘役、有期徒刑、无期徒刑、死刑；附加刑包括罚金、剥夺政治权利、没收财产、驱逐出境。根据罪刑法定主义原则，刑事责任只能由刑法设定。因此，刑法渊源之外的立法尽管可能对刑事责任有所规定，但必须回归到刑法来具体确定。

国家赔偿责任是国家侵权损害赔偿责任的简称，指国家机关及其工作人员行使职权侵犯公民、法人或者其他组织的合法权益造成损害的，国家应当承担赔偿责任。[④] 根据《国家赔偿法》的规定，我国国家赔偿责任分为行政赔偿和司法赔偿。行政赔偿是国家行政机关及其工作人员在行使职权的过程中侵犯公民、法人或其他组织的合法权益并造成损害，法律规定由国家承担的赔偿责任。司法赔偿是指民事、行政和刑事诉讼过程中，行使国家侦查、检察、审判职权的机关，看守所、监狱管理机关及其工作人员行使职权，

---

① 《公职人员政务处分法》(2020)第10条规定：“有关机关、单位、组织集体作出的决定违法或者实施违法行为的，对负有责任的领导人员和直接责任人员中的公职人员依法给予政务处分。”《行政机关公务员处分条例》(2007)第16条规定：“行政机关经人民法院、监察机关、行政复议机关或者上级行政机关依法认定有行政违法行为或者其他违法违纪行为，需要追究纪律责任的，对负有责任的领导人员和直接责任人员给予处分。”

② 参见胡建淼：《行政法学》(第五版)，法律出版社2023年版，第940页。

③ 《四川省行政执法监督条例》(2021)第44条规定：“行政执法监督机关和行政执法监督人员有下列情形之一的，由上级机关对行政执法监督机关给予通报批评、责令改正，由有权机关对有关责任人员依法给予处理：(一)利用行政执法监督权为本单位或者个人谋取私利的；(二)失职或者越权，造成严重后果的；(三)拒不履行法定职责的；(四)有其他违法情形的。”

④ 参见《行政法与行政诉讼法学》编写组：《行政法与行政诉讼法学》(第二版)(马克思主义理论研究和建设工程重点教材)，高等教育出版社2019年版，第299页。

造成公民、法人或者其他组织的人身权和财产损害而产生的国家赔偿责任。国家赔偿以支付赔偿金为主要方式，以返还财产、恢复原状等为辅助方式。

三、行政复议法律责任的概念

根据法律责任的定义，我们可以将行政复议法律责任界定为：行政复议法律关系各方在行政复议过程中所实施的违法或犯罪行为，依法必须承担的不利法律后果。

把握行政复议法律责任这一概念，要注意以下四点。

第一，行政复议法律责任所指向的各方行为，限于在行政复议过程中发生的行政复议行为及其他相关行为。前者指的是行政复议的被申请人、申请人、第三人和复议机关及其工作人员的行政复议行为，后者指的是前述主体之外的其他人员参与、影响行政复议的行为。

第二，引发行政复议法律责任的法律义务，仅仅指的是相关主体有关行政复议的法律义务，不包括其他法律义务。所谓行政复议法律义务，即法律法规规定的关于行政复议的法律义务。违反前述义务的危害后果是干扰、阻碍行政复议活动的正常开展，影响行政复议化解行政争议的功能发挥。

值得注意的是，同一行为可能触犯两项法律义务，从而引起不同的法律责任。例如行政复议申请人的委托人在行政复议中的不当行为，既可能违反行政复议的相关义务，从而引发行政复议法律责任；同时，这一行为也可能违反行政复议申请人与其委托人之间的委托协议，从而引发民事责任。行政复议法律责任仅是相关主体向国家所承担的公法上的法律责任。

第三，应区别“行政复议法律责任”和“行政复议法所设定的法律责任”两个概念。行政复议法所设定的法律责任，是一个相对比较宽泛的概念，涵括所有行政复议法所设定的法律责任，其中可以区分为两类，一类是行政复议法律责任，另一类是行政复议法规定的、相关主体的非行政复议行为的违法行为所引起的法律责任。例如《行政复议法》第71条所设定的法律责任,即是被申请人违反有关行政协议的法律或者双方约定,由行政复议机关予以认定和归结的法律责任。①

第四,行政复议法律责任是由多个责任主体、多种责任形式构成的法律责任体系。行政复议法律责任并非独立的法律责任类型,而是一定领域的行为责任。由于行政复议涉及的行为主体和违法行为样态都具有多样性,为了强化行政复议法律义务的履行,法律设定了多元化的行政复议责任体系,其中《行政复议法》设定了纪律责任、行政责任和刑事责任三大法律责任,《国家赔偿法》(2012)第8条规定了行政复议机关的国家赔偿责任,使得我国当前行政复议法律责任包括纪律责任、行政责任、刑事责任和国家赔偿责任四大类型。

第二节　我国行政复议法律责任体系

一、我国行政复议法律责任的立法规定

自1990年国务院制定《行政复议条例》开始,我国历部行政复议立法都专门设立一章规定"法律责任"。该章条款通常分成两部分,一部分是法律责任条款,另一部分是法律责任的追究条款。

《行政复议条例》设第9章"法律责任",包含第52、53、54三个条文。1999年《行政复议法》设第六章"法律责任",包含五个条文,其中第34、35、36、37条是对相关主体行政复议法律责任的规定,第38条规定的是行政复议法律责任的追究程序。2007年国务院《行政复议法实施条例》设第六章"法律责任",对1999年《行政复议法》规定的法律责任作了细化和补充,包含四个条文,其中第62、63、64条具体规定了相关主体的行政复议法律责

① 《行政复议法》第71条规定:"被申请人不依法订立、不依法履行、未按照约定履行或者违法变更、解除行政协议的,行政复议机关决定被申请人承担依法订立、继续履行、采取补救措施或者赔偿损失等责任。"

任,第65条规定了行政复议法律责任的追究程序。2023年《行政复议法》专设第六章“法律责任”,包含七个条文,其中第80、81、82、83、84五个条文是对行政复议法律责任的规定,第85、86条涉及行政复议法律责任的追究以及行政复议与监察的衔接。

对比之前的行政复议法,新《行政复议法》吸收了《行政复议实施条例》等相关立法的做法,对法律责任的条文作了五处比较重要的调整:(1)针对行政复议机关,原《行政复议法》调整的违法行为较为具体且有限,本次修改为“不依照本法规定履行行政复议职责”,将行政复议机关所有违法的行政复议行为“一网打尽”;(2)由于《监察法》《公职人员政务处分法》对“处分”概念的使用变化,本次修改将“行政处分”统一调整为“处分”;(3)对被申请人不履行或者无正当理由拖延履行的对象,从“行政复议决定”扩大到“行政复议决定书、调解书、意见书”;(4)增设了“拒绝、阻挠行政复议人员调查取证,故意扰乱行政复议工作秩序的”,使得行政复议法律责任主体和被追责的违法行为的范围更大;(5)增设了行政复议机关职务违法或职务犯罪线索移送有权处分机关的机制。

除了《行政复议法》对行政复议法律责任的规定外,《国家赔偿法》也对行政复议法律责任作了专门规定。此外,像《刑法》《公务员法》《监察法》《公职人员政务处分法》等法律法规,虽非针对行政复议的专门立法,但其中规定的面向全部国家机关或行政机关及其公职人员的法律责任条款,同样适用于行政复议法律责任。

二、行政复议机关的法律责任

行政复议机关是依照法律规定,有权受理行政复议申请,依法对被申请复议的行政行为进行合法性、适当性审查并作出决定的行政机关。行政复议机关的法律责任,即是行政复议机关违反行政复议法所规定的职责和义务,依法应承担的法律责任。

行政复议机关依法被赋予行政复议权,掌控整个行政复议程序的启动、运行和终结，决定行政复议所针对的实体法律关系的化解。要保证行政复议制度预设功能的实现，切实发挥行政复议解决行政争议的主渠道作用，应当首先强化行政复议机关法律责任以推动其依法履职。因此，《行政复议法》将其作为“法律责任”的首要部分予以规定。此外，《国家赔偿法》规定了行政复议决定加重行政相对人损害的国家赔偿责任。

（一）《行政复议法》规定的行政复议机关的法律责任

行政复议机关的哪些违法行为应当被追究法律责任？《行政复议法》（2017）仅规定了“无正当理由不予受理依法提出的行政复议申请或者不按照规定转送行政复议申请的，或者在法定期限内不作出行政复议决定”三种情形，虽然比较具体，但相对有限。本次《行政复议法》修改吸收了国务院《行政复议法实施条例》的做法，根据《行政复议法》第 80 条的规定，行政复议机关“不依照本法规定履行行政复议职责”的行为都在追责范围之内，实现了法律责任之于行政复议机关复议行为的“全覆盖”，避免了应被追责行为的可能规避或者遗漏情况的出现。

对于行政复议机关法律责任的承担方式，《行政复议法》第 80 条没有采取由行政复议机关直接承担单位责任的形式，而采取了由“负有责任的领导人员和直接责任人员”承担“处分”的方式，并作了阶梯式规定：“对负有责任的领导人员和直接责任人员依法给予警告、记过、记大过的处分；经有权监督的机关督促仍不改正或者造成严重后果的，依法给予降级、撤职、开除的处分。”

《行政复议法》作出前述规定，有其合理性。首先，行政复议机关的违法履责行为尽管在法律上是以“行政复议机关”的名义出现，但实际是“负有责任的领导人员和直接责任人员”的意志的体现。因此，从行政复议制度运行的角度看，要切实纠正、监督行政复议机关的违法履职行为，尤其是想通过法律责任机制较为迅速地改变行政复议机关的复议行为，就必须直接监督和问责负有责任的领导人员和直接责任人员。如果采取先“单位责任”，再根据处分程序来追究负有责任的领导人员和直接责任人员的法律责任,可能导致负有责任的领导人员和直接责任人员躲在“单位责任”的“保护”之下,延缓甚至阻碍违法行政复议行为的及时纠正。其次,根据《公务员法》(2018)第14条的规定,公务员应当“忠于职守,勤勉尽责,服从和执行上级依法作出的决定和命令,按照规定的权限和程序履行职责,努力提高工作质量和效率”,负有责任的领导人员和直接责任人员具有代表行政复议机关依法履职的法律义务,因其未尽前述义务导致行政复议机关的违法行为,本身应当承担相应的处分。当然,这一规定也符合《公职人员政务处分法》第10条的规定。

(二)《国家赔偿法》规定的行政复议机关的法律责任

《国家赔偿法》第8条规定:“经复议机关复议的,最初造成侵权行为的行政机关为赔偿义务机关,但复议机关的复议决定加重损害的,复议机关对加重的部分履行赔偿义务。”对此,《最高人民法院关于适用〈中华人民共和国行政诉讼法〉的解释》(法释〔2018〕1号)第136条第6款也作出了相同的规定,“原行政行为被撤销、确认违法或者无效,给原告造成损失的,应当由作出原行政行为的行政机关承担赔偿责任;因复议决定加重损害的,由复议机关对加重部分承担赔偿责任”。

如前所述,《行政复议法》规定的行政复议机关的法律责任并非单位责任,而由“负有责任的领导人员和直接责任人员”以“处分”方式来承担。与此不同,《国家赔偿法》规定的行政赔偿责任则是由行政复议机关来承担,由国家财政负担,属于单位责任的范畴。

三、行政复议机关工作人员的法律责任

行政复议机关工作人员是具体承担行政复议工作的公务员,直接行使行政复议职权,行政复议的具体工作,绝大部分是由行政复议机关工作人员来开展的。行政复议机关能否依法履职,能否发挥制度功能,最终落实到行政复议机关工作人员能否恪尽职守,保质保量履行职责。

值得注意的是,《行政复议法》本身并没有直接规定行政复议机关工作

人员的履职义务。行政复议机关工作人员的法律责任所违反的法律义务，来自《公务员法》的相关规定。《公务员法》(2018)第14条集中规定了公务员应当履行的法律义务，第59条又规定了公务员的若干禁止性行为的法律义务。行政复议机关工作人员在行政复议活动中违反了前述法律义务，就应当依法承担相应的法律责任。

我国现行法律对行政复议机关工作人员的法律责任作了如下规定。

（一）《公职人员政务处分法》规定的纪律责任

2020年《公职人员政务处分法》对公职人员政务处分作了全面系统的规定，特别是第二章集中规定了"政务处分的种类和适用"，第三章集中规定了"违法行为及其适用的政务处分"。根据该法第2条的规定，这两章不仅适用监察机关的政务处分，同样适用于公职人员任免机关、单位的处分决定。[①] 据此，行政复议机关工作人员在复议活动中存在《公职人员政务处分法》(2020)所规定的违法违纪行为的，由监察机关和公职人员任免机关、单位按照管理权限，依法给予政务处分或者处分，但对公职人员的同一违法违纪行为，不得重复给予政务处分和处分。[②]

（二）《行政复议法》规定的纪律责任

由于法律法规对纪律责任已经作了较为全面的规定，《行政复议法》就无须再宽泛地为行政复议机关工作人员在行政复议活动中的全部违法违纪行为设定纪律责任，只需要选择性地对与行政复议运行直接相关的违法行为作出规定。因此，《行政复议法》第81条规定："行政复议机关工作人员在行政复议活动中，徇私舞弊或者有其他渎职、失职行为的，依法给予警告、记过、记大过的处分；情节严重的，依法给予降级、撤职、开除的处分；构成犯

① 《公职人员政务处分法》(2020)第2条规定："本法适用于监察机关对违法的公职人员给予政务处分的活动。本法第二章、第三章适用于公职人员任免机关、单位对违法的公职人员给予处分。处分的程序、申诉等适用其他法律、行政法规、国务院部门规章和国家有关规定。"

② 《公职人员政务处分法》(2020)第16条规定："对公职人员的同一违法行为，监察机关和公职人员任免机关、单位不得重复给予政务处分和处分。"

罪的,依法追究刑事责任。”

（三）《国家赔偿法》规定的行政追偿责任

行政追偿是行政赔偿义务机关代表国家向行政赔偿请求人支付赔偿费用以后,依法责令有故意或重大过失的公务员、受委托的组织和个人承担部分或全部赔偿费用的法律制度。《国家赔偿法》(2012)第16条第1款规定:“赔偿义务机关赔偿损失后,应当责令有故意或者重大过失的工作人员或者受委托的组织或者个人承担部分或者全部赔偿费用。”在行政复议机关对行政复议决定加重相对人损害部分承担赔偿责任后,如果行政复议机关工作人员存在故意或者重大过失的,应当承担相应的赔偿责任。

纪律责任的目的在于惩罚,行政追偿的目的在于警戒公职人员依法履行职权,并适当减轻国家财政负担[①],二者彼此独立,不可相互替代。

（四）《刑法》规定的刑事责任

《行政复议法》第81条、《国家赔偿法》(2012)第16条第2款,[②]以及《公职人员政务处分法》(2020)第64条[③]都明确规定“构成犯罪的,应当依法追究刑事责任”,但前述法律都没有直接规定犯罪行为以及相应的刑罚,需要根据刑法来具体判断。

对此,《刑法》(2020)分则第九章“渎职罪”之第397条两款分别规定了“滥用职权罪”和“玩忽职守罪”两项罪名。其中第1款规定:“国家机关工作人员滥用职权或者玩忽职守,致使公共财产、国家和人民利益遭受重大损失的,处三年以下有期徒刑或者拘役;情节特别严重的,处三年以上七年以下有期徒刑。本法另有规定的,依照规定。”第2款规定:“国家机关工作人员徇私舞弊,犯前款罪的,处五年以下有期徒刑或者拘役;情节特别严重的,

---

① 参见皮纯协主编:《国家赔偿法释论》,中国法制出版社1994年版,第189页。

② 《国家赔偿法》(2012)第16条第2款规定:“对有故意或者重大过失的责任人员,有关机关应当依法给予处分;构成犯罪的,应当依法追究刑事责任。”

③ 《公职人员政务处分法》(2020)第64条规定:“违反本法规定,构成犯罪的,依法追究刑事责任。”

处五年以上十年以下有期徒刑。本法另有规定的,依照规定。"《刑法》前述条文为行政复议机关工作人员刑事责任的追究提供了法律依据。

四、行政复议被申请人的法律责任

对行政复议被申请人的法律责任,《行政复议法》作了两条规定,其中第 82 条针对被申请人在行政复议程序中的违法行为,第 83 条针对被申请人履行行政复议决定书、调解书、意见书的违法行为。

(一) 被申请人在行政复议程序中的违法行为

行政复议的核心任务是审查被申请人行政行为的合法性和适当性,而作为审查对象的行政行为相关证据、依据和其他材料多数掌握在被申请人手中,如果被申请人不提出书面答复或者不提交作出行政行为的证据、依据和其他有关材料,行政复议则无法展开审查。因此,《行政复议法》第 48 条规定了被申请人在法定期限内"提出书面答复,并提交作出行政行为的证据、依据和其他有关材料"的法律义务。同时,行政复议是应申请行政行为,需要公民、法人或其他组织的申请才能启动,如果被申请人阻挠或者打击报复公民、法人或者其他组织依法申请行政复议,或者申请人虽然其诉求取得行政复议的支持,但可能因为打击报复陷入更大的实际困难之中,这些情形不但严重损害公民、法人和其他组织的合法权益,也严重破坏行政复议的正常运作和功能发挥。

为此,《行政复议法》第 82 条作了针对性法律责任的设计,包括三种情形:(1)被申请人违反本法规定,不提出书面答复或者不提交作出行政行为的证据、依据和其他有关材料,(2)阻挠、变相阻挠公民、法人或者其他组织依法申请行政复议的,对(1)(2)违法行为,对负有责任的领导人员和直接责任人员依法给予警告、记过、记大过的处分;(3)进行报复陷害的,对负有责任的领导人员和直接责任人员依法给予降级、撤职、开除的处分,构成犯罪的,依法追究刑事责任。这里报复陷害的对象,不仅限于申请人,也包括第三人和向行政复议机关提供情况的有关组织和个人。其中所涉及的刑事责任,根据《刑法》第254条规定来确定。[①]

(二)被申请人不履行或者无正当理由拖延履行行政复议决定书、调解书、意见书

根据《行政复议法》的规定,生效的行政复议决定书和行政复议调解书具有法律效力,对被申请人具有约束力和执行力;收到行政复议意见书的被申请人或者其他下级行政机关有义务及时纠正相关违法或者不当行政行为,并将纠正情况报送行政复议机关。被申请人违法前述法律义务的,《行政复议法》第83条规定:"被申请人不履行或者无正当理由拖延履行行政复议决定书、调解书、意见书的,对负有责任的领导人员和直接责任人员依法给予警告、记过、记大过的处分;经责令履行仍拒不履行的,依法给予降级、撤职、开除的处分。"

与前述行政复议机关法律责任的承担主体和方式一样,被申请人行政复议法律责任也是由对违法行为负有责任的领导人员和直接责任人员以"处分"的方式来承担,不涉及被申请人的单位责任。

《行政复议法》没有直接规定被申请人工作人员的行政复议法律责任。但毫无疑问,被申请人工作人员参与行政复议活动,与一般公职人员一样,应当履行《公务员法》《公职人员政务处分法》等法律法规所设定的法律义务,如果存在违法行为的,应当依法追究纪律责任;构成犯罪的,依法追究刑事责任。

五、其他相关主体的法律责任

除了行政复议机关、被申请人、申请人及其工作人员外,行政复议的正常运作还需要其他相关主体的协助和配合,在实际运行中还可能会受到其他单位和人员的影响。为此,《行政复议法》对其他相关主体设定了一定的

① 《刑法》第254条规定:"国家机关工作人员滥用职权、假公济私,对控告人、申诉人、批评人、举报人实行报复陷害的,处二年以下有期徒刑或者拘役;情节严重的,处二年以上七年以下有期徒刑。"

协助义务，如《行政复议法》第 45 条第 1 款规定："行政复议机关有权向有关单位和个人调查取证，查阅、复制、调取有关文件和资料，向有关人员进行询问。"同条第 3 款规定："被调查取证的单位和个人应当积极配合行政复议人员的工作，不得拒绝或者阻挠。"同时，《行政复议法》第 84 条规定："拒绝、阻挠行政复议人员调查取证，故意扰乱行政复议工作秩序的，依法给予处分、治安管理处罚；构成犯罪的，依法追究刑事责任。"通过有针对性设计法律责任条款，以规范其他相关主体的协助行为，防控对行政复议的不当干预。不过，本条规定相对较为笼统，实际适用中需要把握以下四点。

第一，违法行为的样态主要包括以下三种情形：(1)拒绝行政复议人员调查取证；(2)阻挠行政复议人员调查取证；(3)故意扰乱行政复议工作秩序。

第二，就违法主体，除拒绝行政复议人员调查取证的主体限定在"被调查取证的单位和个人"外，其他两种违法行为的主体较为宽泛，可以包括行政复议机关、被申请人、申请人及其工作人员之外的其他主体，例如申请人、被申请人的代理人，被申请人的上级或下级机关等。

第三，法律责任的形式包括处分、治安管理处罚和刑事责任三种，需要视违法主体具体而定。如果是行政机关及其工作人员，则给予处分；普通公民、法人和其他组织，则给予治安管理处罚；构成犯罪的，处以刑罚。

第四，对承担法律责任的主体和责任内容，《行政复议法》第 84 条没有明确规定，在个案中必须根据其他相关法律才能具体确定。例如根据《治安管理处罚法》(2012)第 23 条的规定，[①]扰乱行政复议机关，致使行政复议工作不能正常进行，尚未造成严重损失的，处警告或者二百元以下罚款；情

---

① 《治安管理处罚法》(2012)第 23 条规定："有下列行为之一的，处警告或者二百元以下罚款；情节较重的，处五日以上十日以下拘留，可以并处五百元以下罚款：(一)扰乱机关、团体、企业、事业单位秩序，致使工作、生产、营业、医疗、教学、科研不能正常进行，尚未造成严重损失的；(二)扰乱车站、港口、码头、机场、商场、公园、展览馆或者其他公共场所秩序的；(三)扰乱公共汽车、电车、火车、船舶、航空器或者其他公共交通工具上的秩序的；(四)非法拦截或者强登、扒乘机动车、船舶、航空器以及其他交通工具，影响交通工具正常行驶的；(五)破坏依法进行的选举秩序的。聚众实施前款行为的，对首要分子处十日以上十五日以下拘留，可以并处一千元以下罚款。"

节较重的，处五日以上十日以下拘留，可以并处五百元以下罚款。再如，根据《刑法》(2020)第290条第2款规定的“聚众冲击国家机关罪”，聚众冲击行政复议机关，致使行政复议工作无法进行，造成严重损失的，对首要分子，处五年以上十年以下有期徒刑；对其他积极参加的，处五年以下有期徒刑、拘役、管制或者剥夺政治权利。根据《刑法》第290条第3款规定的“扰乱国家机关工作秩序罪”，多次扰乱行政复议机关工作秩序，经行政处罚后仍不改正，造成严重后果的，处三年以下有期徒刑、拘役或者管制。①

第三节 行政复议法律责任的追究

一、行政复议法律责任追究途径多样化

法律责任的追究是指由特定国家机关或国家授权的机关根据法律规定，依照法定程序对行为主体的法律责任进行判断、认定、归结和执行的活动。法律责任的追究，一般应当遵循责任法定、责任相当等原则，由法定追责机关根据法律规定的构成要件和违法行为的严重程度，依照法律规定的责任性质、责任范围、责任方式追究行为人的责任，做到事实清楚、证据确凿、定性准确、处理恰当、程序合法、手续完备。

随着中国特色社会主义法治体系加快推进，我国法律责任体系逐渐完备，不同的法律责任各有对应的法律规范予以调整，并分别设有专门的追责机关和追责程序。如政务处分受《监察法》《公职人员政务处分法》等调整，由监察机关通过监察程序作出；政务处分之外的处分受《公务员法》《行政

① 《刑法》(2020)第290条规定：“聚众扰乱社会秩序，情节严重，致使工作、生产、营业和教学、科研、医疗无法进行，造成严重损失的，对首要分子，处三年以上七年以下有期徒刑；对其他积极参加的，处三年以下有期徒刑、拘役、管制或者剥夺政治权利。聚众冲击国家机关，致使国家机关工作无法进行，造成严重损失的，对首要分子，处五年以上十年以下有期徒刑；对其他积极参加的，处五年以下有期徒刑、拘役、管制或者剥夺政治权利。多次扰乱国家机关工作秩序，经行政处罚后仍不改正，造成严重后果的，处三年以下有期徒刑、拘役或者管制。多次组织、资助他人非法聚集，扰乱社会秩序，情节严重的，依照前款的规定处罚。”

机关公务员处分条例》等调整，由公职人员任免机关、单位按照管理权限，依据相关程序作出。行政处罚则受《行政处罚法》和单行的行政处罚法等法律法规调整，由依法具有行政处罚权的行政主体根据行政处罚程序作出。刑事责任受《刑事诉讼法》等调整，由检察机关提起刑事诉讼，由人民法院依法审理并定罪量刑。

行政复议法律责任是由纪律责任、行政责任、刑事责任和国家赔偿责任构成的复合体系，各项法律责任的追究，各依各法，各行其道。因此，如无特殊情况，《行政复议法》无须再对行政复议法律责任的追究作出专门规定。

二、行政复议法律责任追究衔接机制

由于不同的法律责任的追责机关和追责程序有所不同，使得行政复议机关与法定追责机关常常发生分离，例如行政复议机关可能并非公职人员任免机关、单位，尤其是政务处分只能由监察机关来进行调查和处置。在这些情况下，行政复议机关都无权追究相关违法主体的法律责任，因此就需要建立起行政复议机关与有权追责机关的衔接机制，及时将行政复议中相关主体的违法事实移送到有权追责机关。为此，对于行政复议机关无追责权的案件，《行政复议法》第85条规定：“行政机关及其工作人员违反本法规定的，行政复议机关可以向监察机关或者公职人员任免机关、单位移送有关人员违法的事实材料，接受移送的监察机关或者公职人员任免机关、单位应当依法处理。”对于行政复议机关有权追究责任的，行政复议机关应当根据《公务员法》、《公职人员政务处分法》和《行政机关公务员处分条例》等规定进行追责。

三、职务违法或职务犯罪线索移送机制

根据《行政复议法》第86条的规定，行政复议机关在办理行政复议案件过程中，发现公职人员涉嫌贪污贿赂、失职渎职等职务违法或者职务犯罪的问题线索，应当依照有关规定移送监察机关，由监察机关依法调查处置。

本条虽然置于《行政复议法》“法律责任”一章中，也涉及法律责任的追究，但其规范功能主要不在追究行政复议的法律责任，而在进一步发挥行政复议机关在行政复议审查中发现或掌握的“腐败”等信息的价值，因为违法或不当的行政行为的背后往往隐藏着公职人员的腐败渎职行为。据此，《行政复议法》要求行政复议机关在行政复议案件办理过程中，凡是发现公职人员涉嫌贪污贿赂、失职渎职等职务违法或者职务犯罪的问题线索的，都应当依照有关规定将问题线索移送监察机关调查处置。从这个角度看，本条之规定意味着行政复议制度除化解行政争议的主功能之外，还增设了“反腐”的信息功能。当然，这一功能与《行政复议法》第 1 条所规定的制度宗旨具有内在的契合性。

【复习思考题】

1. 如何理解行政复议法律责任？

2. 行政复议机关及其工作人员法律责任包括哪些？

3. 行政复议被申请人的法律责任包括哪些？

4. 行政复议其他相关主体法律责任包括哪些？

5. 在公职人员法律责任的追究上，行政复议与监察等相关制度如何衔接？

附录一：

中华人民共和国行政复议法

（1999年4月29日第九届全国人民代表大会常务委员会第九次会议通过　根据2009年8月27日第十一届全国人民代表大会常务委员会第十次会议《关于修改部分法律的决定》第一次修正　根据2017年9月1日第十二届全国人民代表大会常务委员会第二十九次会议《关于修改〈中华人民共和国法官法〉等八部法律的决定》第二次修正　2023年9月1日第十四届全国人民代表大会常务委员会第五次会议修订　2023年9月1日中华人民共和国主席令第9号公布　自2024年1月1日起施行）

目录

第一章　总则
第二章　行政复议申请
　　第一节　行政复议范围
　　第二节　行政复议参加人
　　第三节　申请的提出
　　第四节　行政复议管辖
第三章　行政复议受理
第四章　行政复议审理
　　第一节　一般规定
　　第二节　行政复议证据
　　第三节　普通程序
　　第四节　简易程序

第一章 总 则

第一条 为了防止和纠正违法的或者不当的行政行为,保护公民、法人和其他组织的合法权益,监督和保障行政机关依法行使职权,发挥行政复议化解行政争议的主渠道作用,推进法治政府建设,根据宪法,制定本法。

第二条 公民、法人或者其他组织认为行政机关的行政行为侵犯其合法权益,向行政复议机关提出行政复议申请,行政复议机关办理行政复议案件,适用本法。

前款所称行政行为,包括法律、法规、规章授权的组织的行政行为。

第三条 行政复议工作坚持中国共产党的领导。

行政复议机关履行行政复议职责,应当遵循合法、公正、公开、高效、便民、为民的原则,坚持有错必纠,保障法律、法规的正确实施。

第四条 县级以上各级人民政府以及其他依照本法履行行政复议职责的行政机关是行政复议机关。

行政复议机关办理行政复议事项的机构是行政复议机构。行政复议机构同时组织办理行政复议机关的行政应诉事项。

行政复议机关应当加强行政复议工作,支持和保障行政复议机构依法履行职责。上级行政复议机构对下级行政复议机构的行政复议工作进行指导、监督。

国务院行政复议机构可以发布行政复议指导性案例。

第五条 行政复议机关办理行政复议案件,可以进行调解。

调解应当遵循合法、自愿的原则,不得损害国家利益、社会公共利益和他人合法权益,不得违反法律、法规的强制性规定。

第六条 国家建立专业化、职业化行政复议人员队伍。

行政复议机构中初次从事行政复议工作的人员，应当通过国家统一法律职业资格考试取得法律职业资格，并参加统一职前培训。

国务院行政复议机构应当会同有关部门制定行政复议人员工作规范，加强对行政复议人员的业务考核和管理。

第七条 行政复议机关应当确保行政复议机构的人员配备与所承担的工作任务相适应，提高行政复议人员专业素质，根据工作需要保障办案场所、装备等设施。县级以上各级人民政府应当将行政复议工作经费列入本级预算。

第八条 行政复议机关应当加强信息化建设，运用现代信息技术，方便公民、法人或者其他组织申请、参加行政复议，提高工作质量和效率。

第九条 对在行政复议工作中做出显著成绩的单位和个人，按照国家有关规定给予表彰和奖励。

第十条 公民、法人或者其他组织对行政复议决定不服的，可以依照《中华人民共和国行政诉讼法》的规定向人民法院提起行政诉讼，但是法律规定行政复议决定为最终裁决的除外。

第二章 行政复议申请

第一节 行政复议范围

第十一条 有下列情形之一的，公民、法人或者其他组织可以依照本法申请行政复议：

（一）对行政机关作出的行政处罚决定不服；

（二）对行政机关作出的行政强制措施、行政强制执行决定不服；

（三）申请行政许可，行政机关拒绝或者在法定期限内不予答复，或者对行政机关作出的有关行政许可的其他决定不服；

（四）对行政机关作出的确认自然资源的所有权或者使用权的决定不服；

（五）对行政机关作出的征收征用决定及其补偿决定不服；

（六）对行政机关作出的赔偿决定或者不予赔偿决定不服；

（七）对行政机关作出的不予受理工伤认定申请的决定或者工伤认定结论不服；

（八）认为行政机关侵犯其经营自主权或者农村土地承包经营权、农村土地经营权；

（九）认为行政机关滥用行政权力排除或者限制竞争；

（十）认为行政机关违法集资、摊派费用或者违法要求履行其他义务；

（十一）申请行政机关履行保护人身权利、财产权利、受教育权利等合法权益的法定职责，行政机关拒绝履行、未依法履行或者不予答复；

（十二）申请行政机关依法给付抚恤金、社会保险待遇或者最低生活保障等社会保障，行政机关没有依法给付；

（十三）认为行政机关不依法订立、不依法履行、未按照约定履行或者违法变更、解除政府特许经营协议、土地房屋征收补偿协议等行政协议；

（十四）认为行政机关在政府信息公开工作中侵犯其合法权益；

（十五）认为行政机关的其他行政行为侵犯其合法权益。

第十二条 下列事项不属于行政复议范围：

（一）国防、外交等国家行为；

（二）行政法规、规章或者行政机关制定、发布的具有普遍约束力的决定、命令等规范性文件；

（三）行政机关对行政机关工作人员的奖惩、任免等决定；

（四）行政机关对民事纠纷作出的调解。

第十三条 公民、法人或者其他组织认为行政机关的行政行为所依据的下列规范性文件不合法，在对行政行为申请行政复议时，可以一并向行政复议机关提出对该规范性文件的附带审查申请：

（一）国务院部门的规范性文件；

（二）县级以上地方各级人民政府及其工作部门的规范性文件；

(三)乡、镇人民政府的规范性文件;

(四)法律、法规、规章授权的组织的规范性文件。

前款所列规范性文件不含规章。规章的审查依照法律、行政法规办理。

第二节　行政复议参加人

第十四条　依照本法申请行政复议的公民、法人或者其他组织是申请人。

有权申请行政复议的公民死亡的,其近亲属可以申请行政复议。有权申请行政复议的法人或者其他组织终止的,其权利义务承受人可以申请行政复议。

有权申请行政复议的公民为无民事行为能力人或者限制民事行为能力人的,其法定代理人可以代为申请行政复议。

第十五条　同一行政复议案件申请人人数众多的,可以由申请人推选代表人参加行政复议。

代表人参加行政复议的行为对其所代表的申请人发生效力,但是代表人变更行政复议请求、撤回行政复议申请、承认第三人请求的,应当经被代表的申请人同意。

第十六条　申请人以外的同被申请行政复议的行政行为或者行政复议案件处理结果有利害关系的公民、法人或者其他组织,可以作为第三人申请参加行政复议,或者由行政复议机构通知其作为第三人参加行政复议。

第三人不参加行政复议,不影响行政复议案件的审理。

第十七条　申请人、第三人可以委托一至二名律师、基层法律服务工作者或者其他代理人代为参加行政复议。

申请人、第三人委托代理人的,应当向行政复议机构提交授权委托书、委托人及被委托人的身份证明文件。授权委托书应当载明委托事项、权限和期限。申请人、第三人变更或者解除代理人权限的,应当书面告知行政复议机构。

第十八条　符合法律援助条件的行政复议申请人申请法律援助的,法律援助机构应当依法为其提供法律援助。

第十九条 公民、法人或者其他组织对行政行为不服申请行政复议的，作出行政行为的行政机关或者法律、法规、规章授权的组织是被申请人。

两个以上行政机关以共同的名义作出同一行政行为的，共同作出行政行为的行政机关是被申请人。

行政机关委托的组织作出行政行为的，委托的行政机关是被申请人。

作出行政行为的行政机关被撤销或者职权变更的，继续行使其职权的行政机关是被申请人。

第三节 申请的提出

第二十条 公民、法人或者其他组织认为行政行为侵犯其合法权益的，可以自知道或者应当知道该行政行为之日起六十日内提出行政复议申请；但是法律规定的申请期限超过六十日的除外。

因不可抗力或者其他正当理由耽误法定申请期限的，申请期限自障碍消除之日起继续计算。

行政机关作出行政行为时，未告知公民、法人或者其他组织申请行政复议的权利、行政复议机关和申请期限的，申请期限自公民、法人或者其他组织知道或者应当知道申请行政复议的权利、行政复议机关和申请期限之日起计算，但是自知道或者应当知道行政行为内容之日起最长不得超过一年。

第二十一条 因不动产提出的行政复议申请自行政行为作出之日起超过二十年，其他行政复议申请自行政行为作出之日起超过五年的，行政复议机关不予受理。

第二十二条 申请人申请行政复议，可以书面申请；书面申请有困难的，也可以口头申请。

书面申请的，可以通过邮寄或者行政复议机关指定的互联网渠道等方式提交行政复议申请书，也可以当面提交行政复议申请书。行政机关通过互联网渠道送达行政行为决定书的，应当同时提供提交行政复议申请书的互联网渠道。

口头申请的，行政复议机关应当当场记录申请人的基本情况、行政复议请求、申请行政复议的主要事实、理由和时间。

申请人对两个以上行政行为不服的，应当分别申请行政复议。

第二十三条 有下列情形之一的，申请人应当先向行政复议机关申请行政复议，对行政复议决定不服的，可以再依法向人民法院提起行政诉讼：

（一）对当场作出的行政处罚决定不服；

（二）对行政机关作出的侵犯其已经依法取得的自然资源的所有权或者使用权的决定不服；

（三）认为行政机关存在本法第十一条规定的未履行法定职责情形；

（四）申请政府信息公开，行政机关不予公开；

（五）法律、行政法规规定应当先向行政复议机关申请行政复议的其他情形。

对前款规定的情形，行政机关在作出行政行为时应当告知公民、法人或者其他组织先向行政复议机关申请行政复议。

第四节 行政复议管辖

第二十四条 县级以上地方各级人民政府管辖下列行政复议案件：

（一）对本级人民政府工作部门作出的行政行为不服的；

（二）对下一级人民政府作出的行政行为不服的；

（三）对本级人民政府依法设立的派出机关作出的行政行为不服的；

（四）对本级人民政府或者其工作部门管理的法律、法规、规章授权的组织作出的行政行为不服的。

除前款规定外，省、自治区、直辖市人民政府同时管辖对本机关作出的行政行为不服的行政复议案件。

省、自治区人民政府依法设立的派出机关参照设区的市级人民政府的职责权限，管辖相关行政复议案件。

对县级以上地方各级人民政府工作部门依法设立的派出机构依照法律、法规、规章规定，以派出机构的名义作出的行政行为不服的行政复议案件，由本级人民政府管辖；其中，对直辖市、设区的市人民政府工作部门按照行政区划设立的派出机构作出的行政行为不服的，也可以由其所在地的人民政府管辖。

第二十五条 国务院部门管辖下列行政复议案件：

（一）对本部门作出的行政行为不服的；

（二）对本部门依法设立的派出机构依照法律、行政法规、部门规章规定，以派出机构的名义作出的行政行为不服的；

（三）对本部门管理的法律、行政法规、部门规章授权的组织作出的行政行为不服的。

第二十六条 对省、自治区、直辖市人民政府依照本法第二十四条第二款的规定、国务院部门依照本法第二十五条第一项的规定作出的行政复议决定不服的，可以向人民法院提起行政诉讼；也可以向国务院申请裁决，国务院依照本法的规定作出最终裁决。

第二十七条 对海关、金融、外汇管理等实行垂直领导的行政机关、税务和国家安全机关的行政行为不服的，向上一级主管部门申请行政复议。

第二十八条 对履行行政复议机构职责的地方人民政府司法行政部门的行政行为不服的，可以向本级人民政府申请行政复议，也可以向上一级司法行政部门申请行政复议。

第二十九条 公民、法人或者其他组织申请行政复议，行政复议机关已经依法受理的，在行政复议期间不得向人民法院提起行政诉讼。

公民、法人或者其他组织向人民法院提起行政诉讼，人民法院已经依法受理的，不得申请行政复议。

第三章 行政复议受理

第三十条 行政复议机关收到行政复议申请后，应当在五日内进行审查。对符合下列规定的，行政复议机关应当予以受理：

（一）有明确的申请人和符合本法规定的被申请人；

(二)申请人与被申请行政复议的行政行为有利害关系;

(三)有具体的行政复议请求和理由;

(四)在法定申请期限内提出;

(五)属于本法规定的行政复议范围;

(六)属于本机关的管辖范围;

(七)行政复议机关未受理过该申请人就同一行政行为提出的行政复议申请,并且人民法院未受理过该申请人就同一行政行为提起的行政诉讼。

对不符合前款规定的行政复议申请,行政复议机关应当在审查期限内决定不予受理并说明理由;不属于本机关管辖的,还应当在不予受理决定中告知申请人有管辖权的行政复议机关。

行政复议申请的审查期限届满,行政复议机关未作出不予受理决定的,审查期限届满之日起视为受理。

第三十一条 行政复议申请材料不齐全或者表述不清楚,无法判断行政复议申请是否符合本法第三十条第一款规定的,行政复议机关应当自收到申请之日起五日内书面通知申请人补正。补正通知应当一次性载明需要补正的事项。

申请人应当自收到补正通知之日起十日内提交补正材料。有正当理由不能按期补正的,行政复议机关可以延长合理的补正期限。无正当理由逾期不补正的,视为申请人放弃行政复议申请,并记录在案。

行政复议机关收到补正材料后,依照本法第三十条的规定处理。

第三十二条 对当场作出或者依据电子技术监控设备记录的违法事实作出的行政处罚决定不服申请行政复议的,可以通过作出行政处罚决定的行政机关提交行政复议申请。

行政机关收到行政复议申请后,应当及时处理;认为需要维持行政处罚决定的,应当自收到行政复议申请之日起五日内转送行政复议机关。

第三十三条 行政复议机关受理行政复议申请后,发现该行政复议申请不符合本法第三十条第一款规定的,应当决定驳回申请并说明理由。

第三十四条 法律、行政法规规定应当先向行政复议机关申请行政复议、对行政复议决定不服再向人民法院提起行政诉讼的，行政复议机关决定不予受理、驳回申请或者受理后超过行政复议期限不作答复的，公民、法人或者其他组织可以自收到决定书之日起或者行政复议期限届满之日起十五日内，依法向人民法院提起行政诉讼。

第三十五条 公民、法人或者其他组织依法提出行政复议申请，行政复议机关无正当理由不予受理、驳回申请或者受理后超过行政复议期限不作答复的，申请人有权向上级行政机关反映，上级行政机关应当责令其纠正；必要时，上级行政复议机关可以直接受理。

第四章 行政复议审理

第一节 一般规定

第三十六条 行政复议机关受理行政复议申请后，依照本法适用普通程序或者简易程序进行审理。行政复议机构应当指定行政复议人员负责办理行政复议案件。

行政复议人员对办理行政复议案件过程中知悉的国家秘密、商业秘密和个人隐私，应当予以保密。

第三十七条 行政复议机关依照法律、法规、规章审理行政复议案件。

行政复议机关审理民族自治地方的行政复议案件，同时依照该民族自治地方的自治条例和单行条例。

第三十八条 上级行政复议机关根据需要，可以审理下级行政复议机关管辖的行政复议案件。

下级行政复议机关对其管辖的行政复议案件，认为需要由上级行政复议机关审理的，可以报请上级行政复议机关决定。

第三十九条 行政复议期间有下列情形之一的，行政复议中止：

（一）作为申请人的公民死亡，其近亲属尚未确定是否参加行政复议；

（二）作为申请人的公民丧失参加行政复议的行为能力，尚未确定法定代理人参加行政复议；

（三）作为申请人的公民下落不明；

（四）作为申请人的法人或者其他组织终止，尚未确定权利义务承受人；

（五）申请人、被申请人因不可抗力或者其他正当理由，不能参加行政复议；

（六）依照本法规定进行调解、和解，申请人和被申请人同意中止；

（七）行政复议案件涉及的法律适用问题需要有权机关作出解释或者确认；

（八）行政复议案件审理需要以其他案件的审理结果为依据，而其他案件尚未审结；

（九）有本法第五十六条或者第五十七条规定的情形；

（十）需要中止行政复议的其他情形。

行政复议中止的原因消除后，应当及时恢复行政复议案件的审理。

行政复议机关中止、恢复行政复议案件的审理，应当书面告知当事人。

第四十条 行政复议期间，行政复议机关无正当理由中止行政复议的，上级行政机关应当责令其恢复审理。

第四十一条 行政复议期间有下列情形之一的，行政复议机关决定终止行政复议：

（一）申请人撤回行政复议申请，行政复议机构准予撤回；

（二）作为申请人的公民死亡，没有近亲属或者其近亲属放弃行政复议权利；

（三）作为申请人的法人或者其他组织终止，没有权利义务承受人或者其权利义务承受人放弃行政复议权利；

（四）申请人对行政拘留或者限制人身自由的行政强制措施不服申请行政复议后，因同一违法行为涉嫌犯罪，被采取刑事强制措施；

（五）依照本法第三十九条第一款第一项、第二项、第四项的规定中止行政复议满六十日,行政复议中止的原因仍未消除。

第四十二条 行政复议期间行政行为不停止执行;但是有下列情形之一的,应当停止执行:

(一)被申请人认为需要停止执行;

(二)行政复议机关认为需要停止执行;

(三)申请人、第三人申请停止执行,行政复议机关认为其要求合理,决定停止执行;

(四)法律、法规、规章规定停止执行的其他情形。

第二节 行政复议证据

第四十三条 行政复议证据包括:

(一)书证;

(二)物证;

(三)视听资料;

(四)电子数据;

(五)证人证言;

(六)当事人的陈述;

(七)鉴定意见;

(八)勘验笔录、现场笔录。

以上证据经行政复议机构审查属实,才能作为认定行政复议案件事实的根据。

第四十四条 被申请人对其作出的行政行为的合法性、适当性负有举证责任。

有下列情形之一的,申请人应当提供证据:

(一)认为被申请人不履行法定职责的,提供曾经要求被申请人履行法定职责的证据,但是被申请人应当依职权主动履行法定职责或者申请人因正当理由不能提供的除外;

(二)提出行政赔偿请求的,提供受行政行为侵害而造成损害的证据,但是因被申请人原因导致申请人无法举证的，由被申请人承担举证责任；

（三）法律、法规规定需要申请人提供证据的其他情形。

第四十五条 行政复议机关有权向有关单位和个人调查取证，查阅、复制、调取有关文件和资料，向有关人员进行询问。

调查取证时，行政复议人员不得少于两人，并应当出示行政复议工作证件。

被调查取证的单位和个人应当积极配合行政复议人员的工作，不得拒绝或者阻挠。

第四十六条 行政复议期间，被申请人不得自行向申请人和其他有关单位或者个人收集证据；自行收集的证据不作为认定行政行为合法性、适当性的依据。

行政复议期间，申请人或者第三人提出被申请行政复议的行政行为作出时没有提出的理由或者证据的，经行政复议机构同意，被申请人可以补充证据。

第四十七条 行政复议期间，申请人、第三人及其委托代理人可以按照规定查阅、复制被申请人提出的书面答复、作出行政行为的证据、依据和其他有关材料，除涉及国家秘密、商业秘密、个人隐私或者可能危及国家安全、公共安全、社会稳定的情形外，行政复议机构应当同意。

第三节 普通程序

第四十八条 行政复议机构应当自行政复议申请受理之日起七日内，将行政复议申请书副本或者行政复议申请笔录复印件发送被申请人。被申请人应当自收到行政复议申请书副本或者行政复议申请笔录复印件之日起十日内，提出书面答复，并提交作出行政行为的证据、依据和其他有关材料。

第四十九条 适用普通程序审理的行政复议案件，行政复议机构应当当面或者通过互联网、电话等方式听取当事人的意见，并将听取的意见记录在案。因当事人原因不能听取意见的，可以书面审理。

第五十条 审理重大、疑难、复杂的行政复议案件，行政复议机构应当组织听证。

行政复议机构认为有必要听证，或者申请人请求听证的，行政复议机构可以组织听证。

听证由一名行政复议人员任主持人，两名以上行政复议人员任听证员，一名记录员制作听证笔录。

第五十一条 行政复议机构组织听证的，应当于举行听证的五日前将听证的时间、地点和拟听证事项书面通知当事人。

申请人无正当理由拒不参加听证的，视为放弃听证权利。

被申请人的负责人应当参加听证。不能参加的，应当说明理由并委托相应的工作人员参加听证。

第五十二条 县级以上各级人民政府应当建立相关政府部门、专家、学者等参与的行政复议委员会，为办理行政复议案件提供咨询意见，并就行政复议工作中的重大事项和共性问题研究提出意见。行政复议委员会的组成和开展工作的具体办法，由国务院行政复议机构制定。

审理行政复议案件涉及下列情形之一的，行政复议机构应当提请行政复议委员会提出咨询意见：

（一）案情重大、疑难、复杂；

（二）专业性、技术性较强；

（三）本法第二十四条第二款规定的行政复议案件；

（四）行政复议机构认为有必要。

行政复议机构应当记录行政复议委员会的咨询意见。

第四节 简易程序

第五十三条 行政复议机关审理下列行政复议案件，认为事实清楚、权利义务关系明确、争议不大的，可以适用简易程序：

（一）被申请行政复议的行政行为是当场作出；

（二）被申请行政复议的行政行为是警告或者通报批评；

（三）案件涉及款额三千元以下；

（四）属于政府信息公开案件。

除前款规定以外的行政复议案件，当事人各方同意适用简易程序的，可以适用简易程序。

第五十四条 适用简易程序审理的行政复议案件，行政复议机构应当自受理行政复议申请之日起三日内，将行政复议申请书副本或者行政复议申请笔录复印件发送被申请人。被申请人应当自收到行政复议申请书副本或者行政复议申请笔录复印件之日起五日内，提出书面答复，并提交作出行政行为的证据、依据和其他有关材料。

适用简易程序审理的行政复议案件，可以书面审理。

第五十五条 适用简易程序审理的行政复议案件，行政复议机构认为不宜适用简易程序的，经行政复议机构的负责人批准，可以转为普通程序审理。

第五节 行政复议附带审查

第五十六条 申请人依照本法第十三条的规定提出对有关规范性文件的附带审查申请，行政复议机关有权处理的，应当在三十日内依法处理；无权处理的，应当在七日内转送有权处理的行政机关依法处理。

第五十七条 行政复议机关在对被申请人作出的行政行为进行审查时，认为其依据不合法，本机关有权处理的，应当在三十日内依法处理；无权处理的，应当在七日内转送有权处理的国家机关依法处理。

第五十八条 行政复议机关依照本法第五十六条、第五十七条的规定有权处理有关规范性文件或者依据的，行政复议机构应当自行政复议中止之日起三日内，书面通知规范性文件或者依据的制定机关就相关条款的合法性提出书面答复。制定机关应当自收到书面通知之日起十日内提交书面答复及相关材料。

行政复议机构认为必要时，可以要求规范性文件或者依据的制定机关当面说明理由，制定机关应当配合。

第五十九条 行政复议机关依照本法第五十六条、第五十七条的规定有权处理有关规范性文件或者依据，认为相关条款合法的，在行政复议决定书中一并告知；认为相关条款超越权限或者违反上位法的，决定停止该条款的执行，并责令制定机关予以纠正。

第六十条 依照本法第五十六条、第五十七条的规定接受转送的行政机关、国家机关应当自收到转送之日起六十日内，将处理意见回复转送的行政复议机关。

第五章 行政复议决定

第六十一条 行政复议机关依照本法审理行政复议案件，由行政复议机构对行政行为进行审查，提出意见，经行政复议机关的负责人同意或者集体讨论通过后，以行政复议机关的名义作出行政复议决定。

经过听证的行政复议案件，行政复议机关应当根据听证笔录、审查认定的事实和证据，依照本法作出行政复议决定。

提请行政复议委员会提出咨询意见的行政复议案件，行政复议机关应当将咨询意见作为作出行政复议决定的重要参考依据。

第六十二条 适用普通程序审理的行政复议案件，行政复议机关应当自受理申请之日起六十日内作出行政复议决定；但是法律规定的行政复议期限少于六十日的除外。情况复杂，不能在规定期限内作出行政复议决定的，经行政复议机构的负责人批准，可以适当延长，并书面告知当事人；但是延长期限最多不得超过三十日。

适用简易程序审理的行政复议案件，行政复议机关应当自受理申请之日起三十日内作出行政复议决定。

第六十三条 行政行为有下列情形之一的，行政复议机关决定变更该行政行为：

（一）事实清楚，证据确凿，适用依据正确，程序合法，但是内容不适当；

（二）事实清楚，证据确凿，程序合法，但是未正确适用依据；

（三）事实不清、证据不足，经行政复议机关查清事实和证据。

行政复议机关不得作出对申请人更为不利的变更决定，但是第三人提出相反请求的除外。

第六十四条 行政行为有下列情形之一的，行政复议机关决定撤销或者部分撤销该行政行为，并可以责令被申请人在一定期限内重新作出行政行为：

（一）主要事实不清、证据不足；

（二）违反法定程序；

（三）适用的依据不合法；

（四）超越职权或者滥用职权。

行政复议机关责令被申请人重新作出行政行为的，被申请人不得以同一事实和理由作出与被申请行政复议的行政行为相同或者基本相同的行政行为，但是行政复议机关以违反法定程序为由决定撤销或者部分撤销的除外。

第六十五条 行政行为有下列情形之一的，行政复议机关不撤销该行政行为，但是确认该行政行为违法：

（一）依法应予撤销，但是撤销会给国家利益、社会公共利益造成重大损害；

（二）程序轻微违法，但是对申请人权利不产生实际影响。

行政行为有下列情形之一，不需要撤销或者责令履行的，行政复议机关确认该行政行为违法：

（一）行政行为违法，但是不具有可撤销内容；

（二）被申请人改变原违法行政行为，申请人仍要求撤销或者确认该行政行为违法；

（三）被申请人不履行或者拖延履行法定职责，责令履行没有意义。

第六十六条 被申请人不履行法定职责的，行政复议机关决定被申请人在一定期限内履行。

第六十七条 行政行为有实施主体不具有行政主体资格或者没有依据

等重大且明显违法情形，申请人申请确认行政行为无效的，行政复议机关确认该行政行为无效。

第六十八条 行政行为认定事实清楚，证据确凿，适用依据正确，程序合法，内容适当的，行政复议机关决定维持该行政行为。

第六十九条 行政复议机关受理申请人认为被申请人不履行法定职责的行政复议申请后，发现被申请人没有相应法定职责或者在受理前已经履行法定职责的，决定驳回申请人的行政复议请求。

第七十条 被申请人不按照本法第四十八条、第五十四条的规定提出书面答复、提交作出行政行为的证据、依据和其他有关材料的，视为该行政行为没有证据、依据，行政复议机关决定撤销、部分撤销该行政行为，确认该行政行为违法、无效或者决定被申请人在一定期限内履行，但是行政行为涉及第三人合法权益，第三人提供证据的除外。

第七十一条 被申请人不依法订立、不依法履行、未按照约定履行或者违法变更、解除行政协议的，行政复议机关决定被申请人承担依法订立、继续履行、采取补救措施或者赔偿损失等责任。

被申请人变更、解除行政协议合法，但是未依法给予补偿或者补偿不合理的，行政复议机关决定被申请人依法给予合理补偿。

第七十二条 申请人在申请行政复议时一并提出行政赔偿请求，行政复议机关对依照《中华人民共和国国家赔偿法》的有关规定应当不予赔偿的，在作出行政复议决定时，应当同时决定驳回行政赔偿请求；对符合《中华人民共和国国家赔偿法》的有关规定应当给予赔偿的，在决定撤销或者部分撤销、变更行政行为或者确认行政行为违法、无效时，应当同时决定被申请人依法给予赔偿；确认行政行为违法的，还可以同时责令被申请人采取补救措施。

申请人在申请行政复议时没有提出行政赔偿请求的，行政复议机关在依法决定撤销或者部分撤销、变更罚款，撤销或者部分撤销违法集资、没收财物、征收征用、摊派费用以及对财产的查封、扣押、冻结等行政行为时，应当同时责令被申请人返还财产，解除对财产的查封、扣押、冻结措施，或者赔偿相应的价款。

第七十三条 当事人经调解达成协议的，行政复议机关应当制作行政复议调解书，经各方当事人签字或者签章，并加盖行政复议机关印章，即具有法律效力。

调解未达成协议或者调解书生效前一方反悔的，行政复议机关应当依法审查或者及时作出行政复议决定。

第七十四条 当事人在行政复议决定作出前可以自愿达成和解，和解内容不得损害国家利益、社会公共利益和他人合法权益，不得违反法律、法规的强制性规定。

当事人达成和解后，由申请人向行政复议机构撤回行政复议申请。行政复议机构准予撤回行政复议申请、行政复议机关决定终止行政复议的，申请人不得再以同一事实和理由提出行政复议申请。但是，申请人能够证明撤回行政复议申请违背其真实意愿的除外。

第七十五条 行政复议机关作出行政复议决定，应当制作行政复议决定书，并加盖行政复议机关印章。

行政复议决定书一经送达，即发生法律效力。

第七十六条 行政复议机关在办理行政复议案件过程中，发现被申请人或者其他下级行政机关的有关行政行为违法或者不当的，可以向其制发行政复议意见书。有关机关应当自收到行政复议意见书之日起六十日内，将纠正相关违法或者不当行政行为的情况报送行政复议机关。

第七十七条 被申请人应当履行行政复议决定书、调解书、意见书。

被申请人不履行或者无正当理由拖延履行行政复议决定书、调解书、意见书的，行政复议机关或者有关上级行政机关应当责令其限期履行，并可以约谈被申请人的有关负责人或者予以通报批评。

第七十八条 申请人、第三人逾期不起诉又不履行行政复议决定书、调解书的，或者不履行最终裁决的行政复议决定的，按照下列规定分别处理：

（一）维持行政行为的行政复议决定书，由作出行政行为的行政机关依法强制执行，或者申请人民法院强制执行；

（二）变更行政行为的行政复议决定书，由行政复议机关依法强制执行，或者申请人民法院强制执行；

（三）行政复议调解书，由行政复议机关依法强制执行，或者申请人民法院强制执行。

第七十九条 行政复议机关根据被申请行政复议的行政行为的公开情况，按照国家有关规定将行政复议决定书向社会公开。

县级以上地方各级人民政府办理以本级人民政府工作部门为被申请人的行政复议案件，应当将发生法律效力的行政复议决定书、意见书同时抄告被申请人的上一级主管部门。

第六章 法律责任

第八十条 行政复议机关不依照本法规定履行行政复议职责，对负有责任的领导人员和直接责任人员依法给予警告、记过、记大过的处分；经有权监督的机关督促仍不改正或者造成严重后果的，依法给予降级、撤职、开除的处分。

第八十一条 行政复议机关工作人员在行政复议活动中，徇私舞弊或者有其他渎职、失职行为的，依法给予警告、记过、记大过的处分；情节严重的，依法给予降级、撤职、开除的处分；构成犯罪的，依法追究刑事责任。

第八十二条 被申请人违反本法规定，不提出书面答复或者不提交作出行政行为的证据、依据和其他有关材料，或者阻挠、变相阻挠公民、法人或者其他组织依法申请行政复议的，对负有责任的领导人员和直接责任人员依法给予警告、记过、记大过的处分；进行报复陷害的，依法给予降级、撤职、开除的处分；构成犯罪的，依法追究刑事责任。

第八十三条 被申请人不履行或者无正当理由拖延履行行政复议决定书、调解书、意见书的，对负有责任的领导人员和直接责任人员依法给予警告、记过、记大过的处分；经责令履行仍拒不履行的，依法给予降级、撤职、开除的处分。

第八十四条 拒绝、阻挠行政复议人员调查取证，故意扰乱行政复议工作秩序的，依法给予处分、治安管理处罚；构成犯罪的，依法追究刑事责任。

第八十五条 行政机关及其工作人员违反本法规定的，行政复议机关可以向监察机关或者公职人员任免机关、单位移送有关人员违法的事实材料，接受移送的监察机关或者公职人员任免机关、单位应当依法处理。

第八十六条 行政复议机关在办理行政复议案件过程中，发现公职人员涉嫌贪污贿赂、失职渎职等职务违法或者职务犯罪的问题线索，应当依照有关规定移送监察机关，由监察机关依法调查处置。

第七章 附 则

第八十七条 行政复议机关受理行政复议申请，不得向申请人收取任何费用。

第八十八条 行政复议期间的计算和行政复议文书的送达，本法没有规定的，依照《中华人民共和国民事诉讼法》关于期间、送达的规定执行。

本法关于行政复议期间有关“三日”、“五日”、“七日”、“十日”的规定是指工作日，不含法定休假日。

第八十九条 外国人、无国籍人、外国组织在中华人民共和国境内申请行政复议，适用本法。

第九十条 本法自 2024 年 1 月 1 日起施行。

附录二：

全国人民代表大会宪法和法律委员会关于《中华人民共和国行政复议法（修订草案三次审议稿）》修改意见的报告

全国人民代表大会常务委员会：

本次常委会会议于8月28日下午对行政复议法修订草案三次审议稿进行了分组审议。普遍认为，修订草案已经比较成熟，建议进一步修改后，提请本次常委会会议表决通过。同时，有些常委会组成人员和列席人员还提出了一些修改意见和建议。宪法和法律委员会于8月28日晚召开会议，逐条研究了常委会组成人员和列席人员的审议意见，对修订草案进行了审议。司法部有关负责同志列席了会议。宪法和法律委员会认为，修订草案是可行的，同时，提出以下修改意见：

一、有的常委委员建议，通过发布指导性案例等方式，加强对行政复议案件办理的指导，进一步提升办案质量。宪法和法律委员会经研究，建议增加规定：国务院行政复议机构可以发布行政复议指导性案例。

二、有的常委委员、地方提出，实践中政府工作部门派出机构的情况比较复杂，对其行政行为不服的行政复议案件，不宜一律由派出机构所属工作部门的本级人民政府管辖，建议作出相对灵活的制度安排。宪法和法律委员会经研究，建议将第二十四条第一款第五项关于派出机构管辖的规定修改为："对县级以上地方各级人民政府工作部门依法设立的派出机构依照法律、法规、规章规定，以派出机构的名义作出的行政行为不服的行政复议案件，由本级人民政府管辖；其中，对直辖市、设区的市人民政府工作部门按照行政区划设立的派出机构作出的行政行为不服的，也可以由其所在地的人民政府管辖。"

三、有些常委委员提出，赋予申请人、第三人的委托代理人查阅、复制有关材料的权利,有利于更好实现申请人、第三人的合法权益,建议在修订草案中予以明确。宪法和法律委员会经研究,建议采纳这一意见。

四、有的常委委员和列席人员建议,对被申请人不履行或者无正当理由拖延履行行政复议决定的,加大监督力度,行政复议机关或者有关上级机关可以直接约谈被申请人的有关负责人或者予以通报批评。宪法和法律委员会经研究,建议采纳这一意见。

常委会组成人员和列席人员还就行政复议范围、完善审理程序、及时出台配套规定、加强法律实施宣传等提出了一些具体意见。宪法和法律委员会经研究认为,上述意见涉及的问题,有的已在相关法律法规中作出规定,有的涉及法律的具体执行,有的可在本法实施条例和配套规定中进一步明确,建议有关方面认真研究落实,尽快修改实施条例、完善配套规定,扎实做好法律宣传工作,切实保障法律有效贯彻实施。

经与有关部门研究,建议将修订后的行政复议法的施行时间确定为2024年1月1日。

此外,根据常委会组成人员的审议意见,还对修订草案三次审议稿作了个别文字修改。

修订草案修改稿已按上述意见作了修改,宪法和法律委员会建议本次常委会会议审议通过。

修订草案修改稿和以上报告是否妥当,请审议。

全国人民代表大会宪法和法律委员会

2023年8月31日

附录三：

《行政复议法》（2017 年与 2023 年）条文对照表

（条文中加粗字体为修改内容或新增内容）

行政复议法（2017 年修正） （1999 年 4 月 29 日第九届全国人民代表大会常务委员会第九次会议通过 根据 2009 年 8 月 27 日第十一届全国人民代表大会常务委员会第十次会议《关于修改部分法律的决定》第一次修正 根据 2017 年 9 月 1 日第十二届全国人民代表大会常务委员会第二十九次会议《关于修改〈中华人民共和国法官法〉等八部法律的决定》第二次修正）	行政复议法（2023 年修订） （1999 年 4 月 29 日第九届全国人民代表大会常务委员会第九次会议通过 根据 2009 年 8 月 27 日第十一届全国人民代表大会常务委员会第十次会议《关于修改部分法律的决定》第一次修正 根据 2017 年 9 月 1 日第十二届全国人民代表大会常务委员会第二十九次会议《关于修改〈中华人民共和国法官法〉等八部法律的决定》第二次修正 2023 年 9 月 1 日第十四届全国人民代表大会常务委员会第五次会议修订）
第一章 总 则	第一章 总 则
第一条 为了防止和纠正违法的或者不当的**具体**行政行为，保护公民、法人和其他组织的合法权益，**保障和监督**行政机关依法行使职权，根据宪法，制定本法。	第一条 为了防止和纠正违法的或者不当的行政行为，保护公民、法人和其他组织的合法权益，**监督和保障**行政机关依法行使职权，**发挥行政复议化解行政争议的主渠道作用，推进法治政府建设**，根据宪法，制定本法。
第二条 公民、法人或者其他组织认为**具体**行政行为侵犯其合法权益，向**行政机关**提出行政复议申请，**行政机关受理行政复议申请、作出行政复议决定**，适用本法。	第二条 公民、法人或者其他组织认为**行政机关的**行政行为侵犯其合法权益，向**行政复议机关**提出行政复议申请，**行政复议机关办理行政复议案件**，适用本法。 **前款所称行政行为，包括法律、法规、规章授权的组织的行政行为。**
第四条 行政复议机关履行行政复议职责，应当遵循合法、公正、公开、**及时**、便民的原则，坚持有错必纠，保障法律、法规的正确实施。	**第三条 行政复议工作坚持中国共产党的领导。** 行政复议机关履行行政复议职责，应当遵循合法、公正、公开、**高效**、便民、**为民**的原则，坚持有错必纠，保障法律、法规的正确实施。

行政复议法(2017 年修正)	行政复议法(2023 年修订)
第三条第一款 依照本法履行行政复议职责的行政机关是行政复议机关。**行政复议机关负责法制工作的机构具体办理行政复议事项,履行下列职责:** **(一)受理行政复议申请;** **(二)向有关组织和人员调查取证,查阅文件和资料;** **(三)审查申请行政复议的具体行政行为是否合法与适当,拟订行政复议决定;** **(四)处理或者转送对本法第七条所列有关规定的审查申请;** **(五)对行政机关违反本法规定的行为依照规定的权限和程序提出处理建议;** **(六)办理因不服行政复议决定提起行政诉讼的应诉事项;** **(七)法律、法规规定的其他职责。**	**第四条 县级以上各级人民政府以及其他**依照本法履行行政复议职责的行政机关是行政复议机关。 **行政复议机关办理行政复议事项的机构是行政复议机构。行政复议机构同时组织办理行政复议机关的行政应诉事项。** **行政复议机关应当加强行政复议工作,支持和保障行政复议机构依法履行职责。上级行政复议机构对下级行政复议机构的行政复议工作进行指导、监督。** **国务院行政复议机构可以发布行政复议指导性案例。**
	第五条 行政复议机关办理行政复议案件,可以进行调解。 **调解应当遵循合法、自愿的原则,不得损害国家利益、社会公共利益和他人合法权益,不得违反法律、法规的强制性规定。**
第三条第二款 行政机关中初次从事行政复议的人员,应当通过国家统一法律职业资格考试取得法律职业资格。	**第六条 国家建立专业化、职业化行政复议人员队伍。** **行政复议机构**中初次从事行政复议**工作**的人员,应当通过国家统一法律职业资格考试取得法律职业资格,**并参加统一职前培训。** **国务院行政复议机构应当会同有关部门制定行政复议人员工作规范,加强对行政复议人员的业务考核和管理。**
第三十九条第二句 行政复议活动所需经费,应当列入本机关的行政经费,由本级财政予以保障。	**第七条 行政复议机关应当确保行政复议机构的人员配备与所承担的工作任务相适应,提高行政复议人员专业素质,根据工作需要保障办案场所、装备等设施。县级以上各级人民政府应当将行政复议工作经费列入本级预算。**

续表

行政复议法（2017 年修正）	行政复议法（2023 年修订）
	第八条　行政复议机关应当加强信息化建设，运用现代信息技术，方便公民、法人或者其他组织申请、参加行政复议，提高工作质量和效率。
	第九条　对在行政复议工作中做出显著成绩的单位和个人，按照国家有关规定给予表彰和奖励。
第五条　公民、法人或者其他组织对行政复议决定不服的，可以依照**行政诉讼法**的规定向人民法院提起行政诉讼，但是法律规定行政复议决定为最终裁决的除外。	**第十条**　公民、法人或者其他组织对行政复议决定不服的，可以依照**《中华人民共和国行政诉讼法》**的规定向人民法院提起行政诉讼，但是法律规定行政复议决定为最终裁决的除外。
第二章　行政复议**申请**	第二章　行政复议**范围**
	第一节　行政复议范围
第六条　有下列情形之一的，公民、法人或者其他组织可以依照本法申请行政复议： （一）对行政机关作出的**警告、罚款、没收违法所得、没收非法财物、责令停产停业、暂扣或者吊销许可证、暂扣或者吊销执照、行政拘留等**行政处罚决定不服**的**； （二）对行政机关作出的**限制人身自由或者查封、扣押、冻结财产等**行政强制措施决定不服**的**； **（三）对行政机关作出的有关许可证、执照、资质证、资格证等证书变更、中止、撤销的决定不服的；** （四）对行政机关作出的**关于**确认**土地、矿藏、水流、森林、山岭、草原、荒地、滩涂、海域等**自然资源的所有权或者使用权的决定不服**的**； **（五）**认为行政机关侵犯**合法的**经营自主权**的**； **（六）认为行政机关变更或者废止农业承包合同，侵犯其合法权益的；**	**第十一条**　有下列情形之一的，公民、法人或者其他组织可以依照本法申请行政复议： （一）对行政机关作出的行政处罚决定不服； （二）对行政机关作出的行政强制措施、**行政强制执行**决定不服； **（三）申请行政许可，行政机关拒绝或者在法定期限内不予答复，或者对行政机关作出的有关行政许可的其他决定不服；** （四）对行政机关作出的确认自然资源的所有权或者使用权的决定不服； **（五）对行政机关作出的征收征用决定及其补偿决定不服；** **（六）对行政机关作出的赔偿决定或者不予赔偿决定不服；** **（七）对行政机关作出的不予受理工伤认定申请的决定或者工伤认定结论不服；** **（八）**认为行政机关侵犯**其**经营自主权**或者农村土地承包经营权、农村土地经营权；** **（九）认为行政机关滥用行政权力排除**

续表

行政复议法(2017 年修正)	行政复议法(2023 年修订)
(七)认为行政机关违法集资、**征收财物**、摊派费用或者违法要求履行其他义务**的**; **(八)认为符合法定条件,申请行政机关颁发许可证、执照、资质证、资格证等证书,或者申请行政机关审批、登记有关事项,行政机关没有依法办理的;** (**九**)申请行政机关履行保护人身权利、财产权利、受教育权利的法定职责,行政机关**没有**依法履行**的**; (**十**)申请行政机关依法**发放**抚恤金、社会保险金或者最低生活保障费,行政机关没有依法发放**的**; (**十一**)认为行政机关的其他**具体**行政行为侵犯其合法权益**的**。	**或者限制竞争;** (**十**)认为行政机关违法集资、摊派费用或者违法要求履行其他义务; (**十一**)申请行政机关履行保护人身权利、财产权利、受教育权利**等合法权益**的法定职责,**行政机关拒绝履行、未依法履行或者不予答复;** (**十二**)申请行政机关依法**给付**抚恤金、**社会保险待遇**或者最低生活保障**等社会保障**,行政机关没有依法**给付**; **(十三)认为行政机关不依法订立、不依法履行、未按照约定履行或者违法变更、解除政府特许经营协议、土地房屋征收补偿协议等行政协议;** **(十四)认为行政机关在政府信息公开工作中侵犯其合法权益;** (**十五**)认为行政机关的其他行政行为侵犯其合法权益。
第八条　不服行政机关作出的行政处分或者其他人事处理决定的,依照有关法律、行政法规的规定提出申诉。 **不服行政机关对民事纠纷作出的调解或者其他处理,依法申请仲裁或者向人民法院提起诉讼。**	**第十二条　下列事项不属于行政复议范围:** **(一)国防、外交等国家行为;** **(二)行政法规、规章或者行政机关制定、发布的具有普遍约束力的决定、命令等规范性文件;** **(三)行政机关对行政机关工作人员的奖惩、任免等决定;** (四)行政机关对民事纠纷作出的调解。
第七条　公民、法人或者其他组织认为行政机关的**具体**行政行为所依据的下列**规定**不合法,在对**具体**行政行为申请行政复议时,可以一并向行政复议机关提出对该**规定**的审查申请: (一)国务院部门的**规定**; (二)县级以上地方各级人民政府及其工作部门的**规定**; (三)乡、镇人民政府的**规定**。 前款所列**规定**不含**国务院部、委员会规章和地方人民政府规章**。规章的审查依照法律、行政法规办理。	**第十三条**　公民、法人或者其他组织认为行政机关的行政行为所依据的下列**规范性文件**不合法,在对行政行为申请行政复议时,可以一并向行政复议机关提出对该**规范性文件**的**附带**审查申请: (一)国务院部门的**规范性文件**; (二)县级以上地方各级人民政府及其工作部门的**规范性文件**; (三)乡、镇人民政府的**规范性文件**; **(四)法律、法规、规章授权的组织的规范性文件。** 前款所列**规范性文件**不含**规章**。规章的审查依照法律、行政法规办理。

续表

行政复议法(2017年修正)	行政复议法(2023年修订)
第三章　行政复议申请	**第二节　行政复议参加人**
第十条第一款、第二款　依照本法申请行政复议的公民、法人或者其他组织是申请人。 有权申请行政复议的公民死亡的,其近亲属可以申请行政复议。有权申请行政复议的公民为无民事行为能力人或者限制民事行为能力人的,其法定代理人可以代为申请行政复议。有权申请行政复议的法人或者其他组织终止的,**承受其权利的法人或者其他组织**可以申请行政复议。	**第十四条**　依照本法申请行政复议的公民、法人或者其他组织是申请人。 有权申请行政复议的公民死亡的,其近亲属可以申请行政复议。有权申请行政复议的法人或者其他组织终止的,**其权利义务承受人**可以申请行政复议。 有权申请行政复议的公民为无民事行为能力人或者限制民事行为能力人的,其法定代理人可以代为申请行政复议。
	第十五条　同一行政复议案件申请人人数众多的,可以由申请人推选代表人参加行政复议。 **代表人参加行政复议的行为对其所代表的申请人发生效力,但是代表人变更行政复议请求、撤回行政复议申请、承认第三人请求的,应当经被代表的申请人同意。**
第十条第三款　同**申请**行政复议的**具体**行政行为有利害关系的**其他**公民、法人或者其他组织,可以作为第三人参加行政复议。	**第十六条　申请人以外的**同**被申请**行政复议的行政行为**或者行政复议案件处理结果**有利害关系的公民、法人或者其他组织,可以作为第三人申请参加行政复议,**或者由行政复议机构通知其作为第三人参加行政复议。** **第三人不参加行政复议,不影响行政复议案件的审理。**
第十条第五款　申请人、第三人可以委托代理人代为参加行政复议。	**第十七条**　申请人、第三人可以委托**一至二名律师、基层法律服务工作者或者其他**代理人代为参加行政复议。 **申请人、第三人委托代理人的,应当向行政复议机构提交授权委托书、委托人及被委托人的身份证明文件。授权委托书应当载明委托事项、权限和期限。申请人、第三人变更或者解除代理人权限的,应当书面告知行政复议机构。**

续表

行政复议法(**2017** 年修正)	行政复议法(**2023** 年修订)
	第十八条　符合法律援助条件的行政复议申请人申请法律援助的,法律援助机构应当依法为其提供法律援助。
第十条第四款　公民、法人或者其他组织对**行政机关的具体**行政行为不服申请行政复议的,作出**具体**行政行为的行政机关是被申请人。	**第十九条**　公民、法人或者其他组织对行政行为不服申请行政复议的,作出行政行为的行政机关**或者法律、法规、规章授权的组织**是被申请人。 **两个以上行政机关以共同的名义作出同一行政行为的,共同作出行政行为的行政机关是被申请人。** **行政机关委托的组织作出行政行为的,委托的行政机关是被申请人。** **作出行政行为的行政机关被撤销或者职权变更的,继续行使其职权的行政机关是被申请人。**
	第三节　申请的提出
第九条　公民、法人或者其他组织认为**具体**行政行为侵犯其合法权益的,可以自知道该**具体**行政行为之日起六十日内提出行政复议申请;但是法律规定的申请期限超过六十日的除外。 因不可抗力或者其他正当理由耽误法定申请期限的,申请期限自障碍消除之日起继续计算。	**第二十条**　公民、法人或者其他组织认为行政行为侵犯其合法权益的,可以自知道**或者应当知道**该行政行为之日起六十日内提出行政复议申请;但是法律规定的申请期限超过六十日的除外。 因不可抗力或者其他正当理由耽误法定申请期限的,申请期限自障碍消除之日起继续计算。 **行政机关作出行政行为时,未告知公民、法人或者其他组织申请行政复议的权利、行政复议机关和申请期限的,申请期限自公民、法人或者其他组织知道或者应当知道申请行政复议的权利、行政复议机关和申请期限之日起计算,但是自知道或者应当知道行政行为内容之日起最长不得超过一年。**
	第二十一条　因不动产提出的行政复议申请自行政行为作出之日起超过二十年,其他行政复议申请自行政行为作出之日起超过五年的,行政复议机关不予受理。

续表

行政复议法(2017 年修正)	行政复议法(2023 年修订)
第十一条 申请人申请行政复议,可以书面申请,也可以口头申请;口头申请的,行政复议机关应当当场记录申请人的基本情况、行政复议请求、申请行政复议的主要事实、理由和时间。	**第二十二条** 申请人申请行政复议,可以书面申请;**书面申请有困难的**,也可以口头申请。 **书面申请的,可以通过邮寄或者行政复议机关指定的互联网渠道等方式提交行政复议申请书,也可以当面提交行政复议申请书。行政机关通过互联网渠道送达行政行为决定书的,应当同时提供提交行政复议申请书的互联网渠道。** 口头申请的,行政复议机关应当当场记录申请人的基本情况、行政复议请求、申请行政复议的主要事实、理由和时间。 **申请人对两个以上行政行为不服的,应当分别申请行政复议。**
第三十条第一款 公民、法人或者其他组织认为行政机关的具体行政行为侵犯其已经依法取得的土地、矿藏、水流、森林、山岭、草原、荒地、滩涂、海域等自然资源的所有权或者使用权的,应当先申请行政复议;对行政复议决定不服的,可以依法向人民法院提起行政诉讼。 **第十六条第一款** 公民、法人或者其他组织申请行政复议,行政复议机关已经依法受理的,或者法律、法规规定应当先向行政复议机关申请行政复议、对行政复议决定不服再向人民法院提起行政诉讼的,在法定行政复议期限内不得向人民法院提起行政诉讼。	**第二十三条** 有下列情形之一的,申请人应当先向行政复议机关申请行政复议,对行政复议决定不服的,可以再依法向人民法院提起行政诉讼: (一)对当场作出的行政处罚决定不服; (二)对行政机关作出的侵犯其已经依法取得的自然资源的所有权或者使用权的决定不服; (三)认为行政机关存在本法第十一条规定的未履行法定职责情形; (四)申请政府信息公开,行政机关不予公开; (五)法律、行政法规规定应当先向行政复议机关申请行政复议的其他情形。 对前款规定的情形,行政机关在作出行政行为时应当告知公民、法人或者其他组织先向行政复议机关申请行政复议。
	第四节 行政复议管辖
第十二条第一款 对县级以上地方各级人民政府工作部门的具体行政行为不服的,由申请人选择,可以向该部门的本级人民政府申请行政复议,也可以向上一级主管部门申请行政复议。 **第十三条** 对地方各级人民政府的具体行政行为不服的,向上一级地方人民政府申请行政复议。	**第二十四条** 县级以上地方各级人民政府管辖下列行政复议案件: (一)对本级人民政府工作部门作出的行政行为不服的; (二)对下一级人民政府作出的行政行为不服的; (三)对本级人民政府依法设立的派出机关作出的行政行为不服的;

续表

行政复议法(**2017** 年修正)	行政复议法(**2023** 年修订)
对省、自治区人民政府依法设立的派出机关所属的县级地方人民政府的具体行政行为不服的,向该派出机关申请行政复议。 第十四条　对国务院部门或者省、自治区、直辖市人民政府的具体行政行为不服的,向作出该具体行政行为的国务院部门或者省、自治区、直辖市人民政府申请行政复议。对行政复议决定不服的,可以向人民法院提起行政诉讼;也可以向国务院申请裁决,国务院依照本法的规定作出最终裁决。 第十五条　对本法第十二条、第十三条、第十四条规定以外的其他行政机关、组织的具体行政行为不服的,按照下列规定申请行政复议: (一)对县级以上地方人民政府依法设立的派出机关的具体行政行为不服的,向设立该派出机关的人民政府申请行政复议; (二)对政府工作部门依法设立的派出机构依照法律、法规**或者**规章规定,以**自己**的名义作出的**具体**行政行为不服的,向设立该派出机构的部门或者该部门的本级地方人民政府申请行政复议; (三)对法律、法规授权的组织的具体行政行为不服的,分别向直接管理该组织的地方人民政府、地方人民政府工作部门或者国务院部门申请行政复议; (四)对两个或者两个以上行政机关以共同的名义作出的具体行政行为不服的,向其共同上一级行政机关申请行政复议; (五)对被撤销的行政机关在撤销前所作出的具体行政行为不服的,向继续行使其职权的行政机关的上一级行政机关申请行政复议。 有前款所列情形之一的,申请人也可以向具体行政行为发生地的县级地方人民政府提出行政复议申请,由接受申请的县级地方人民政府依照本法第十八条的规定办理。	(四)对本级人民政府或者其工作部门管理的法律、法规、规章授权的组织作出的行政行为不服的。 除前款规定外,省、自治区、直辖市人民政府同时管辖对本机关作出的行政行为不服的行政复议案件。 省、自治区人民政府依法设立的派出机关参照设区的市级人民政府的职责权限,管辖相关行政复议案件。 对**县级以上地方各级人民**政府工作部门依法设立的派出机构依照法律、法规、规章规定,以**派出机构**的名义作出的行政行为不服的**行政复议案件,由本级人民政府管辖;其中,对直辖市、设区的市人民政府工作部门按照行政区划设立的派出机构作出的行政行为不服的,也可以由其所在地的人民政府管辖。**

续表

行政复议法(2017年修正)	行政复议法(2023年修订)
第十四条　对国务院部门或者省、自治区、直辖市人民政府的具体行政行为不服的,向作出该具体行政行为的国务院部门或者省、自治区、直辖市人民政府申请行政复议。对行政复议决定不服的,可以向人民法院提起行政诉讼;也可以向国务院申请裁决,国务院依照本法的规定作出最终裁决。 **第三十条第二款　根据国务院或者省、自治区、直辖市人民政府对行政区划的勘定、调整或者征收土地的决定,省、自治区、直辖市人民政府确认土地、矿藏、水流、森林、山岭、草原、荒地、滩涂、海域等自然资源的所有权或者使用权的行政复议决定为最终裁决。**	**第二十五条　国务院部门管辖下列行政复议案件: (一)对本部门作出的行政行为不服的; (二)对本部门依法设立的派出机构依照法律、行政法规、部门规章规定,以派出机构的名义作出的行政行为不服的; (三)对本部门管理的法律、行政法规、部门规章授权的组织作出的行政行为不服的。**
第十四条　对**国务院部门或者**省、自治区、直辖市人民政府的**具体行政行为不服的,向作出该具体行政行为的国务院部门或者省、自治区、直辖市人民政府申请行政复议。对**行政复议决定不服的,可以向人民法院提起行政诉讼;也可以向国务院申请裁决,国务院依照本法的规定作出最终裁决。	**第二十六条**　对省、自治区、直辖市人民政府**依照本法第二十四条第二款的规定、国务院部门依照本法第二十五条第一项的规定作出的**行政复议决定不服的,可以向人民法院提起行政诉讼;也可以向国务院申请裁决,国务院依照本法的规定作出最终裁决。
第十二条第二款　对海关、金融、**国税**、外汇管理等实行垂直领导的行政机关和国家安全机关的**具体**行政行为不服的,向上一级主管部门申请行政复议。	**第二十七条**　对海关、金融、外汇管理等实行垂直领导的行政机关、**税务**和国家安全机关的行政行为不服的,向上一级主管部门申请行政复议。
	第二十八条　对履行行政复议机构职责的地方人民政府司法行政部门的行政行为不服的,可以向本级人民政府申请行政复议,也可以向上一级司法行政部门申请行政复议。
第十六条　公民、法人或者其他组织申请行政复议,行政复议机关已经依法受理的,**或者法律、法规规定应当先向行政复议机关申请行政复议、对行政复议决定不服再向人民法院提起行政诉讼的,在法定行政复议期限内**不得向人民法院提起行政诉讼。	**第二十九条**　公民、法人或者其他组织申请行政复议,行政复议机关已经依法受理的,在**行政复议期间**不得向人民法院提起行政诉讼。 公民、法人或者其他组织向人民法院提起行政诉讼,人民法院已经依法受理的,不得申请行政复议。

续表

行政复议法(2017年修正)	行政复议法(2023年修订)
公民、法人或者其他组织向人民法院提起行政诉讼,人民法院已经依法受理的,不得申请行政复议。	
第四章 行政复议受理	**第三章** 行政复议受理
第十七条 行政复议机关收到行政复议申请后,应当在五日内进行审查,**对不符合本法规定的行政复议申请,决定不予受理,并书面告知申请人;对符合本法规定,但是不属于本机关受理的行政复议申请,应当告知申请人向有关行政复议机关提出。** **除前款规定外,行政复议申请自行政复议机关负责法制工作的机构收到之日起即为受理。**	**第三十条** 行政复议机关收到行政复议申请后,应当在五日内进行审查。**对符合下列规定的,行政复议机关应当予以受理:** **(一)有明确的申请人和符合本法规定的被申请人;** **(二)申请人与被申请行政复议的行政行为有利害关系;** **(三)有具体的行政复议请求和理由;** **(四)在法定申请期限内提出;** **(五)属于本法规定的行政复议范围;** **(六)属于本机关的管辖范围;** **(七)行政复议机关未受理过该申请人就同一行政行为提出的行政复议申请,并且人民法院未受理过该申请人就同一行政行为提起的行政诉讼。** **对不符合前款规定的行政复议申请,行政复议机关应当在审查期限内决定不予受理并说明理由;不属于本机关管辖的,还应当在不予受理决定中告知申请人有管辖权的行政复议机关。** **行政复议申请的审查期限届满,行政复议机关未作出不予受理决定的,审查期限届满之日起视为受理。**
	第三十一条 行政复议申请材料不齐全或者表述不清楚,无法判断行政复议申请是否符合本法第三十条第一款规定的,行政复议机关应当自收到申请之日起五日内书面通知申请人补正。补正通知应当一次性载明需要补正的事项。 **申请人应当自收到补正通知之日起十日内提交补正材料。有正当理由不能按期补正的,行政复议机关可以延长合理的补正期限。无正当理由逾期不补正的,视为申请人放弃行政复议申请,并记录在案。** **行政复议机关收到补正材料后,依照本法第三十条的规定处理。**

续表

行政复议法（2017年修正）	行政复议法（2023年修订）
第十八条　依照本法第十五条第二款的规定接受行政复议申请的县级地方人民政府，对依照本法第十五条第一款的规定属于其他行政复议机关受理的行政复议申请，应当自接到该行政复议申请之日起七日内，转送有关行政复议机关，并告知申请人。接受转送的行政复议机关应当依照本法第十七条的规定办理。	
	第三十二条　对当场作出或者依据电子技术监控设备记录的违法事实作出的行政处罚决定不服申请行政复议的，可以通过作出行政处罚决定的行政机关提交行政复议申请。 **行政机关收到行政复议申请后，应当及时处理；认为需要维持行政处罚决定的，应当自收到行政复议申请之日起五日内转送行政复议机关。**
	第三十三条　行政复议机关受理行政复议申请后，发现该行政复议申请不符合本法第三十条第一款规定的，应当决定驳回申请并说明理由。
第十九条　法律、**法规规定**应当先向行政复议机关申请行政复议、对行政复议决定不服再向人民法院提起行政诉讼的，行政复议机关决定不予受理或者受理后超过行政复议期限不作答复的，公民、法人或者其他组织可以自收到**不予受理决定书**之日起或者行政复议**期满**之日起十五日内，依法向人民法院提起行政诉讼。	**第三十四条**　法律、**行政法规规定**应当先向行政复议机关申请行政复议、对行政复议决定不服再向人民法院提起行政诉讼的，行政复议机关决定不予受理、**驳回申请**或者受理后超过行政复议期限不作答复的，公民、法人或者其他组织可以自收到**决定书**之日起或者行政复议**期限届满**之日起十五日内，依法向人民法院提起行政诉讼。
第二十条　公民、法人或者其他组织依法提出行政复议申请，行政复议机关无正当理由不予受理的，上级行政机关应当责令其**受理**；必要时，上级**行政机关也**可以直接受理。	**第三十五条**　公民、法人或者其他组织依法提出行政复议申请，行政复议机关无正当理由不予受理、**驳回申请或者受理后超过行政复议期限不作答复**的，**申请人有权向上级行政机关反映**，上级行政机关应当责令其**纠正**；必要时，上级**行政复议机关**可以直接受理。

续表

行政复议法(2017年修正)	行政复议法(2023年修订)
	第四章　行政复议审理
	第一节　一般规定
	第三十六条　行政复议机关受理行政复议申请后,依照本法适用普通程序或者简易程序进行审理。行政复议机构应当指定行政复议人员负责办理行政复议案件。 行政复议人员对办理行政复议案件过程中知悉的国家秘密、商业秘密和个人隐私,应当予以保密。
	第三十七条　行政复议机关依照法律、法规、规章审理行政复议案件。 行政复议机关审理民族自治地方的行政复议案件,同时依照该民族自治地方的自治条例和单行条例。
	第三十八条　上级行政复议机关根据需要,可以审理下级行政复议机关管辖的行政复议案件。 下级行政复议机关对其管辖的行政复议案件,认为需要由上级行政复议机关审理的,可以报请上级行政复议机关决定。
	第三十九条　行政复议期间有下列情形之一的,行政复议中止: (一)作为申请人的公民死亡,其近亲属尚未确定是否参加行政复议; (二)作为申请人的公民丧失参加行政复议的行为能力,尚未确定法定代理人参加行政复议; (三)作为申请人的公民下落不明; (四)作为申请人的法人或者其他组织终止,尚未确定权利义务承受人; (五)申请人、被申请人因不可抗力或者其他正当理由,不能参加行政复议; (六)依照本法规定进行调解、和解,申请人和被申请人同意中止; (七)行政复议案件涉及的法律适用问题需要有权机关作出解释或者确认;

续表

行政复议法(2017 年修正)	行政复议法(2023 年修订)
	(八)行政复议案件审理需要以其他案件的审理结果为依据,而其他案件尚未审结; (九)有本法第五十六条或者第五十七条规定的情形; (十)需要中止行政复议的其他情形。 行政复议中止的原因消除后,应当及时恢复行政复议案件的审理。 行政复议机关中止、恢复行政复议案件的审理,应当书面告知当事人。
	第四十条　行政复议期间,行政复议机关无正当理由中止行政复议的,上级行政机关应当责令其恢复审理。
第二十五条　行政复议决定作出前,申请人要求撤回行政复议申请的,经说明理由,可以撤回;撤回行政复议申请的,行政复议终止。	第四十一条　行政复议期间有下列情形之一的,行政复议机关决定终止行政复议: (一)申请人撤回行政复议申请,行政复议机构准予撤回; (二)作为申请人的公民死亡,没有近亲属或者其近亲属放弃行政复议权利; (三)作为申请人的法人或者其他组织终止,没有权利义务承受人或者其权利义务承受人放弃行政复议权利; (四)申请人对行政拘留或者限制人身自由的行政强制措施不服申请行政复议后,因同一违法行为涉嫌犯罪,被采取刑事强制措施; (五)依照本法第三十九条第一款第一项、第二项、第四项的规定中止行政复议满六十日,行政复议中止的原因仍未消除。
第二十一条　行政复议期间**具体**行政行为不停止执行;但是,有下列情形之一的,**可以**停止执行: (一)被申请人认为需要停止执行**的**; (二)行政复议机关认为需要停止执行**的**; (三)申请人申请停止执行,行政复议机关认为其要求合理,决定停止执行**的**; (四)法律规定停止执行的。	**第四十二条**　行政复议期间行政行为不停止执行;但是有下列情形之一的,**应当**停止执行: (一)被申请人认为需要停止执行; (二)行政复议机关认为需要停止执行; (三)申请人、**第三人**申请停止执行,行政复议机关认为其要求合理,决定停止执行; (四)法律、**法规**、**规章**规定停止执行的**其他情形**。

续表

行政复议法(2017 年修正)	行政复议法(2023 年修订)
	第二节　行政复议证据
	第四十三条　行政复议证据包括: (一)书证; (二)物证; (三)视听资料; (四)电子数据; (五)证人证言; (六)当事人的陈述; (七)鉴定意见; (八)勘验笔录、现场笔录。 以上证据经行政复议机构审查属实,才能作为认定行政复议案件事实的根据。
	第四十四条　被申请人对其作出的行政行为的合法性、适当性负有举证责任。 有下列情形之一的,申请人应当提供证据: (一)认为被申请人不履行法定职责的,提供曾经要求被申请人履行法定职责的证据,但是被申请人应当依职权主动履行法定职责或者申请人因正当理由不能提供的除外; (二)提出行政赔偿请求的,提供受行政行为侵害而造成损害的证据,但是因被申请人原因导致申请人无法举证的,由被申请人承担举证责任; (三)法律、法规规定需要申请人提供证据的其他情形。
	第四十五条　行政复议机关有权向有关单位和个人调查取证,查阅、复制、调取有关文件和资料,向有关人员进行询问。 调查取证时,行政复议人员不得少于两人,并应当出示行政复议工作证件。 被调查取证的单位和个人应当积极配合行政复议人员的工作,不得拒绝或者阻挠。

续表

行政复议法（2017年修正）	行政复议法（2023年修订）
第二十四条 在行政复议过程中，被申请人不得自行向申请人和其他有关**组织**或者个人收集证据。	**第四十六条 行政复议期间**，被申请人不得自行向申请人和其他有关**单位**或者个人收集证据；**自行收集的证据不作为认定行政行为合法性、适当性的依据。** **行政复议期间，申请人或者第三人提出被申请行政复议的行政行为作出时没有提出的理由或者证据的，经行政复议机构同意，被申请人可以补充证据。**
第二十三条第二款 申请人、第三人可以查阅被申请人提出的书面答复、作出**具体**行政行为的证据、依据和其他有关材料，除涉及国家秘密、商业秘密**或者**个人隐私外，**行政复议机关不得拒绝。**	**第四十七条 行政复议期间**，申请人、第三人**及其委托代理人**可以**按照规定**查阅、**复制**被申请人提出的书面答复、作出行政行为的证据、依据和其他有关材料，除涉及国家秘密、商业秘密、个人隐私**或者可能危及国家安全、公共安全、社会稳定的情形**外，**行政复议机构应当同意。**
	第三节 普通程序
第二十三条第一款 行政复议机关负责法制工作的机构应当自行政复议申请受理之日起七日内，将行政复议申请书副本或者行政复议申请笔录复印件发送被申请人。被申请人应当自收到**申请书**副本或者**申请**笔录复印件之日起**十**日内，提出书面答复，并提交**当初**作出**具体**行政行为的证据、依据和其他有关材料。	**第四十八条** 行政复议机构应当自行政复议申请受理之日起七日内，将行政复议申请书副本或者行政复议申请笔录复印件发送被申请人。被申请人应当自收到**行政复议**申请书副本或者**行政复议**申请笔录复印件之日起十日内，提出书面答复，并提交作出行政行为的证据、依据和其他有关材料。
第二十二条 行政复议原则上采取书面审查的办法，但是申请人提出要求或者行政复议机关负责法制工作的机构认为有必要时，可以向有关组织和人员调查情况，听取申请人、被申请人和第三人的意见。	**第四十九条 适用普通程序审理的行政复议案件，行政复议机构应当当面或者通过互联网、电话等方式听取当事人的意见，并将听取的意见记录在案。因当事人原因不能听取意见的，可以书面审理。**

续表

行政复议法(2017年修正)	行政复议法(2023年修订)
	第五十条　审理重大、疑难、复杂的行政复议案件,行政复议机构应当组织听证。 **行政复议机构认为有必要听证,或者申请人请求听证的,行政复议机构可以组织听证。** **听证由一名行政复议人员任主持人,两名以上行政复议人员任听证员,一名记录员制作听证笔录。**
	第五十一条　行政复议机构组织听证的,应当于举行听证的五日前将听证的时间、地点和拟听证事项书面通知当事人。 **申请人无正当理由拒不参加听证的,视为放弃听证权利。** **被申请人的负责人应当参加听证。不能参加的,应当说明理由并委托相应的工作人员参加听证。**
	第五十二条　县级以上各级人民政府应当建立相关政府部门、专家、学者等参与的行政复议委员会,为办理行政复议案件提供咨询意见,并就行政复议工作中的重大事项和共性问题研究提出意见。行政复议委员会的组成和开展工作的具体办法,由国务院行政复议机构制定。 **审理行政复议案件涉及下列情形之一的,行政复议机构应当提请行政复议委员会提出咨询意见:** **(一)案情重大、疑难、复杂;** **(二)专业性、技术性较强;** **(三)本法第二十四条第二款规定的行政复议案件;** **(四)行政复议机构认为有必要。** **行政复议机构应当记录行政复议委员会的咨询意见。**

续表

行政复议法（2017 年修正）	行政复议法（2023 年修订）
	第四节　简易程序
	第五十三条　行政复议机关审理下列行政复议案件，认为事实清楚、权利义务关系明确、争议不大的，可以适用简易程序： （一）被申请行政复议的行政行为是当场作出； （二）被申请行政复议的行政行为是警告或者通报批评； （三）案件涉及款额三千元以下； （四）属于政府信息公开案件。 除前款规定以外的行政复议案件，当事人各方同意适用简易程序的，可以适用简易程序。
	第五十四条　适用简易程序审理的行政复议案件，行政复议机构应当自受理行政复议申请之日起三日内，将行政复议申请书副本或者行政复议申请笔录复印件发送被申请人。被申请人应当自收到行政复议申请书副本或者行政复议申请笔录复印件之日起五日内，提出书面答复，并提交作出行政行为的证据、依据和其他有关材料。 适用简易程序审理的行政复议案件，可以书面审理。
	第五十五条　适用简易程序审理的行政复议案件，行政复议机构认为不宜适用简易程序的，经行政复议机构的负责人批准，可以转为普通程序审理。
	第五节　行政复议附带审查
第二十六条　申请人**在申请行政复议时，一并提出对本法第七条所列有关规定的审查申请的，**行政复议机关**对该规定**有权处理的，应当在三十日内依法处理；无权处理的，应当在七日内**按照法定程序**转送有权处理的行政机关依法处理，**有权处理的行政机关应当在六十日内依法处理。处理期间，中止对具体行政行为的审查。**	**第五十六条**　申请人**依照本法第十三条的规定提出对有关规范性文件的附带审查申请，**行政复议机关有权处理的，应当在三十日内依法处理；无权处理的，应当在七日内转送有权处理的行政机关依法处理。

续表

行政复议法(2017年修正)	行政复议法(2023年修订)
第二十七条 行政复议机关在对被申请人作出的**具体**行政行为进行审查时,认为其依据不合法,本机关有权处理的,应当在三十日内依法处理;无权处理的,应当在七日内**按照法定程序**转送有权处理的国家机关依法处理。**处理期间,中止对具体行政行为的审查。**	**第五十七条** 行政复议机关在对被申请人作出的行政行为进行审查时,认为其依据不合法,本机关有权处理的,应当在三十日内依法处理;无权处理的,应当在七日内转送有权处理的国家机关依法处理。
第三十条 公民、法人或者其他组织认为行政机关的具体行政行为侵犯其已经依法取得的土地、矿藏、水流、森林、山岭、草原、荒地、滩涂、海域等自然资源的所有权或者使用权的,应当先申请行政复议;对行政复议决定不服的,可以依法向人民法院提起行政诉讼。 **根据国务院或者省、自治区、直辖市人民政府对行政区划的勘定、调整或者征收土地的决定,省、自治区、直辖市人民政府确认土地、矿藏、水流、森林、山岭、草原、荒地、滩涂、海域等自然资源的所有权或者使用权的行政复议决定为最终裁决。**	
	第五十八条 行政复议机关依照本法第五十六条、第五十七条的规定有权处理有关规范性文件或者依据的,行政复议机构应当自行政复议中止之日起三日内,书面通知规范性文件或者依据的制定机关就相关条款的合法性提出书面答复。制定机关应当自收到书面通知之日起十日内提交书面答复及相关材料。 **行政复议机构认为必要时,可以要求规范性文件或者依据的制定机关当面说明理由,制定机关应当配合。**
	第五十九条 行政复议机关依照本法第五十六条、第五十七条的规定有权处理有关规范性文件或者依据,认为相关条款合法的,在行政复议决定书中一并告知;认为相关条款超越权限或者违反上位法的,决定停止该条款的执行,并责令制定机关予以纠正。

续表

行政复议法(2017年修正)	行政复议法(2023年修订)
	第六十条　依照本法第五十六条、第五十七条的规定接受转送的行政机关、国家机关应当自收到转送之日起六十日内,将处理意见回复转送的行政复议机关。
	第五章　行政复议决定
第二十八条　行政复议机关**负责法制工作的机构应当对被申请人作出的具体**行政行为进行审查,提出意见,经行政复议机关的负责人同意或者集体讨论通过后,按照下列规定作出行政复议决定……	**第六十一条　行政复议机关依照本法审理行政复议案件,由行政复议机构**对行政行为进行审查,提出意见,经行政复议机关的负责人同意或者集体讨论通过后,**以行政复议机关的名义**作出行政复议决定。 **经过听证的行政复议案件,行政复议机关应当根据听证笔录、审查认定的事实和证据,依照本法作出行政复议决定。** **提请行政复议委员会提出咨询意见的行政复议案件,行政复议机关应当将咨询意见作为作出行政复议决定的重要参考依据。**
第三十一条第一款　行政复议机关应当自受理申请之日起六十日内作出行政复议决定;但是法律规定的行政复议期限少于六十日的除外。情况复杂,不能在规定期限内作出行政复议决定的,经**行政复议机关**的负责人批准,可以适当延长,并**告知申请人和被申请人**;但是延长期限最多**不**超过三十日。	**第六十二条　适用普通程序审理的行政复议案件**,行政复议机关应当自受理申请之日起六十日内作出行政复议决定;但是法律规定的行政复议期限少于六十日的除外。情况复杂,不能在规定期限内作出行政复议决定的,经**行政复议机构**的负责人批准,可以适当延长,并**书面告知当事人**;但是延长期限最多**不得**超过三十日。 **适用简易程序审理的行政复议案件,行政复议机关应当自受理申请之日起三十日内作出行政复议决定。**

续表

行政复议法(2017年修正)	行政复议法(2023年修订)
第二十八条　行政复议机关负责法制工作的机构应当对被申请人作出的具体行政行为进行审查,提出意见,经行政复议机关的负责人同意或者集体讨论通过后,按照下列规定作出行政复议决定: **(一)具体行政行为认定事实清楚,证据确凿,适用依据正确,程序合法,内容适当的,决定维持;** **(二)被申请人不履行法定职责的,决定其在一定期限内履行;** (三)**具体**行政行为有下列情形之一的,决定撤销、**变更或者确认该具体行政行为违法;决定撤销或者确认该具体行政行为违法的,**可以责令被申请人在一定期限内重新作出**具体**行政行为: **1.**主要事实不清、证据不足**的;** **2.适用依据错误的;** **3.**违反法定程序**的;** **4.**超越或者滥用职权**的;** **5.具体行政行为明显不当的。** **(四)被申请人不按照本法第二十三条的规定提出书面答复、提交当初作出具体行政行为的证据、依据和其他有关材料的,视为该具体行政行为没有证据、依据,决定撤销该具体行政行为。** 行政复议机关责令被申请人重新作出**具体**行政行为的,被申请人不得以同一**的**事实和理由作出与**原具体**行政行为相同或者基本相同的**具体**行政行为。	**第六十三条　行政行为有下列情形之一的,行政复议机关决定变更该行政行为:** **(一)事实清楚,证据确凿,适用依据正确,程序合法,但是内容不适当;** **(二)事实清楚,证据确凿,程序合法,但是未正确适用依据;** **(三)事实不清、证据不足,经行政复议机关查清事实和证据。** **行政复议机关不得作出对申请人更为不利的变更决定,但是第三人提出相反请求的除外。**
	第六十四条　行政行为有下列情形之一的,**行政复议机关**决定撤销**或者部分撤销该行政行为,并**可以责令被申请人在一定期限内重新作出行政行为: (一)主要事实不清、证据不足; (二)违反法定程序; **(三)适用的依据不合法;** **(四)**超越**职权**或者滥用职权。 行政复议机关责令被申请人重新作出行政行为的,被申请人不得以同一事实和理由作出与**被申请行政复议的**行政行为相同或者基本相同的行政行为,**但是行政复议机关以违反法定程序为由决定撤销或者部分撤销的除外。**
	第六十五条　行政行为有下列情形之一的,行政复议机关不撤销该行政行为,但是确认该行政行为违法: **(一)依法应予撤销,但是撤销会给国家利益、社会公共利益造成重大损害;** **(二)程序轻微违法,但是对申请人权利不产生实际影响。**

续表

行政复议法(2017年修正)	行政复议法(2023年修订)
	行政行为有下列情形之一,不需要撤销或者责令履行的,行政复议机关确认该行政行为违法: (一)行政行为违法,但是不具有可撤销内容; (二)被申请人改变原违法行政行为,申请人仍要求撤销或者确认该行政行为违法; (三)被申请人不履行或者拖延履行法定职责,责令履行没有意义。
	第六十六条　被申请人不履行法定职责的,行政复议机关决定被申请人在一定期限内履行。
	第六十七条　行政行为有实施主体不具有行政主体资格或者没有依据等重大且明显违法情形,申请人申请确认行政行为无效的,行政复议机关确认该行政行为无效。
	第六十八条　行政行为认定事实清楚,证据确凿,适用依据正确,程序合法,内容适当的,行政复议机关决定维持该行政行为。
	第六十九条　行政复议机关受理申请人认为被申请人不履行法定职责的行政复议申请后,发现被申请人没有相应法定职责或者在受理前已经履行法定职责的,决定驳回申请人的行政复议请求。
	第七十条　被申请人不按照本法第四十八条、第五十四条的规定提出书面答复、提交作出行政行为的证据、依据和其他有关材料的,视为该行政行为没有证据、依据,行政复议机关决定撤销、部分撤销该行政行为,确认该行政行为违法、无效或者决定被申请人在一定期限内履行,但是行政行为涉及第三人合法权益,第三人提供证据的除外。

续表

行政复议法(2017年修正)	行政复议法(2023年修订)
	第七十一条　被申请人不依法订立、不依法履行、未按照约定履行或者违法变更、解除行政协议的，行政复议机关决定被申请人承担依法订立、继续履行、采取补救措施或者赔偿损失等责任。 **被申请人变更、解除行政协议合法，但是未依法给予补偿或者补偿不合理的，行政复议机关决定被申请人依法给予合理补偿。**
第二十九条　申请人在申请行政复议时**可以**一并提出行政赔偿请求，行政复议机关对符合**国家赔偿法**的有关规定应当给予赔偿的，在决定撤销、变更**具体**行政行为或者确认**具体**行政行为违法时，应当同时决定被申请人依法给予赔偿。 申请人在申请行政复议时没有提出行政赔偿请求的，行政复议机关在依法决定撤销或者变更罚款，撤销违法集资、没收财物、**征收财物**、摊派费用以及对财产的查封、扣押、冻结等**具体**行政行为时，应当同时责令被申请人返还财产，解除对财产的查封、扣押、冻结措施，或者赔偿相应的价款。	**第七十二条**　申请人在申请行政复议时一并提出行政赔偿请求，行政复议机关**对依照《中华人民共和国国家赔偿法》的有关规定应当不予赔偿的，在作出行政复议决定时，应当同时决定驳回行政赔偿请求**；对符合**《中华人民共和国国家赔偿法》**的有关规定应当给予赔偿的，在决定撤销**或者部分撤销**、变更行政行为或者确认行政行为违法、**无效**时，应当同时决定被申请人依法给予赔偿；**确认行政行为违法的，还可以同时责令被申请人采取补救措施**。 申请人在申请行政复议时没有提出行政赔偿请求的，行政复议机关在依法决定撤销或者**部分撤销**、变更罚款，撤销**或者部分撤销**违法集资、没收财物、**征收征用**、摊派费用以及对财产的查封、扣押、冻结等行政行为时，应当同时责令被申请人返还财产，解除对财产的查封、扣押、冻结措施，或者赔偿相应的价款。
	第七十三条　当事人经调解达成协议的，行政复议机关应当制作行政复议调解书，经各方当事人签字或者签章，并加盖行政复议机关印章，即具有法律效力。 **调解未达成协议或者调解书生效前一方反悔的，行政复议机关应当依法审查或者及时作出行政复议决定。**

续表

行政复议法(2017年修正)	行政复议法(2023年修订)
	第七十四条　当事人在行政复议决定作出前可以自愿达成和解,和解内容不得损害国家利益、社会公共利益和他人合法权益,不得违反法律、法规的强制性规定。 **当事人达成和解后,由申请人向行政复议机构撤回行政复议申请。行政复议机构准予撤回行政复议申请、行政复议机关决定终止行政复议的,申请人不得再以同一事实和理由提出行政复议申请。但是,申请人能够证明撤回行政复议申请违背其真实意愿的除外。**
第三十一条第二款、第三款　行政复议机关作出行政复议决定,应当制作行政复议决定书,并加盖印章。 行政复议决定书一经送达,即发生法律效力。	**第七十五条**　行政复议机关作出行政复议决定,应当制作行政复议决定书,并加盖**行政复议机关**印章。 行政复议决定书一经送达,即发生法律效力。
	第七十六条　行政复议机关在办理行政复议案件过程中,发现被申请人或者其他下级行政机关的有关行政行为违法或者不当的,可以向其制发行政复议意见书。有关机关应当自收到行政复议意见书之日起六十日内,将纠正相关违法或者不当行政行为的情况报送行政复议机关。
第三十二条　被申请人应当履行行政复议**决定**。 被申请人不履行或者无正当理由拖延履行行政复议**决定**的,行政复议机关或者有关上级行政机关应当责令其限期履行。	**第七十七条**　被申请人应当履行行政复议**决定书、调解书、意见书**。 被申请人不履行或者无正当理由拖延履行行政复议**决定书、调解书、意见书**的,行政复议机关或者有关上级行政机关应当责令其限期履行,**并可以约谈被申请人的有关负责人或者予以通报批评**。
第三十三条　申请人逾期不起诉又不履行行政复议**决定**的,或者不履行最终裁决的行政复议决定的,按照下列规定分别处理: (一)维持**具体**行政行为的行政复议**决定**,由作出**具体**行政行为的行政机关依法强制执行,或者申请人民法院强制执行;	**第七十八条**　申请人、**第三人**逾期不起诉又不履行行政复议**决定书、调解书**的,或者不履行最终裁决的行政复议决定的,按照下列规定分别处理: (一)维持行政行为的行政复议**决定书**,由作出行政行为的行政机关依法强制执行,或者申请人民法院强制执行;

续表

行政复议法(2017 年修正)	行政复议法(2023 年修订)
(二)**变更具体**行政行为的行政复议**决定**,由行政复议机关依法强制执行,或者申请人民法院强制执行。	(二)变更行政行为的行政复议**决定书**,由行政复议机关依法强制执行,或者申请人民法院强制执行; **(三)行政复议调解书,由行政复议机关依法强制执行,或者申请人民法院强制执行。**
	第七十九条　行政复议机关根据被申请行政复议的行政行为的公开情况,按照国家有关规定将行政复议决定书向社会公开。 **县级以上地方各级人民政府办理以本级人民政府工作部门为被申请人的行政复议案件,应当将发生法律效力的行政复议决定书、意见书同时抄告被申请人的上一级主管部门。**
第六章　法律责任	第六章　法律责任
第三十四条　行政复议机关**违反本法规定,无正当理由不予受理依法提出的行政复议申请或者不按照规定转送行政复议申请的,或者在法定期限内不作出行政复议决定的**,对**直接负责的主管人员**和**其他**直接责任人员依法给予警告、记过、记大过的**行政**处分;经**责令受理仍不受理或者不按照规定转送行政复议申请**,造成严重后果的,依法给予降级、撤职、开除的**行政**处分。	**第八十条**　行政复议机关**不依照本法规定履行行政复议职责**,对**负有责任的领导人员**和直接责任人员依法给予警告、记过、记大过的处分;经**有权监督的机关督促仍不改正或者**造成严重后果的,依法给予降级、撤职、开除的处分。
第三十五条　行政复议机关工作人员在行政复议活动中,徇私舞弊或者有其他渎职、失职行为的,依法给予警告、记过、记大过的**行政**处分;情节严重的,依法给予降级、撤职、开除的**行政**处分;构成犯罪的,依法追究刑事责任。	**第八十一条**　行政复议机关工作人员在行政复议活动中,徇私舞弊或者有其他渎职、失职行为的,依法给予警告、记过、记大过的处分;情节严重的,依法给予降级、撤职、开除的处分;构成犯罪的,依法追究刑事责任。

续表

行政复议法(2017 年修正)	行政复议法(2023 年修订)
第三十六条 被申请人违反本法规定,不提出书面答复或者不提交作出**具体**行政行为的证据、依据和其他有关材料,或者阻挠、变相阻挠公民、法人或者其他组织依法申请行政复议的,对**直接负责的主管人员**和**其他**直接责任人员依法给予警告、记过、记大过的**行政**处分;进行报复陷害的,依法给予降级、撤职、开除的**行政**处分;构成犯罪的,依法追究刑事责任。	**第八十二条** 被申请人违反本法规定,不提出书面答复或者不提交作出行政行为的证据、依据和其他有关材料,或者阻挠、变相阻挠公民、法人或者其他组织依法申请行政复议的,对**负有责任的领导人员**和直接责任人员依法给予警告、记过、记大过的处分;进行报复陷害的,依法给予降级、撤职、开除的处分;构成犯罪的,依法追究刑事责任。
第三十七条 被申请人不履行或者无正当理由拖延履行行政复议**决定**的,对**直接负责的主管人员**和**其他**直接责任人员依法给予警告、记过、记大过的**行政**处分;经责令履行仍拒不履行的,依法给予降级、撤职、开除的**行政**处分。	**第八十三条** 被申请人不履行或者无正当理由拖延履行行政复议**决定书、调解书、意见书**的,对**负有责任的领导人员**和直接责任人员依法给予警告、记过、记大过的处分;经责令履行仍拒不履行的,依法给予降级、撤职、开除的处分。
	第八十四条 拒绝、阻挠行政复议人员调查取证,故意扰乱行政复议工作秩序的,依法给予处分、治安管理处罚;构成犯罪的,依法追究刑事责任。
第三十八条 行政复议机关负责法制工作的机构发现有无正当理由不予受理行政复议申请、不按照规定期限作出行政复议决定、徇私舞弊、对申请人打击报复或者不履行行政复议决定等情形的,应当向有关行政机关提出建议,有关行政机关应当依照本法和有关法律、行政法规的规定作出处理。	**第八十五条 行政机关及其工作人员违反本法规定的,行政复议机关可以向监察机关或者公职人员任免机关、单位移送有关人员违法的事实材料,接受移送的监察机关或者公职人员任免机关、单位应当依法处理。**
	第八十六条 行政复议机关在办理行政复议案件过程中,发现公职人员涉嫌贪污贿赂、失职渎职等职务违法或者职务犯罪的问题线索,应当依照有关规定移送监察机关,由监察机关依法调查处置。

续表

行政复议法(2017 年修正)	行政复议法(2023 年修订)
第七章 附 则	第七章 附 则
第三十九条第一句 行政复议机关受理行政复议申请,不得向申请人收取任何费用。	**第八十七条** 行政复议机关受理行政复议申请,不得向申请人收取任何费用。
第四十条 行政复议期间的计算和行政复议文书的送达,依照**民事诉讼法**关于期间、送达的规定执行。 本法关于行政复议期间有关"五日"、"七日"的规定是指工作日,不含**节假日**。	**第八十八条** 行政复议期间的计算和行政复议文书的送达,**本法没有规定的**,依照《**中华人民共和国民事诉讼法**》关于期间、送达的规定执行。 本法关于行政复议期间有关"**三日**"、"五日"、"七日"、"**十日**"的规定是指工作日,不含**法定休假日**。
第四十一条 外国人、无国籍人、外国组织在中华人民共和国境内申请行政复议,适用本法。	**第八十九条** 外国人、无国籍人、外国组织在中华人民共和国境内申请行政复议,适用本法。
第四十二条 本法施行前公布的法律有关行政复议的规定与本法的规定不一致的,以本法的规定为准。	
第四十三条 本法自 **1999** 年 **10** 月 **1** 日起施行。**1990 年 12 月 24 日国务院发布、1994 年 10 月 9 日国务院修订发布的《行政复议条例》同时废止。**	**第九十条** 本法自 **2024** 年 **1** 月 **1** 日起施行。

附录四：

《行政复议法》名词解释

【行政复议】

系指行政相对人（公民、法人或者其他组织）不服行政主体的行政行为，依法向行政复议机关提出申请，请求重新审查并纠正原行政行为，行政复议机关据此对原行政行为是否合法、适当进行审查并作出决定的法律制度。它是一种公民、法人或者其他组织的权利救济制度，也是行政机关自我监督的法律制度。

【行政复议法】

系指为了防止和纠正违法的或者不当的行政行为，保护公民、法人和其他组织的合法权益，监督和保障行政机关依法行使职权，发挥行政复议化解行政争议的主渠道作用，推进法治政府建设，根据宪法制定用以集中规制行政复议行为和程序的法律。

【行政复议机关】

系指依照法律的规定，有权受理复议申请，依法对行政行为进行审查并以自己的名义作出裁决的行政机关。

【行政复议机构】

系指有复议权的行政机关内部设立的一种专门负责复议案件受理、审查和裁决工作的办事机构。它以行政复议机关名义实施行政复议行为。

【行政复议人员】

系指在行政复议机构中代表行政复议机关具体实施行政复议工作的行政执法人员。行政复议机构中初次从事行政复议工作的人员,应当通过国家统一法律职业资格考试取得法律职业资格,并参加统一职前培训。

【法律职业资格考试】

系指国家统一组织的选拔合格法律职业人才的国家考试,根据《国家统一法律职业资格考试实施办法》(2018 年司法部令第 140 号)具体实施。

【行政争议】

也称行政纠纷,系指行政主体在国家行政管理活动中,与行政相对人之间,或者行政主体与行政主体之间所发生的,以行政法上的权利与义务或者职权与职责为内容的纠纷。它包括外部行政争议与内部行政争议。行政复议以外部行政争议为处理范围。

【复议申请人】

系指不服行政行为而申请行政复议的公民、法人或者其他组织。有权申请行政复议的公民死亡的,其近亲属可以申请行政复议。有权申请行政复议的法人或者其他组织终止的,其权利义务承受人可以申请行政复议。有权申请行政复议的公民为无民事行为能力人或者限制民事行为能力人的,其法定代理人可以代为申请行政复议。

【复议第三人】

系指申请人以外的同被申请行政复议的行政行为或者行政复议案件处理结果有利害关系的公民、法人或者其他组织。第三人可以申请参加行政复议,或者由行政复议机构通知其参加行政复议。第三人不参加行政复议,不影响行政复议案件的审理。

【复议被申请人】

系指与申请人相对应的另一方当事人。公民、法人或者其他组织对行政行为不服申请行政复议的，作出行政行为的行政机关或者法律、法规、规章授权的组织是被申请人。

【律师】

系指依法取得律师执业证书，接受委托或者指定，为当事人提供法律服务的执业人员。申请人、第三人可以委托一至二名律师代为参加行政复议。

【基层法律服务工作者】

系指符合《基层法律服务工作者管理办法》规定的执业条件，经核准执业登记，领取《法律服务工作者执业证》，在基层法律服务所中执业，为社会提供法律服务的人员。申请人、第三人可以委托一至二名基层法律服务工作者代为参加行政复议。

【复议代理人】

系指根据法律规定，复议申请人、第三人可以委托代为参加行政复议的律师、基层法律服务工作者或者其他代理人。

【人身权利】

简称"人身权"，系指公民以人的生命和自由为核心的，不具有直接财产内容的权利。包括人格权和身份权。人格权又包括生命权、身体权、健康权、姓名权、肖像权、名誉权、荣誉权、隐私权、婚姻自主权等权利。身份权包括配偶权、亲权、亲属权、监护权等权利。它是公民各类权利中最基础、最核心的个人权利，是其他一切权利的基础。

【财产权利】

简称“财产权”,系指公民个人通过劳动或者其他合法方式取得和占有、使用、处分财产的权利。它以财产利益为内容,直接体现财产利益并可以以金钱计算价值的权利。财产权包括物权、债权、继承权、知识产权、投资性权利和其他财产权利。

【受教育权利】

公民的基本权利之一。系指由宪法所设定,教育法律法规所落实的,公民普遍、平等获得教育机会的权利。它以公民获得文化科学知识、不断提升自己的需求为基础。

【不动产】

系指依自然性质或者法律的规定在空间上占有固定位置,移动后会影响其经济价值的物,包括土地、海域、房屋、林木等定着物。

【政府信息】

系指行政机关在履行职责过程中制作或者获得的,以一定形式记录、保存的信息。我国政府信息以公开为原则,不公开为例外。

【行政行为】

系指由行政主体针对行政相对人作出的并对其权利义务发生直接或间接影响的行为,是由行为内容、行为形式和行为程序共同构成的综合体,行政行为由行政规定和行政决定所构成,是国家行政权的体现。

【行政决定】

行政行为的一种形式,与行政规定相对应,系指行政主体依职权或者依行政相对人的申请,针对特定的行政相对人作出的,并对其权利义务发生具体而直接影响的意思表示,是行政行为核心内容的载体。

【行政基础决定】

与行政执行决定相对应的概念，指在行政强制执行关系中，由行政主体作出的确定当事人必须履行的义务之行政决定，也是行政强制执行的基础。

【行政执行决定】

与行政基础决定相对应，指在行政强制执行关系中，由于当事人在规定期限内不履行由行政基础决定所确定的义务，行政强制执行机关启动行政强制执行程序后，针对执行义务人所作出的限期履行义务的催告性决定。行政执行决定的作出和送达是整个行政强制执行程序的起点。

【行政处罚】

特定的行政主体依法对违反行政管理秩序而尚未构成犯罪的行政相对人给予的行政制裁，包括警告、通报批评、罚款、没收违法所得、没收非法财物、暂扣许可证件、吊销许可证件、降低资质等级、限制开展生产经营活动、责令停产停业、责令关闭、限制从业、行政拘留，还有法律行政法规规定的其他处罚形式。

【行政强制措施】

国家行政机关在行政管理活动中，为了维护和实施行政管理秩序，依法对当事人人身自由或者财产实施暂时性限制或控制的行政行为，包括限制公民人身自由，查封场所、设施或者财物，扣押财物，冻结存款、汇款等形式。

【行政强制执行】

国家行政机关或者行政机关申请人民法院对于在规定期限内拒不履行行政决定的当事人，依法采用有关强制手段，迫使其履行义务，或者达到与履行义务相同状态的行为，包括加处罚款或者滞纳金，划拨存款、汇款，拍卖或者依法处理查封、扣押的场所、设施或者财物，排除妨碍、恢复原状，代履行等形式。

【行政许可】

特定的行政主体根据行政相对人的申请,经依法审查,作出准予或不准予其从事特定活动之决定的行政行为。它具有事先性、赋权性与解禁性、依申请性、法定性等法律特征。

【行政给付】

行政主体根据相对人的申请,依据有关法律法规,考虑相对人的具体条件,而决定无偿给予一定财产利益的行政行为。它是行政决定的一种形态,我国的行政保障制度、行政救助制度、行政补助制度和行政奖励制度等,都是行政给付行为的体现。

【行政确认】

行政主体依照法律规定,针对相对人的既存的法律事实和法律关系进行审查、认定并宣示其法律效力的行政行为。它是行政决定的一种行为形态,属于一种独立的行政行为。行政登记是行政确认的主要形式。

【行政确权】

行政机关在法律授权前提下,通过一定的法律程序,确认自然资源、房屋和其他财产的所有权、使用权归属的行政行为。行政确权一般通过登记确认和行政裁决途径实现。

【工伤认定】

系指社会保险行政部门依据劳动者、用人单位等行政相对人的申请,根据法律的规定确认劳动者所受伤害是否属于工伤的行政行为。

【行政征收】

系指行政机关依照法律规定，出于公共利益的需要，向公民、法人或者其他组织强制性地收取非国有财产，并给予补偿的行政行为和行政法制度。

【行政征用】

系指政府出于抢险救灾、疫情防控等紧急需要，依照法律规定强制性地使用非国有单位和个人的财产（包括不动产和动产），并给予补偿的行政行为和行政法制度。

【违法行政行为】

也称“行政违法”，系指行政主体所实施的，违反行政法律规范，侵害受法律保护的行政关系而尚未构成犯罪的行政行为。违法行政行为违反的是“行政合法性原则”。

【不当行政行为】

也称“行政不当”，系指行政主体作出的不合理、不适当的行政行为。明显不当的行政行为归属于违法行政行为。不当行政行为违反的是“行政合理性原则”（即行政适当性原则）。

【无效行政行为】

系指行政主体作出的重大且明显违法，自始就没有法律效力的行政行为。无效行政行为是一种极端的违法行为。无效行政行为当然无效、自始无效、永远无效，行政相对人对其具有不予服从的抵抗权。

【滥用行政权】

系指行政主体在自由裁量权范围内不正当行使行政权而达到一定程度的违法行为。它是行政违法的一种。

【行政赔偿】

系指行政机关及其工作人员违法行使行政职权,侵犯行政相对人的合法权益造成损害,而依法必须承担的赔偿责任。根据《国家赔偿法》规定,行政机关及其工作人员在行使行政职权时侵犯公民人身权、财产权的,受害人有权取得赔偿。

【行政补偿】

国家基于社会公共利益的需要,在管理国家和社会公共事务的过程中,合法行使公权力的行为以及该行为的附随效果而致使相对人的合法财产及合法权益遭受特别损害,以公平原则并通过正当程序对所遭受的损害给予补偿的行为和制度。

【国家行为】

特指涉及重大国家利益,具有很强政治性,因而被排除在司法审查对象之外的统治行为。包括国防行为、外交行为、实施紧急状态和戒严等行为。国家行为适用行政复议。

【国防行为】

系指国家为了防备和抵抗侵略、制止武装颠覆,保卫国家的主权、领土完整和安全所进行的军事活动。

【外交行为】

系指国家之间或者国家与国际组织之间发生的政治交往行为。在我国是指国家主席、国务院、中央军事委员会、国防部、外交部等根据宪法和法律的授权,以国家的名义实施的有关外交的活动。

【公共利益】

系指国家利益、社会利益和不特定的社会成员所享有的利益。国家利益首先应当是国家的核心利益，即“国家主权，国家安全，领土完整，国家统一，中国宪法确立的国家政治制度和社会大局稳定，经济社会可持续发展的基本保障”。社会公共利益应当是指受益面较大的，不特定的社会成员受益的公共设施和事业政策等。

【行政规范性文件】

是除国务院的行政法规、决定、命令以及部门规章和地方政府规章外，由行政机关或者经法律、法规授权的具有管理公共事务职能的组织依照法定权限、程序制定并公开发布，涉及公民、法人和其他组织权利义务，具有普遍约束力，在一定期限内反复适用的公文。

【行政裁量基准】

系指有权机关制定的，供行政主体实施行政裁量时遵循的标准。根据国务院办公厅《关于进一步规范行政裁量权基准制定和管理工作的意见》，国务院有关部门可以依照法律、行政法规等制定本部门本系统的行政裁量权基准；省、自治区、直辖市和设区的市、自治州人民政府及其部门可以依照法律、法规、规章以及上级行政机关制定的行政裁量权基准，制定本行政区域内的行政裁量权基准；县级人民政府及其部门对上级行政机关制定的行政裁量权基准适用的标准、条件、种类、幅度、方式、时限，可以在法定范围内予以合理细化量化。

【规范性文件的附带审查】

系指行政相对人提起行政复议时，可以要求行政复议机关对行政行为所依据的行政规范性文件进行附带审查。

【复议管辖】

系指不同层级、不同职能的行政机关之间受理复议案件的分工。

【复议证据】

行政复议机关在行政复议程序中作出行政复议决定所依据的,由行政复议申请人提供或行政主体依职权收集的,用以证明行政复议案件真实情况,经过查证属实符合法律规定且被行政复议机关认可的物质或材料。

【复议依据】

系指行政复议机关用以判断行政行为合法性和适当性的,具有普遍约束力的规范性文件。根据《行政复议法》规定,复议机关审理复议案件,以法律、法规、规章为依据。行政复议机关审理民族自治地方的行政复议案件,同时依照该民族自治地方的自治条例和单行条例。

【复议申请】

系指行政相对人因不服行政主体的行政行为,而向行政复议机关提出要求审理该行政行为的合法性和合理性并作出处理的程序行为。

【复议受理】

系指申请人提出行政复议申请后,有管辖权的行政复议机关对复议申请进行审查,依法作出受理或不予受理的决定。

【复议审查】

系指行政复议机关根据法律的授权,在申请人提出复议申请后,依法对被申请复议的行政行为合法性和合理性进行审查的法律活动。

【复议审理】

系指行政复议机关根据法律的授权,在受理行政复议申请后,依法对复议案件的事实、证据以及法律适用等问题进行全面审查的活动。

【复议普通程序】

系指行政复议机关在行使行政复议权,审理行政复议案件所遵循的基本步骤、顺序、方式、形式和时限。不适用简易程序的,适用普通程序。

【复议简易程序】

系指行政复议的简便程序。行政复议机关审理四类案件,并且事实清楚、情节简单、争议不大时,可适用简易程序:1.被申请行政复议的行政行为是当场作出;2.被申请行政复议的行政行为是警告或者通报批评;3.案件涉及款额三千元以下;4.属于政府信息公开案件。对于其他案件,如果当事人各方同意适用简易程序的,可以适用简易程序。

【复议决定书】

行政复议机关受理行政复议申请后,依照行政复议审理程序,对原行政行为认定事实是否清楚,证据是否确凿,适用依据是否正确,程序是否合法,内容是否适当进行全面审查后,作出的行政复议决定法律文书。

【复议调解书】

系指行政复议机关以国家法律、法规为依据,在查明事实、分清是非,不违背法律规定和不损害国家利益、公共利益及他人合法权益的基础上,对发生了行政争议的双方当事人进行思想排解疏导、说服教育,促使双方互相协商、互谅互让、依法自愿达成合意,所制作的法律文书。

【复议意见书】

系指复议机关在行政复议期间发现被申请人或其他的下级行政机关存在违法或者不当的行政行为,需要做好善后工作,而制作的建议性法律文书。

【复议申请期限】

系指公民、法人或者其他组织,申请行政复议的法定时限。《行政复议法》规定,公民、法人或者其他组织认为行政行为侵犯其合法权益的,可以自知道或者应当知道该行政行为之日起六十日内提出行政复议申请;但是法律规定的申请期限超过六十日的除外。

【复议决定期限】

系指行政复议机关从受理申请人的行政复议申请,到完成对被申请人的具体行政行为的审查并作出行政复议决定的最长时间期限。根据《行政复议法》有关规定,适用普通程序的,行政复议机关应当自受理申请之日起60日内作出行政复议决定;但是法律规定的行政复议期限少于60日的除外。情况复杂,不能在规定期限内作出行政复议决定的,经行政复议机构的负责人批准,可以适当延长,并书面告知当事人;但是延长期限最多不得超过30日。适用简易程序的,行政复议机关应当自受理申请之日起30日内作出行政复议决定。

【复议期间】

系指行政复议法律关系主体进行或者完成特定的行政复议行为的期限。

【复议中止】

系指复议过程中存在满足法律、法规规定的条件和情形,需要暂时停止复议活动,待该条件和情况消失后继续复议活动的一项程序性制度。

【复议终止】

系指在复议过程中出现法律、法规规定的条件和情形，依照规定终结复议活动，自此不再审理原复议事项的一项程序性制度。

【复议不停止行政行为执行】

系指行政机关不因当事人申请行政复议而暂时停止行政行为的执行。《行政复议法》规定，行政复议期间行政行为不停止执行；但是有下列情形之一的，应当停止执行：1.被申请人认为需要停止执行；2.行政复议机关认为需要停止执行；3.申请人、第三人申请停止执行，行政复议机关认为其要求合理，决定停止执行；4.法律、法规、规章规定停止执行的其他情形。

【禁止不利变更】

系指行政复议机关在行政复议中决定变更被复议行政行为的，不得作出对申请人更为不利的变更决定，但是第三人提出相反请求的除外。

【法定休假日】

系指法定双休日和国家法律统一规定的全体公民放假以进行庆祝及休息的时间。行政复议期间有关“三日”“五日”“七日”“十日”的规定是指工作日，不含法定休假日。

后　记

参加《行政复议法教程》的作者有：

1. 胡建淼，中央党校(国家行政学院)一级教授、博士生导师，专家工作室领衔专家；中国行政法学研究会顾问。

2. 韩春晖，中央党校(国家行政学院)政治和法律教研部行政法教研室主任、教授，法学博士；北京行政法学研究会副会长。

3. 张效羽，中央党校(国家行政学院)政治和法律教研部政治建设教研室主任、教授，法学博士；中国法学会行政法学研究会理事。

4. 周婧，中央党校(国家行政学院)政治和法律教研部教授，法学博士，社会学博士后。

5. 金成波，中央党校(国家行政学院)政治和法律教研部教授，法学博士。

6. 田勇军，中共贵州省委党校法学教研部主任、教授，法学博士。

7. 张苹，中共宁夏区委党校(行政学院)法学教研部副主任、副教授，法学博士；宁夏回族自治区法学会首席法律咨询专家库成员。

8. 袁勇，河南师范大学法学院教授，法学博士。

9. 王静，北京师范大学法学院副教授，法学博士；中国法学会行政法学研究会理事。

10. 黄娟，华东政法大学法律学院副教授，法学博士；中国行为法学会行政法治分会理事。

11. 华燕，福州大学法学院副教授、硕士生导师，法学博士；福建省人大常委会立法咨询专家。

12. 陈吉利，扬州大学法学院副教授，法学博士；江苏省法学会廉政法制研究会秘书长。

13. 林卉,浙江开放大学副教授,法学博士;中国行为法学会理事。

14. 陈秀,浙江警官职业学院副教授,法学博士。

15. 刘威,农业农村部管理干部学院农业农村法治研究中心助理研究员,政府法治管理博士。

16. 樊裕,中共河南省委党校法学教研部讲师,管理学博士。

17. 刘馨蔓,中央党校(国家行政学院)宪法与行政法专业博士生,湖南省委党校讲师,湖南省第十批援疆工作队综合组副组长(吐鲁番党校教师)。

18. 张莹莹,中央党校(国家行政学院)政治和法律教研部讲师,法学博士。

19. 段传龙,中央党校(国家行政学院)政治和法律教研部讲师,法学博士。

20. 张湘莹,中央党校(国家行政学院)宪法与行政法专业博士。

21. 庞圣浩,中央党校(国家行政学院)宪法与行政法专业博士。

22. 石翰朋,北京师范大学法学院硕士研究生。

本书写作分工如下:第一章行政复议法(韩春晖);第二章行政复议范围(胡建淼、段传龙);第三章行政复议组织与人员(金成波);第四章行政复议参加人(林卉);第五章行政复议管辖(张莹莹);第六章行政复议证据(华燕);第七章行政复议依据(张效羽);第八章行政复议申请(樊裕);第九章行政复议受理(黄娟);第十章行政复议审理(田勇军);第十一章行政复议普通程序(刘威);第十二章行政复议简易程序(刘馨蔓);第十三章行政复议附带审查(袁勇);第十四章行政复议决定(周婧);第十五章行政复议调解、和解和意见书(张苹);第十六章行政复议执行(陈秀);第十七章行政复议与行政诉讼(王静、石翰朋);第十八章行政复议法律责任(陈吉利);附录四《行政复议法》名词解释(张湘莹、庞圣浩)。

本书由胡建淼担任主编,韩春晖、张效羽担任副主编。

《行政复议法教程》编委会

2023 年 10 月 8 日

责任编辑：张　立
责任校对：秦　婵
装帧设计：姚　菲

图书在版编目（CIP）数据

行政复议法教程/胡建淼主编；韩春晖，张效羽副主编. —北京：
人民出版社，2024.1（2024.2 重印）
ISBN 978－7－01－026111－9

Ⅰ.①行…　Ⅱ.①胡…　②韩…　③张…　Ⅲ.①行政复议法－
中国－教材　Ⅳ.①D925.3

中国国家版本馆 CIP 数据核字（2023）第 221256 号

行政复议法教程
XINGZHENGFUYIFA JIAOCHENG

胡建淼　主编　　韩春晖　张效羽　副主编

人民出版社　出版发行
（100706　北京市东城区隆福寺街 99 号）

北京中科印刷有限公司印刷　新华书店经销

2024 年 1 月第 1 版　2024 年 2 月北京第 2 次印刷
开本：710 毫米×1000 毫米 1/16　印张：29.5
字数：425 千字

ISBN 978－7－01－026111－9　定价：99.00 元

邮购地址 100706　北京市东城区隆福寺街 99 号
人民东方图书销售中心　电话（010）65250042　65289539